Collection Ressources Informatiques

Réseaux informatiques

Notions fondamentales

(Protocoles, Architectures, Réseaux sans fil, Virtualisation, Sécurité, IP v6, ...)

5ième édition

ISBN : 978-2-7460-7822-2
Imprimé en France

Editions ENI
ZAC du Moulin Neuf
Rue Benjamin Franklin
44800 St HERBLAIN

Tél. 02.51.80.15.15
Fax 02.51.80.15.16

e-mail : editions@ediENI.com
http://www.editions-eni.com

Auteur : José DORDOIGNE
Collection **Ressources Informatiques** dirigée par Joëlle MUSSET

Avant-propos

Les réseaux constituent un domaine vaste, qu'il est bien souvent difficile d'appréhender parce que le sujet sous-tend de nombreux domaines techniques complexes, qui œuvrent dans des directions divergentes.

Même si la complexité est un problème majeur pour l'apprentissage de notions nouvelles ou le renforcement des connaissances, il n'en reste pas moins qu'une décomposition des problèmes, associée à de nombreuses illustrations, permet d'aborder plus facilement ces notions.

C'est ce que nous avons tenté de faire avec ce livre, dont l'objectif est de comprendre les grands principes qui régissent les réseaux informatiques actuels, en s'appuyant autant que faire se peut sur des approches pragmatiques et visuelles.

Ce livre s'adresse à toute personne utilisant l'informatique et désireuse de parfaire ses connaissances sur le sujet ou souhaitant s'orienter vers les réseaux.

Examinons ensemble les différents chapitres qui composent ce livre et la démarche que nous avons adoptée pour traiter les nombreux sujets proposés.

Le premier chapitre aborde les principaux concepts réseau dont la notion de ressources partagées, pour permettre au lecteur de prendre du recul sur les multiples sujets et faire le lien avec ses expériences passées en tant qu'utilisateur de l'informatique en réseau. La virtualisation, qui aujourd'hui ne peut plus être ignorée, y est aussi développée, afin de bien comprendre les différentes notions sous-jacentes, identifier les enjeux, les avantages et inconvénients de chacune des solutions : qu'il s'agisse de la virtualisation de système d'exploitation client ou serveur, de la virtualisation de session ou encore de la virtualisation d'application introduisant la notion d'application en tant que service (*Software As a Service*).

La complexité du réseau vient du fait que s'entremêlent à la fois des composants logiciels et matériels et que l'accès aux ressources devient systématiquement critique pour les entreprises. Ce premier chapitre permet aussi au lecteur de se familiariser avec les différents mécanismes de tolérance de panne existants.

Le chapitre suivant propose tout d'abord une première approche théorique du modèle en couche réseau de l'OSI, puis une interprétation pragmatique basée sur des exemples concrets de protocoles. Ceci afin de bien comprendre le rôle joué par chacune des couches réseau. Un focus tout particulier est mis sur la compréhension du réseau local Ethernet et du fonctionnement des couches TCP/IP. L'objectif encouru est de bien mesurer le rôle des identifiants mis en jeu à chaque niveau, ainsi que les décisions qui sont prises en matière d'aiguillage des données. Le niveau applicatif n'est pas non plus laissé en reste, et la notion de mode connecté est spécifiquement abordée.

Une partie sur les organismes de normalisation permet d'identifier les organismes à l'origine de toutes les normes en réseau et surtout de fournir des adresses de sites pour aller rechercher des compléments d'informations pour ceux qui voudraient approfondir les multiples sujets abordés dans ce livre.

Le chapitre suivant, largement détaillé, va permettre de rentrer dans le vif du sujet en se concentrant sur la transmission des données, les périphériques, les types de connexions, en s'appuyant sur de très nombreuses illustrations. La conversion des données au moyen de codages, le support de transmission utilisé, ainsi que la méthode d'accès au canal permettant de partager le support, sont abordés. Les différents supports (filaires ou sans fil) sont passés en revue pour expliquer les principes de fonctionnement et comprendre dans quelle mesure il est possible d'émettre et de recevoir simultanément les données.

Le chapitre qui suit propose des exemples d'illustration de configuration réseau TCP/IP sur des systèmes d'exploitation Client les plus répandus.

Dans le chapitre suivant, l'architecture réseau et l'interconnexion sont abordées. Il s'agit en particulier de comprendre les différences essentielles entre commutateur et routeur et de comprendre globalement le rôle des composants d'interconnexion. Les méthodes d'accès au support sont examinées plus à fond pour bien s'imprégner d'Ethernet et de Token Ring en particulier, qui sont les deux acteurs historiques des réseaux.

Le chapitre sur les couches basses va permettre de balayer plus spécifiquement les normes et caractéristiques associées à la plupart des protocoles LAN.

Les protocoles MAN et WAN que l'on trouve dans les entreprises ou qui ont eu un rôle historique par le passé seront quant à eux développés dans le chapitre suivant.

Dans le chapitre traitant des protocoles des couches moyennes et hautes, un focus tout particulier est mis sur le protocole IP : aussi bien en version 4 qu'en version 6. Des explications détaillées sont proposées, qu'il s'agisse de la décomposition en sous-réseaux en IPv4 ou encore de la catégorisation, la portée, le formalisme, les tunnels ou l'auto-configuration en IPv6. La voix sur IP est également abordée, ainsi que les principaux applicatifs connus sous TCP/IP.

Ensuite, un chapitre sur les principes de sécurisation permet de familiariser le lecteur aux menaces existant aujourd'hui et aux principaux moyens de s'en prémunir d'un point de vue personnel ou dans un contexte d'entreprise (pare-feu, DMZ, proxy, etc.).

Enfin, un chapitre complet sur le dépannage réseau passe en revue les problèmes les plus couramment rencontrés et les outils les plus usuels pour identifier les dysfonctionnements.

Finalement, des explications pour réaliser les conversions binaire, décimale, hexadécimale sont proposées pour permettre de manipuler plus facilement les adresses IPv4 ou v6.

Avant-propos

Chapitre 1
Présentation des concepts réseau

Chapitre 2
Normalisation des protocoles

Chapitre 3
Transmission des données couche Physique

Chapitre 4
Éléments logiciels de communication

Chapitre 5
Architecture réseau et interconnexion

Chapitre 6

Couches basses des réseaux locaux

Chapitre 7
Protocoles des réseaux MAN et WAN

Chapitre 8
Protocoles des couches moyennes et hautes

Chapitre 9
Principes de sécurisation d'un réseau

Chapitre 10
Dépannage du réseau

Annexes

Chapitre 1
Présentation des concepts réseau

1. Historique

Grâce à l'évolution des capacités réseaux, le traitement automatisé des informations a considérablement évolué depuis une cinquantaine d'années. Succédant aux grands systèmes propriétaires centralisés, plusieurs architectures sont désormais possibles.

1.1 Débuts de l'informatique réseau

1.1.1 L'informatique centralisée

Dans les années 50-60, les données sont gérées sur des grands systèmes ou ordinateurs centraux, accessibles à partir de postes déportés qui sont à l'origine des terminaux. Simples écrans et claviers, ils disposent de matériels de communication leur permettant d'échanger des caractères avec le système central.

Le partage d'informations et les services sont à l'origine des réseaux que nous connaissons aujourd'hui.

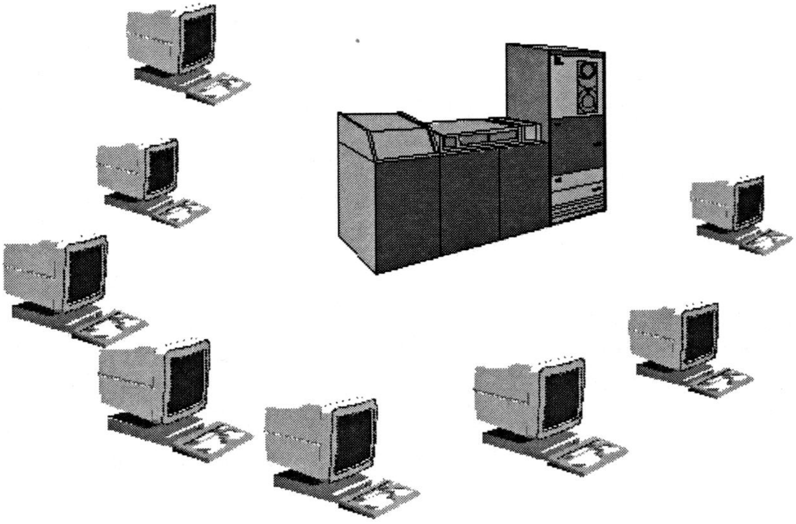

Terminaux et mainframe

Remarque

Les réseaux DECnet de DIGITAL et d'IBM (SNA - System Network Architecture) constituent des exemples de réseaux à architecture centralisée.

1.1.2 Le premier réseau informatique à grande échelle

À la fin des années 60, on aboutit à la constatation que les ressources sont globalement mal utilisées. Officieusement, un climat de guerre froide a conduit le département de la défense américaine (DoD - *Department of Defense*) au développement de protocoles et de matériels en vue de disposer d'un réseau à forte tolérance de pannes (en cas de guerre). C'est ainsi que le réseau ARPANET (*Advanced Research Project Agency NETwork*) voit le jour en 1970. Avec lui, l'utilisation des lignes téléphoniques existantes constitue un premier point d'appui qui jouera un rôle essentiel dans le développement futur de l'Internet.

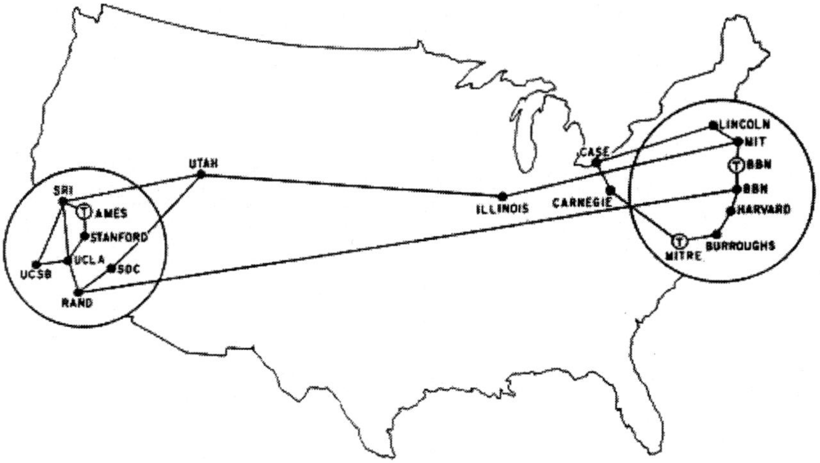

MAP 4 September 1971

ARPANET subit une croissance très rapide. La carte ci-dessus montre une situation en septembre 1971.

En 1972, on compte une quarantaine d'institutions reliées entre elles et disposant des services de courrier électronique et de connexion à distance.

La carte ci-après représente la situation de l'ARPANET en octobre 1980. Elle inclut la liaison satellite par paquets avec Londres.

ARPANET GEOGRAPHIC MAP, OCTOBER 1980

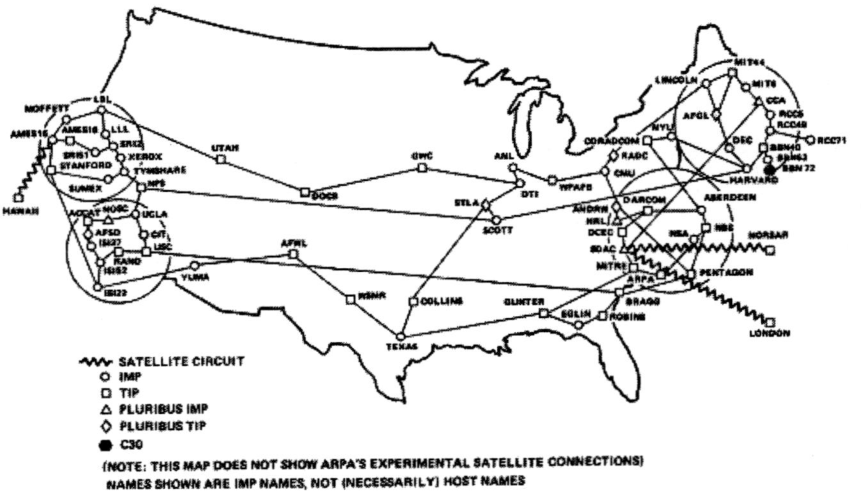

1.1.3 Le développement d'une norme de fait : TCP/IP

Au milieu des années 70, ARPANET adopte un nouveau mode de communication : le *Transmission Control Protocol/Internet Protocol* (TCP/IP).

En 1980, l'agence DARPA, qui gère l'ARPANET, décide de ne pas traiter TCP/IP comme secret militaire. Dans le même temps, les systèmes d'exploitation UNIX continuent leur développement prodigieux. La version d'UNIX *Berkeley Software Development* (BSD) inclut même les sources TCP/IP gratuitement pour les universités. À partir de là, le réseau mondial ne cesse de croître et prend l'appellation d'**Internet** dans sa version non militaire.

1.1.4 L'informatique répartie

En 1981, la notion d'ordinateur personnel apparaît avec le premier PC (*Personal Computer*) d'IBM, le PC XT.

PC XT en 1981

L'avènement des PC a conduit à la création d'une nouvelle approche dans la gestion de l'information : l'informatique répartie.

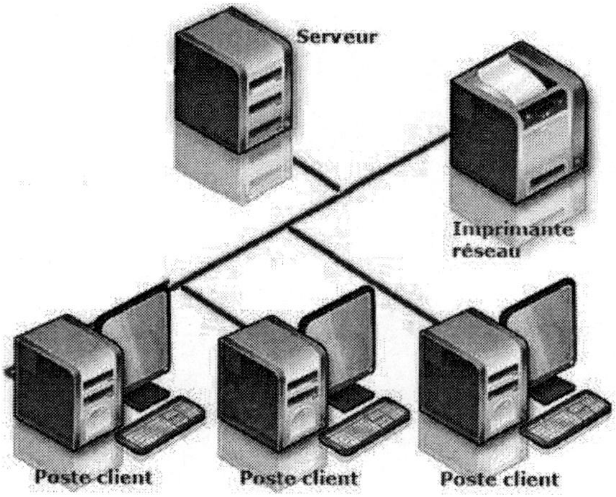

Architecture client/serveur

Le traitement global est divisé en sous-tâches et réparti sur différents postes. La répartition du traitement de l'information est assurée par des services réseau qui permettent à tous les postes de disposer des mêmes fonctionnalités.

La notion de petits réseaux puis de réseaux locaux LAN apparaît.

1.2 Réseaux hétérogènes

Progressivement, des normes sont développées, permettant de simplifier l'interconnexion de systèmes hétérogènes. Des organismes comme *Institute of Electrical and Electronics Engineers* (IEEE) propose des normes pour les protocoles de couches physiques.

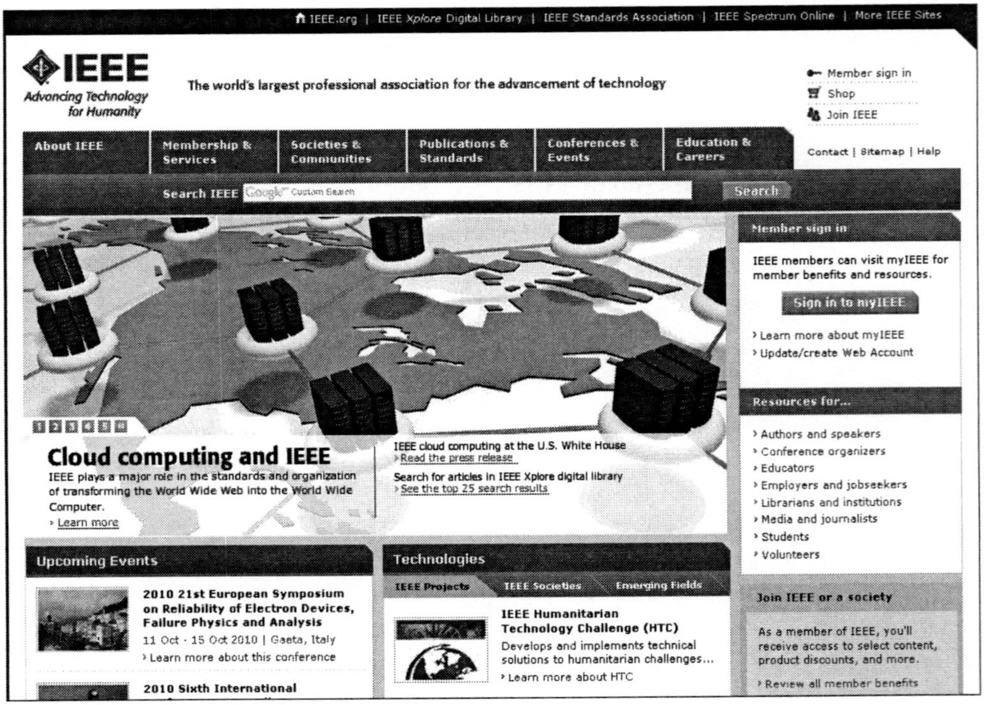

Site web : ieee.org

1.3 Réseaux informatiques actuels

Aujourd'hui, les réseaux sont constitués d'ordinateurs et de systèmes d'exploitation hétérogènes. Ils sont très souvent interconnectés à travers l'Internet.

La répartition de puissance est désormais multiple, à travers des architectures comprenant différents étages (tiers). La puissance de traitement au niveau de l'utilisateur est exploitée essentiellement pour la mise en forme des informations reçues, et une couche intermédiaire gère les applications. Celles-ci sont devenues indépendantes des données, réparties sur un à plusieurs autres niveaux.

Le schéma suivant représente une architecture à trois niveaux (3 tiers) ou 3/3.

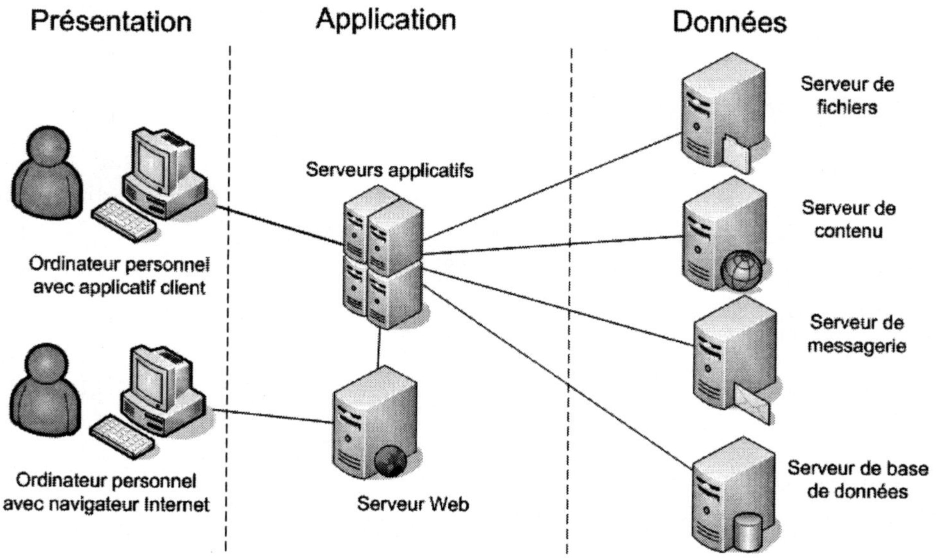

Architecture 3/3

Avec l'utilisation d'une infrastructure SAN, cette architecture peut même contenir un niveau supplémentaire et ainsi devenir 4 tiers.

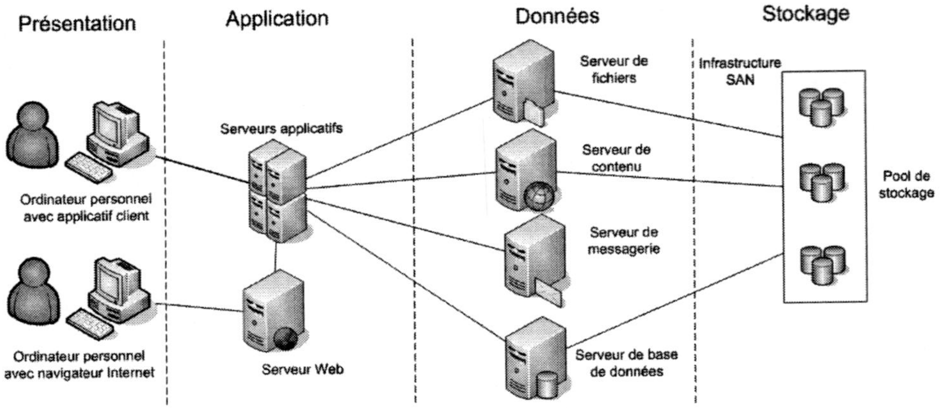

Architecture 4/3

2. Principaux éléments d'un réseau

Dans cette partie, nous allons définir les termes indispensables à la bonne compréhension de l'environnement réseau. Nous évoquerons les différences fondamentales entre les réseaux organisés autour de serveurs et les réseaux fonctionnant en pair à pair. Nous verrons dans quels cas utiliser l'un plutôt que l'autre.

2.1 Point de vue logiciel

2.1.1 Principes

Le système d'exploitation réseau est un système complexe constitué de différentes couches logicielles (protocoles de communication, couche application...). Il permet à plusieurs personnes interconnectées (physiquement) de travailler avec les mêmes ressources.

Il fournit un contrôle d'accès au réseau (sécurité de connexion, sécurité d'accès aux ressources) tout en coordonnant les accès simultanés (en gérant bien souvent des files d'attente pour tous les périphériques à accès exclusifs).

2.1.2 Définitions

D'un point de vue logiciel, les ordinateurs reliés à un réseau sont répartis en deux catégories en fonction des actions qu'ils effectuent sur celui-ci.

Un *client* est demandeur de services. Par exemple, cela peut être un poste de travail utilisateur demandeur de services d'applications, de fichiers, d'impression...

Ces services sont offerts par une entité logicielle qualifiée de *serveur*.

Les systèmes d'exploitation réseau sont tous capables de successivement interroger ou offrir des services. Par contre, leur orientation de base est différente, privilégiant l'une ou l'autre possibilité. Ainsi, un poste de travail qui n'a pas vocation à offrir de nombreux services réseau est piloté par un système qui privilégie l'aspect client.

Un système d'exploitation serveur, par contre, fournit des services plus performants. Il est capable de piloter des matériels plus évolués et de gérer des capacités (mémoire, espace disque) plus conséquentes.

Remarque

En évoluant, les systèmes d'exploitation réseau ont acquis un certain nombre de capacités complémentaires. Par exemple, tous les logiciels Windows offrent des services de fichiers, d'impression et d'hébergement/distribution de site web, sans installation de logiciels tiers. Bien sûr, les possibilités offertes par les versions destinées aux utilisateurs finaux sont bien inférieures.

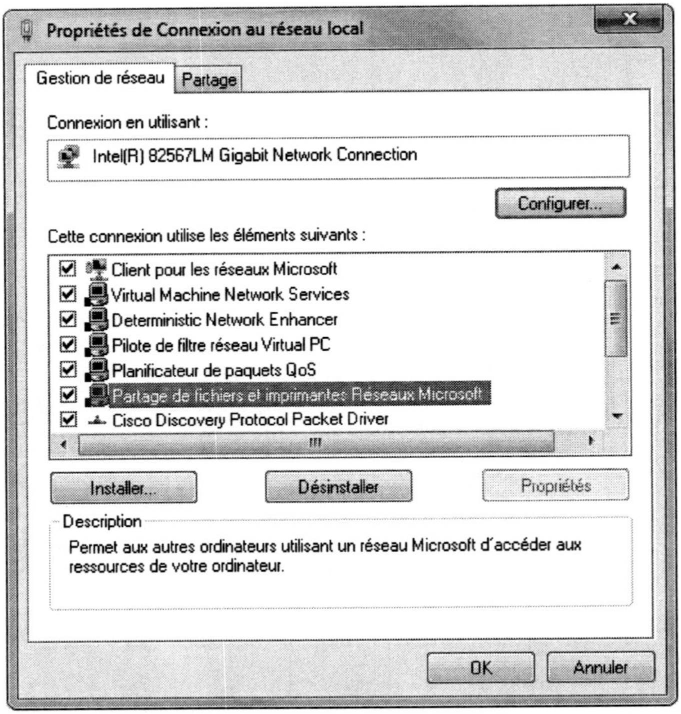

Propriétés du réseau sur un client Windows 7 : les fonctionnalités de client (Client pour les réseaux Microsoft) et de serveur (Partage...) sont activées.

Un serveur peut être dédié ou non. S'il est dédié, il ne peut offrir qu'un seul des services courants. De telles configurations sont idéales. Elles permettent de dimensionner le matériel en fonction des besoins du service. Ainsi, un serveur de fichiers dédié n'aura pas besoin d'un micro-processeur puissant, contrairement à son pendant applicatif. Pour une entreprise, dédier les serveurs à l'une ou l'autre tâche est une solution souvent coûteuse, bien que l'administration et l'efficacité s'en trouvent améliorées.

L'augmentation des capacités et de la puissance des matériels serveurs abonde d'ailleurs plutôt dans le sens de mutualiser les services sur une machine physique.

La *virtualisation* de serveurs apporte une réponse à cette problématique. En effet, de tels logiciels autorisent la simulation de plusieurs serveurs virtuels sur une seule plate-forme physique.

2.1.3 Le système d'exploitation réseau

C'est souvent le système d'exploitation réseau (NOS - *Network Operating System*) ou SER (Système d'Exploitation Réseau) qui va dicter l'architecture du réseau.

Comme exemple de système d'exploitation, on distingue les systèmes organisés autour d'un serveur de ceux basés sur une architecture d'égal à égal.

Poste à poste

Dans le cas où tous les postes ont un rôle identique et sont à la fois clients pour des ressources et serveurs pour d'autres, on parle de réseau d'égal à égal, de pair à pair (peer-to-peer), ou encore de poste à poste. Dans ce type de structure, regroupant en général peu de postes, les ressources, les opérations de sécurité et les tâches d'administration sont réparties sur l'ensemble du réseau. Le contrôle centralisé est donc rendu impossible. Chaque utilisateur est souvent administrateur de son propre poste. Ce type d'organisation suppose que les utilisateurs ne soient pas complètement néophytes pour pouvoir travailler dans un environnement correctement structuré.

Un autre inconvénient est que la gestion des utilisateurs ne peut pas être centralisée sur une base de données unique du réseau, c'est-à-dire que l'accès aux ressources ne peut pas être contrôlé en fonction des noms d'utilisateurs.

Dans un environnement d'ordinateurs dont le système d'exploitation est Microsoft Windows 7 ou Windows Vista dans leurs éditions non professionnelles, on parle de groupe de travail (*workgroup*).

Réseau centralisé

Chaque utilisateur dispose d'un nom et d'un mot de passe qu'il doit fournir au moment de l'ouverture de session sur le réseau, pour être authentifié. La base de données des utilisateurs du réseau est centralisée.

Il est ainsi possible de contrôler l'accès aux ressources en utilisant une sécurité au niveau utilisateur : c'est-à-dire que des permissions sont individualisées pour chaque utilisateur pour chacune des ressources disponibles. Il est ainsi beaucoup plus facile de savoir qui fait quoi et à quel moment. Un utilisateur particulier est nommé administrateur. Il a pour fonction de gérer l'ensemble des ressources du réseau. C'est l'utilisateur qui a le plus de pouvoir sur l'ensemble du réseau.

Remarque

On peut citer Windows 2003 ou 2008 comme système d'exploitation à architecture centralisée.

Sécurité au niveau ressource

On parle de sécurité au niveau ressource pour insister sur le fait que c'est la ressource qui est au cœur de la sécurité. Ainsi, des mots de passe sont attribués pour une ressource donnée et cela indépendamment de tout utilisateur.

Il n'est donc pas nécessaire de se faire connaître initialement en précisant explicitement son nom et mot de passe. En revanche, à chaque fois qu'un nouvel accès sera sollicité auprès d'une nouvelle ressource, l'utilisateur devra nécessairement préciser qu'il dispose des droits suffisants. Des produits comme Windows 7 ou Windows Vista dans leurs différentes versions familiales fonctionnent sur ce principe. Les mots de passe associés aux ressources sont mémorisés pour que lors des utilisations suivantes, l'utilisateur n'ait pas à le préciser à nouveau.

Des permissions spécifiques sont associées à cette ressource partagée pour permettre des accès suivant mot de passe (indépendamment des utilisateurs).

Remarque

En effet, si un utilisateur veut en empêcher un autre d'accéder à sa ressource, il doit modifier le mot de passe de la ressource et informer les autres (ceux qui doivent disposer d'un accès).

Sécurité au niveau utilisateur

La sécurité au niveau utilisateur permet, au contraire, d'attribuer des permissions plus spécifiques à chaque utilisateur pour une ressource donnée. Il est nécessaire que chacun s'identifie, dans un premier temps, auprès d'une entité de référence.

Celle-ci peut être locale (ordinateur Windows 7 ou Vista) ou distante (serveur de comptes). Il faut ouvrir une session pour s'authentifier et ainsi permettre un accès transparent aux ressources auxquelles l'utilisateur accèdera par la suite.

Par exemple, pour permettre à des utilisateurs d'accéder à un dossier sur un système Windows, il est nécessaire d'abord de le partager.

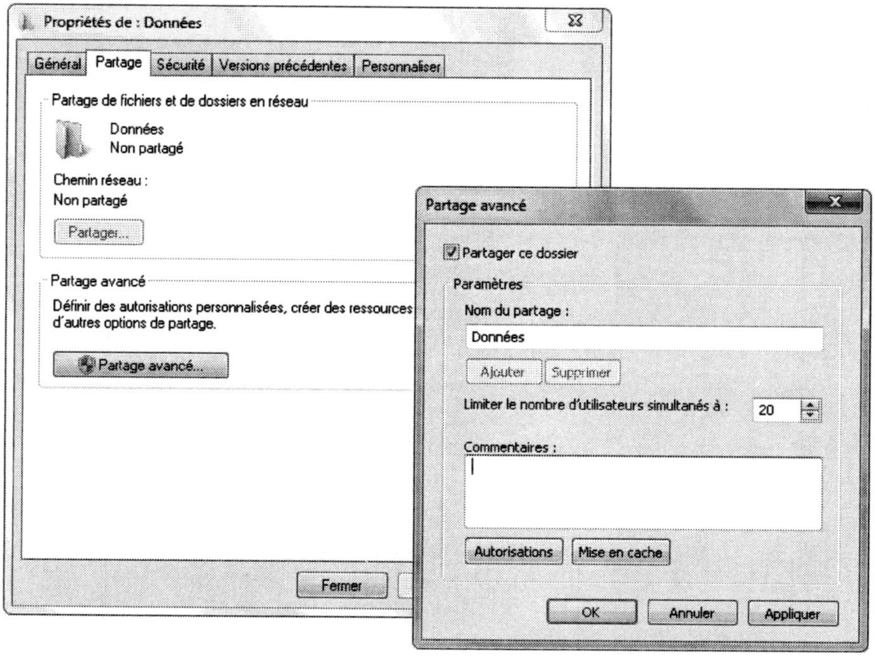

Création d'un partage sous Windows

Des permissions d'accès doivent être associées à cette ressource partagée, en fonction des comptes utilisateurs ou de leur groupe d'appartenance.

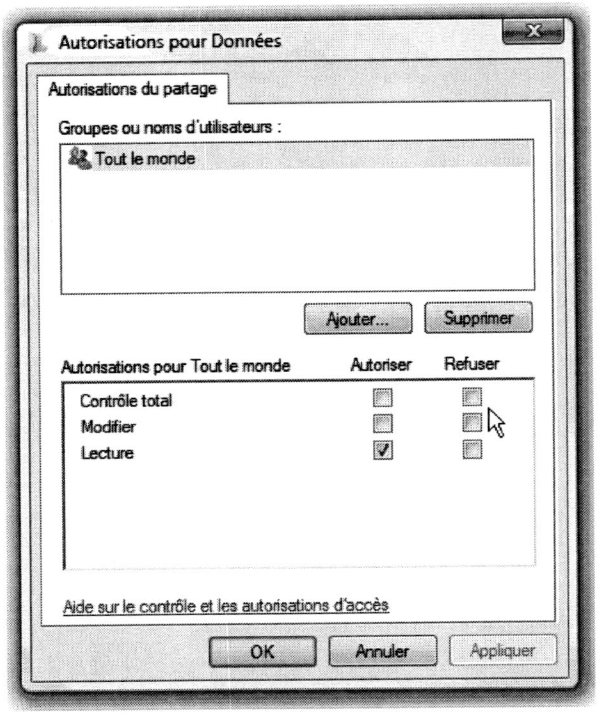

Exemples de systèmes d'exploitation réseaux

Les systèmes d'exploitation réseaux **Microsoft** sont séparés en deux familles. Windows 2000 Server (NT5.0) et Windows 2003 (NT5.2) sont venus succéder à Windows NT4 Server. Pour l'utilisateur, Windows 2000 Professionnel (NT5.0) et Windows 98 ont eu comme successeur Windows XP (NT5.1), en édition familiale ou professionnelle.

La génération suivante, Windows Vista (noyau 6.0), a précédé la version 6.1 du noyau avec Windows 7 du côté du poste de travail de l'utilisateur.

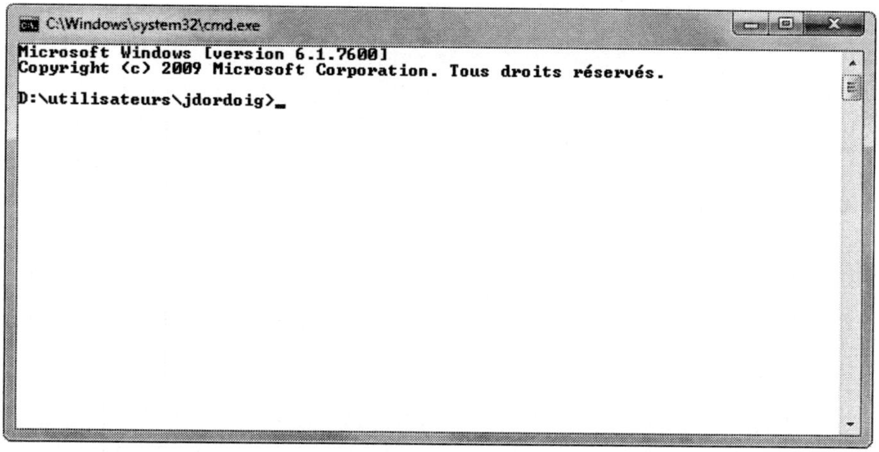

Invite de commandes sous Windows 7

Du côté serveur, les systèmes d'exploitation Windows Server 2008 (noyau 6.0) et Windows Server 2008 R2 (noyau 6.1) ont vu le jour.

Finalement, Windows 8 s'appuie sur un noyau 6.2 tout comme Windows Server 2012.

Les différents systèmes de type **UNIX** sont exclusivement dédiés à des tâches serveur. On peut citer parmi eux Sun Solaris, HP-UX, IBM AIX, UNIXWARE...

Linux est également un système d'exploitation majeur reconnu. La version du noyau de Linux permet de repérer les fonctionnalités embarquées.

La première version stable publiée en mars 1994 fut la 1.0. Elle mettait à disposition tous les services classiques d'un système UNIX.

La version 2.0 fut publiée en juillet 1996 avec des améliorations portant sur la prise en charge de nombreuses architectures processeurs complémentaires, des modules chargeables et une gestion plus complète du réseau.

En janvier 1999, la version 2.2 fut disponible avec la prise en charge de NTFS et d'IPv6 notamment.

Un des apports notables de la version 2.4 parue en janvier 2001 a été, entre autres, la prise en charge de USB, PCMCIA ou encore NFS v3.

La version 2.6 est sortie en décembre 2003, en offrant un véritable noyau préemptible et en proposant également NFS v4.

La prise en charge d'USB 3.0 ou la défragmentation à chaud de ext4 ont fait leur apparition en version 2.6.31 (septembre 2009).

La dernière version stable 3.6.9 est parue en septembre 2012.

Remarque

À noter que lorsqu'une version bêta est en cours de développement, le deuxième nombre précisant le numéro de version est impair.

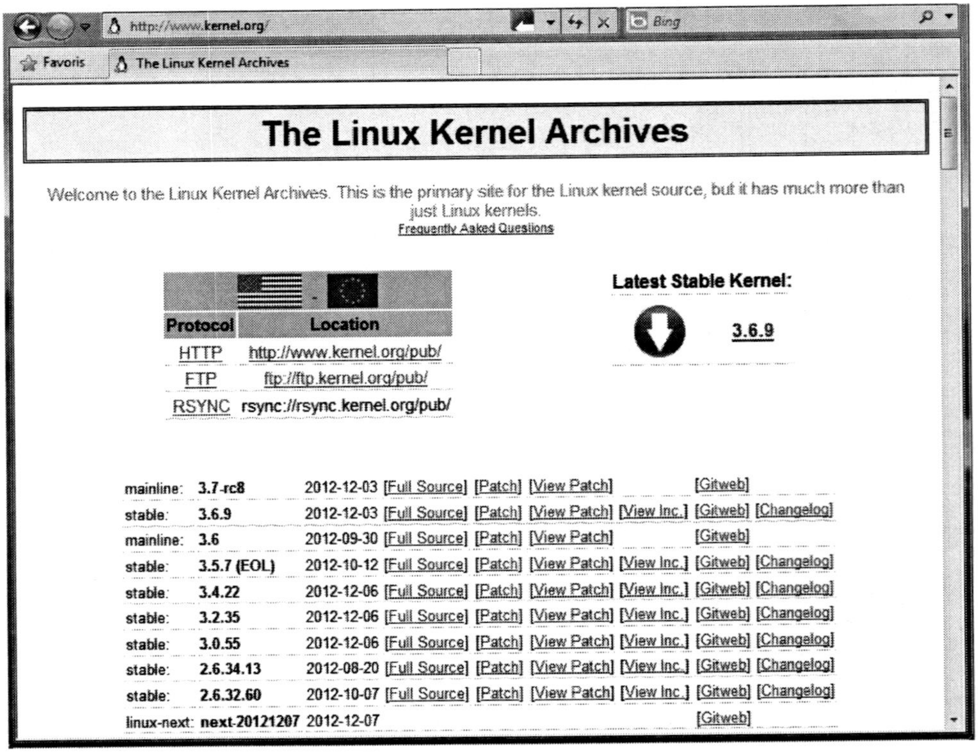

Site de téléchargement du noyau Linux : www.kernel.org

En fonction de son installation, Linux peut être utilisé comme poste de travail ou comme serveur.

2.2 Point de vue matériel

2.2.1 L'interconnexion

Pour que la communication réseau soit opérationnelle, il faut tout d'abord interconnecter les matériels entre eux. Ceci est souvent effectué à travers une interface filaire, par exemple un câble connecté à une carte réseau ou à un modem. L'interface air peut également être exploitée en utilisant l'infrarouge, le laser ou les ondes radio.

2.2.2 Les protocoles de communication

En plus du matériel qui assure la connectivité et l'échange des signaux sur le support, physique ou non, il est nécessaire d'utiliser des règles de communication. Ces protocoles permettent de donner un sens au signal qui circule entre les postes et de gérer l'accès au support partagé.

3. Technologie des réseaux

Le transport des données informatiques sur les réseaux, transparent pour les utilisateurs, est le fruit de technologies complexes. Elles offrent des services nombreux et variés. Les nouvelles technologies de l'information et de la communication (NTIC) permettent une souplesse de raccordement aux réseaux à laquelle l'Internet n'est pas étranger.

3.1 Définition d'un réseau informatique

Un réseau est un moyen de communication qui permet à des individus ou à des groupes de partager des informations et des services.

La technologie des réseaux informatiques constitue l'ensemble des outils qui permettent à des ordinateurs de partager des informations et des ressources.

Les réseaux téléphoniques forment une génération de réseaux de télécommunication qui a précédé celle de l'informatique. Depuis quelques années maintenant, ces deux réseaux convergent l'un vers l'autre. En effet, les nouvelles technologies permettent le transport de la voix et de la donnée sur les mêmes supports.

Un réseau est constitué d'équipements appelés nœuds. Ces réseaux sont catégorisés en fonction de leur étendue et de leur domaine d'application.

Pour communiquer entre eux, les nœuds utilisent des protocoles, ou langages, compréhensibles par tous.

3.2 Topologies de réseaux informatiques

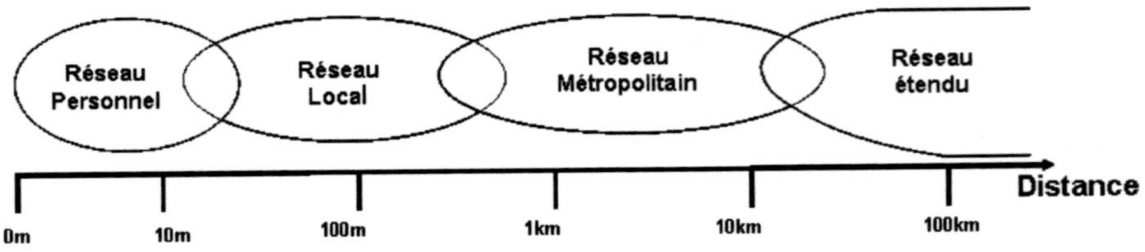

3.2.1 Le réseau personnel

La plus petite étendue de réseau est nommée en anglais *Personal Area Network* (PAN). Centrée sur l'utilisateur, elle désigne une interconnexion d'équipements informatiques dans un espace d'une dizaine de mètres autour de celuici, le *Personal Operating Space* (POS). Deux autres appellations de ce type de réseau sont : réseau individuel et réseau domestique.

3.2.2 Le réseau local

De taille supérieure, s'étendant sur quelques dizaines à quelques centaines de mètres, le *Local Area Network* (LAN), en français Réseau Local d'Entreprise (RLE), relie entre eux des ordinateurs, des serveurs... Il est couramment utilisé pour le partage de ressources communes comme des périphériques, des données ou des applications.

3.2.3 Le réseau métropolitain

Le réseau métropolitain ou *Metropolitan Area Network* (MAN) est également nommé réseau fédérateur. Il assure des communications sur de plus longues distances, interconnectant souvent plusieurs réseaux LAN. Il peut servir à interconnecter, par une liaison privée ou non, différents bâtiments distants de quelques dizaines de kilomètres.

3.2.4 Le réseau étendu

Les étendues de réseaux les plus conséquentes sont classées en *Wide Area Network* (WAN). Constitués de réseaux de type LAN, voire MAN, les réseaux étendus sont capables de transmettre les informations sur des milliers de kilomètres à travers le monde entier. Le WAN le plus célèbre est le réseau public Internet dont le nom provient de cette qualité : Inter Networking ou interconnexion de réseaux.

3.3 Partage des ressources

L'objectif premier des réseaux est la mise en commun de ressources, assurant notamment le partage de l'information. En informatique, celles-ci existent sous différentes formes :

- Fichiers.
- Documents.
- Données.

Un ensemble de services réseau apporte les fonctionnalités désirées. Ils sont bien souvent fédérés par le système d'exploitation réseau qui fait remonter l'information vers des applications spécifiques aux services gérés.

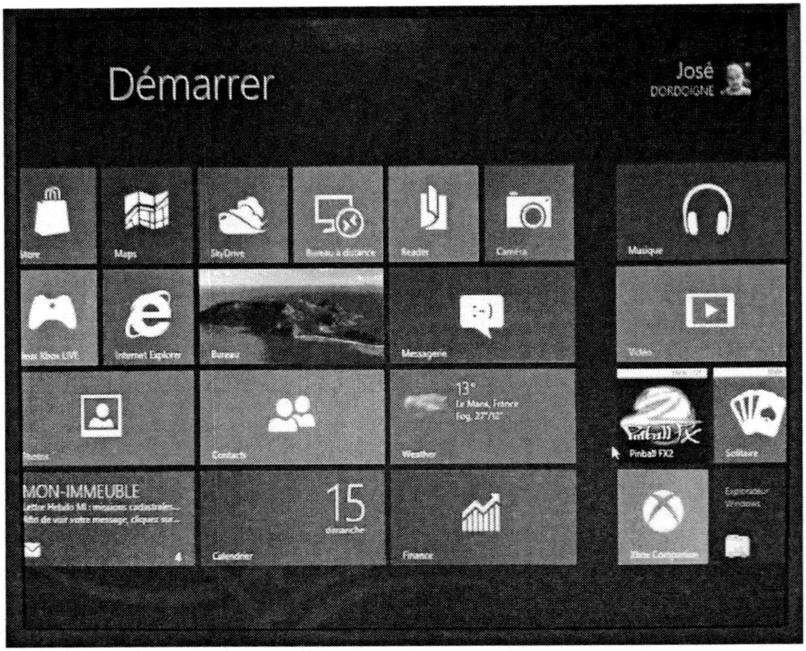

Interface Windows 8

3.3.1 Les services de fichiers

Les premières formes d'informations manipulées à travers les applications réseaux sont les fichiers. Ils sont stockés dans des arborescences de dossiers (Windows), de répertoires (UNIX/Linux)...

Un fichier contient des informations de différentes formes présentées de manière libre et non structurée.

Les services de fichiers effectuent quatre fonctions essentielles :

- Le stockage.
- Le transfert et la copie.
- La synchronisation.
- La sauvegarde et l'archivage...

Stockage de fichiers

Face à l'accroissement rapide des volumes de données traitées, de nombreuses unités de stockages en ligne (supports non amovibles), hors-ligne (supports amovibles) et semi-ligne (banque de disques) ont été inventées (disques magnétiques, optiques, magnéto-optiques, disques durs, clé USB, DVD-Rom...).

Le stockage centralisé permet de rentabiliser au mieux des équipements parfois onéreux. De plus, l'unité de stockage peut être choisie suivant les besoins, le temps d'accès, la fiabilité et la durée de vie du support.

Les données les moins récentes et les moins fréquemment utilisées peuvent être alors transférées de supports coûteux vers des supports plus économiques ayant une durée de vie supérieure.

L'information contenue dans les fichiers stockés est facilement partageable grâce au réseau. Bien sûr, les systèmes autorisent la sécurisation des accès, soit par l'application qui gère le partage, soit par le système de fichiers lui-même.

Transfert et copie de fichiers

Avant la mise en place de solutions informatiques d'échanges de fichiers, les utilisateurs avaient recours à des médias amovibles pour déplacer leurs informations.

Grâce aux services réseau, l'échange d'informations est considérablement facilité. Il est très facile de déplacer ou de copier des fichiers entre ordinateurs (postes de travail ou serveurs).

Synchronisation de fichiers

L'augmentation du nombre d'ordinateurs portables et de périphériques mobiles a introduit une nouvelle problématique pour les entreprises. La synchronisation des données modifiées, en dehors de l'entreprise, hors connexion, doit être assurée dès que la reconnexion aux serveurs devient possible. Ce service doit, de plus, tenir compte de modifications simultanées.

En effet, un utilisateur a pu modifier la version du fichier sur le serveur pendant que son collègue faisait de même sur son portable non connecté au réseau. Par conséquent, lorsqu'une modification intervient puis est enregistrée sur le serveur, la dernière sauvegarde remplace la dernière version du document. Il est alors essentiel de savoir à quel moment les dernières modifications ont eu lieu pour disposer de la version la plus récente. C'est ce que permet la fonction de synchronisation des mises à jour de fichiers. Cette fonction doit être capable de combiner intelligemment les différentes copies existantes (les dates et heures sont utilisées).

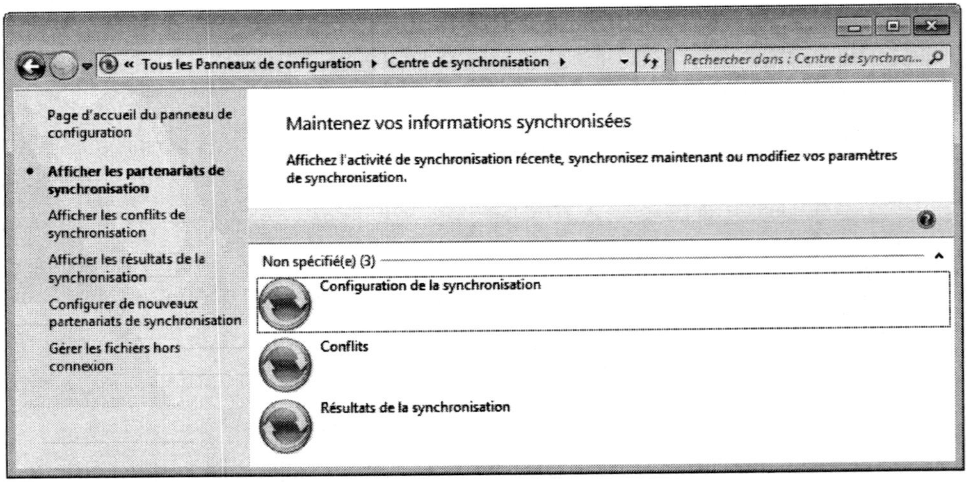

Centre de synchronisation Windows 7

Sauvegarde et archivage de fichiers

Afin de se prémunir contre une disparition des fichiers (erreur de manipulation ou panne du matériel de stockage), il est nécessaire de mettre en place une stratégie de sauvegarde sur un support en ligne ou hors ligne. Des copies de secours rapidement disponibles sont donc créées.

L'archivage permet de déplacer sur des supports moins coûteux des fichiers plus anciens qui ne doivent être disponibles qu'exceptionnellement et qui sont ainsi sécurisés.

Stratégie de rétention de documents

Concernant la rétention d'information, les entreprises doivent être en mesure de répondre aux sollicitations des organismes professionnels et administratifs et donc mettre en œuvre une véritable stratégie de rétention pour les documents.

Au-delà des documents papier, toujours présents, sur lesquels sont notamment apposées des signatures, il existe de plus en plus de documents complètement numériques qui doivent être conservés.

C'est le cas par exemple des mails. Les environnements de messagerie récents (ex. Outlook 2010 et Exchange 2010) proposent ce genre d'options pour permettre une rétention gérée au niveau du système :

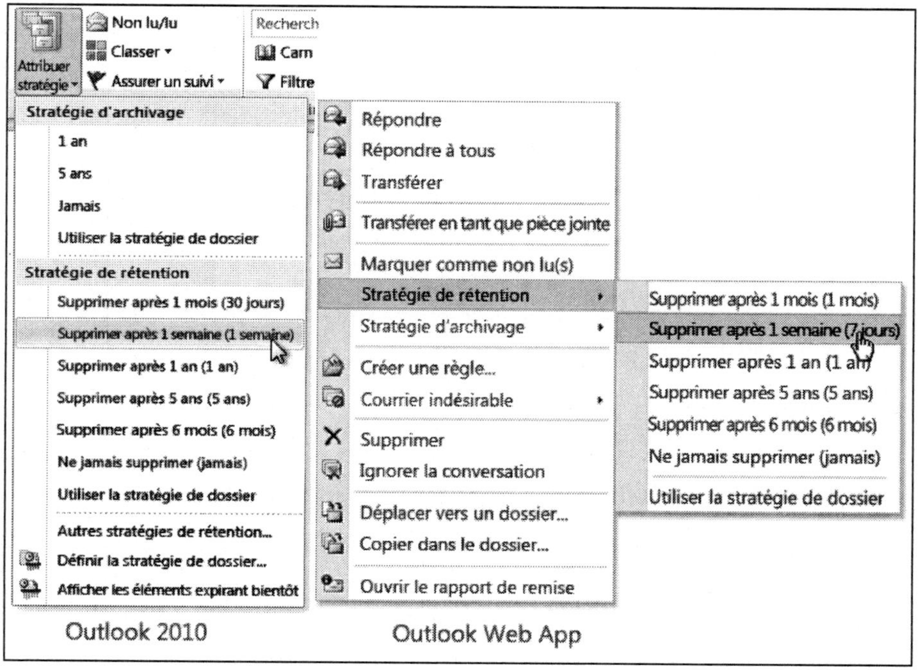

Stratégie de rétention Outlook 2010

3.3.2 Les services de gestion électronique de documents

Les documents informatiques contiennent des informations semi-structurées, c'est-à-dire sans organisation prédéfinie, mais dont le contenu peut être exploité électroniquement (recherche de mots-clés...). Ils peuvent parfaitement être issus de documents papiers scannés et prendre la forme de fichier (ou non).

Secondant ceux de services de fichiers, les applicatifs de gestion électronique de documents (GED) permettent un traitement de l'information sous cette forme spécifique. L'organisation est plus précise que la simple arborescence de fichiers et l'exploitation est plus proche de l'information contenue. La notion de fichiers et leur manipulation devient transparente pour l'utilisateur.

Grâce aux services de GED, la donnée informatique sous forme d'écrits, de sons, de vidéo, d'images, de graphiques... est accessible via le réseau. Elle peut l'utiliser pour circuler à travers des cheminements prévus par des procédures (*workflow*).

Le terme Gestion Électronique d'Information et de Documents Existants (GEIDE) désigne, complémentairement, la récupération des archives de l'entreprise sous format électronique. Ces informations numérisées sont ensuite gérées dans une telle application. La scannérisation de l'information papier est désormais courante et les outils sont devenus très performants (reconnaissance de texte, de photos, de plans...).

3.3.3 Les services de base de données

Les bases de données autorisent l'utilisation d'informations électroniques sous forme structurée. Leur but est double :

- Proposer la saisie de renseignements dans un schéma prédéfini (par exemple dans les champs d'un formulaire).
- Permettre l'exploitation optimale de ceux-ci, classés dès la saisie.

Le stockage des données s'effectue le plus souvent au sein de bases centralisées. Des applicatifs dédiés permettent l'accès aux informations et leur exploitation (statistiques, recherches...).

Il existe plusieurs familles de Systèmes de Gestion de Bases de Données (SGBD). Par exemple, la gestion des systèmes de fichiers est souvent assurée par un tel service. Les annuaires informatiques reposent également sur une base de données, optimisée en lecture. Le langage standard pour effectuer des requêtes de lecture et d'écriture dans de telles bases est LDAP (*Lightweight Directory Access Protocol*).

La manipulation de données sous forme de tables, qui peuvent être dépendantes les unes des autres, est le propre des Systèmes de Gestion de Bases de Données Relationnelles (SGBDR), ou *Relational DataBase Management System* (RDMS). La programmation de requêtes standard s'effectue ici en langage SQL (*Structured Query Language*).

3.3.4 Les services d'impression

Ces services réseau permettent de contrôler et de gérer des périphériques d'impression (comme des imprimantes ou des télécopieurs).

Leur objectif est le partage de ces périphériques exclusifs afin de permettre une gestion cohérente des demandes de travaux d'impression tout en intégrant des règles de priorité et en prenant en compte les formats d'édition spécifiques.

La mise en place d'une file d'attente permet aussi de limiter le nombre global de périphériques d'impression, tout en autorisant un accès concurrent aux périphériques. En interne, les travaux envoyés à la file d'attente sont stockés sur disque sous forme de fichiers temporaires.

Certains périphériques sont chers, par exemple un traceur A0 en couleur. Le partage permet de les rentabiliser.

De plus en plus, le service de télécopie est intégré dans le réseau de l'entreprise ; il permet d'envoyer ou de recevoir des documents très facilement. Il entraîne une réduction considérable des temps d'attente pour l'envoi d'un fax grâce à la gestion d'une file d'attente. Il fait l'économie du document imprimé indispensable normalement : en effet, votre document est dirigé vers une imprimante fictive (le fax) et acheminé sous forme électronique vers le télécopieur du destinataire.

Aujourd'hui, de nombreuses grandes entreprises ont mené des projets de rationalisation des moyens d'impression, pour diminuer les coûts au maximum : on trouvera ainsi très souvent des imprimantes multifonctions ou *Multi Function Printer* (MFP) qui remplissent les rôles d'imprimante, photocopieur, fax et scan-to-mail (c'est-à-dire numérisation du document puis envoi à l'adresse de messagerie spécifiée).

Exemple d'imprimante multifonction "gros volumes"

3.3.5 Les services de messagerie et de travail collaboratif

La messagerie électronique regroupe le stockage, l'utilisation et l'envoi de données, y compris de type multimédia. Elle gère la communication asynchrone entre les utilisateurs ou les applications, avertissant de l'arrivée d'un message.

Elle s'est enrichie ces dernières années en messagerie unifiée, capable de gérer également les fax et services de répondeur vocaux.

Le groupware, dérivé de l'expression anglaise group processes/software tools est traduit par les expressions *travail collaboratif* ou *collaboriciel*. Ces services ajoutent à ceux déjà existants de la messagerie des outils pour faciliter le travail entre plusieurs employés, comme les agendas partagés, tâches, prises de notes, forums de discussion...

Les applicatifs de visioconférences évoluées ainsi que les systèmes de messageries instantanées sont venus s'ajouter aux fonctionnalités de groupware existantes.

De nouvelles fonctionnalités, telles que la Présence, permettent de simplifier la collaboration avec les autres personnes. Le protocole SIP (*Session Initiation Protocol*) permet de prendre en charge cette présence. Il est ainsi très simple de savoir si une personne est disponible, occupée, en réunion, à l'extérieur, mais aussi d'avoir des informations qu'elle aura laissées en cas d'absence :

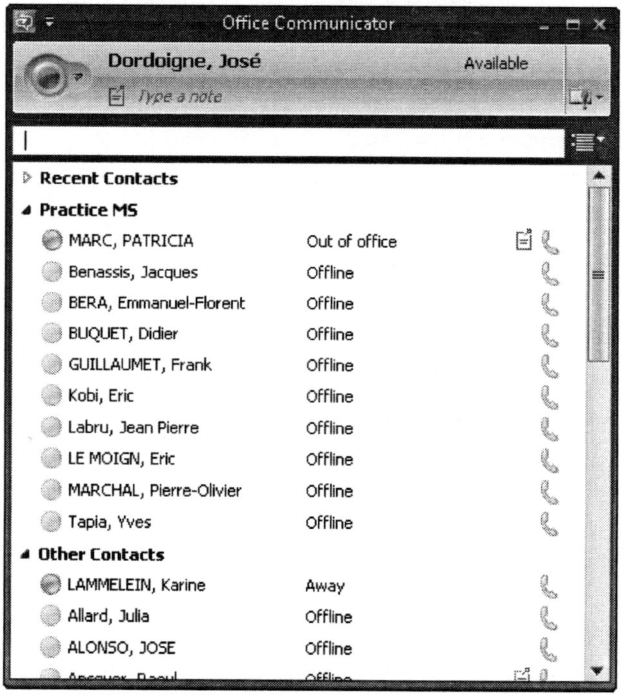

Exemple d'utilisation du client Office Communicator

3.3.6 Les services d'application

Ils permettent non seulement le partage des données mais aussi celui de la puissance de traitement. L'objectif principal est la spécialisation des serveurs en inter-réseau, de manière à répartir au mieux les tâches sur les machines les plus appropriées.

Supposons que vous vous connectiez en tant que client à un serveur qui contient un programme exécutable et que vous demandiez l'exécution du programme correspondant. Dans le cas d'un serveur de fichier, le fichier associé à ce programme est transféré à travers le réseau, chargé dans la mémoire vive du client puis exécuté sur le client.

Dans le cas d'un serveur d'applications, une communication d'égal à égal est établie entre le client et le serveur sous forme de messages (requête du client qui attend une réponse du serveur). Le client demande l'exécution d'un programme se trouvant sur le serveur (sous forme d'une requête) ; le programme est exécuté sur le serveur et le résultat renvoyé au client (sous forme d'une réponse). Ainsi, c'est le processeur du serveur qui travaille pour le client. C'est pour cela qu'un serveur d'applications nécessite surtout beaucoup de puissance de traitements (une machine monoprocesseur puissante, voire un multiprocesseur), contrairement à un serveur de fichiers qui nécessite beaucoup de mémoire vive (utilisée comme cache) pour transférer les données.

Depuis quelques années, on parle beaucoup de SaaS ou *Software as a Service* (application en tant que service). Ce concept, apparu avec des sociétés telles que Citrix, propose une approche des applications à la demande.

Plutôt que d'acquérir la licence d'un logiciel ou toute une infrastructure permettant de gérer un environnement, les entreprises vont plutôt payer la solution en fonction de l'utilisation : l'infrastructure pourra être externalisée et les licences logicielles louées en fonction des besoins. Il pourra s'agir d'un logiciel très spécifique et onéreux ou même d'applications bureautiques en ligne.

3.3.7 Les services de stockage

Les entreprises gèrent désormais des quantités d'informations (fichiers, documents et données) de plus en plus importantes. Le stockage des données et leur mise à disposition des utilisateurs sont devenus une problématique à part entière.

De nouvelles solutions qui permettent réellement de dédier des espaces de stockage performants et suffisants sont donc apparues. Quelque peu onéreux à leur début, ces systèmes ont su évoluer et sont dorénavant également intéressants pour des entreprises de petite taille.

Network Attached Storage (NAS)

Serveur NAS

Un serveur NAS s'intègre au réseau existant de l'entreprise au même titre que les autres serveurs (applications, base de données...). Il fournit des services comparables à ceux d'un serveur de fichiers mais reste généralement dédié.

On trouvera principalement les accès pour les services de fichiers Microsoft (CIFS ou *Common Internet File System*), UNIX (NFS ou *Network File System*) et HTTP (*HyperText Transfer Protocol*). Il est aussi souvent possible de créer des partages en FTP (*File Transfer Protocol*) et en AFP (*Apple File Protocol*), comme présenté ci-après.

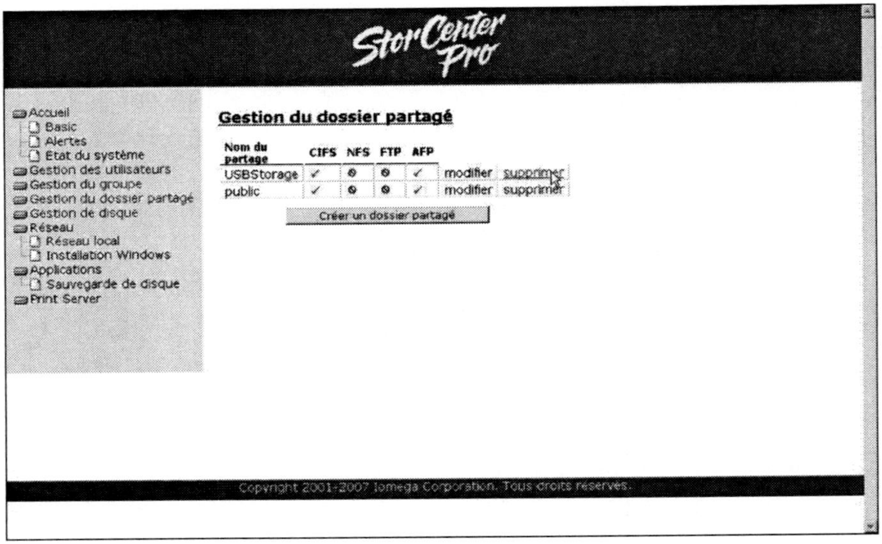

Configuration d'un NAS

Ainsi, il n'a pas besoin d'un processeur puissant ni de beaucoup de mémoire vive. Par contre, il embarque un espace de stockage conséquent, sécurisé par des solutions de type RAID dont nous reparlerons plus loin.

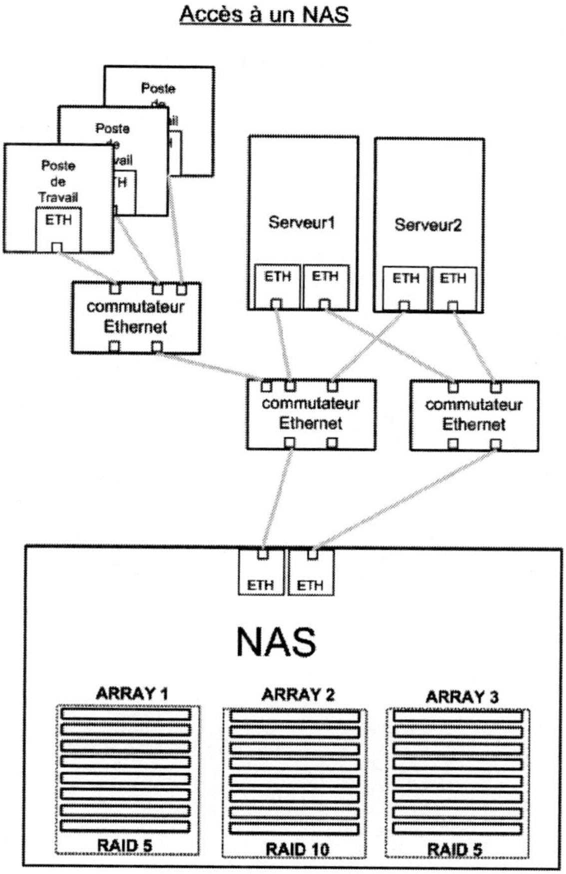

Son système d'exploitation peut être spécifique, tel que le propose Microsoft avec « Windows Storage ». Gérant plusieurs protocoles de communication, un serveur NAS sécurise l'accès aux ressources et assure un accès à travers le réseau, indépendamment du type de client.

Cette technologie présente différents avantages :

- Coût d'achat inférieur à un serveur de fichiers traditionnel.
- Augmentation de la sécurité des données liée aux redondances matérielles associées.

- Mise en œuvre simplifiée et réduction du temps d'administration des serveurs.
- Serveur universel au sein d'un réseau hétérogène.

Par extension, un serveur NAS peut servir de destination de sauvegarde et remplacer une unité à bandes. En effet, sa connexion directe au réseau de l'entreprise permet de le placer dans un bâtiment éloigné des autres serveurs, sécurisant ainsi les données sauvegardées sans manipulation de medium amovible.

Une autre exploitation possible de serveurs NAS peut être la mise en place de deux unités dans deux salles informatiques distantes. Par synchronisation permanente de leurs données, la redondance de l'information est ainsi assurée à un coût très raisonnable. Si l'un des serveurs tombe en panne, les utilisateurs peuvent continuer à travailler en allant chercher les données sur celui restant opérationnel.

Storage Area Network (SAN)

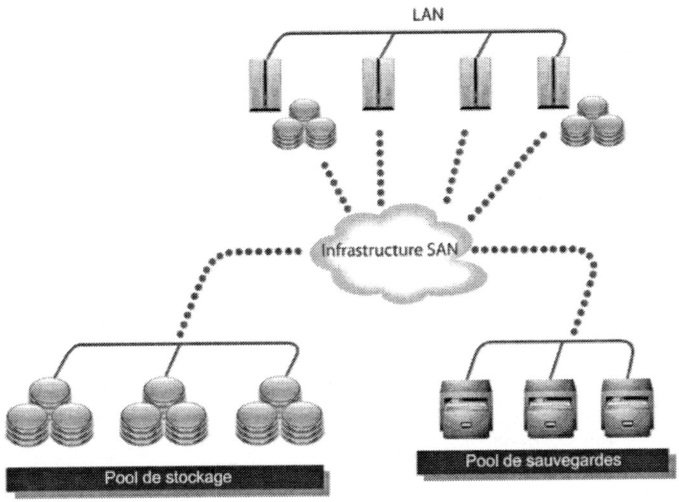

Dans un système SAN, un nouveau réseau dédié aux données est créé. Agissant en tant que réseau secondaire, il soulage le réseau principal de l'entreprise. En plus d'une capacité d'accès accrue, la sécurisation des données est améliorée.

Les serveurs de fichiers eux-mêmes sont reliés à cette infrastructure SAN. Ils s'interconnectent ainsi avec une à plusieurs unités de stockage, formant un pool dédié. Il est même possible de connecter des unités de media amovibles, voire des serveurs NAS (pool de sauvegarde).

Les unités de stockages sont des baies de disques qui offrent des capacités conséquentes et surtout évolutives. Il est ainsi possible d'y ajouter en exploitation des disques durs supplémentaires pour augmenter l'espace. Différentes redondances matérielles (disques durs, alimentation, connexion...), complétées parfois par des dispositifs d'alerte via Internet, offrent une assurance vis-à-vis des données.

Au sein de chaque baie de disques, l'espace de stockage disponible peut être divisé. Ainsi, il est possible de faire pointer chaque espace logique (LUN - *Logical Unit Number*) vers l'un ou l'autre serveur de fichiers. Ces derniers verront cet apport de stockage comme une unité de disque locale.

L'efficacité d'accès entre les pools et les serveurs de fichiers est améliorée par le fait de disposer d'un réseau dédié. Par contre, les technologies d'infrastructure SAN sont quelque peu différentes du réseau « classique ».

Pendant longtemps, le réseau secondaire SAN était composé de fibres optiques. Cette technique, encore utilisée dès que le réseau est conséquent, autorise des débits allant jusqu'à plusieurs gigaoctets par seconde (couramment 4 Gbps ou 8 Gbps).

Le SAN Fiber Channel (FC) est constitué d'un ensemble d'éléments :

- Un système de stockage, lui-même constitué de baies de disques physiques (SATA ou *Serial Advanced Technology Attachment*, SAS ou *Serial-Attached SCSI*, SSD ou *Solid State Drive*), découpées en volumes logiques (LUN ou *Logical Unit Number*).
- Des contrôleurs FC, permettant de restreindre l'accès d'une LUN particulière à une ou plusieurs connexions de serveur. Chaque connexion est définie au moyen du World Wide Name de la carte HBA (*Host Bus Adapter*) du serveur.
- Des cartes HBA connectent le serveur au réseau fibre (Fiber Channel). Au minimum, deux cartes sont utilisées pour assurer un minimum de tolérance de panne.

– Des commutateurs FC, qui sont utilisés pour construire le réseau d'interconnexion et ajouter les informations d'adressage aux messages FC échangés entre la source et la destination.
– Des fabrics permettent de regrouper plusieurs commutateurs qui ne seront vus que comme un seul.

Composants d'un SAN FC

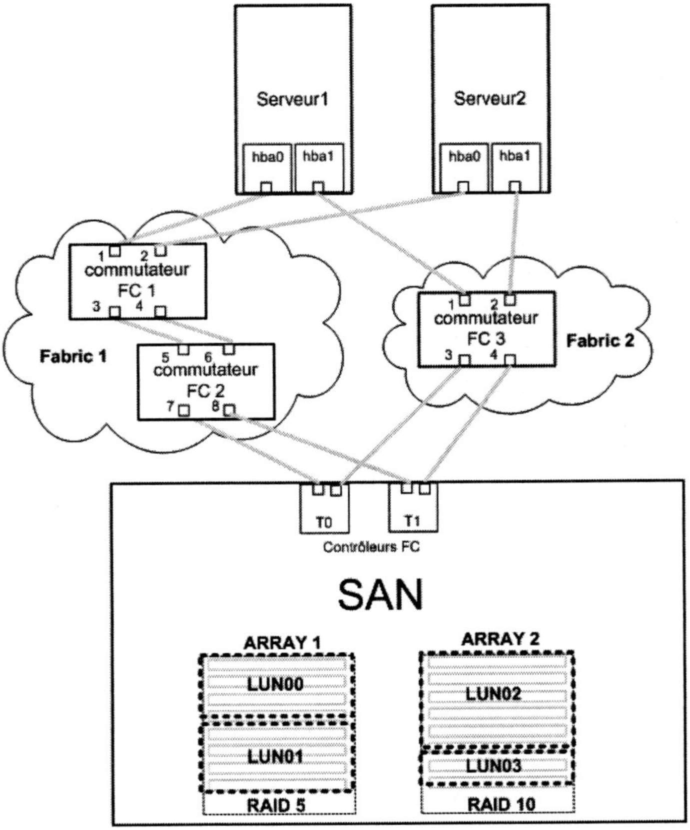

HBA : Host Bus Adapter
FC : Fiber Channel

Chaque HBA (*Host Bus Adapter*) dispose d'un nom unique ou **World Wide Name** (WWN) (appelé aussi WWID) qui est similaire à une adresse MAC. Ce WWN est défini sur 8 octets et attribué par l'IEEE en tant qu'identifiant unique (*Organizationally Unique Identifier*).

Il existe deux types de WWN :

- Pour un **nœud** (*World Wide Node Name* ou WWnN) typiquement une carte HBA ou un périphérique SAN, qui peut être partagé par certains ou par tous les ports d'un périphérique (ex. une carte HBA).
- Pour un **port** (*Word Wide Port Name* ou WWpN) qui est obligatoirement unique pour chaque port (ex. chaque port d'une carte HBA). C'est généralement le nom qui sera présenté pour la connexion à une fabric SAN.

Voici quelques exemples de WWN :

- 50:06:04:81:D6:F2:65:71 (sous-système disque EMC, l'identifiant EMC est '00:60:48' ; on ignore le premier symbole '5', et on prend les six symboles suivants).
- 10:00:00:00:c9:d8:e4:01 (carte HBA Emulex, l'identifiant Emulex est '00:00:c9' ; on ignore les quatre premiers symboles et on prend les six suivants).
- 21:00:00:e0:8b:08:18:02 (carte HBA Qlogic, l'identifiant Qlogic est '00:e0:8b').

Le premier symbole hexadécimal (champ *Name Address Authority*) codé sur 4 bits permet d'identifier le mode de découpage du WWN :

- '1', correspond à "IEEE standard" avec une décomposition 10:00 + ii:ii:ii + hh:hh:hh.
- '2' correspond à "IEEE extended" avec une décomposition 2 + h:hh + ii:ii:ii + hh:hh:hh.
- '5' correspond à "IEEE Registered Name" avec une décomposition 5 + i:ii:ii:i + h:hh:hh:hh:hh.

Où h est un symbole hexadécimal codé sur 4 bits et i représente l'identifiant de l'entreprise (*Organizationally Unique Identifier*).

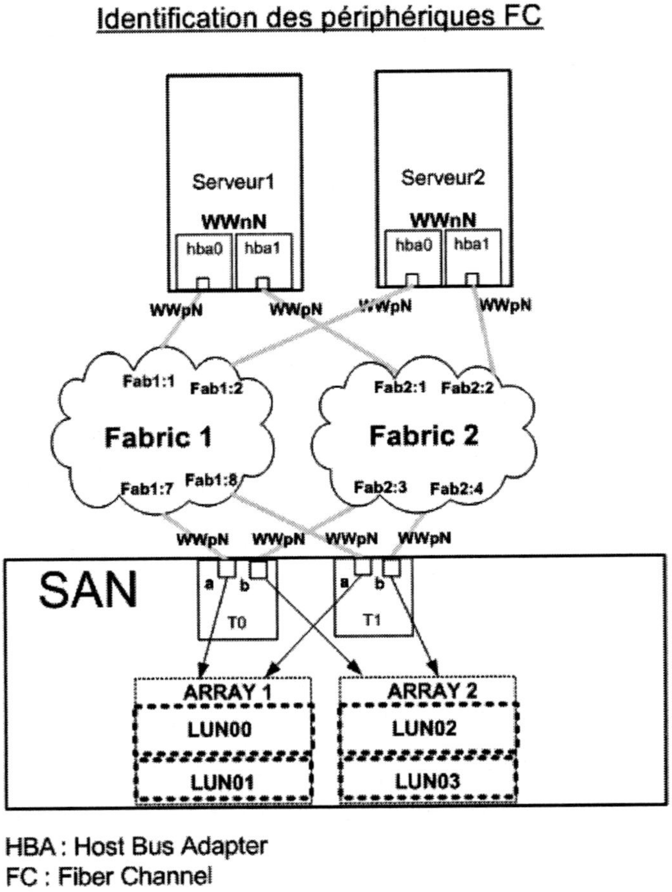

Ainsi, les chemins d'accès disponibles à la baie depuis le serveur sont :

Pour l'accès à la baie 1 (Array 1) :

- pour le Serveur1, hba0 -> Fab1:1 -> Fab1:7 -> T0:a
  ou hba0 -> Fab1:1 -> Fab1:8 -> T1:a

Remarque

Pour identifier les chemins potentiels, il est plus simple de partir de la baie et de remonter jusqu'au serveur concerné.

- pour le Serveur2, hba0 -> Fab1:2 -> Fab1:7 -> T0:a
  ou hba0 -> Fab1:2 -> Fab1:8 -> T1:a

Pour l'accès à la baie 2 (Array 2) :

- pour le Serveur1, hba1 -> Fab2:1 -> Fab2:4 -> T1:b
  ou hba1 -> Fab2:1 -> Fab2:3 -> T0:b
- pour le Serveur2, hba1 -> Fab2:2 -> Fab2:3 -> T0:b
  ou hba1 -> Fab2:2 -> Fab2:4 -> T1:b

Il existe plusieurs manières de permettre le contrôle d'une LUN par un hôte. On parlera de **zoning** pour définir cet accès, en énumérant tous les chemins disponibles entre un *initiator* et une *target* (cible). Un **zoning logiciel** réalisé sur un commutateur FC contrôlera la visibilité des LUNs en se basant sur les WWpN (d'un côté le port HBA d'un serveur, de l'autre le port de la carte contrôleur utilisée). Le **zoning matériel** s'appuiera quant à lui sur les identifiants des commutateurs (Domain ID), les numéros de ports mis en jeu, en entrée et en sortie d'une fabric.

iSCSI

Contrairement à la solution originelle basée sur le protocole FC qui impose l'utilisation de matériels dédiés onéreux (cartes HBA, commutateurs FC, etc.), une autre technique moins coûteuse a été standardisée en avril 2004 (RFC 3720 et 3721) : iSCSI ou *Internet SCSI*. L'objectif est de proposer de faire passer des commandes SCSI sur un réseau TCP/IP. La connectique et les commutateurs Ethernet peuvent être utilisés pour construire ce réseau. Bien que moins efficace que la solution FC basée uniquement sur de la fibre, les débits commencent à être très intéressants avec l'avènement de Ethernet 10 Gbps.

On trouvera par exemple des solutions de SAN iSCSI proposant des volumes modestes (1 à 16 To) à des tarifs très honorables :

SAN iSCSI

FCoE ou Fiber Channel over Ethernet

En juin 2009, FCoE a fait son apparition. Son objectif est de se positionner entre les deux mondes FC et iSCSI. FCoE propose une nouvelle classe d'accès Ethernet sans perte de packets (RFC 3643) avec une encapsulation directe dans Ethernet pour optimiser le débit et à des coûts moindre que la solution FC.

Différents types d'accès au SAN

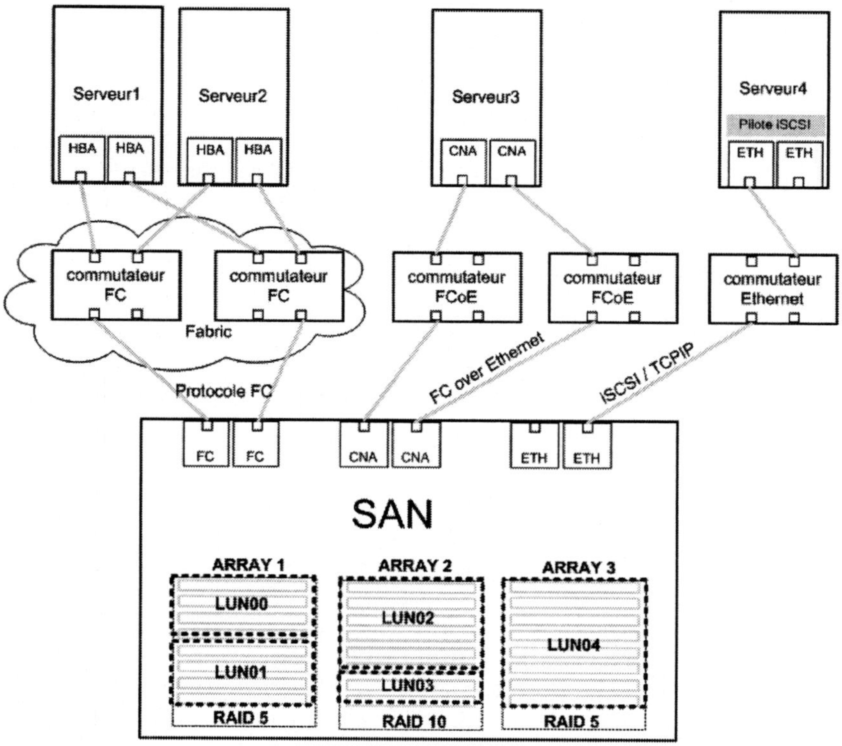

HBA : Host Bus Adapter
FC : Fiber Channel
CNA : Converged Network Adapter

3.3.8 Les services de sauvegarde

Déduplication

La déduplication des données est un mécanisme qui a quelques années, mais qui commence réellement à faire son apparition au sein des entreprises.

Évolution du volume de données

Le volume de données généré par les Systèmes d'Information ne cesse de croître à un rythme effréné. On estime à environ 30 à 50 pourcent cette croissance annuelle. Ces éléments tiennent compte des nouveautés apportées par les principaux outils bureautiques qui stockent maintenant leurs données de manière un peu plus optimisée. Par exemple la suite Microsoft, depuis Office 2007, utilise des fichiers XML et optimise ainsi le volume des fichiers obtenus. Le simple fait d'être passé d'une version Office 2003 à 2007 ou 2010 permet de générer des documents en moyenne deux à trois fois moins volumineux. Malgré ces nouveautés, le volume s'accroît inexorablement.

L'augmentation du volume entraîne des durées de sauvegarde de plus en plus longues. De plus, les applications deviennent de plus en plus critiques, ce qui contraint à une réduction des fenêtres de sauvegarde (plage horaire autorisée pour l'exécution de la sauvegarde).

Contraintes légales

Pour couronner le tout, les nouvelles mesures légales exigent bien souvent des durées de conservation bien supérieures à ce qui se faisait auparavant.

Le SI toujours plus critique

La criticité apporte également la nécessité de redémarrage rapide en cas d'incident majeur, exigeant des mécanismes de restauration optimisés. Ceci conduit les entreprises à progressivement se tourner vers du stockage de type disque pour la réalisation des sauvegardes, en lieu et place de supports de type bande magnétique, afin de minimiser la durée d'une restauration ; les supports magnétiques étant quant à eux relégués à l'externalisation ex situ des données.

Déduplication au niveau fichier

Son principe est d'éliminer les fichiers redondants sur un support. On trouvera par exemple, le système de messagerie de Microsoft (Exchange Server) qui utilisera ce mécanisme pour empêcher la duplication de fichiers. Ainsi, un e-mail envoyé avec une pièce jointe à 50 utilisateurs de la même organisation Exchange, ne verra la pièce jointe stockée qu'une seule fois. On parlera de stockage à instance unique ou *Single Instance Storage* (SIS). Ce mécanisme peut permettre d'atteindre des taux de réduction de 5 pour 1.

Déduplication au niveau fichier

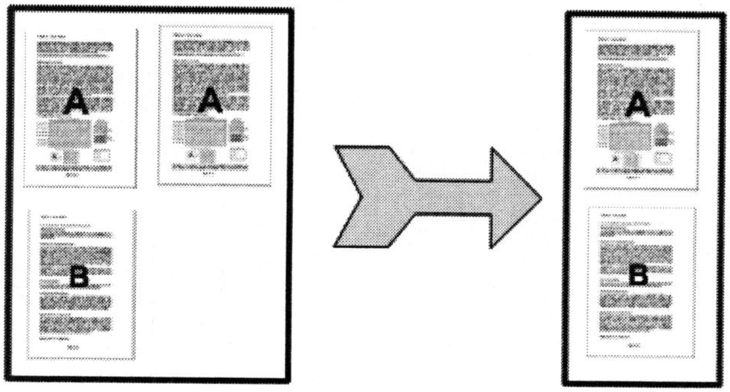

Déduplication au niveau bloc

Une autre approche beaucoup plus efficace est la déduplication au niveau bloc, c'est-à-dire au niveau d'un segment de fichier. Ainsi, les mêmes fichiers système seront présents dans toutes les sauvegardes complètes provenant d'un même système d'exploitation issu de machines différentes. Il est ainsi aisé de comprendre que la déduplication va être particulièrement efficace.

Ce type de déduplication peut admettre des taux de réductions de 20 pour 1.

Déduplication au niveau bloc

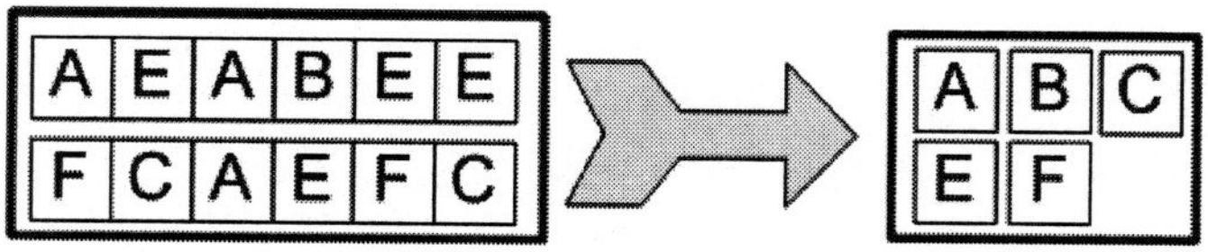

Déduplication au niveau octet

Il existe une troisième technique qui est, elle, basée sur les octets.

Déduplication au niveau octet

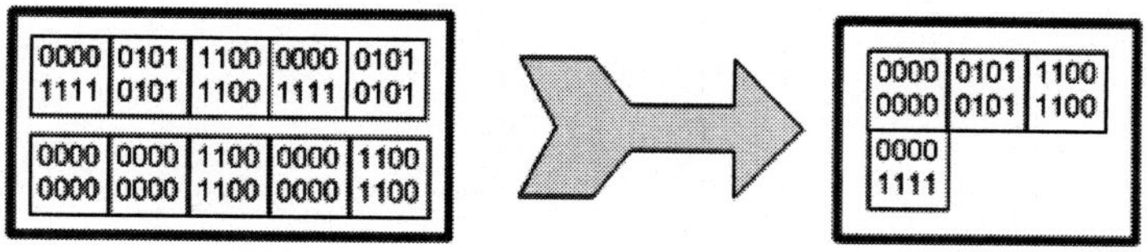

Déduplication à la cible

Ces contraintes ont naturellement conduit les éditeurs à proposer dans un premier temps des solutions basées sur l'optimisation des données une fois archivées, en s'appuyant sur un mécanisme dit de **déduplication à la cible**. En effet, le principe de sauvegarde reste le même que dans un mode de fonctionnement classique, mais une fois les données disponibles sur le support principal de sauvegarde, celles-ci sont analysées et optimisées en identifiant les blocs communs présents dans l'ensemble des jeux de sauvegarde réalisés. Ces blocs sont de longueurs variables et généralement compris entre 32 Ko et 128 Ko. Ainsi, si vous réalisez des sauvegardes complètes de vos systèmes (données comprises) en vous focalisant sur des systèmes d'exploitation identiques, le taux de déduplication sera extrêmement élevé pour la partie système (OS). De même, des données bureautiques de même type, provenant de la même application vont générer un taux de compression plus élevé.

Par exemple, imaginons que nous ayons six sauvegardes à réaliser. L'algorithme de déduplication va identifier les blocs communs et proposer la meilleure décomposition possible pour permettre une compression élevée. Lors d'une déduplication à la cible, l'algorithme sera en mesure d'identifier les meilleurs blocs parmi l'ensemble des sauvegardes déjà réalisées. Le support de sauvegarde conservera ainsi l'ensemble des blocs dupliqués, ainsi que les index référençant les blocs utilisés.

Fonctionnement de la déduplication en mode bloc

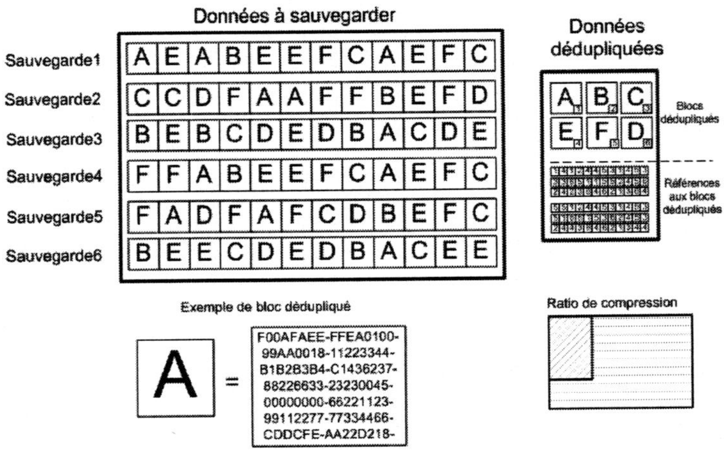

De même, la multiplication des sauvegardes complètes n'aura normalement pas plus d'impact que des sauvegardes différentielles. Même si cette solution réduit considérablement le besoin en matière de volume archivé nécessaire, les opérations de sauvegarde restent les mêmes.

Des solutions reposant sur des VTL (*Virtual Tape Library*) utilisent généralement ce type de mécanisme en remplaçant les bandes par des disques, sous la forme de bande virtuelle. La gestion en mode disque permet de réaliser après coup des opérations de déduplications, impossibles sur des bandes physiques.

Déduplication à la source

D'autres éditeurs ont poussé le raisonnement encore plus loin, en proposant une solution prenant en compte la déduplication dès la source. L'avantage principal de cette approche repose sur la non transmission des données globales via le réseau mais uniquement des blocs dédupliqués. A contrario, l'algorithme de déduplication de blocs anticipe les blocs communs avant même d'avoir l'ensemble des sauvegardes à disposition. L'efficacité en résultant est donc moindre puisque la base du référentiel de blocs est moins étendue.

Avamar (rachat par EMC), Simpana (CommVault), Veeam Backup (VEEAM) proposent des solutions basées sur la déduplication à la source.

3.3.9 Les protocoles de réplications entre baies

Dans une configuration où l'on recherche la tolérance de panne, dès lors que l'on met en œuvre une solution avec deux serveurs redondants, on va naturellement chercher à assurer également la tolérance de panne aux données associées (base de données ou données associées à un service). Pour cela, dès lors que l'on a opté pour une solution de type NAS ou SAN intégrant des composants redondants (alimentation, disques RAID, réseau redondant, contrôleurs doublés), on va pouvoir enrichir la solution, en proposant une réplication des données sensibles en tâche de fond vers une autre salle.

On utilisera pour cela des outils complémentaires fournis par les éditeurs de baies informatiques, moyennant licences complémentaires.

La solution complète, serveurs redondés (clusters) et données répliquées (GéoCluster de données) permettra de disposer d'une réelle solution de tolérance de panne en proposant un redémarrage, avec interruption de service, mais sans perte de données, suivant le mode de réplication mis en œuvre.

Le premier mode **synchrone**, assure la synchronisation des mises à jour quasi simultanées entre les baies : toute mise à jour de la première baie se fait en garantissant la même mise à jour sur la seconde. En cas de problème, mis à part le temps de redémarrage, les données répliquées dans la seconde salle sont identiques à celles de la première. L'inconvénient majeur est que ce mode exige des délais de latence entre salles extrêmement faible, en n'autorisant que des connexions de type Fiber Channel. Les distances possibles se limitent ainsi à quelques dizaines de kilomètres. S'agissant de deux bâtiments situés sur un même site, la solution est particulièrement intéressante.

Le mode **asynchrone** autorise quant à lui plus de souplesse dans le fonctionnement avec une désynchronisation possible et un délai de latence autorisé plus élevé. Il est ainsi possible de s'appuyer sur un réseau IP existant et ainsi autoriser des distances quasi illimitées. Étant donné ce décalage dans les mises à jour en tâche de fond, en cas de sinistre, il sera nécessaire de procéder à une adaptation des données pour ne prendre en compte que les opérations qui ont effectivement été répliquées sur la seconde baie. Ce mécanisme de nettoyage est pris en charge par les gestionnaires de base de données utilisés en se basant sur le journal des transactions.

■ Remarque

Certains logiciels de gestion de cluster peuvent également proposer des fonctionnalités de réplication entre baies (ex. HACMP ou High Availability Cluster MultiProcessing solution Cluster proposée par IBM sous UNIX AIX).

Les principaux produits de réplication entre baies sont les suivants. Tous ces produits gèrent à la fois le mode de réplication synchrone et asynchrone :

- SRDF ou *Symmetrix Remote Data Facility* de EMC permet la réplication et la restauration des baies Symmetrix.
- PPRC ou *Peer-to-Peer Remote Copy* de IBM.
- Continuous Access EVA gère la réplication entre baies EVA 3000 ou 5000.

– TrueCopy Remote Replication de HDS (*Hitachi Data Systems*) associé à ShadowImage permet de faire une réplication synchrone couplée avec deux réplications asynchrones sur sites distants.

3.3.10 WAFS et compression de flux

Depuis quelques années, les entreprises fonctionnant en modèle agence (*branch office*) ont dû faire face à des approches contradictoires : mettre en œuvre une solution de stockage local sur les sites distants ou recentraliser les données sur les sites centraux.

Utilisation d'appliances pour la compression de flux

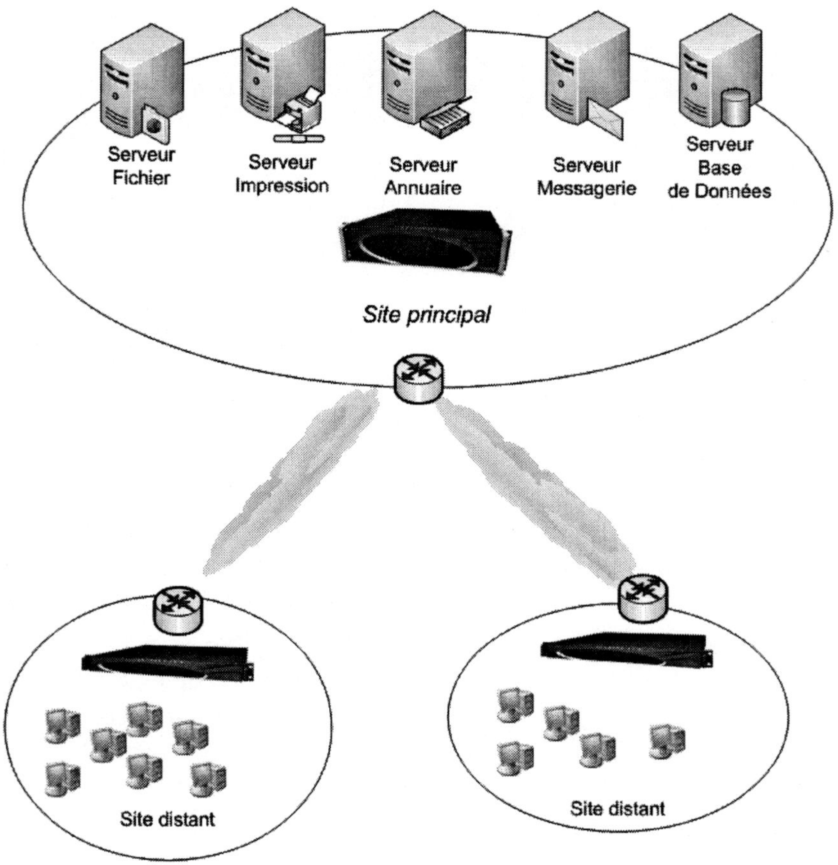

Du fait des interactions entre les sites centraux et les sites distants, des bandes passantes WAN limitées (même si les débits ont considérablement évolué), le choix n'est pas toujours facile à trancher. Une solution complémentaire au choix de données centralisées est l'utilisation de boîtiers compresseurs de flux.

Des solutions dédiées aux services de fichiers et d'impression ont vu le jour : les boîtiers de type WAFS (*Wide Area File Services*).

Les boîtiers WAFS ont hérité des fonctionnalités des boîtiers de compression de données des années 2000 ainsi que des équipements prenant en compte la gestion de priorité (QoS ou *Quality of Service*).

Ces boîtiers effectuent aussi des accélérations de nombreuses applications basées sur la couche transport TCP afin d'éviter les retransmissions inutiles en gérant un cache.

Cette solution offre de nombreux avantages :

- Compression des données : une déduplication des données applicatives, transitant dans des connexions TCP ou des échanges UDP, est mise en œuvre. Les données sont analysées au niveau octet, afin de s'assurer que seules les données non redondantes sont transmises sur le réseau.
- Transparence : ce type de solutions permet de simuler des serveurs de fichiers sur les sites distants de manière transparente pour les utilisateurs, et ce, avec peu de latence.
- Mise à disposition des modifications : les fichiers sont accessibles localement en s'appuyant sur un cache et lorsque des modifications surviennent, seuls les nouveaux changements sont effectivement répliqués (au niveau octets).
- Verrouillage des fichiers : lorsqu'un utilisateur ouvre un fichier en modification, seul l'accès en lecture seule sera possible pour tout autre utilisateur voulant accéder à ce même fichier depuis un autre site.
- Accès aux versions antérieures : grâce à l'utilisation de snapshots (copies instantanées) sur le serveur primaire, il est possible d'avoir accès aux versions précédentes d'un fichier à partir de n'importe quel site distant.
- Ajout en temps réel : lorsqu'un utilisateur ajoute un nouveau fichier à partir d'un site, il est immédiatement visible sur tous les sites, même si le contenu n'est effectivement téléchargé qu'ultérieurement.

– Haute disponibilité : lorsqu'un problème survient dans l'infrastructure WAFS déployée, une resynchronisation est opérée pour prendre en compte toutes les modifications qui ont eu lieu au niveau des différents caches présents sur les sites.

Remarque

Les principaux acteurs sont Nortel, Brocade, Cisco, Packeteer ou Riverbed.

3.4 Virtualisation

3.4.1 Introduction

La recherche permanente de rationalisation, visant à diminuer le coût de possession tout en recherchant toujours de meilleurs niveaux de services, a naturellement conduit à la généralisation de la virtualisation des environnements. Le constat premier qui a conduit à la virtualisation était que sur des serveurs, les ressources sont, la quasi-totalité du temps, sous-utilisées (mémoire vive, processeur, disque, réseau). Un des objectifs premiers est d'optimiser l'utilisation de ces ressources, en proposant, dans les environnements virtualisés les plus élaborés, une allocation dynamique (à la demande) de celles-ci.

Déjà présente dès les années 70 avec les MainFrame, la virtualisation fait maintenant partie intégrante des architectures x86.

3.4.2 Quelques notions de virtualisation

Les tout premiers environnements virtualisés portaient sur des systèmes d'exploitation Serveur. Aujourd'hui, des solutions de virtualisation centralisées pour les postes de travail se généralisent : on parlera de VDI ou *Virtual Desktop Infrastructure* (terme initialement introduit par VMware). On trouve aussi des solutions portant sur la **virtualisation des applications**.

De manière générale, qu'il s'agisse d'environnement poste de travail ou serveur, on parle de **virtualisation de système d'exploitation**.

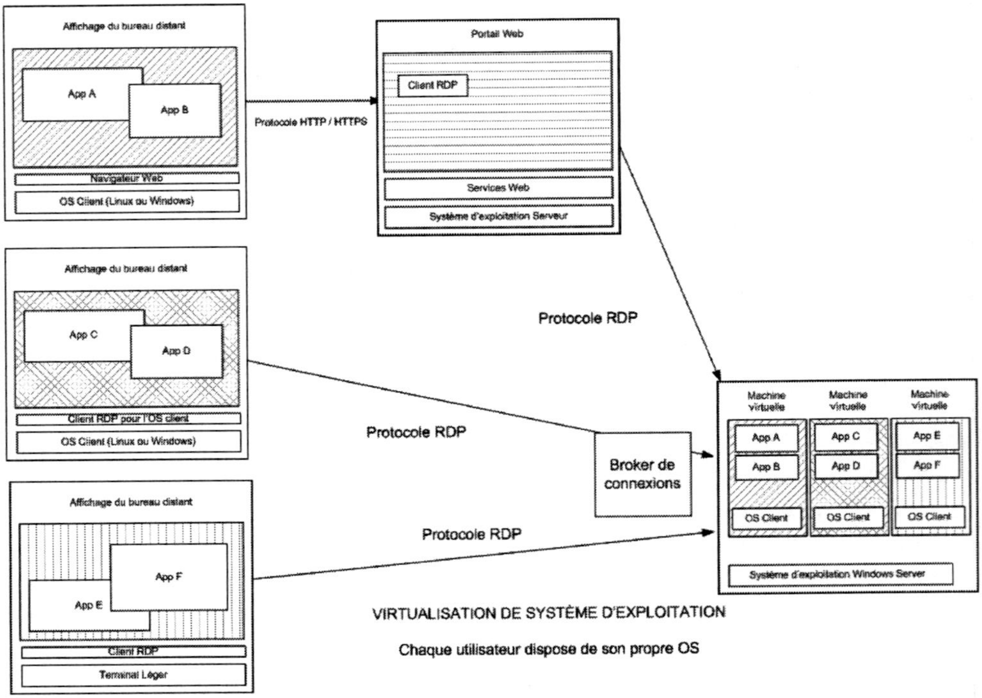

L'accès aux postes de travail virtualisés passe par un **Load Balancer** (répartiteur de charge) encore appelé **Broker de sessions**.

Remarque

Les acteurs principaux sur ce domaine sont VMware VIEW qui s'appuie sur vSphere, Citrix XenServer ou encore Microsoft Hyper-V.

Il existe aussi des versions gratuites pour émuler un environnement virtuel sur un poste de travail (mode maquette) : Sun Virtual Box, Microsoft Virtual PC ou encore VMware Server.

Dans ce mode, la différence principale avec le VDI est que l'émulation du système se fait sur le même poste.

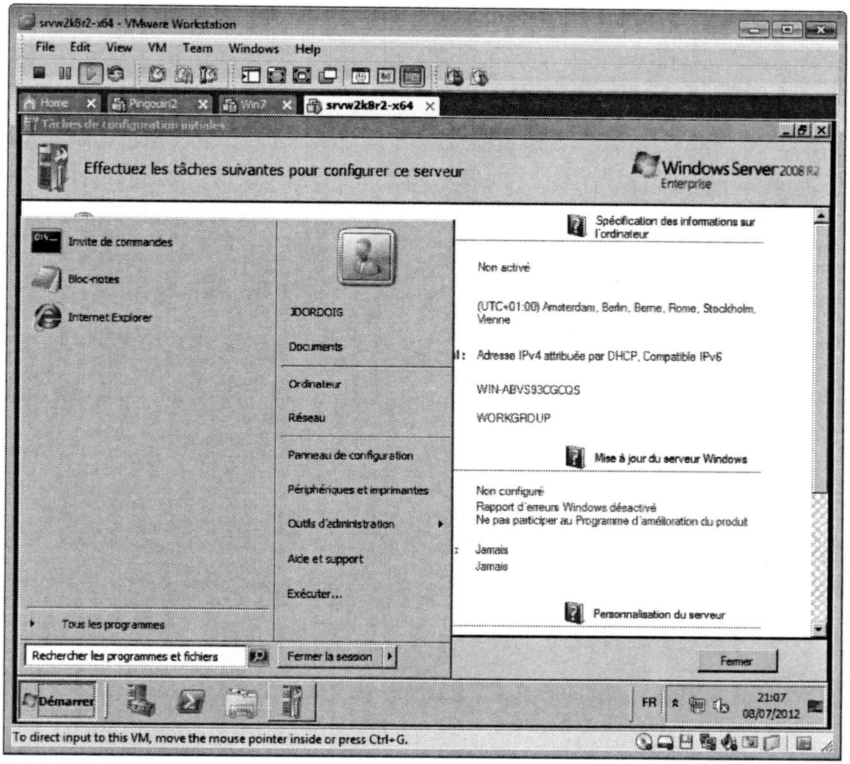

Exemple d'un système serveur virtualisé sur un poste de travail

Le terme **virtualisation de session** est également utilisé pour aborder l'exécution d'application sur des serveurs en mode présentation : l'application s'exécute sur un serveur distant et s'affiche sur le poste de travail en apparaissant complètement intégrée au bureau de l'utilisateur.

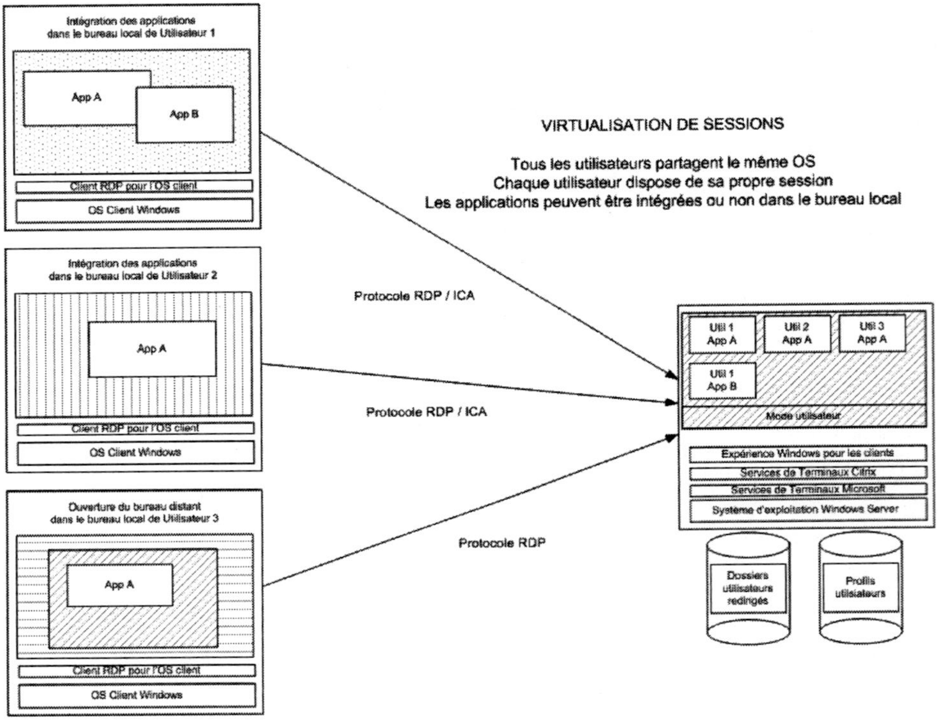

La **virtualisation d'applications**, quant à elle, désigne une solution où l'application est packagée dans un environnement isolé et mise à disposition sur les postes de travail, en général par Streaming. Cette application n'est pas à proprement parler installée sur le poste mais s'exécute bien sur celui-ci.

Remarque

Plusieurs solutions sont disponibles, comme VMware ThinApp, Microsoft App-V, Symantec Endpoint Virtualization Suite (anciennement nommé Altiris SVS) ou Citrix XenApp.

On parle aussi parfois de **virtualisation de profils** pour sous-tendre l'idée de redirection automatique des données de l'utilisateur ou de la mise en œuvre des profils itinérants (un utilisateur récupère son environnement personnalisé ainsi que ses données à partir de n'importe quel poste).

3.4.3 Solutions de virtualisation types

Pour illustrer les différentes combinaisons possibles, nous allons nous concentrer sur quelques scénarios d'utilisation :

- Les postes clients sont disponibles à la demande au travers du réseau.
- Les applications sont disponibles à la demande et publiées automatiquement sur les postes de travail.

Les postes clients sont disponibles à la demande via le réseau

On utilisera normalement des Terminaux Légers (TL), ou *Thin Client* (TC), pour se connecter à un OS client s'exécutant sur une infrastructure serveurs :

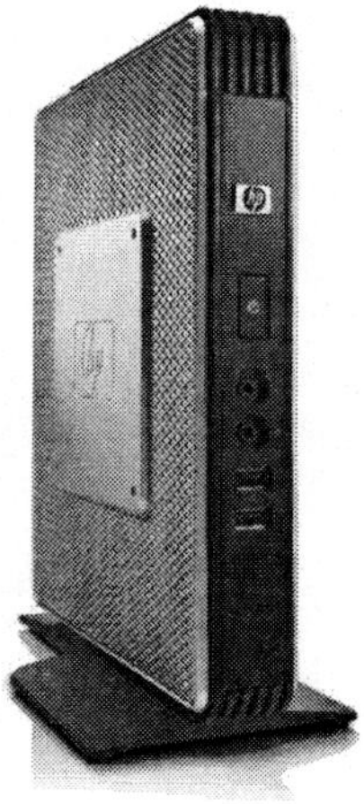

Terminal léger

Dans certaines entreprises, pour augmenter la durée de vie des postes de travail et limiter les coûts, certains OS client obsolètes seront convertis en terminaux légers pour l'accès au nouvel OS client hébergé en mode VDI. On prendra par exemple une solution à base d'OS Linux, nécessitant moins de ressources et moins sujette aux virus et on installera un client spécifique (client Microsoft RDP (*Remote Desktop Protocol*) ou client Citrix ICA (*Independent Computing Architecture*)).

Les applications sont disponibles à la demande et publiées automatiquement sur les postes de travail

Pour la mise à disposition des applications à la demande, on parlera de *Software As a Service* (*SaaS*).

Il existe principalement deux approches pour la mise à disposition des applications à la demande :

- Applications accessibles en mode virtualisation de session.
- Applications accessibles en mode virtualisation d'application.

La **virtualisation de session** est utilisée depuis de nombreuses années et a vu son succès grandir autour des technologies Terminal Services de Microsoft (aujourd'hui nommées Remote Desktop Services avec Windows Server 2008 R2) combinées à Citrix.

Ces technologies reposent sur un mode de fonctionnement suivant lequel les applications s'exécutent sur le serveur dans un contexte de profil utilisateur en mode non privilégié. Dans ce type d'approche, les applications doivent pouvoir fonctionner dans un mode multi-utilisateurs, c'est-à-dire en partageant une partie commune en lecture seule et en isolant une partie spécifique dédiée à la lecture/écriture (partie personnalisable de l'utilisateur).

En général, les données utilisateur sont mises à disposition au sein du profil au moyen de mappage réseau.

Finalement, l'application qui s'exécute au sein d'un profil utilisateur situé sur un serveur est affichée sur le poste client de manière complètement intégrée au bureau.

Remarque

La solution qui a surtout fait connaître cette technologie est Citrix PNA (Program Neighborhood Agent). À noter que Citrix utilise son propre protocole : ICA.

Remarque

Depuis Windows Server 2008, Microsoft propose également une solution similaire avec intégration dans le bureau local de l'utilisateur de l'application qui s'exécute sur le serveur.

La **virtualisation d'applications** désigne une solution où l'application est packagée dans un environnement isolé et mise à disposition sur les postes de travail, en général par Streaming (protocole RTSP - *Real Time Streaming Protocol* ou RTSPS - sécurisé). Dans ce mode, l'application apparaît immédiatement disponible sur le poste de travail (présence d'un raccourci) dès lors que l'utilisateur a été placé dans les groupes de sécurité correspondants (de même qu'avec la virtualisation de session).

Remarque

VMware peut s'appuyer soit sur PCoIP (PC over IP) pour compresser les données avant de les envoyer, soit sur un protocole de streaming.

À la première tentative d'exécution, l'application est initialement téléchargée en mode streaming sur le poste de travail et est ensuite exécutée sans avoir été installée. On peut configurer le cache du poste de travail pour permettre à l'application de s'exécuter en mode hors connexion. Ainsi, contrairement à une solution de virtualisation de session, il est possible de travailler avec l'application sans avoir de connexion réseau active en permanence.

La plupart des solutions existantes proposent une version avec agent sur le poste de travail.

Remarque

Plusieurs solutions sont disponibles comme VMware ThinApp, Microsoft App-V, Symantec Endpoint Virtualization Suite (anciennement nommé Altiris SVS) ou Citrix XenApp.

Il est aussi possible de combiner la virtualisation d'application dans un mode virtualisation de session : un client dédié à la virtualisation d'application est publié sur le serveur de terminaux. Au moment de sa première sollicitation, le package de l'application virtualisée sera alors téléchargé sur le serveur de terminaux puis affiché sur le poste de travail de l'utilisateur.

3.4.4 Synthèse des technologies de virtualisation

Virtualisation de session

Examinons **les principaux enjeux** relatifs à la virtualisation de session.

Il s'agit en particulier de permettre :

- La mise à disposition des applications à la demande.
- La centralisation de la gestion des applications.
- La personnalisation de l'environnement pour l'utilisateur et ce, sans avoir nécessairement d'adhérence avec le poste de travail.
- La solution obtenue doit permettre de disposer d'une grande flexibilité.

Les principaux avantages autour de cette solution sont :

- Si toutes les applications sont déployées en utilisant cette solution, il n'y a plus d'installation sur le poste et le poste est ainsi banalisé. Les interventions sont réduites au minimum. Il est par exemple possible de mettre à jour une application en une seule fois pour une répercussion sur l'ensemble des sessions.
- Cela permet ainsi de disposer de masters simplifiés où le paramétrage et l'affectation d'applications passent simplement par l'appartenance à des groupes de sécurité.
- Le poste s'en trouve ainsi fiabilisé.

À l'opposé, il faut aussi prendre en compte un **certain nombre d'inconvénients** :

- Il faut gérer les problèmes de cohabitations éventuelles des applications sur les serveurs de sessions.
- Le réseau est un élément crucial, sa fiabilité doit être éprouvée.
- Suivant les solutions proposées, il n'est pas toujours possible de travailler en mode déconnecté : depuis VMware View 4.5, il est possible de travailler temporairement en mode déconnecté puis de resynchroniser son profil à la reconnexion.

– Il faut prendre en compte les flux d'impression qui peuvent avoir un impact non négligeables sur le réseau.

Virtualisation d'applications

L'un des principaux **enjeux** recherchés est la réduction des coûts de gestion des applications. Pour cela, un des éléments importants est la réduction très sensible de la durée des tests préalables au déploiement d'une application.

L'application s'exécutant dans une « bulle », il n'y a plus de conflits entre elle et les autres applications s'exécutant sur le même poste.

La plupart du temps, l'effort pour repackager une application (recréer le package à partir duquel l'application sera déployée) est minime, voire inutile.

Voyons quels sont les **avantages** associés.

- Il est possible de faire cohabiter plusieurs versions d'une même application sur un même ordinateur (par exemple Access 2.0, Office XP, Office 2010 ou encore IE6 et IE8 !).
- La mise à niveau d'une application ainsi que le retour à une ancienne version sont extrêmement simplifiés.
- Le mode déconnecté est pris en charge grâce à l'utilisation d'un cache.
- Dans certains cas, il est possible de créer un seul package pour le déploiement d'une application sur plusieurs OS différents.

Il existe cependant des **inconvénients** :

- Dans un mode de fonctionnement normal, le réseau est un élément central même s'il est possible de gérer un mode déconnecté.
- Le packaging de l'application n'est pas toujours aisé. Il n'est pas simple d'embarquer dans une bulle applicative plusieurs applications qui doivent pouvoir communiquer les unes avec les autres.

La virtualisation du poste de travail (VDI)

Le principal **enjeu** est de réduire les coûts de possession du poste.

Le poste de travail est mis à disposition en tant que service.

Il s'agit de sécuriser l'environnement de l'utilisateur (il est posible d'empêcher toute donnée de sortir de l'entreprise).

Un des objectifs est de disposer d'une architecture cible dynamique et évolutive.

La solution permet de prendre en charge les évolutions de manière centralisée et simplifier les évolutions des OS.

Les principaux **avantages** associés sont :

- Le poste de travail est mis à disposition en tant que service avec un niveau de service élevé pouvant intégrer un PRA.
- Les coûts de gestion sont minimisés avec ce genre de solution, en particulier lorsqu'il s'agit de faire des mises à jour ou des évolutions (surtout dans le cas de l'utilisation d'une solution matérielle de type Client Léger).

En revanche, il faut prendre en compte les **inconvénients** suivants :

- Les impacts liés aux flux d'impression peuvent être extrêmement élevés.
- La solution est coûteuse en termes d'acquisition de licences et dispose d'un seuil de rentabilité élevé ; il est recommandé d'utiliser un client léger afin d'éviter de doubler le coût de gestion du poste de travail et de multiplier l'acquisition des licences du poste de travail.
- Il est préférable d'utiliser des technologies de déduplication pour améliorer le retour sur investissement.

Remarque

Par exemple, VMware utilise des solutions Mode lié ou Clone lié pour permettre de générer dynamiquement des configurations à partir de modèles prédéfinis très simplement.

3.5 Cloud computing

Le cloud computing, littéralement "l'informatique dans les nuages", fait référence à l'utilisation des capacités de calcul et de stockage des ordinateurs répartis dans le monde entier et accessible en mode privé ou public (via Internet).

Il s'agit d'une approche qui vise à louer (plutôt qu'à acheter) certaines fonctionnalités logicielles ou matérielles issues de l'environnement informatique : ainsi on pourra mettre en place une suite collaborative ou une solution d'archivage en externalisant complètement les serveurs et les capacités de stockage. Des outils seront mis à disposition de l'entreprise utilisatrice pour lui permettre d'administrer au minimum l'environnement qu'elle loue.

De la même manière qu'on utilise les services de supercalculateurs pour réaliser des calculs très exigeants en matière de ressources, on va pouvoir louer les services d'infrastructures à la demande, en fonction des besoins.

Les technologies de virtualisation rentrent pleinement dans cette approche et permettent d'intégrer une dynamique dans la mise à disposition à la demande des ressources.

L'usage de l'infrastructure informatique est considéré comme un service ; cela signifie que l'entreprise utilisatrice va pouvoir utiliser uniquement la puissance dont elle a besoin et à la demande. Il est ainsi possible d'étendre facilement le système d'information et ainsi d'optimiser les coûts liés à la maintenance de l'infrastructure (intégrés dans le coût de location).

On identifie trois grandes catégories permettant de classer les acteurs du cloud :

- IaaS ou *Infrastructure as a Service* qui met à disposition de la capacité de stockage ou de la puissance de calcul.

  Ces fournisseurs garantissent aux clients directs ou aux autres acteurs du cloud la mise à disposition d'une infrastructure réseau ou de stockage dynamique (flexible et automatisée).

  Exemple : Amazon, Microsoft, IBM, Orange, OVH.

Datacenter de Microsoft à Dublin

- PaaS ou *Plateform as a Service* correspond à la mise à disposition des plateformes de développement à des fins de tests ou pour la gestion en production, d'un environnement de développement.

  Exemple : Microsoft avec Windows Azure, Google App Engine dans le cas de Google ou encore Force.com avec Salesforce.

Google App Engine

- SaaS ou *Software as a Service* identifie des logiciels mis à disposition par des éditeurs qui vont cibler tout type d'entreprise et principalement les PME. Le SaaS est la catégorie du cloud qui génère le plus de profit.

Les domaines les plus représentés sont :

- Les applications collaboratives.
- Les applications RH.
- Les CRM (gestion de la relation clients).
- La finance.
- Les ERP (planification des ressources en entreprise).

Pour les éditeurs, le cloud constitue un enjeu majeur, pour lequel il ne faut surtout pas rater le virage. Le fait d'introduire un abonnement à des logiciels permet aux éditeurs de proposer des tarifs plus attractifs, tout en garantissant des revenus récurrents.

De plus, le mode cloud nécessite l'introduction de services complémentaires permettant à l'entreprise utilisatrice une autogestion ainsi que des modes de fonctionnement complètement automatisés pour la mise à disposition.

La transition vers le cloud va nécessiter dans certains cas des compétences particulières apportées par des acteurs spécialisés sur le *Business Process Outsourcing* ou BPO pour aller vers une solution éditeur de type SaaS. Ces acteurs peuvent prendre en main la plupart des processus métiers comme les achats, la gestion de la relation client, ou encore les ressources humaines ou la paie.

Plusieurs grosses entreprises ont annoncé officiellement leur intérêt pour le cloud :

- Sun Microsystems a annoncé vouloir virtualiser l'ensemble de ses centres de calculs d'ici à 2015, en hébergeant chez des tiers.
- EMC, qui a racheté Pi Corporation, s'est engagé dans des stratégies de rachat pour proposer des offres cloud de type IaaS.
- HP propose déjà un service d'impression en mode cloud, le CloudPrint.

4. Plan de Continuité d'Activité

L'entreprise utilise l'informatique pour stocker des données parfois sensibles. Il est important d'en assurer la protection, que ce soit lors des stockages ou dans leur mise à disposition.

La disponibilité permet d'assurer un service en toutes circonstances. Elle nécessite la mise en œuvre de solutions de fiabilisation des services ainsi que des stockages.

Les principes de confidentialité sont importants, ils protègent la visibilité des données. Les calculs d'intégrité permettent, quant à eux, de préserver des pertes d'information. Nous reviendrons plus en détail dans le chapitre Principes de sécurisation d'un réseau sur ces notions.

4.1 Disponibilité

4.1.1 La fiabilisation lors du stockage

Redondance des données

Il est possible de mettre en œuvre une redondance de moyens pour assurer une tolérance de panne à travers une duplication des données sur les disques durs. Certaines des solutions *Redundant Array of Inexpensive Disks* (RAID), ou ensemble redondant de disques indépendants, le permettent.

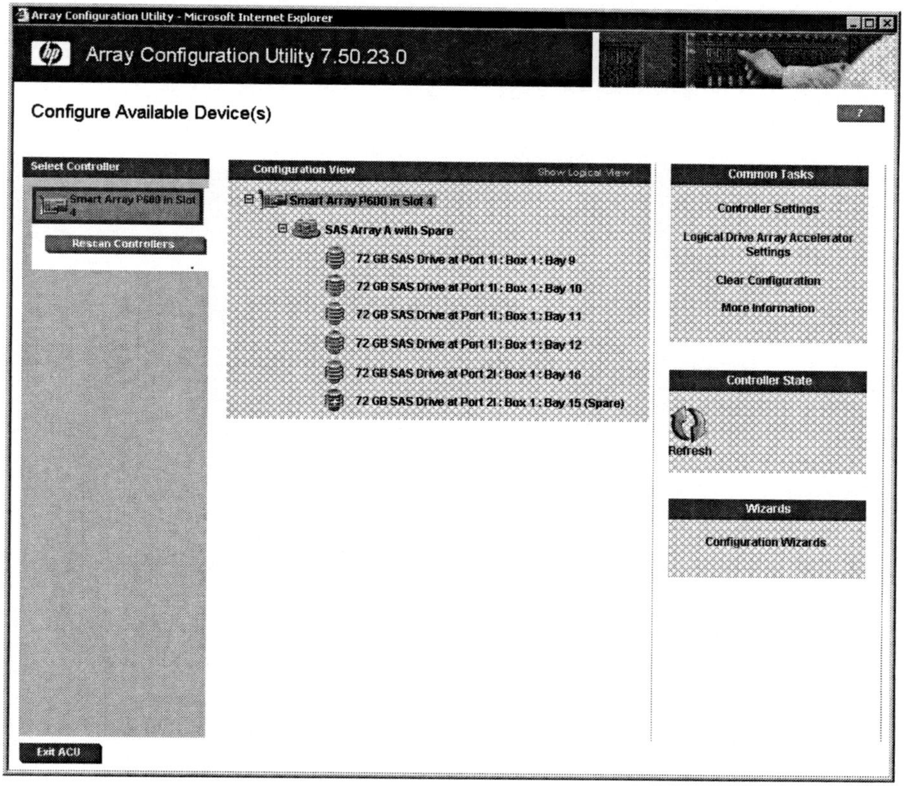

Utilitaire de configuration HP

Protection électrique

Il est également parfois nécessaire de protéger électriquement les machines sensibles du réseau (serveur, équipement d'interconnexion...) contre les pics de tension ou les coupures électriques. Pour cela, des onduleurs (UPS - *Uninterruptible Power Supply*) agissent comme filtre de tension. Ils permettent également de suppléer l'alimentation principale en commutant la source d'alimentation du matériel relié sur une batterie.

Onduleur

Système de fichiers transactionnel

Ce système de transaction est soit explicitement mis en place au niveau du système de fichiers (comme sur Novell Netware), soit implicitement ; c'est par exemple le cas, avec Linux (ext4) et Windows (NTFS).

On peut également citer JFS (*Journaled File System*) disponible avec IBM AIX ou ZFS (*Z File System*) présent sous Sun Solaris.

Intégrité des données et CRC

Les systèmes de fichiers mettent en œuvre un mécanisme de calcul d'intégrité des données stockées, à travers des codes de redondance cyclique (CRC - *Cyclic Redundancy Check*).

Le point de départ d'un calcul de CRC est un polynôme générateur dont la valeur binaire est connue, par exemple les 17 bits 10001000000100001 pour un CRC sur 16 bits. Un calcul est effectué à partir de ce polynôme et des bits à vérifier. Lorsque les mêmes opérations sont refaites, le résultat est comparé au précédent pour vérifier qu'il n'y a pas d'erreur. Le système est conçu pour repérer toutes les erreurs réparties aléatoirement, ainsi que toutes celles en série, de longueur inférieure à la taille du polynôme. La plupart des rafales d'erreurs supérieures ou égales à cette taille peuvent également être signalées.

4.1.2 La fiabilisation des échanges

Support physique fiable

Un moyen simple d'assurer une fiabilité lors de l'échange d'informations est d'utiliser un support de transmission dit fiable, par exemple la fibre optique, insensible à toute perturbation électromagnétique.

Points de synchronisation

Lors de l'échange d'informations cruciales, comme celles permettant la mise à jour de bases de données, il est nécessaire de pouvoir effectuer un recouvrement du contexte avant incident, en mettant en place des sauvegardes de contexte, ou points de synchronisation.

Il est ainsi possible, en journalisant les modifications, de recouvrer le contexte précédant l'incident. Il est en effet important de connaître précisément quelles sont les modifications qui ont été prises en compte lors de la dernière transaction jusqu'à incident.

Protocoles en mode connecté

Certains protocoles, dits connectés, mettent en œuvre une fiabilité dans les échanges grâce à des accusés de réceptions et des codes de redondance cyclique.

Transactions au niveau application

Lors de mises à jour importantes sur des bases de données par exemple, il est primordial de parvenir à réaliser des opérations unitaires et ce, même si des problèmes surviennent. Pour cela, l'un des mécanismes les plus connus est le **"commit" (validation) à deux phases**.

Commit à deux phases

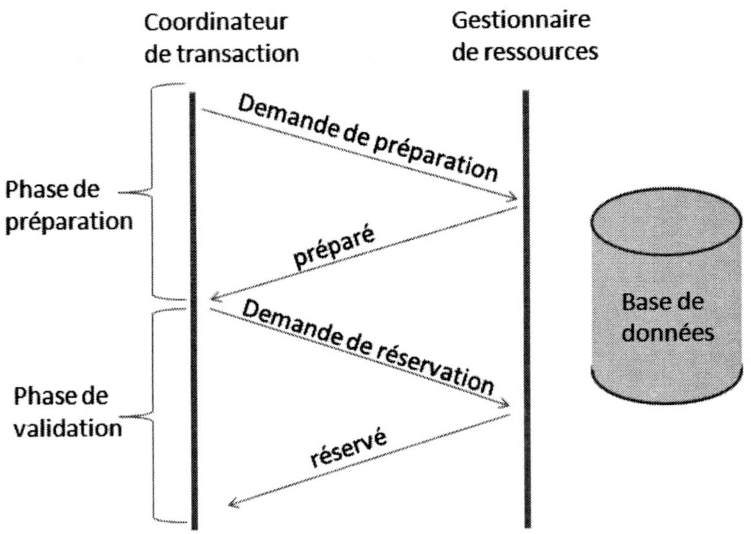

4.2 Confidentialité

4.2.1 La sécurisation du système de fichiers

La première solution pour assurer une confidentialité des données peut être apportée par le système de fichiers utilisé par le système d'exploitation.

Pour mettre en œuvre une sécurité locale, il faut pouvoir identifier chaque accès.

Pour identifier, il faut avant tout authentifier les utilisateurs. Il est donc nécessaire, avec un système de fichiers sécurisés, de s'appuyer sur une authentification initiale.

Un bon système de fichiers sécurisé prend en compte les utilisateurs du système, pour gérer des sécurités personnalisées au niveau des fichiers.

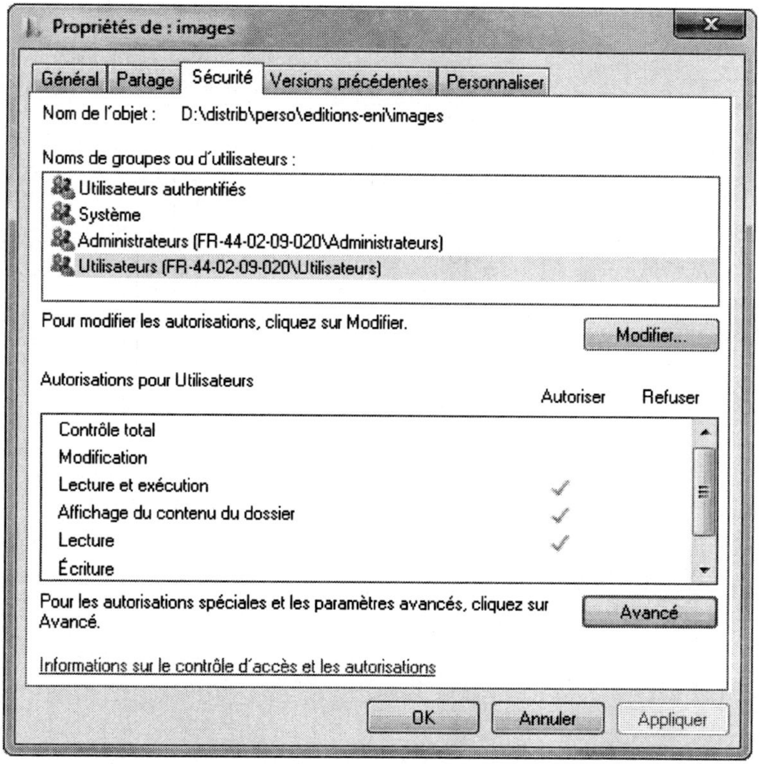

Gestion des permissions locales sous Windows

Remarque

Par exemple : les systèmes Windows proposent NTFS (New Technology File System). Linux utilise le système de fichiers ext4 faisant apparaître des permissions élémentaires (RWX) pour trois types d'utilisateurs (l'utilisateur propriétaire, le groupe propriétaire et les autres). Les systèmes d'exploitation UNIX utilisent des systèmes de fichiers différents mais faisant appel aux mêmes jeux de permissions.

4.2.2 La sécurisation des échanges

Authentification

La mise en place d'une connexion est souvent précédée d'une authentification validant l'accès aux ressources distantes.

En effet, n'importe qui peut composer un numéro de téléphone pour se connecter à un modem distant ou saisir l'adresse d'un serveur public. Il est donc nécessaire de valider, dans un premier temps, l'accès au réseau et, dans un deuxième temps, l'accès aux informations.

Chiffrement

La confidentialité des informations est souvent nécessaire lors de la transmission des données sur des supports divers et variés. En effet, partant du principe qu'il est impossible d'empêcher quelqu'un d'intercepter les trames sur un réseau et encore moins possible de savoir que nos trames ont été lues, il est préférable de faire en sorte que les informations transmises ne soient pas lisibles par tous.

Pour rendre ces informations confidentielles, elles sont donc codées par chiffrement, également appelé cryptage. Ainsi, seuls l'émetteur et le destinataire peuvent les comprendre.

Des outils nommés analyseurs de trames permettent la lecture et l'interprétation des flux circulants, s'ils ne sont pas chiffrés. Microsoft fournit un tel logiciel dans une version limitée, le moniteur réseau, avec les versions serveurs de ses systèmes d'exploitation.

Nous pouvons également citer les outils gratuits Wireshark et tcpdump, disponibles sur plusieurs systèmes d'exploitation. Ils peuvent être téléchargés sur Internet.

Remarque

Les sites www.wireshark.org et www.tcpdump.org permettent d'obtenir des informations sur ces outils ainsi que d'accéder à leur téléchargement.

Internet et confidentialité

Une information sensible, comme un numéro de carte bleue, transmis sur Internet, peut tout à fait être interceptée par des personnes mal intentionnées, si elle n'est pas cryptée.

On a donc recours au cryptage des informations sensibles (nom et mots de passe), voire de la totalité des données elles-mêmes.

La législation a évolué en France. Les méthodes de chiffrement peuvent dépasser les 128 bits sous certaines conditions.

4.3 Redondance des données

4.3.1 La tolérance de panne

La tolérance de panne peut être définie comme une configuration matérielle ou logicielle qui permet de prévenir une ou plusieurs pannes susceptibles de nuire au bon fonctionnement du système, de retarder ou perturber un utilisateur ou un processus.

Pour les disques durs, bien qu'elle existe sous forme logicielle, la tolérance de panne matérielle est particulièrement utilisée. Elle permet le remplacement à chaud (hot plug), c'est-à-dire, sans extinction de l'ordinateur. Parmi les solutions offrant une tolérance de panne, on peut citer :

- RAID 1, ou miroir (mirroring), dans lequel les opérations d'écriture et de lecture ont lieu simultanément sur deux disques.
- RAID 2, autre dispositif de miroir ne sollicitant qu'un disque pour la gestion des erreurs (obsolète).
- RAID 3, agrégat par bandes avec parité sur un disque dédié.
- RAID 5, agrégat par bandes avec parité répartie sur l'ensemble des disques.
- RAID 5 + 1, combinaison de disques en agrégat par bandes avec parité, mis en miroir.
- RAID 0 + 1, combinaison de stripping (agrégat par bande) et de miroir...

■ Remarque

Toutes les solutions RAID n'incluent pas de la tolérance de panne. Ainsi, le mode RAID 0, qualifié d'agrégat par bandes (stripping) sert essentiellement à accélérer les opérations d'écriture, en répartissant les données sur plusieurs disques, de manière transparente pour l'utilisateur.

À l'intérieur d'un serveur, des composants comme l'alimentation et les ventilateurs sont également à tolérance de panne.

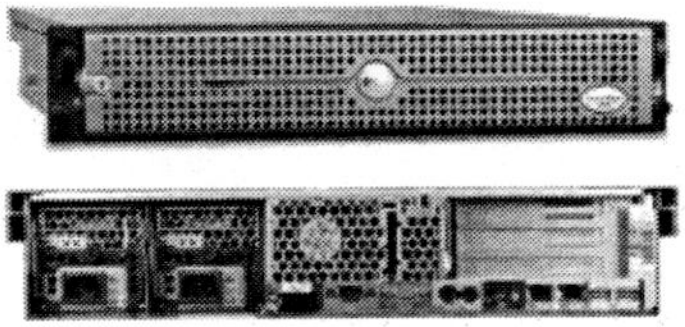

Serveur 2U avec alimentation redondante

Aux traditionnels serveurs tour, complets et autonomes sont venus succéder des versions incorporables dans des étagères (racks). Leur taille a encore diminué en mutualisant un certain nombre de composants. On les appelle désormais serveurs "pizza", incorporant quand même des disques durs, ou lame (blade), simples cartes intégrant un minimum de composants.

Lames en châssis

Ainsi, il est devenu plus simple de multiplier les serveurs et de réaliser des tolérances de panne à ce niveau. Les données peuvent être déportées sur des équipements nommés baies de disques, également positionnées dans des étagères.

Système de stockage disque IBM

4.3.2 Le miroir de disques

En mode miroir, deux disques durs ou plus, sont associés sur le même canal. Les blocs de données enregistrés sur le disque primaire le sont aussi sur le disque secondaire.

Les disques fonctionnent en tandem. Ils enregistrent et mettent à jour les mêmes fichiers. En cas de défaillance de l'un des disques, l'autre continue de fonctionner, sans interruption ni perte de données.

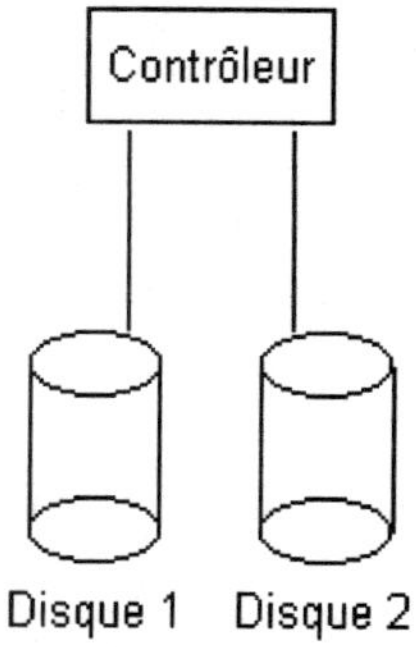

Remarque

Le mode miroir seul ne suffit pas à assurer la protection des données. En effet, si les deux disques durs subissent une panne au même moment, ou si l'ordinateur lui-même est défaillant, les données sont perdues. Il est donc recommandé d'effectuer des copies de sauvegarde régulièrement.

En cas de défaillance de l'un des disques, le système d'exploitation envoie un message signalant l'incident pour que la protection en mode miroir soit rétablie dès que possible. Comme ce mode duplique les données de disques qui se trouvent sur le même canal, il n'assure pas de protection entre les disques durs et le serveur en cas de pannes sur le canal. Un incident sur celui-ci entraînera une défaillance sur les deux disques.

4.3.3 Le miroir de contrôleurs et de disques

Cette méthode de duplication des données permet d'assurer la protection des données. Elle consiste à copier les données sur deux disques distincts, et ce, en utilisant deux canaux distincts.

Les données sont ainsi protégées en cas de défaillance du disque dur ou du canal disque entre le disque dur et le serveur (ce canal inclut le contrôleur de disque et le câble d'interface). Si un élément quelconque d'un canal est défaillant, l'autre disque continue de fonctionner, sans interruption ni perte de données, puisqu'elles sont transmises sur un autre canal. Le système d'exploitation envoie alors un message d'avertissement pour signaler qu'une unité est défaillante.

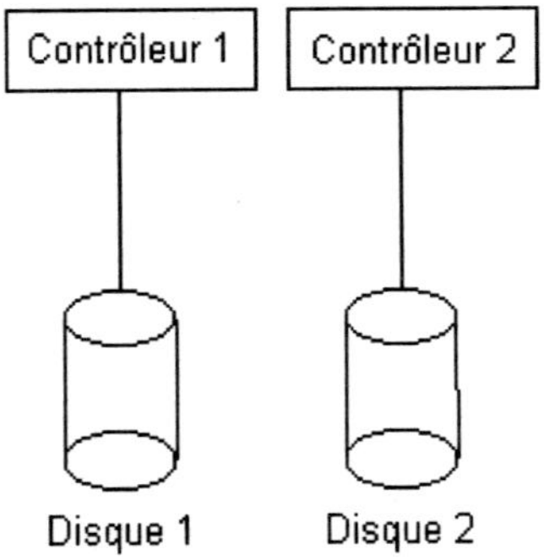

Remarque

Le mode duplexé seul ne suffit pas à assurer la protection des données. En effet si les deux canaux disques subissent une panne au même moment ou si l'ordinateur lui-même est défaillant, les données sont perdues. Il est donc recommandé d'effectuer des copies de sauvegarde régulièrement.

En mode duplexé, les mêmes données sont enregistrées simultanément sur tous les disques. Les disques étant sur des canaux différents, le transfert de données est plus rapide qu'en mode miroir où les données sont transmises successivement vers les disques, sur le même canal.

Ce mode autorise également les recherches réparties, qui envoient des demandes de lecture vers plusieurs disques et attendent la réponse la plus rapide. Si plusieurs demandes arrivent en même temps, elles sont réparties entre les disques duplexés, et donc traitées simultanément.

4.3.4 Les agrégats par bandes avec parité

Agrégat par bande

La méthode d'écriture en agrégat par bande (stripping) exploite simultanément plusieurs disques, afin d'accélérer les opérations. Elle ne permet pas la tolérance de panne mais diminue également les temps de lecture.

Chaque support est découpé en bandes de petite taille égales. L'écriture d'un fichier pourra couvrir un certain nombre de bandes, sur plusieurs disques durs.

L'agrégat par bande est standardisé sous l'appellation RAID 0.

RAID 3, RAID 5 et RAID 6

Les agrégats par bande avec parité représentent le système le plus utilisé pour concevoir une stratégie de tolérance de panne disque.

RAID 3 constitue une solution dans laquelle la parité est stockée sur un disque dédié. Avec RAID 5, les informations de parité sont réparties sur un disque différent à chaque bande.

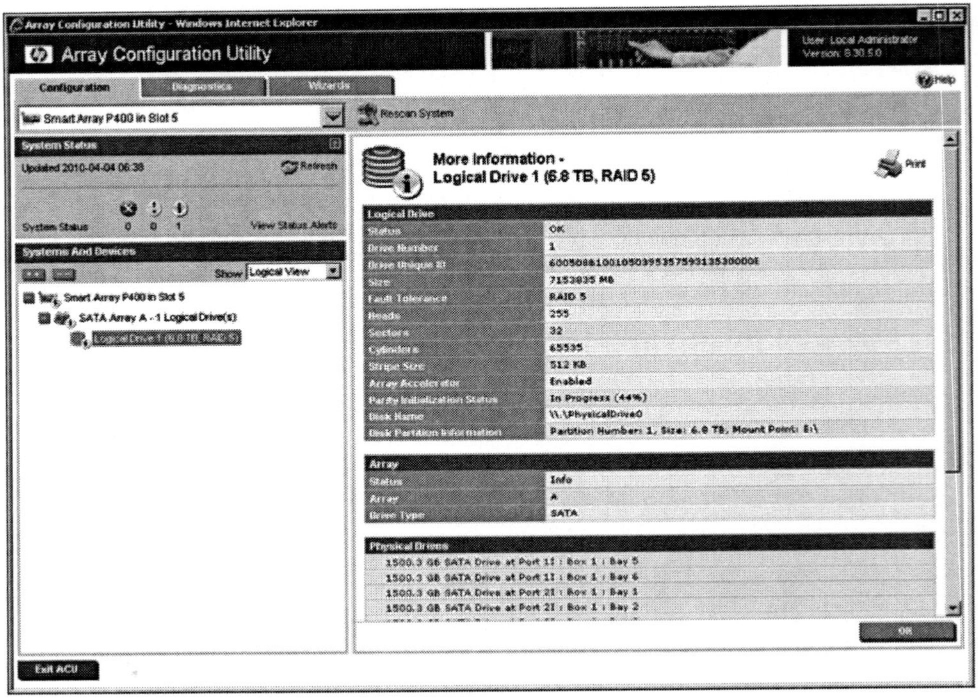

Configuration RAID 5

La technique RAID 6 est une évolution du RAID 5. Les solutions numérotées 3 et 5 n'autorisent qu'une seule panne disque sur la série. Si deux unités tombent, les données stockées sont perdues et doivent être restaurées. Ici, les opérations de parités sont complexifiées et doublées, autorisant la panne conjointe de deux disques durs sans incidence pour l'utilisateur. Avec la diminution des coûts, cette solution, qui n'est pas nouvelle, est de plus en plus exploitée.

Parité

En plus de l'agrégat par bandes, des informations de parité sont écrites sur un disque, afin de récupérer les données, en cas de défaillance de l'un d'eux, quel qu'il soit.

Pour une solution comportant n disques, l'information à écrire est découpée pour être répartie sur les n-1 disques.

Soit à écrire '110 101 001' sur l'agrégat constitué de quatre disques.

Pour chaque symbole en nième position sur chaque disque, des informations de parité sont calculées : cela revient à calculer le nombre de '1' pour une position donnée et à faire en sorte que la nième bande, celle qui va stocker la parité, soit déterminée pour que le nombre global de '1' soit pair (parité paire).

Ainsi, si l'on prend le premier symbole de chacun des trois disques, on obtient '1 1 0'. On détermine le premier symbole du disque 4, en choisissant '0', de façon à ce que le nombre de '1' soit pair. Il y a ainsi deux symboles '1' sur l'ensemble des quatre disques.

De la même manière pour les symboles se trouvant en deuxième position, c'est-à-dire '1 0 0', on choisit '1' comme deuxième symbole sur le dernier disque. On obtient ainsi, '0 1 0' comme informations de parité pour le disque 4. En cas de défaillance d'un disque, par exemple le deuxième, on va recalculer les informations perdues de la même manière que s'il s'agissait d'informations de parité.

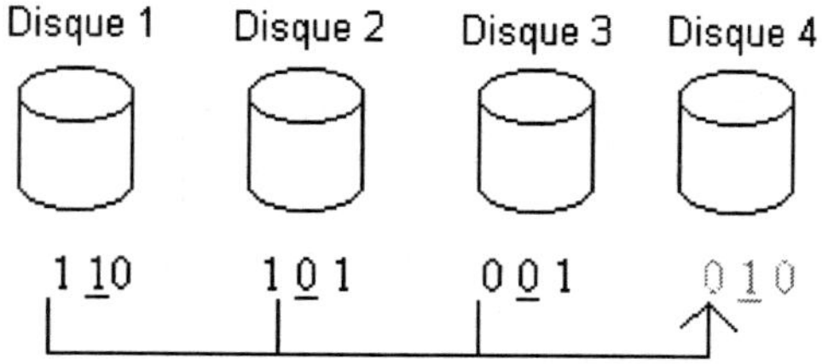

À partir des disques 1, 2 et 4, on prend tous les premiers symboles : '1 1 0'. On calcule le symbole nécessaire pour obtenir un nombre pair de '1', soit '0'.

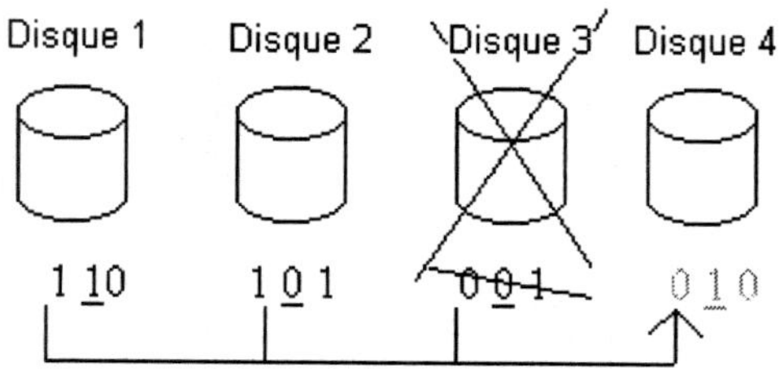

On effectue la même opération pour les deuxièmes symboles, puis les troisièmes. On retrouve '0 0 1'. Ce qui permet de reconstituer l'information globale, soit '110 101 001', et ce, même si l'un des disques durs est défaillant.

Remarque

Le calcul de parité, au plus bas niveau, est effectué par un OU exclusif (XOR). Ainsi, la parité sur le disque 4 est d4=110 XOR 101 XOR 001 soit 010. De même, il est facile d'obtenir n'importe quelle information, par exemple d3, à partir des trois autres disques. Par exemple, d3=110 XOR 101 XOR 010.

Remarque

Le OU exclusif s'appuie sur la logique suivante 0 XOR 0 = 0, 0 XOR 1 = 1, 1 XOR 0 = 1, 1 XOR 1 = 0. Le OU exclusif peut être vu comme une addition binaire avec perte de retenue éventuelle. Dans le langage parlé, on peut l'associer à "Fromage ou dessert" dans un menu au restaurant, où seul l'un des choix est valide.

4.3.5 La neutralisation des secteurs défectueux

Cette méthode permet de garantir le stockage correct des données même en cas de secteurs défectueux. En effet, toute donnée écrite est écrite en tâche de fond, puis vérifiée. Lorsqu'une écriture n'aboutit pas après quelques tentatives (c'est-à-dire que les données à écrire en mémoire vive ne sont pas les mêmes que les données écrites sur disque), le secteur est marqué défectueux, et les données sont redirigées vers un espace réservé sur le disque. Le secteur marqué n'est alors plus utilisé.

4.4 Solutions de redondance serveur

Les solutions de redondance serveur permettent deux fonctionnalités qu'il est nécessaire de distinguer :

- La tolérance de panne.
- La répartition de charge.

Ces deux fonctions peuvent tout de même être mises en œuvre simultanément.

Elles autorisent ce qu'on appelle la haute disponibilité, en offrant un service continu aux utilisateurs, même en cas de problème ou de surcharge.

4.4.1 La tolérance de panne

Dans ce cas, plusieurs instances d'un système d'exploitation serveur adapté sont exécutées sur des serveurs distincts. On parlera de cluster à n nœuds pour identifier une solution mettant en œuvre n occurrences d'exécution d'un même système d'exploitation. Par exemple, la mise en œuvre d'un cluster à deux nœuds est schématisée ci-dessous :

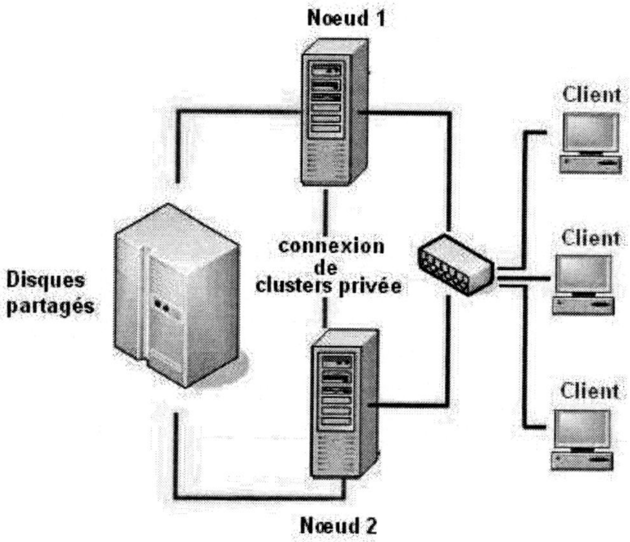

Schéma type d'un cluster à deux nœuds

Cette tolérance de panne permet de maintenir le service aux utilisateurs. Par contre, il est nécessaire que les données restent disponibles et à jour, quel que soit le serveur défaillant.

Si ces informations sont maintenues sur les disques durs locaux des serveurs, une synchronisation continue (réplication) peut être mise en œuvre. Sinon, il est possible de déporter les données sur une baie de stockage partagée (infrastructure NAS).

Dans un tel système de redondance de serveurs, tous ne répondent pas obligatoirement aux demandes des utilisateurs. Un tel fonctionnement est d'ailleurs réservé aux solutions les plus évoluées. Souvent, un seul serveur offre de manière permanente ses services aux utilisateurs (serveur actif) et un second reste prêt à prendre le relais en cas de défaillance du premier (serveur passif).

4.4.2 La répartition de charge réseau

Le *Network Load Balancing* (NLB) ne correspond pas à proprement parler à une solution matérielle, en ce sens que l'on peut utiliser des ordinateurs non dédiés à un rôle de serveurs. Il est ainsi possible de mettre en œuvre une telle solution avec des PC mis en réseau.

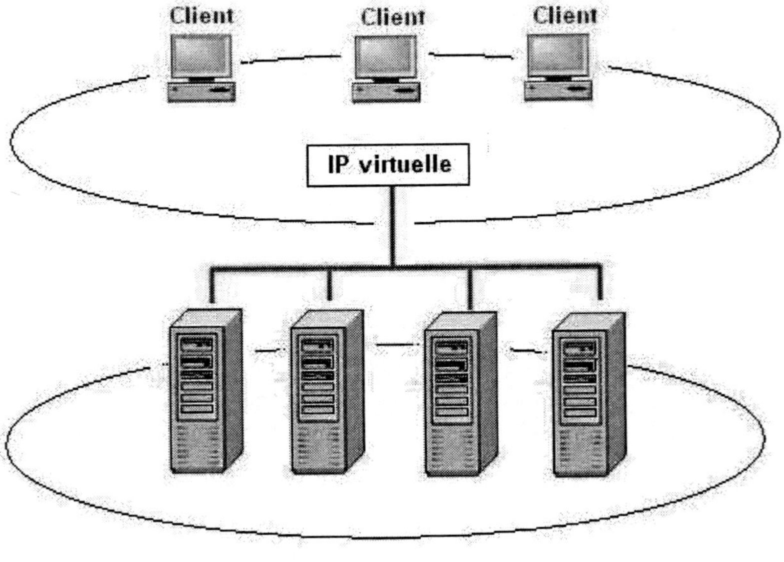

Cluster d'équilibre de charge réseau

Remarque

Même si cette solution n'est pas forcément la plus fiable (par rapport à de vrais serveurs), elle permet de diminuer considérablement les coûts d'acquisition et peut donc constituer une solution intéressante pour une PME/PMI.

L'équilibre de charge réseau permet ainsi de fournir une solution à haute disponibilité évolutive. Elle convient parfaitement pour servir des sites web, par exemple.

Une telle fonction permet d'adapter les performances liées à une application, en distribuant ses requêtes de clients sur les serveurs présents dans le cluster. Ainsi, lorsque le trafic augmente, il est possible d'ajouter des serveurs supplémentaires au cluster.

Remarque

Une fonctionnalité de « Teaming » peut être implémentée sur un serveur lorsque celui-ci possède plusieurs interfaces réseaux. Offrant une tolérance de panne, voire une répartition de charge, elle simule, comme le NLB, une interface virtuelle avec un point d'entrée unique. Il ne s'agit, dans ce cas, que de redonder les cartes réseau et non un serveur.

La virtualisation comme solution à part entière

La virtualisation est surtout connue comme solution de consolidation, mais de plus en plus, un argument qui peut conduire à sa mise en œuvre, est la possibilité de proposer facilement des niveaux de disponibilités élevés.

Une infrastructure virtuelle peut notamment agir à plusieurs niveaux pour améliorer la disponibilité de la solution :

- En réduisant considérablement les interruptions de service programmées.
- En évitant les interruptions de service non programmées.
- En permettant une reprise rapide après des arrêts.

En effet, les solutions de virtualisation permettent aujourd'hui de déplacer dynamiquement des machines virtuelles vers différents serveurs physiques, et ce, sans interruption de service. Ainsi, pour des opérations de maintenance du matériel, il n'est plus nécessaire de mettre en œuvre des "fenêtres de maintenance" correspondant à des périodes d'interruptions de service, souvent difficiles à planifier.

La virtualisation offre également de nombreux avantages en proposant un "teaming" des interfaces réseau ou même des chemins d'accès multiples aux ressources SAN.

Il est aussi possible de proposer une solution de basculement automatique sur incident, sans avoir de véritable adhérence au matériel spécifique dédié, puisque l'utilisateur travaille sur des machines virtuelles indépendantes du matériel.

Des solutions logicielles de services de cluster permettent également de créer une véritable configuration à haute disponibilité.

4.5 Stratégie de sauvegardes

Pour tout fichier créé ou modifié, le système d'exploitation positionne un bit d'archive ou met à jour la date de dernière modification. À partir de là, il est possible de déterminer quels sont les fichiers qui doivent être sauvegardés.

Remarque

Les produits Microsoft et Novell s'appuient sur un attribut d'archive. Les systèmes UNIX, Linux travaillent avec la date des fichiers.

L'entreprise va déterminer une stratégie de sauvegardes qui va permettre de répondre à plusieurs questions :

- Quels sont les fichiers à sauvegarder ?
- Quels types de sauvegardes ?
- Quand effectuer les sauvegardes ?
- Sur combien de supports ?
- Est-il plus important de sauvegarder rapidement ou de restaurer rapidement ?
- Combien de bandes doit-on utiliser, de quelle manière (rotation des bandes) ?

4.5.1 La sauvegarde complète

Lors d'une sauvegarde complète, l'attribut d'archive du fichier est réinitialisé, pour mémoriser le fait qu'il a été enregistré. Si la date est utilisée, celle de dernière sauvegarde est mémorisée, de façon à pouvoir différencier les fichiers qui ont été sauvegardés des autres (date de dernière modification).

4.5.2 La sauvegarde incrémentale

Ce type de sauvegarde marque les fichiers comme ayant été enregistrés. Elle est souvent effectuée quotidiennement, en prenant en compte les modifications de la journée. Une stratégie hebdomadaire consiste, par exemple, à effectuer une sauvegarde complète le vendredi et une sauvegarde incrémentale les autres jours.

Une telle stratégie minimise la durée quotidienne de sauvegarde. En revanche, lors d'une restauration complète jusqu'au jeudi, par exemple, il faut restaurer la bande du vendredi, plus les quatre bandes correspondant à chaque jour de la semaine.

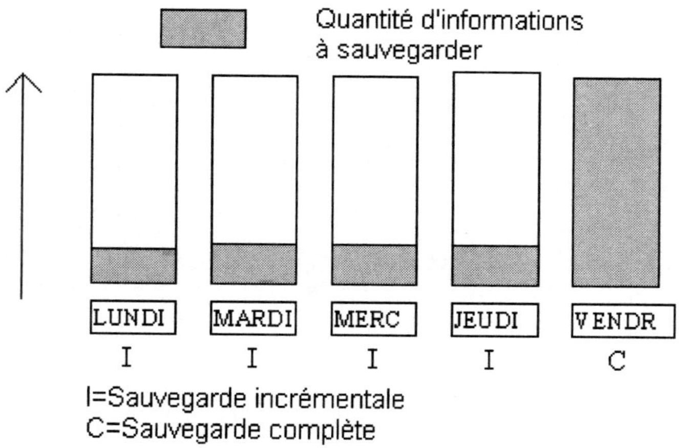

4.5.3 La sauvegarde différentielle

Cette sauvegarde (souvent quotidienne) ne réinitialise pas les attributs d'archive des fichiers, pour préciser qu'ils ont été enregistrés. De ce fait, à chaque nouvelle sauvegarde différentielle, les modifications précédentes, plus celles du jour, sont prises en compte.

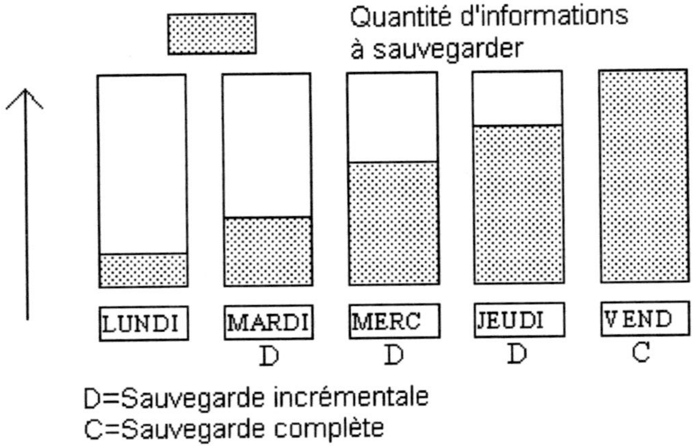

Cette stratégie minimise le temps de restauration puisqu'elle ne nécessite que deux bandes (la complète plus la dernière différentielle). En revanche, la sauvegarde quotidienne est de plus en plus longue chaque jour.

Remarque

Citons comme principales solutions de sauvegardes : ARCserve (CA), Backup Exec ou NetBackup (Symantec), NetWorker (EMC), Time Navigator alias TiNa (Atempo), Tivoli Storage Manager alias TSM (IBM).

4.6 Continuité et reprise d'activité en cas de sinistre

4.6.1 Les principes

Le système d'information de l'entreprise n'est pas à l'abri d'un incident, touchant un ou des équipements, voire d'un sinistre, problème majeur, par exemple en salle serveur. Le coût induit peut avoir des conséquences désastreuses. Des plans et méthodes de secours peuvent être mis en œuvre, pour assurer la continuité ou la reprise de l'activité dans de tels cas.

La réaction après un dégât doit être proportionnée à ce dernier. Des moyens successifs, en escalade, sont donc à prévoir. Le premier point consiste en la rédaction d'un bilan d'impact sur activité (BIA), qui contient :

- L'analyse des coûts financiers.
- La définition des applications critiques.
- La détermination des temps de reprise nécessaires.
- Le détail de l'infrastructure du système d'information.
- La liste des utilisateurs critiques.

Ce BIA est destiné à faciliter différentes prises de décision, toujours difficiles après un accident. Il peut être complété par :

- Des solutions de secours et leur déclenchement.
- La composition d'une cellule de crise, avec des spécialistes de chaque secteur, dont l'expertise sera sollicitée à ce moment.
- La mise en œuvre d'un plan de continuité d'activité (PCA) ou d'un plan de reprise d'activité (PRA).
- Des contrats et des tests.

4.6.2 Le plan de continuité d'activité (PCA)

Le PCA (ou BCP - *Business Continuity Planning*) définit l'ensemble des actions garantissant la continuité de l'entreprise après un incident majeur. Il doit être accompagné de mesures d'urgence, c'est un plan à court terme.

Il permet de quantifier les besoins pour continuer l'activité, même dans un état dégradé, après une interruption courte, de quelques secondes à quelques dizaines de minutes. Il contient :

- Des mesures préventives.
- La redistribution des fonctions clé.
- La contractualisation auprès des fournisseurs et assureurs.
- Les dégradations prévisibles.
- Des procédures et des tests.

4.6.3 Le plan de reprise d'activité (PRA)

Le plan de reprise d'activité (ou BRP - *Business Recovery Plan*) est l'ensemble des procédures qui permettent la reprise d'activité sur un site de secours après sinistre. L'interruption est ici chiffrée à quelques heures jusqu'à quelques jours, l'application du PCA se révélant impossible.

Chaque acteur du système et chaque activité de l'entreprise fait l'objet de procédures de reprise spécifiques. Il peut y avoir un PRA par système, par environnement, par application, par domaine d'activité ou par site, selon la politique de sécurité définie.

Le PRA est constitué des différentes procédures suivantes.

Plan de préparation

Le plan de préparation détermine l'environnement nécessaire pour la reprise. Il détaille la structure physique du site de secours (moyens informatiques, réseau, télécommunication, logistique...). Il décrit également la cartographie logique des applications et les moyens humains à solliciter.

Plan d'exécution

L'identification et l'ordonnancement des étapes du redémarrage sont contenus dans ce plan d'exécution. Il inclut une description des rôles et de la responsabilité des acteurs, ainsi que les actions à entreprendre.

Plan de remontée

Cette procédure prévoit la réinstallation des applications et la restauration des données. Elle doit comporter une indication de temps de remise en route.

Validation et actualisation

Des tests de validation de procédures ne doivent pas être oubliés. Ainsi, un essai complet peut être réalisé en fin d'élaboration du PRA.

Bien sûr, à tout changement majeur sur le système d'information doit correspondre une évolution de ces procédures.

Chapitre 2
Normalisation des protocoles

1. Modèle OSI

Un aspect important dans l'ouverture des réseaux a été la mise en place d'un modèle de référence, le modèle OSI de l'ISO. Celui-ci définit un modèle en sept couches réseau, présentes sur chaque station qui désire transmettre. Chaque couche dispose de fonctionnalités qui lui sont propres et fournit des services aux couches immédiatement adjacentes. Même si le modèle OSI est très peu implémenté, il sert toujours de référence pour identifier le niveau de fonctionnement d'un composant réseau. Ainsi, paradoxalement aujourd'hui, TCP/IP est mis en œuvre partout et même lorsque l'on parle de ce protocole on l'associe aux couches du modèle OSI (postérieur de 10 ans au modèle TCP/IP).

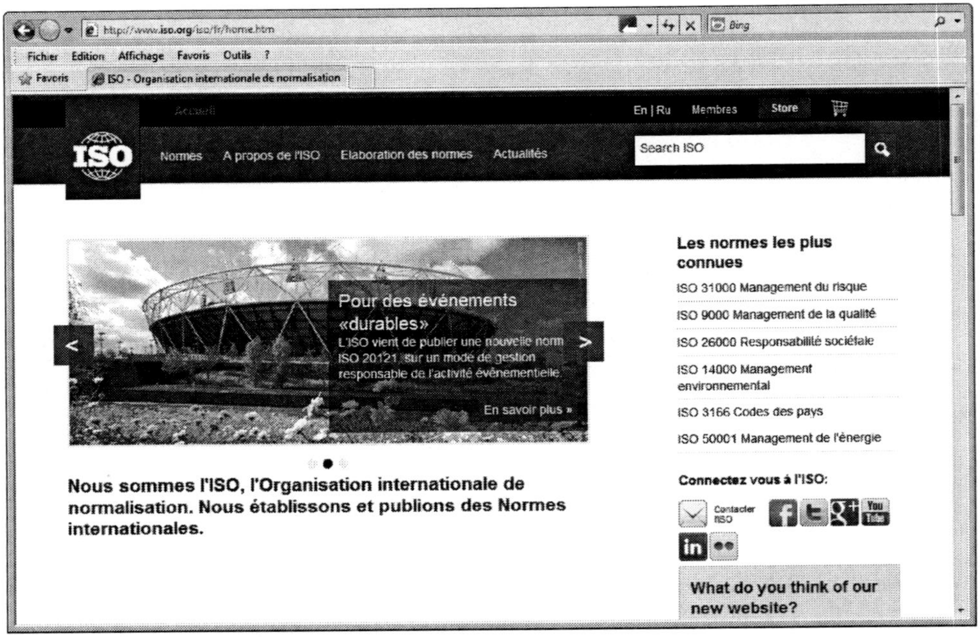

Site de l'ISO : www.iso.org

1.1 Principes

L'organisme ISO a défini en 1984 un modèle de référence, nommé *Open System Interconnection* (OSI) destiné à normaliser les échanges entre deux machines. Il définit ce que doit être une communication réseau complète. L'ensemble du processus est ainsi découpé en sept couches hiérarchiques.

Ce modèle définit précisément les fonctions associées à chaque couche. Chacune d'entre elles se comporte comme un prestataire de service pour la couche immédiatement supérieure. Pour qu'une couche puisse envoyer une commande ou des données au niveau équivalent du correspondant, elle doit constituer une information et lui faire traverser toutes les couches inférieures, chacune d'elles ajoutant un en-tête spécifique à ce qui devient une sorte de train. À l'arrivée, cette information est décodée, la commande ou les données sont libérées.

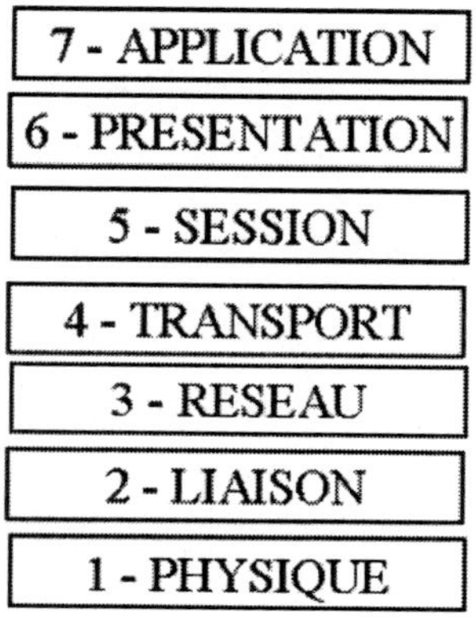

Les sept couches du modèle OSI

1.2 Communication entre couches

Chaque couche assure une fonction bien précise pendant la transmission des données. Il s'agit en effet, *de diviser pour mieux régner*. La couche N utilise la couche N-1 et fournit des services à la couche N+1.

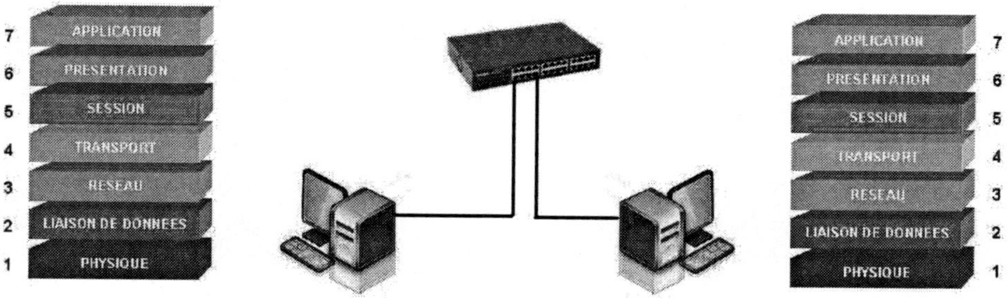

Le modèle OSI et les 7 couches

On pourrait comparer ce mécanisme à celui de deux rois du Moyen Âge désirant s'échanger une missive et appartenant à deux royaumes, A et B. Le premier roi remet un parchemin à son grand chambellan, chargé à son tour de donner les consignes à son homme de mains, qui à son tour va donner des consignes à un coursier pour acheminer le précieux parchemin vers la contrée du roi destinataire.

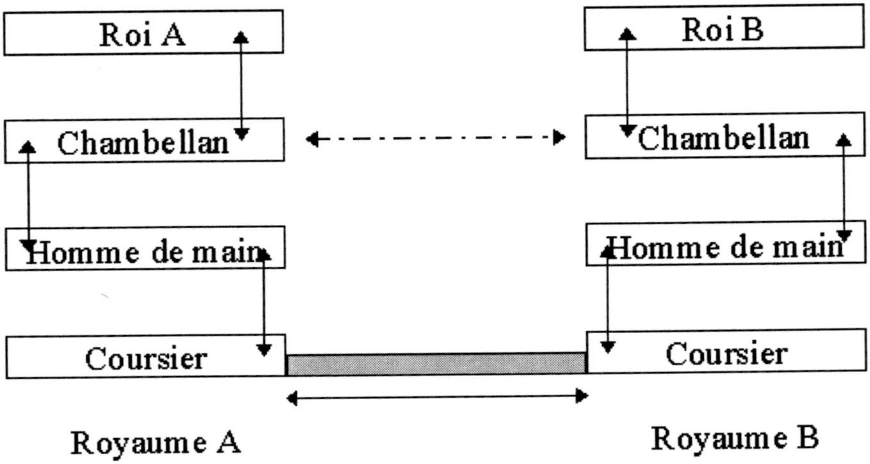

Approche schématique du modèle

Le coursier du royaume B reçoit le parchemin avec des consignes provenant du coursier du royaume A. Ces consignes lui ordonnent de faire remonter le parchemin vers le grand chambellan du roi B. Le grand chambellan B lit finalement les consignes provenant du grand chambellan A qui lui ordonne de remettre le parchemin au roi B. Le roi B peut ainsi lire la missive du roi A.

Tout se passe comme si une couche réseau d'un ordinateur dialoguait directement avec la couche homologue de l'autre ordinateur (comme les grands chambellans entre eux, dans notre exemple).

En réalité, l'acheminement de la missive est rendu possible parce que l'information redescend jusqu'au coursier qui peut alors transporter les données vers l'autre royaume (le coursier ici, est le support physique qui sert à acheminer le signal qui code les données à émettre). Une fois l'information à destination, celle-ci remonte dans les couches et les consignes successives des couches homologues de l'émetteur sont interprétées.

1.3 Encapsulation et modèle OSI

Lorsqu'une couche réseau veut dialoguer avec sa couche homologue, elle n'a pas d'autres choix que de faire redescendre l'information en ajoutant des consignes pour la couche du destinataire. Ainsi, l'en-tête et les données d'une couche N vont devenir les données de la couche N-1. Cette couche N-1 va construire un en-tête (des consignes). Cet en-tête et ces données vont devenir les données de la couche N-2.

On parle alors d'encapsulation. Comme si l'on plaçait des données dans une boîte avec des consignes pour cette boîte. Cette boîte et ces consignes sont ensuite placées dans une plus grande boîte avec de nouvelles consignes, etc.

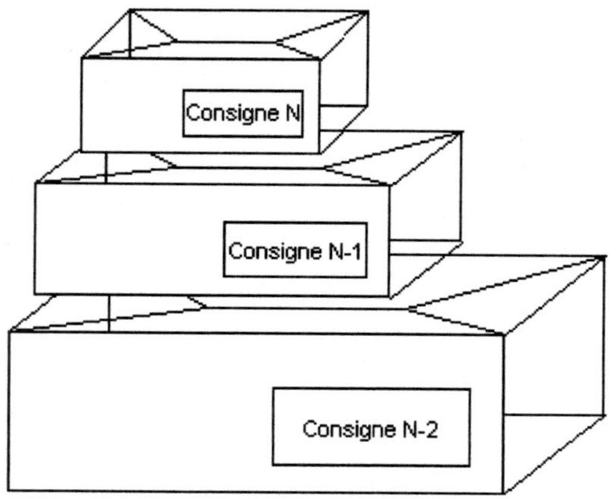

Encapsulation et modèle OSI

À l'arrivée du colis chez le destinataire, les consignes sont lues et la boîte ouverte. La boîte qui est trouvée dans la plus grande est transmise suivant les consignes observées.

Dans le schéma ci-dessous, les consignes sont associées aux en-têtes des différents niveaux (ET N, ET N-1, ET N-2).

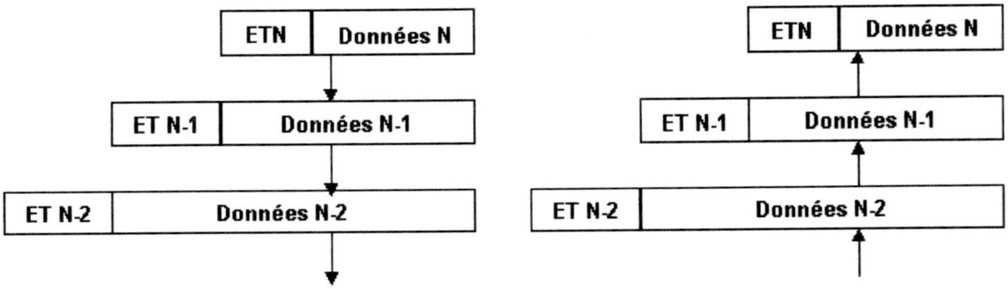

Encapsulation d'une couche N dans la couche N-1

Par exemple, si on utilise un outil de capture de trame réseau, tel que Wireshark, voici ce que l'on obtient en examinant plus précisément une trame HTTP :

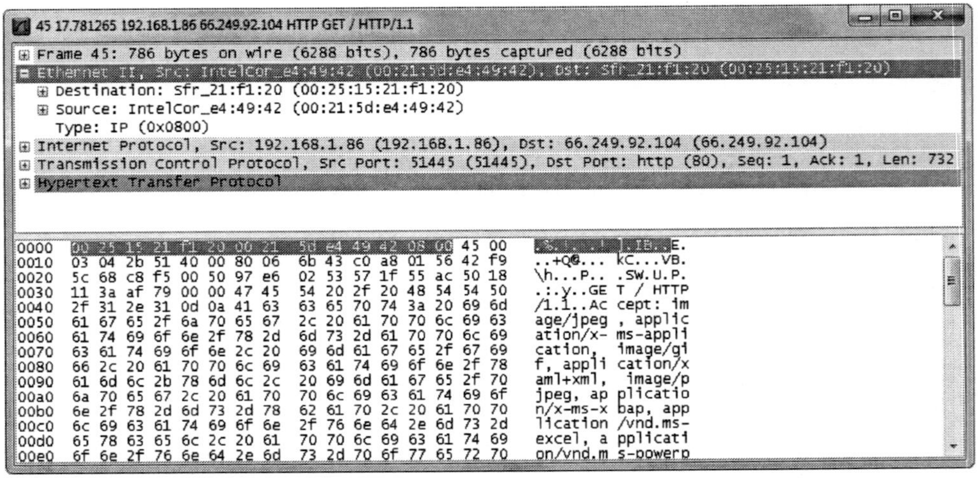

Exemple de trame HTTP capturée

La trame HTTP est encapsulée en tant que Données TCP, dans la couche TCP.

L'en-tête TCP additionné des Données TCP, forment les Données IP. Finalement, l'en-tête IP et les Données IP forment les Données Ethernet :

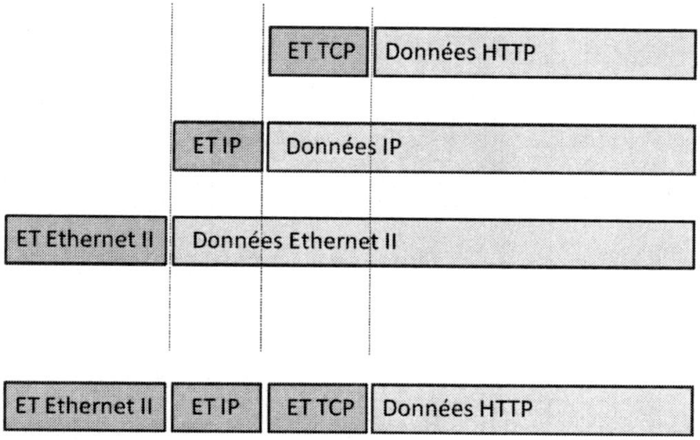

Relation entre les couches, les en-têtes et les données

La trame se présente finalement séquentiellement comme une succession d'en-têtes, suivi des données de la couche la "plus haute".

En observant les informations proposées par l'analyseur de trame, il est possible de repérer les différentes parties de la trame. Voici pour l'en-tête Ethernet et l'en-tête IP :

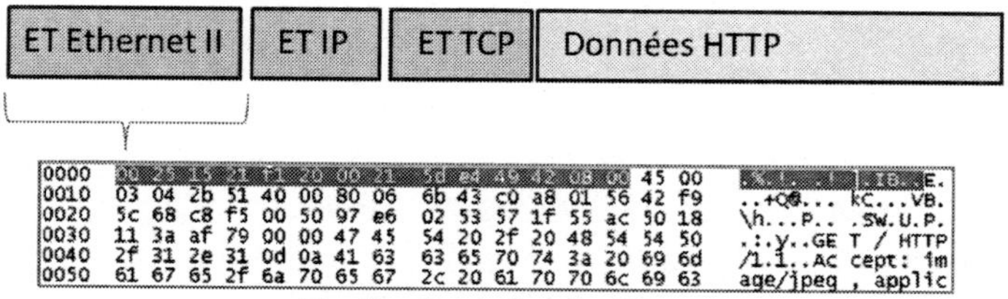

Identification de l'en-tête Ethernet

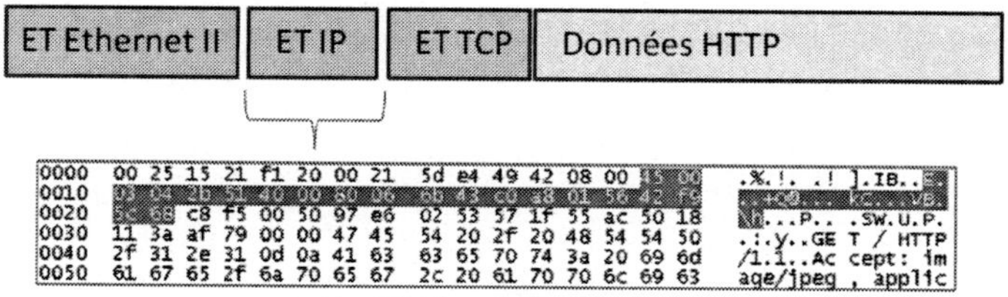

Identification de l'en-tête IP

Il en va de même pour la partie En-tête TCP ainsi que pour les Données HTTP :

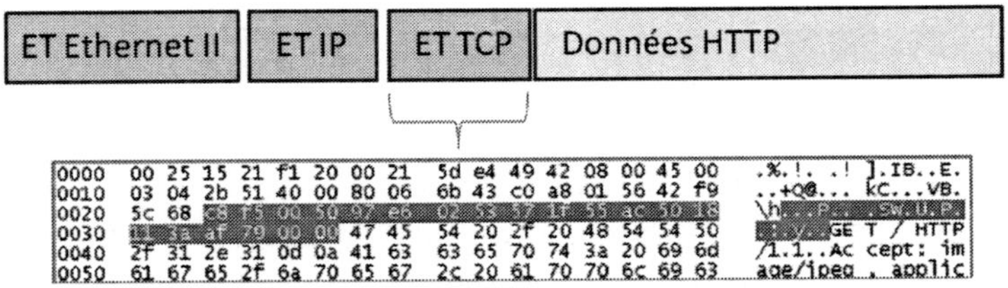

Identification de l'en-tête TCP

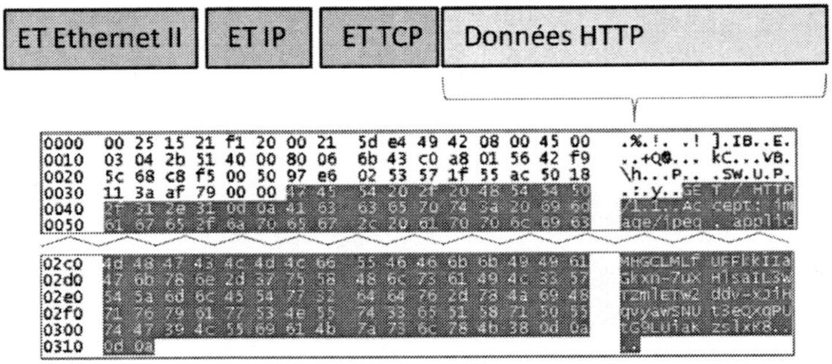

Identification des données HTTP

1.4 Protocoles

Le modèle OSI décompose et spécifie les fonctions propres à la communication à travers sept couches logicielles.

La concrétisation des couches du modèle théorique prend la forme de protocoles. Au sein de chaque protocole sont appliquées différentes fonctions définies par le modèle.

Un protocole constitue donc un ensemble de règles de communication. Elles précisent le format de transmission des données à travers le réseau.

L'idéal théorique du modèle OSI consiste à mettre en œuvre un protocole par couche.

En fait, certains protocoles opèrent sur plusieurs couches, d'autres sur une couche et certains sur des parties de couches telles qu'elles sont définies par le modèle OSI.

En effet, il ne faut pas oublier que ce modèle a été créé alors que de nombreux protocoles existaient déjà. Certains constructeurs se sont alors adaptés au modèle, d'autres ont continué à utiliser leurs protocoles sans les modifier.

1.5 Rôle des différentes couches

Chaque couche réseau définie par le modèle a un rôle bien précis, qui va du transport du signal codant les données à la présentation des informations pour l'application destinataire.

1.5.1 La couche Physique

Elle a pour rôle la transmission bit à bit sur le support, entre l'émetteur et le récepteur, des signaux électriques, électromagnétiques ou lumineux qui codent des données numériques (0 ou 1).

Définissant le mode de propagation des signaux, elle gère au besoin les circuits physiques. Des matériels comme les modems (modulateur/démodulateur), les répéteurs ou la connectique des cartes réseau, RJ45 par exemple, se placent à ce niveau.

1.5.2 La couche Liaison (ou Liaison de données)

C'est au niveau de cette couche que les données numériques sont traduites en signal. Les bits de données sont organisés en trames. Un en-tête est créé dans lequel l'émetteur et le destinataire sont identifiés par leur adresse physique.

Au niveau de cette couche est ajouté un code de redondance cyclique (CRC - *Cyclic Redundancy Check*) qui permet de détecter certains problèmes de transmission. Ainsi, le destinataire d'une trame recalcule le CRC et le compare à celui qui a été transmis. S'il y a une différence, la trame est rejetée.

Le modèle OSI propose une mise en œuvre High level *Data Link Control* (DLC), pour ce niveau de couche.

On peut citer également le protocole *Synchronous Data Link Control* (SDLC), développé par IBM pour sa suite de protocoles *System Network Architecture* (SNA), ou encore *Low Access Procedure Balanced* (LAP-B), développé par le CCITT (Comité Consultatif International pour le Téléphone et le Télégraphe) pour son modèle. Ce dernier est utilisé par la suite de protocoles X.25.

1.5.3 La couche Réseau

Lorsqu'il en existe plusieurs, le choix du meilleur chemin pour atteindre le destinataire est géré au niveau de cette couche. Alors que l'adresse physique sert à identifier un périphérique local, une adresse logique permet de référencer un composant de manière globale. Pour cela, certains protocoles identifient les périphériques du réseau en les référençant par un numéro de réseau, ainsi qu'un numéro de poste dans ce réseau.

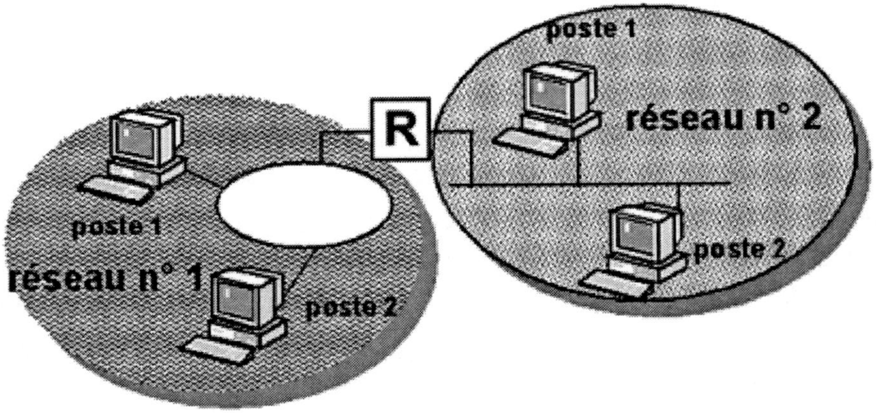

La couche réseau

Pour atteindre un destinataire, un coût est calculé qui peut dépendre de plusieurs paramètres (nombre de réseaux à traverser, durée du transport, coût de la communication, encombrement de la ligne...). C'est en comparant les différents coûts qu'un chemin peut être qualifié de meilleur qu'un autre.

En fonction des protocoles, le bloc peut être nommé message, datagramme, cellule ou même paquet, comme dans *Internet Protocol* (IP).

1.5.4 La couche Transport

Il s'agit du cœur du modèle OSI. Au niveau de cette couche, différents mécanismes sont mis en œuvre pour établir un mode connecté, c'est-à-dire un moyen de s'assurer que les informations ont toutes été transmises et sans problème. Un premier niveau de connexion consiste à accuser réception systématiquement de tous les paquets reçus, et cela, dans un délai suffisant (deux fois la durée aller et retour normalement nécessaire), faute de quoi le paquet est retransmis, car il est considéré comme égaré. De plus, le mode connecté permet de mettre à disposition une connexion pour la couche supérieure, comme s'il s'agissait d'un lien point à point.

Alors que la couche réseau choisit un meilleur chemin avec une vision globale de l'inter-réseau, la couche transport ajoute un mécanisme de contrôle concernant la fiabilité des données reçues.

Le protocole le plus connu à ce niveau est *Transport Control Protocol* (TCP).

1.5.5 La couche Session

Cette couche gère également un mode connecté. C'est à son niveau que sont gérés les points de synchronisation, permettant ainsi, par une sauvegarde de contextes et de sous-contextes, une reprise en cas d'incident.

C'est typiquement la couche qui gère la connexion à une ressource partagée sur un réseau.

Remarque

Les commandes MAP ou NET USE, respectivement pour les systèmes Novell Netware et Microsoft Windows, permettent la création d'une connexion à une ressource de type dossier ou répertoire, en lui associant une lettre de lecteur logique.

Les appels de procédures distantes, *Remote Procedure Call* (RPC), constituent un protocole à ce niveau.

1.5.6 La couche Présentation

Elle assure la mise en forme des données : paramètres internationaux, pages de codes, formats divers...

Remarque

C'est typiquement le rôle du langage HTML (HyperText Markup Language).

Cette couche peut également exploiter des fonctions de chiffrement et de compression. Des codages comme MIME (*Multipurpose Internet Mail Extensions*), ASCII (*American Standard Code for Information Interchange*), ou ASN.1 (*Abstract Syntax Notation number One*), peuvent être utilisés ici.

1.5.7 La couche Application

Cette couche assure l'interface de communication avec l'utilisateur, à travers des logiciels adéquats.

Elle gère également la communication entre applications, comme pour le courrier électronique.

On peut citer quelques-unes des nombreuses implémentations disponibles comme *File Transfer Access and Management* (FTAM), *Common Management Information Protocol* (CMIP) qui permet d'effectuer un suivi ou une administration à distance des ressources. *Message Handling Systems* (MHS) ou X.400 constitue une méthode normalisée internationale pour le transport de messages. X.500 ou Directory Services permettent de gérer une base distribuée de façon normalisée.

2. Approche pragmatique du modèle en couches

Nous allons examiner une autre approche d'un modèle en couches réseau, en nous concentrant davantage sur le rôle de chacune des couches. Nous allons commencer par examiner une communication point à point entre deux périphériques en imaginant, par exemple, deux ordinateurs interconnectés par un câble. Progressivement, nous allons complexifier l'environnement d'interconnexion en ajoutant des ordinateurs, puis des composants d'interconnexion, pour nous retrouver finalement avec un inter-réseau complexe d'ordinateurs interconnectés de type Internet. L'objectif est de mieux comprendre ce modèle en couches indispensable, car la difficulté est grande de faire communiquer deux entités dans un environnement qui peut être hétérogène.

2.1 Niveau 1 - couche Physique

Imaginons dans un premier temps deux ordinateurs autonomes qui souhaitent partager des informations au moyen d'un simple câble.

Dans cette représentation, les deux ordinateurs sont connectés directement l'un à l'autre : c'est une connexion point à point. Ainsi, au même titre que pour une connexion téléphonique, une fois celle-ci établie, les deux postes vont pouvoir s'échanger des données simultanément, et ce, sans même préciser qui est le destinataire : en effet, il n'y a pas d'ambiguïté sur celui qui doit recevoir les données, c'est celui qui se trouve au bout du câble !

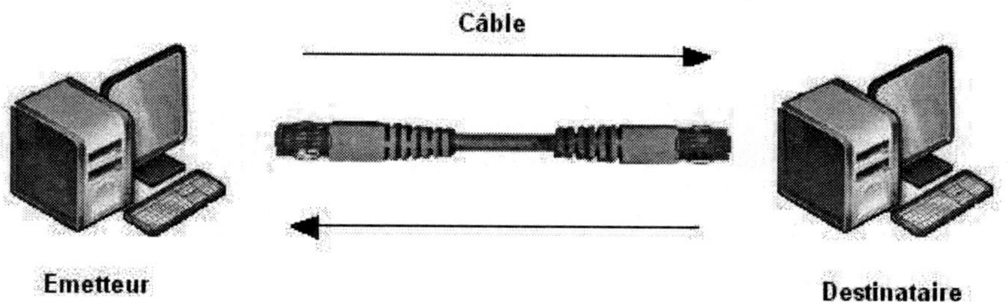

Niveau 1 : point à point physique

Ainsi, dans cette configuration, aucun identifiant n'est nécessaire et les informations peuvent être directement acheminées vers le bon destinataire qui est connecté à l'autre extrémité du canal.

Remarque

Dans ce type de connexion point à point, il est nécessaire d'utiliser un câble croisé.

2.2 Niveau 2 - couche Liaison de données

À ce niveau, nous allons examiner l'exemple d'un environnement réseau en réseau local : Ethernet en étoile, avec paire torsadée.

Il importe peu, à ce stade, de comprendre parfaitement la technologie de réseau utilisée pour illustrer l'explication théorique, en l'occurrence Ethernet.

Ce protocole sera précisément étudié après.

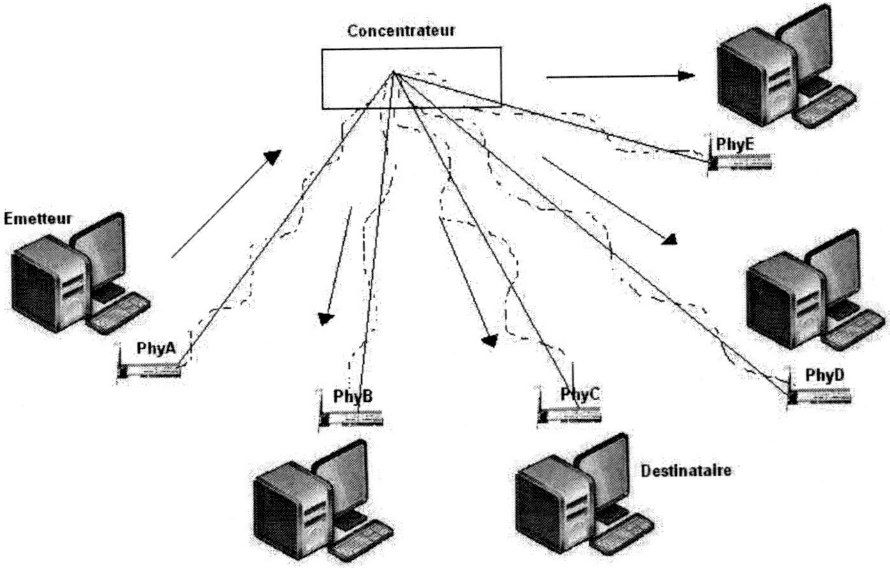

Niveau 2 : réseau Ethernet en étoile

Comme on le voit sur l'illustration, tous les ordinateurs sont équipés d'une carte réseau. Elle leur sert à communiquer avec les autres entités connectées à ce réseau. Chacune est ainsi une sorte d'interface entre l'intérieur de l'ordinateur (le système d'exploitation et la configuration logicielle du réseau) et l'extérieur.

L'applicatif logiciel est nommé pilote (driver). Il permet, comme nous allons le voir ensuite, de faire la liaison avec les couches logicielles supérieures.

Le lien avec la couche Physique se concrétise par le connecteur présent sur la carte réseau. C'est donc bien cette dernière qui agit comme composant d'interconnexion.

Dès qu'un ordinateur souhaite envoyer des données, il pourra le faire en utilisant sa carte réseau au moment opportun, ou éventuellement en attendant que son tour vienne.

Dans cette configuration, un signal, correspondant aux données, sera donc émis à partir de la carte réseau émettrice à destination de toutes les cartes réseau présentes. Le signal sera ainsi diffusé comme s'il s'agissait d'un robinet que l'on a ouvert pour alimenter les autres cartes réseau.

Contrairement au niveau précédent où la communication était directe (en point à point), nous devons en niveau 2, définir des identifiants spécifiques.

Remarque

Imaginez que vous vous retrouviez dans un endroit où sont regroupés un nombre important d'individus ; dans le brouhaha général, vous parvenez enfin à appeler un ami. À ce moment, plusieurs personnes se retournent pour savoir qui appelle cette personne, puis ensuite, seul votre ami continue d'écouter le message que vous lui transmettez oralement.

Il est donc nécessaire de préciser, dans chaque trame envoyée, à qui est effectivement destinée l'information. Bien sûr, l'émetteur de l'information se fait connaître et son identifiant est également inscrit dans cette trame. Pour cela, un système de nommage des parties est nécessaire. Pour rappeler le lien avec la carte réseau, on parle d'adressage physique.

Remarque

Toute carte réseau Ethernet dispose d'une adresse physique, appelée également adresse MAC (Medium Access Control), qui constitue son propre identifiant de niveau 2.

Dans l'exemple ci-dessous, une demande d'information a été effectuée dans l'interface de commande de Windows.

```
Carte réseau sans fil Connexion réseau sans fil :
   Suffixe DNS propre à la connexion. . . :
   Description. . . . . . . . . . . . . . : Intel(R) WiFi Link
5100 AGN
   Adresse physique . . . . . . . . . . . : 00-21-5D-E4-49-42
   DHCP activé. . . . . . . . . . . . . . : Oui
   Configuration automatique activée. . . : Oui
   Adresse IPv6 de liaison locale. . . . .:
fe80::a803:4bc3:61c9:909%13(préféré)

   Adresse IPv4. . . . . . . . . . . . . .: 192.168.1.86(préféré)
   Masque de sous-réseau. . . . . . . . . : 255.255.255.0
```

```
   Bail obtenu. . . . . . . . . . . . . . : mardi 12 octobre
2010 19:35:09
   Bail expirant. . . . . . . . . . . . . : mercredi 13 octobre
2010 19:35:09
   Passerelle par défaut. . . . . . . . . : 192.168.1.1
   Serveur DHCP . . . . . . . . . . . . . : 192.168.1.1
   IAID DHCPv6 . . . . . . . . . . . : 335552861
   DUID de client DHCPv6. . . . . . . . : 00-01-00-01-13-B2-DB-
FE-00-21-70-DB-10-27
   Serveurs DNS. . .  . . . . . . . . . . : 192.168.1.1
   NetBIOS sur Tcpip. . . . . . . . . . . : Activé


Carte Ethernet Connexion au réseau local :
   Statut du média. . . . . . . . . . . . : Média déconnecté
   Suffixe DNS propre à la connexion. . . : Lemans.fr.europe.eu
   Description. . . . . . . . . . . . . . : Intel(R) 82567LM
Gigabit Network Connection
   Adresse physique . . . . . . . . . . . : 00-21-70-DB-10-27
   DHCP activé. . . . . . . . . . . . . . : Oui
   Configuration automatique activée. . . : Oui
```

Remarque

Notez que dans cet exemple, deux cartes réseau apparaissent avec chacune un identifiant différent.

L'identifiant apparaît sous le nom *Adresse physique*.

Les niveaux 1 et 2 forment souvent, pour l'administrateur réseau, une seule et unique couche, qualifiée de basse. Cela provient du fait que dans le modèle appliqué par la suite de protocoles TCP/IP (de très loin le plus courant), antérieur au modèle OSI, elles forment une seule couche, nommée Interface réseau.

Le niveau 2 concerne un environnement où les équipements matériels (cartes réseau, concentrateurs) et la méthode d'accès au support physique restent les mêmes. Un réseau de niveau 2 sera qualifié par son débit, avec des trames dont la longueur maximale et minimale sont connues.

2.3 Niveau 3 - couche Réseau

2.3.1 Les principes

Ce niveau permet l'interconnexion de réseaux physiques différents. Dans le modèle TCP/IP, il constitue la deuxième couche, nommée Internet, dans laquelle on retrouve IP.

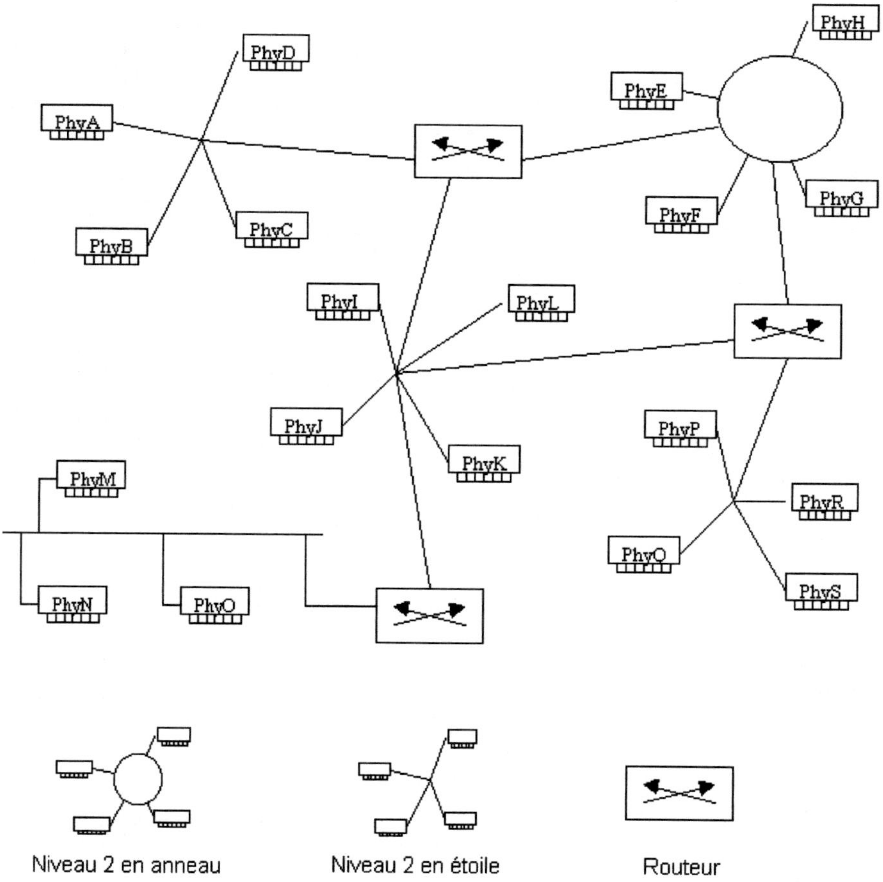

Niveau 3 : interconnexion de réseaux de niveau 2

2.3.2 L'adressage logique

Ce niveau est un peu plus complexe. Un adressage logique, complémentaire de l'adressage physique de niveau 2 est introduit. La notion d'adresse logique définit une décomposition hiérarchique à un niveau : une adresse est ainsi constituée d'une composante numéro de réseau ainsi que d'une composante numéro d'hôte dans le réseau.

Remarque

Par exemple, dans une adresse de type IPv4 192.168.1.100, l'identifiant de réseau logique pourrait être 192.168.1 et celui d'hôte 100. La technique de distinction des parties réseau et hôte de l'adresse IP sera abordée plus loin.

La notion de réseau en couche 3 peut être rapprochée de celle d'une ville et de ses rues. À chaque élément devant être identifié est attribué un numéro, comme celui d'une maison dans la rue.

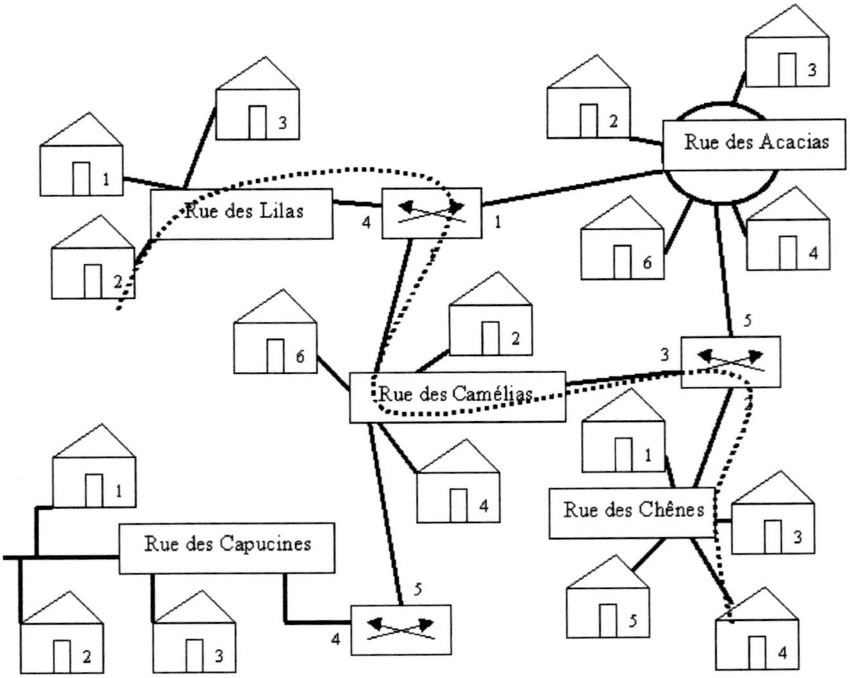

Niveau 3 : analogie des réseaux logiques et des noms de rues

Ainsi, lorsque quelqu'un souhaite se rendre auprès d'un destinataire, dont l'adresse est connue, il cherche d'abord à atteindre sa rue, puis ensuite recherche le numéro. Par exemple, pour retrouver une personne située au 4 Rue des Chênes, en partant du 2 Rue des Lilas, l'individu se rapproche progressivement en demandant son chemin à chaque intersection de rues. Lorsqu'il atteint la bonne rue, il ne reste plus qu'à trouver le numéro.

Dans le cas qui nous importe, des *réseaux logiques* (RL), ou sous-réseaux, sont identifiés (correspondant aux rues). Au sein de chacun d'eux sont numérotés les composants (identification des hôtes).

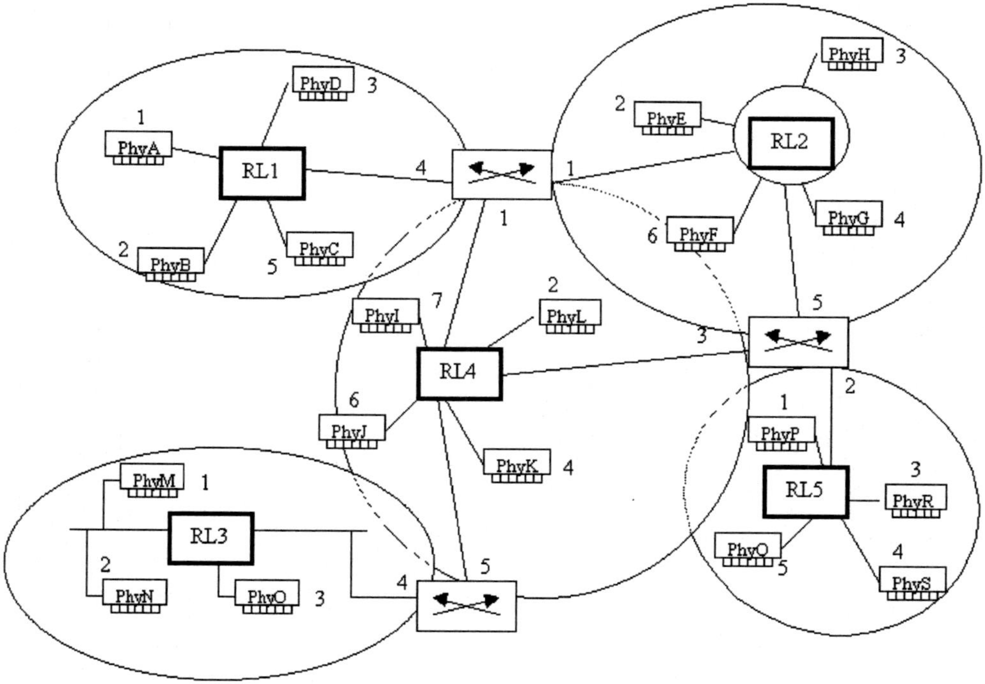

Niveau 3 : attribution des réseaux logiques (RL) et des identifiants d'hôtes

Les interfaces réseaux qui sont ainsi identifiées en tant qu'hôtes sont les ordinateurs, les imprimantes, les routeurs (niveau 3 OSI), les modems.

2.3.3 La sortie du réseau logique

Nous avons choisi de concrétiser quelque peu cette approche en rapprochant nos explications du réseau TCP/IP, principal modèle en couches en utilisation réelle. Nous allons donc aborder maintenant une notion assez fondamentale : le passage d'une rue à l'autre dans les intersections (transfert d'un réseau logique vers un autre) est pris en charge par des passerelles. Celle par défaut représente le moyen de sortie de la rue, ou plutôt du réseau logique.

Cette information doit être spécifiée au sein de chacun des hôtes du sous-réseau, sinon, aucune sortie n'est possible.

Ainsi, en plus de l'adresse logique attribuée à chacun, comprenant une partie qualifiant le sous-réseau et une autre pour l'hôte, il peut être nécessaire de préciser les informations de la passerelle par défaut. Ce composant peut également être qualifié de routeur.

Comme une rue peut avoir plusieurs intersections (si ce n'est pas une impasse), un sous-réseau peut comporter plusieurs passerelles. Nous aborderons tout à l'heure ce cas.

Remarque

Au niveau 3, on parle de datagramme IP pour identifier l'information transportée à ce niveau. Attention, on parle aussi de datagramme avec UDP (couche 4), mais de segment avec TCP (couche 4).

Par exemple, pour le réseau RL1 constitué des hôtes A, B, C, D, les informations de configurations seront les suivantes :

Hôte	Adresse MAC	Adresse logique	Passerelle
A	PhyA	(RL1,1)	(RL1,4)
B	PhyB	(RL1,2)	(RL1,4)
C	PhyC	(RL1,5)	(RL1,4)
D	PhyD	(RL1,3)	(RL1,4)

La sortie du réseau RL2, accueillant les hôtes E, F, G et H, s'effectue par la passerelle (RL2,1) ou bien par celle (RL2,5). Un choix est donc nécessaire.

On peut pour cela privilégier la destination la plus probable. Par exemple, si les postes du réseau RL2 sont susceptibles de plus rechercher à atteindre ceux de RL1, l'utilisation de la passerelle (RL2,1) est la plus judicieuse. Cette réflexion peut s'effectuer au cas par cas.

Ainsi, pour les hôtes de RL2, les passerelles pourraient être réparties comme ci-dessous. On s'aperçoit qu'une telle configuration permet de répartir la charge sur les passerelles.

Hôte	Adresse MAC	Adresse logique	Passerelle
E	PhyE	(RL2,2)	(RL2,1)
F	PhyF	(RL2,6)	(RL2,1)
G	PhyG	(RL2,4)	(RL2,5)
H	PhyH	(RL2,3)	(RL2,5)

2.3.4 La transmission du datagramme sur l'inter-réseau

Comment une trame émise par une carte réseau d'un réseau logique donné, peut-elle finalement parvenir à une autre carte réseau située sur un autre réseau logique de l'inter-réseau ?

Quelles étapes sont effectivement mises en œuvre ?

Quels mécanismes se produisent pour que la carte prenne les bonnes décisions lui permettant, dans un premier temps, de sortir de son réseau logique et, dans un deuxième temps, de se rapprocher progressivement vers le réseau logique du destinataire, jusqu'à finalement l'atteindre ?

Considérons qu'un hôte cherche à envoyer des informations à un autre, par l'intermédiaire des cartes réseau.

L'émetteur connaît son adresse logique, comprenant celle de la passerelle. Il a également obtenu celle, complète, du destinataire.

Deux cas de figure se présentent donc :

- L'émetteur et le destinataire sont sur le même réseau logique.
- Le destinataire est situé dans un réseau logique distinct.

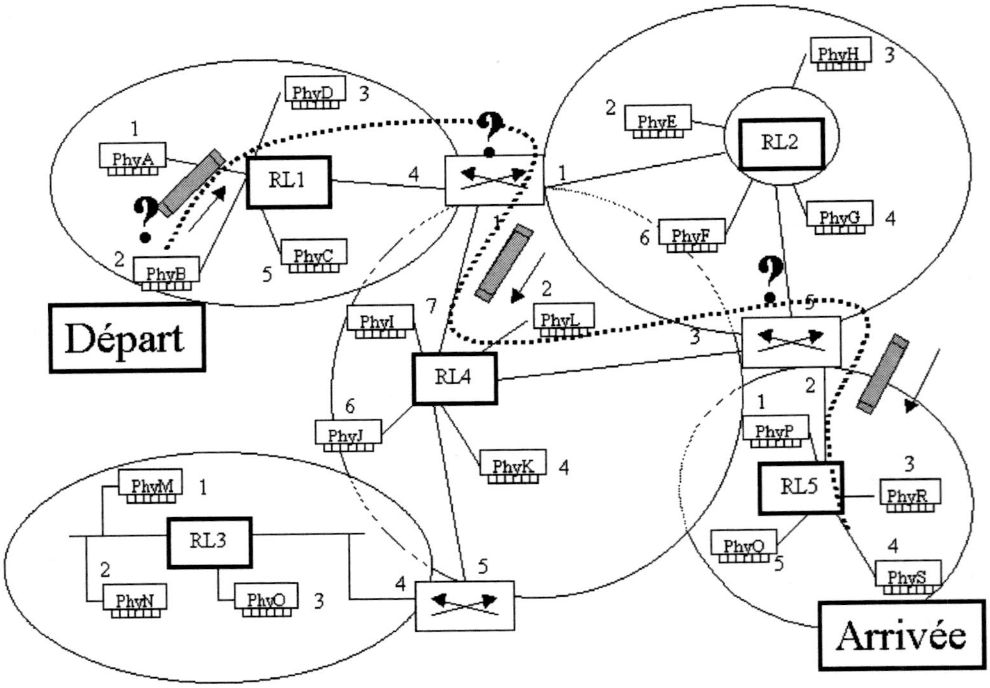

Niveau 3 : propagation d'un datagramme dans l'inter-réseau

Cas 1 : L'émetteur et le destinataire sont sur le même sous-réseau

La communication est ici de niveau 2, puisqu'aucune sortie du réseau logique n'est nécessaire. L'émetteur obtient cette information en comparant son identifiant de réseau avec celui de son correspondant.

Ainsi, pour envoyer réellement la trame à la bonne destination, l'émetteur doit obtenir l'adresse physique (MAC) de son correspondant. Pour cela, il envoie d'abord une courte trame à tous les hôtes de son réseau de niveau 2, en remplaçant l'adresse physique du destinataire par une adresse spéciale (FF-FF-FF-FF-FF-FF, par exemple), signifiant que tout le monde doit se sentir concerné par la demande. À l'intérieur de celle-ci est posée la question : qui peut me donner l'adresse physique correspondant à cette adresse logique ? L'hôte concerné répond lui-même et renvoie l'information demandée.

On remarque dans l'illustration ci-dessous que cette demande est effectuée à la passerelle. En effet, celle-ci est considérée comme un hôte du réseau et sera la destinatrice première des informations qui doivent sortir.

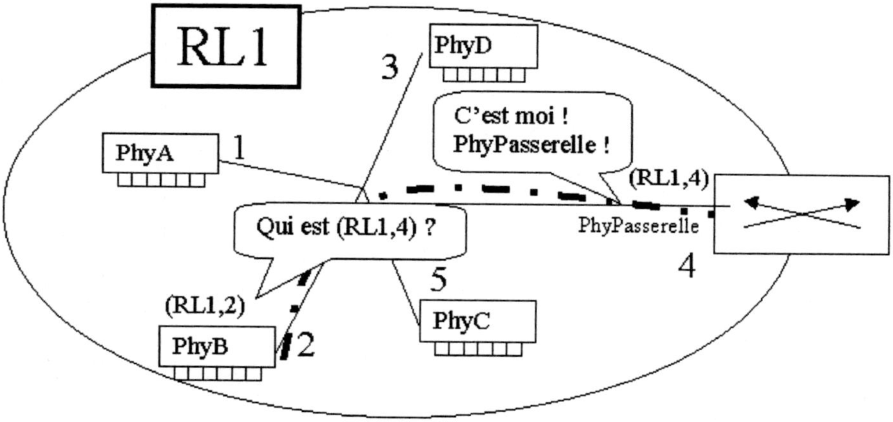

Niveau 3 : obtention de l'adresse MAC de la passerelle par défaut

Remarque

En fait, le protocole utilisé pour obtenir l'adresse physique à partir d'une adresse logique IPv4 sur un réseau de niveau 2 est Address Resolution Protocol (ARP).

Finalement, l'émetteur est en mesure de construire une trame comprenant, en plus de ses informations d'adresses physique et logique, celle du destinataire.

Cas 2 : L'émetteur et le destinataire sont sur des sous-réseaux distincts

Comme dans le cas précédent, les identifiants de réseau logique sont comparés. L'hôte source de l'émission constate que celui-ci est différent de celui de son correspondant. La communication doit donc passer un niveau et une passerelle est recherchée, au niveau 3 du modèle OSI.

C'est ce nœud de réseau, prenant la forme d'un routeur, qui connaît les informations de redirection des informations communiquées et qui sera utilisé comme porte de sortie.

Une recherche de l'adresse physique du routeur est effectuée, si elle n'est pas déjà connue. En cas de réponse positive, la transmission vers ce destinataire est effectuée. En effet, l'émetteur initial se contente de diriger les informations vers la sortie du réseau logique. Peu lui importe ensuite le cheminement suivi jusqu'au nœud final du réseau. Bien sûr, la trame, devenue datagramme, contient également l'adresse logique de ce destinataire final.

2.3.5 L'aiguillage du datagramme sur le routeur

Principe

Nous avons vu précédemment que si un traitement de niveau 3 doit être effectué (identifiants d'émetteur et de destinataire distincts), le routeur devient le destinataire premier du datagramme. À réception de celui-ci, le routeur comprend que le datagramme ne lui est pas destiné.

Il extrait donc l'identifiant de sous-réseau du destinataire final et consulte sa table de routage. Celle-ci contient les informations d'aiguillage vers le destinataire final ou vers le prochain routeur adjacent.

Cas 1 : le routeur peut directement adresser le destinataire final

Le routeur constate que l'une de ces interfaces réseau est déclarée dans le même réseau logique que l'hôte final. Il se contente donc de reconstituer un nouveau datagramme et de le lui envoyer.

Cas 2 : le routeur ne peut joindre le réseau logique du destinataire final

Si la table de routage ne contient aucune information de cheminement vers le réseau logique du destinataire, le routeur met fin à la communication. L'émetteur reçoit alors un message précisant l'impossibilité de joindre le destinataire demandé.

Cas 3 : le routeur peut joindre le réseau logique du destinataire final

Dans ce cas, un chemin est trouvé dans la table de routage. Il désigne l'adresse logique (IP) du prochain routeur adjacent permettant de se rapprocher du réseau logique de destination.

Dans la table de routage ci-dessous, on observe que le routeur dispose de deux interfaces dont les adresses IPv4 sont 192.168.1.86 et 192.168.2.86. Nous reparlerons plus loin de l'adresse logique 127.0.0.1, adresse de boucle locale désignée sur tous les hôtes.

Deux routes ont été créées vers les destinations de réseaux logiques 10. et 172.16. (encadrés ci-dessous). La passerelle pour atteindre ces réseaux est 192.168.1.1.

```
Administrateur : C:\Windows\System32\cmd.exe
 13...00 21 5d e4 49 42 ......Intel(R) WiFi Link 5100 AGN
  1...........................Software Loopback Interface 1
 26...00 00 00 00 00 00 00 e0 Carte Microsoft ISATAP
 11...00 00 00 00 00 00 00 e0 Microsoft Teredo Tunneling Adapter
===========================================================================

IPv4 Table de routage
===========================================================================
Itinéraires actifs :
Destination réseau    Masque réseau  Adr. passerelle   Adr. interface Métrique
          0.0.0.0          0.0.0.0      192.168.1.1     192.168.1.86     25
         10.0.0.0        255.0.0.0      192.168.1.1     192.168.1.86     26
        127.0.0.0        255.0.0.0         On-link         127.0.0.1    306
        127.0.0.1  255.255.255.255         On-link         127.0.0.1    306
  127.255.255.255  255.255.255.255         On-link         127.0.0.1    306
       172.16.0.0      255.255.0.0      192.168.1.1     192.168.1.86     26
      192.168.1.0    255.255.255.0         On-link      192.168.1.86    281
     192.168.1.86  255.255.255.255         On-link      192.168.1.86    281
    192.168.1.255  255.255.255.255         On-link      192.168.1.86    281
      192.168.2.0    255.255.255.0         On-link      192.168.2.86    286
     192.168.2.86  255.255.255.255         On-link      192.168.2.86    286
    192.168.2.255  255.255.255.255         On-link      192.168.2.86    286
        224.0.0.0        240.0.0.0         On-link         127.0.0.1    306
        224.0.0.0        240.0.0.0         On-link      192.168.1.86    281
        224.0.0.0        240.0.0.0         On-link      192.168.2.86    286
  255.255.255.255  255.255.255.255         On-link         127.0.0.1    306
  255.255.255.255  255.255.255.255         On-link      192.168.1.86    281
  255.255.255.255  255.255.255.255         On-link      192.168.2.86    286
===========================================================================
Itinéraires persistants :
  Aucun

IPv6 Table de routage
===========================================================================
Itinéraires actifs :
 If Metric Network Destination      Gateway
 11     58 ::/0                     On-link
  1    306 ::1/128                  On-link
 11     58 2001::/32                On-link
 11    306 2001:0:5ef5:79fd:1c09:2327:3f57:fea9/128
                                    On-link
 13    281 fe80::/64                On-link
 11    306 fe80::/64                On-link
 11    306 fe80::1c09:2327:3f57:fea9/128
                                    On-link
 13    281 fe80::a803:4bc3:61c9:909/128
                                    On-link
  1    306 ff00::/8                 On-link
 11    306 ff00::/8                 On-link
 13    281 ff00::/8                 On-link
===========================================================================
Itinéraires persistants :
  Aucun

C:\Windows\system32>
```

Affichage de la table de routage d'un ordinateur Windows

Après obtention des informations adéquates dans sa table de routage, le routeur demande lui-même l'adresse physique correspondant à la passerelle de destination (dans l'exemple ci-dessus, celle qui correspond à l'identifiant logique 192.168.1.1), s'il ne l'a pas déjà.

Il construit ensuite une nouvelle trame destinée à ce correspondant, mais contenant toujours les informations de l'hôte final.

Le cheminement par saut continuera ensuite de la même manière.

Remarque

Si une table de routage ne contient pas directement l'information d'aiguillage vers le sous-réseau final, elle peut contenir un itinéraire par défaut. Celui-ci est systématiquement utilisé, ce qui évite le cas numéro 2.

2.4 Niveau 4 - couche Transport

Dans le modèle OSI, cette couche est la quatrième. Elle constitue la troisième de la suite TCP/IP, avec les mêmes usages. Les niveaux 3 et 4 sont parfois regroupés sous l'appellation couches moyennes.

Les applications de type client/serveur utilisant TCP/IP peuvent utiliser deux modes de transport :

– Connecté grâce à *Transmission Control Protocol* (TCP).

– Non connecté, ou datagramme, avec *User Datagram Protocol* (UDP).

2.4.1 Le mode connecté TCP

Le premier choix consiste en l'élaboration d'un mode connecté qui permet de mettre en œuvre un échange d'informations brutes (flot non formaté d'octets).

Un mécanisme d'établissement de connexion TCP est mis en œuvre : il s'agit du 3 Way Handshake ou poignée de main à trois phases. Lors de ce processus, trois trames sont échangées :

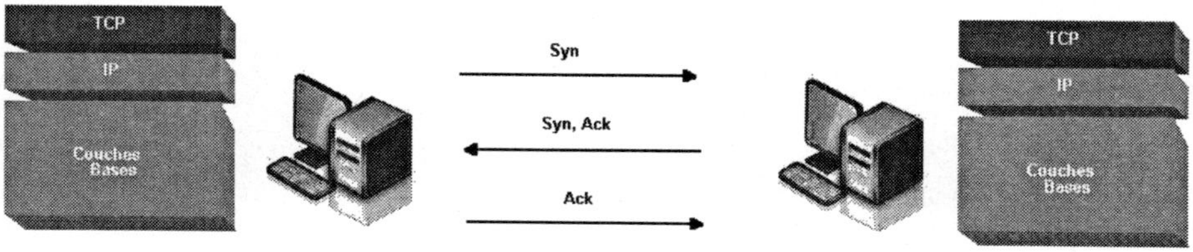

Établissement d'une connexion TCP à trois phases : 3 Way Handshake

Au cours de ces trois échanges, l'émetteur et le destinataire se mettent d'accord sur la taille des buffers qui seront utilisés pour émettre et recevoir les segments TCP échangés. Par exemple, si l'émetteur et le destinataire sont tous les deux sur un réseau Ethernet 10/100 Mbps, le buffer négocié sera de 12 x 1500 octets car 1500 octets correspond à la taille maximale d'une trame sur un réseau Ethernet. On parle de *Maximum Transfer Unit* (MTU).

De plus, en TCP, des accusés de réception sont mis en œuvre pour permettre de valider progressivement le flot d'octets brut qui arrive. Le buffer est choisi de telle sorte qu'il est possible d'envoyer plusieurs segments simultanément, sans devoir attendre immédiatement les accusés de réception. Sinon, il s'en suivrait des temps d'attente dommageables aux échanges réseau. Ainsi, les accusés de réception provenant du destinataire vont croiser, sur le réseau, des segments TCP qui seront validés ultérieurement.

Voici ci-dessous un exemple de capture de cette phase initiale. L'hôte 192.168.1.92 (derrière une box Internet), initialise une demande de connexion sur le port 80 (web) du serveur public 77.67.11.74 (serveur Hotmail).

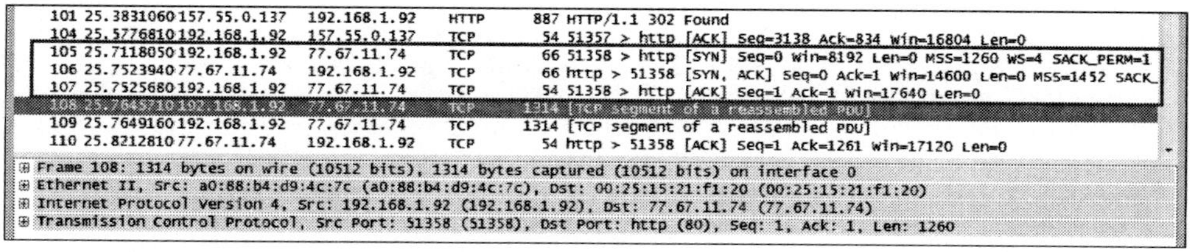

Capture de trame d'établissement d'une connexion TCP

On observe ici, en trame 105, une demande de connexion [SYN] sur le port 80 du serveur à partir du client (port 51358). Ensuite, le serveur répond [SYN, ACK] au client (trame 106). Finalement, le client accuse réception de l'initialisation demandée (trame 107).

2.4.2 Le mode non connecté UDP

Le mode UDP va permettre, au contraire, de travailler rapidement au détriment de la fiabilité. L'objectif est simplement de faire remonter l'information provenant des trames réseau vers la couche applicative.

Aucun accusé de réception n'est mis en œuvre et aucune connexion initiale, du type 3 Way Handshake n'est proposée. UDP ne va rien apporter de plus au datagramme qui a été acheminé par IP, accélérant ainsi considérablement les échanges.

2.5 Niveau 5 et supérieurs

Les couches supérieures ou hautes constituent la seule couche applicative en TCP/IP. Elle peut ensuite exploiter les connexions mises en place ou non (pour un mode non connecté) et finalement permettre aux processus s'exécutant sur les ordinateurs distincts de communiquer.

Un socket correspond à un identifiant de processus dans un environnement réseau TCP/IP.

L'identifiant de socket est composé de l'adresse IP, du protocole de couche 4 OSI utilisé (TCP ou UDP), ainsi que d'un numéro de port (TCP ou UDP). Ce numéro de port est compris entre 0 et 65535.

Socket = adresse IP : TCP ou UDP : numéro de port

Par exemple, un socket serveur HTTP serait de la forme :
192.168.2.200 :TCP :80.

Remarque

Un socket est dynamiquement alloué au client, afin de permettre une véritable communication, dans les deux sens.

Remarque

À noter qu'à partir de Windows Vista, les ports aléatoires utilisés sont compris entre 49152 et 65535. Les versions précédentes de Windows utilisent des numéros de ports aléatoires légèrement supérieurs à 1024.

Une fois la connexion TCP établie, un échange peut alors prendre place entre le client et le serveur, en exploitant la connexion ainsi réalisée.

3. Normes et organismes

Dans cette partie, nous décrirons les principaux organismes de normalisation en matière de réseau et quelques exemples de réalisation.

3.1 Types de normes

On distingue les normes légales, de jure, des normes imposées par un constructeur, de facto, de fait de l'utilisation très répandue.

De plus, on qualifiera de propriétaire une norme inventée et contrôlée par une société et de non propriétaire une norme développée par un organisme de normalisation.

3.2 Quelques organismes de normalisation pour le réseau

Il n'existe pas de source unique pour les normes. En règle générale, un organisme de normalisation coordonne les spécifications de différentes solutions matérielles ou logicielles. Parmi ces organismes, nous nous sommes attachés à ceux qui ont élaboré la plupart des normes réseaux locales et internationales. Chaque organisme développe une zone différente de l'activité réseau.

3.2.1 American National Standards Institute (ANSI)

Il s'agit d'un organisme créé par des groupes d'affaires et industriels nord-américains et consacré au développement de normes en matière de commerce et de communications. L'ANSI travaille essentiellement sur les codes, les alphabets, les modèles de signalisation, les langages de programmation, l'interface SCSI.

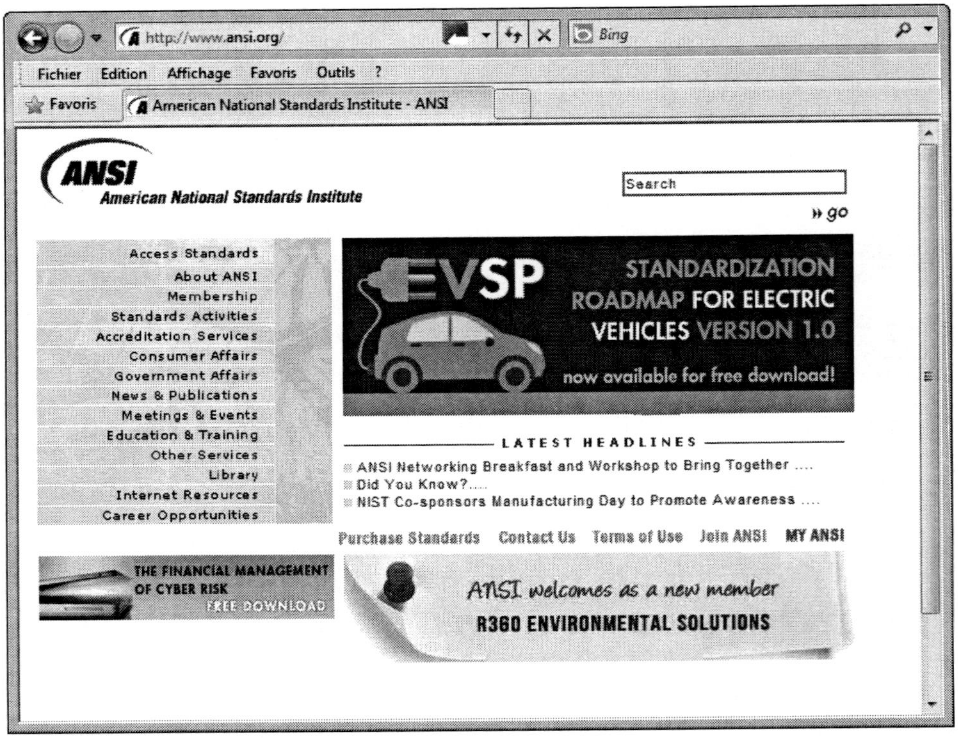

Site web de l'ANSI : www.ansi.org

Remarque

L'ANSI représente les USA au sein de l'ISO.

Exemples de réalisations :

- ANSI/IEEE 802.3 : *Carrier Sense Multiple Access/Collision Detection (CSMA/CD)*.
- ANSI X3.135 : normalisation du *Structured Query Language* (SQL).
- ANSI X3T9.5 : spécifications *Fiber Distributed Data Interface* (FDDI).
- Normalisation pour le portage des langages FORTRAN, COBOL, C.

3.2.2 Union internationale des télécommunications (UIT)

Le Comité Consultatif International Télégraphique et Téléphonique (CCITT) a laissé place à l'Union Internationale des Télécommunications (UIT), en anglais *International Telecommunication Union* (ITU).

Site web de l'UIT : www.itu.int

Ce comité étudie et recommande l'utilisation des normes de communication reconnues dans le monde entier et publie ses recommandations tous les quatre ans.

Ses protocoles s'appliquent aux modems, aux réseaux et à la transmission par fax.

Il compte quinze groupes de travail de A à U. Chacun d'eux élabore des normes pour un domaine différent. On peut citer par exemple :

- T, pour le fax.
- V, pour les télécoms.
- X pour les réseaux...

Exemples de réalisations

Séries V

Les recommandations pour la standardisation de la conception et du fonctionnement de modems sont communément appelées série V.

- V.32bis est le standard de transmission asynchrone et synchrone allant jusqu'à 14400 bauds.
- V.42bis définit les compressions de données modem à l'aide de la méthode Lempel Ziv.

Séries X

Ces séries portent sur les normes OSI.

- X.200 définit le modèle de référence OSI.
- X.25 spécifie l'interface de commutation de données par paquets.
- X.400 normalise le traitement des messages (la messagerie électronique).
- X.500 définit la gestion des annuaires dans un environnement distribué.

3.2.3 Electronic Industries Alliance (EIA)

Cette association est un organisme qui regroupe des fabricants nord-américains de pièces et d'équipements électroniques. Elle élabore des normes industrielles pour les interfaces entre le traitement des données et les équipements de communication. De plus, elle travaille en étroite collaboration avec l'ANSI et l'UIT.

Exemple de réalisation

RS-232, norme pour les connexions série à l'aide des connecteurs DB-9 ou DB-25.

3.2.4 Institute of Electrical and Electronics Engineers (IEEE)

L'un des principaux instituts américains de standardisation des technologies de communication, l'*Institute of Electrical and Electronics Engineers* (IEEE) est issu de la fusion, en 1963, de l'*Institute of Radio Engineers* (IRE) et l'*American Institute of Electrical Engineers* (AIEE). Cet organisme, destiné à promouvoir les connaissances dans l'ingénierie électrique, est à l'origine de nombreux standards ratifiés par l'ISO.

Dans cette organisation, un groupement de personnes collaborant sur un thème donné forme un comité. Par exemple, celui intitulé IEEE 1394 travaille sur les bus série, de type Firewire.

Les comités 802 doivent leur nom à leur date de mise en place, en février 1980. Ils œuvrent sur l'évolution des standards réseaux, au niveau des couches basses. Les différents thèmes de travaux sont répartis entre des groupes de travail. On peut citer, parmi eux :

- 802.3, *Ethernet Working Group* (type LAN).
- 802.11, *Wireless LAN Working Group* (type WLAN).
- 802.15, *Wireless Personal Area Network* (type WPAN).
- 802.16, *Broadband Wireless Access Working Group* (type WMAN).

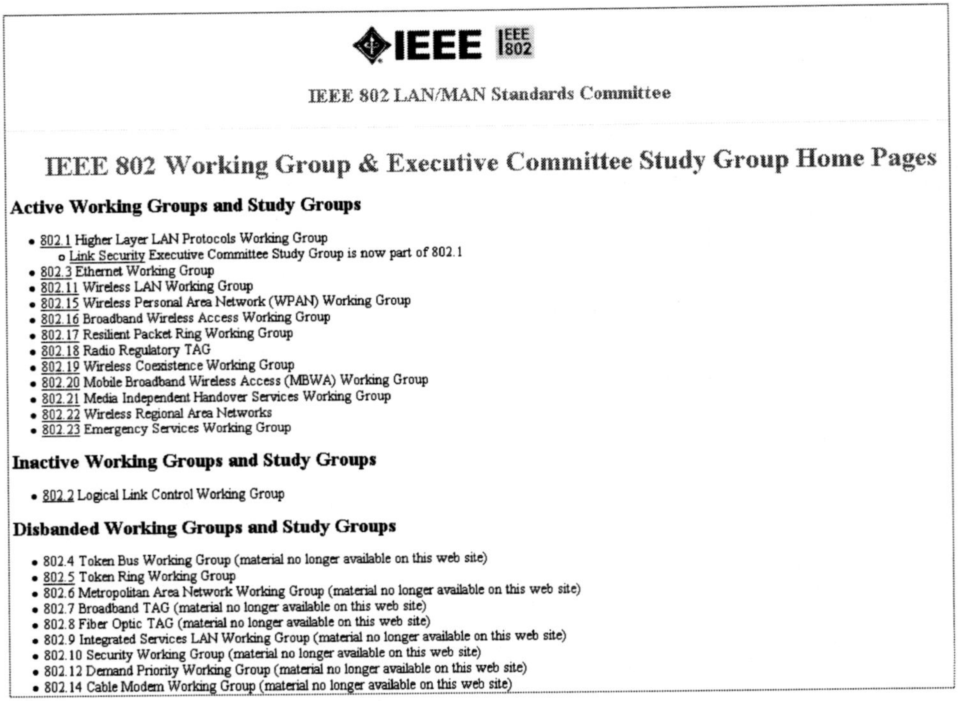

IEEE 802 LAN/MAN Standards Committee

IEEE 802 Working Group & Executive Committee Study Group Home Pages

Active Working Groups and Study Groups

- 802.1 Higher Layer LAN Protocols Working Group
  - Link Security Executive Committee Study Group is now part of 802.1
- 802.3 Ethernet Working Group
- 802.11 Wireless LAN Working Group
- 802.15 Wireless Personal Area Network (WPAN) Working Group
- 802.16 Broadband Wireless Access Working Group
- 802.17 Resilient Packet Ring Working Group
- 802.18 Radio Regulatory TAG
- 802.19 Wireless Coexistence Working Group
- 802.20 Mobile Broadband Wireless Access (MBWA) Working Group
- 802.21 Media Independent Handover Services Working Group
- 802.22 Wireless Regional Area Networks
- 802.23 Emergency Services Working Group

Inactive Working Groups and Study Groups

- 802.2 Logical Link Control Working Group

Disbanded Working Groups and Study Groups

- 802.4 Token Bus Working Group (material no longer available on this web site)
- 802.5 Token Ring Working Group
- 802.6 Metropolitan Area Network Working Group (material no longer available on this web site)
- 802.7 Broadband TAG (material no longer available on this web site)
- 802.8 Fiber Optic TAG (material no longer available on this web site)
- 802.9 Integrated Services LAN Working Group (material no longer available on this web site)
- 802.10 Security Working Group (material no longer available on this web site)
- 802.12 Demand Priority Working Group (material no longer available on this web site)
- 802.14 Cable Modem Working Group (material no longer available on this web site)

Site des groupes de travail : http://www.ieee802.org/dots.shtml

3.2.5 ISO

Spécialisée dans le développement et la normalisation de standards techniques, l'ISO est une organisation non gouvernementale internationale. Regroupant plus de 150 pays, son siège est basé à Genève, en Suisse. Son appellation n'est pas l'acronyme de *International Organization for Standardization*, qui pourrait être traduit en français comme organisation internationale de normalisation, mais provient du grec "isos", voulant dire égal.

3.2.6 Internet Engineering Task Force (IETF)

Le but de l'organisme *Internet Engineering Task Force* (IETF), membre de l'Internet Society, est l'amélioration de fonctionnement du réseau Internet. Comme pour l'IEEE, des groupes de travail définissent des standards, qui sont ici documentés dans des publications *Request For Comments* (RFC).

Une RFC est repérée par un numéro unique. Chaque évolution fait l'objet d'une nouvelle documentation, qui peut compléter ou rendre obsolète la précédente. Il n'y a pas de mise à jour de RFC.

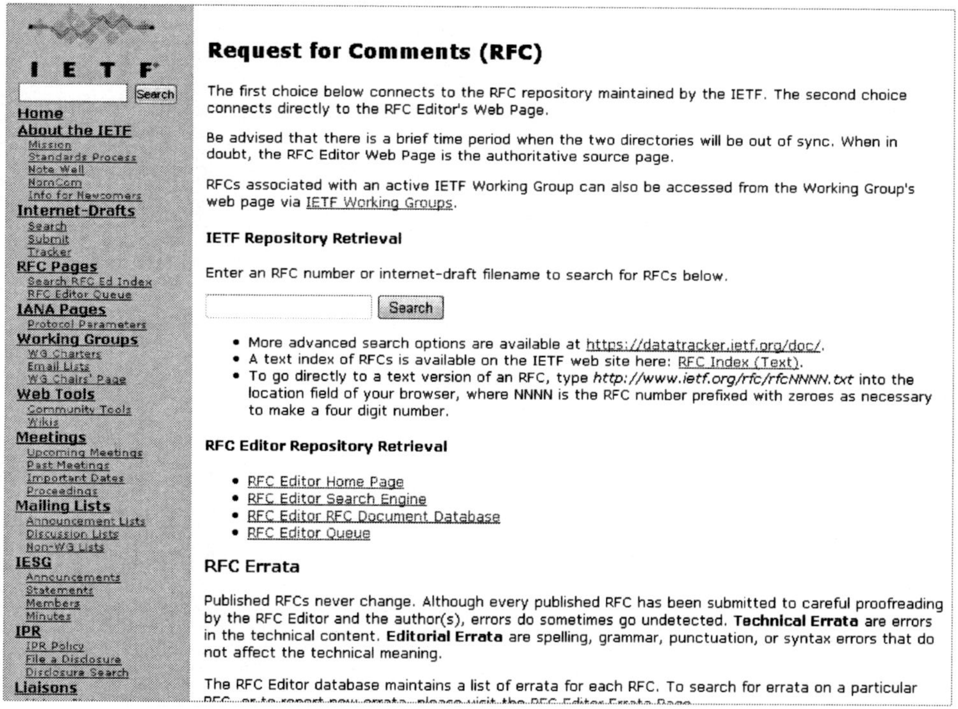

Request for Comments (RFC)

The first choice below connects to the RFC repository maintained by the IETF. The second choice connects directly to the RFC Editor's Web Page.

Be advised that there is a brief time period when the two directories will be out of sync. When in doubt, the RFC Editor Web Page is the authoritative source page.

RFCs associated with an active IETF Working Group can also be accessed from the Working Group's web page via IETF Working Groups.

IETF Repository Retrieval

Enter an RFC number or internet-draft filename to search for RFCs below.

Search

- More advanced search options are available at https://datatracker.ietf.org/doc/.
- A text index of RFCs is available on the IETF web site here: RFC Index (Text).
- To go directly to a text version of an RFC, type *http://www.ietf.org/rfc/rfcNNNN.txt* into the location field of your browser, where NNNN is the RFC number prefixed with zeroes as necessary to make a four digit number.

RFC Editor Repository Retrieval

- RFC Editor Home Page
- RFC Editor Search Engine
- RFC Editor RFC Document Database
- RFC Editor Queue

RFC Errata

Published RFCs never change. Although every published RFC has been submitted to careful proofreading by the RFC Editor and the author(s), errors do sometimes go undetected. **Technical Errata** are errors in the technical content. **Editorial Errata** are spelling, grammar, punctuation, or syntax errors that do not affect the technical meaning.

The RFC Editor database maintains a list of errata for each RFC. To search for errata on a particular

Site web de l'IETF : www.ietf.org/rfc.html

Chapitre 3
Transmission des données couche Physique

1. Rôle d'une interface réseau

Dans un premier temps, nous allons examiner les paramètres qui permettent de configurer les périphériques d'un PC et plus particulièrement une carte réseau.

1.1 Principes

L'interface réseau fait office d'intermédiaire entre l'ordinateur et le support de transmission. Elle peut être un simple composant soudé à la carte mère ou bien une carte réseau (NIC - *Network Interface Card*) à part entière. Dans ce dernier cas, elle est installée dans un connecteur d'extension (slot). Son rôle est de préparer les données à transmettre avant de les envoyer et d'interpréter celles reçues. Pour cela, elle contient un émetteur-récepteur.

Le lien entre la carte et le système d'exploitation réseau est assuré par le pilote (driver) périphérique. Ce composant logiciel correspond à la couche Liaison de données du modèle OSI.

1.2 Préparation des données

La couche physique met en forme les données (bits) à transmettre sous forme de signaux. Les échanges entre l'ordinateur et la carte s'effectuent via le bus de la machine en parallèle. La carte réseau va donc sérialiser les informations avant de transmettre les signaux sur le support physique.

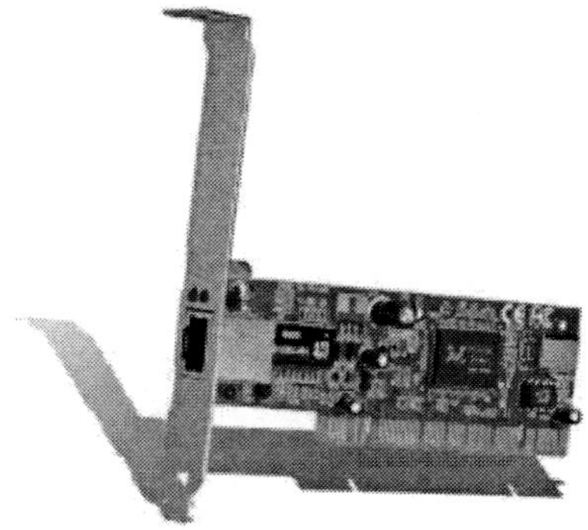

2. Options et paramètres de configuration

Tout point d'entrée/sortie sur un réseau doit être identifié afin que la trame soit reçue (acceptée) par le bon périphérique. Une carte réseau ou un port série, doivent avoir un numéro qui doit permettre de les repérer au plus bas niveau (du modèle OSI).

2.1 Adresse physique

Sur un réseau local de type Ethernet (le plus courant, que nous aborderons plus tard), c'est une adresse physique sur six octets, qui permet d'identifier l'interface réseau. Les trois premiers octets de cette adresse sont attribués par l'IEEE pour identifier le constructeur du matériel (ex. 00AA00 pour le constructeur Intel et 00A024 pour 3Com). Les trois octets restants sont laissés à la disposition du constructeur, qui doit faire en sorte de vendre des cartes, de telle manière qu'aucune n'ait la même adresse physique, sur le même réseau de niveau 2.

Une adresse MAC va soit identifier une carte réseau unique (I=0), soit être associée à un ensemble de cartes (G=1). Cette adresse pourra être unique globalement (U=0) ou simplement unique sur un périmètre limité (L=1).

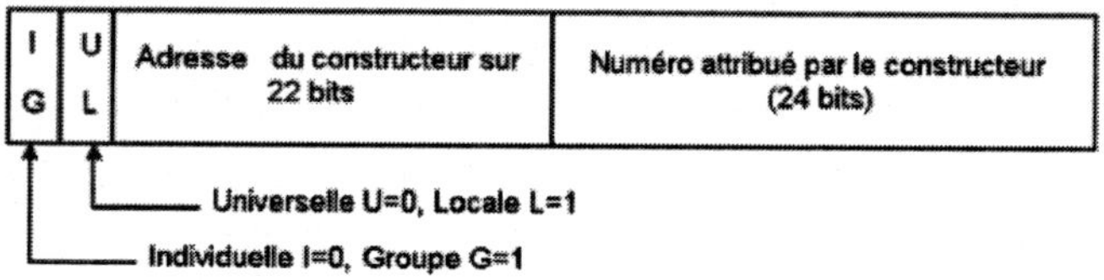

Remarque

Théoriquement, rien n'empêche le système d'exploitation réseau de travailler avec des adresses physiques différentes de celles du constructeur. Par exemple, sous Windows, en accédant aux Propriétés de la carte réseau, il est possible d'imposer une nouvelle adresse physique différente de celle proposée par défaut. Il suffit alors de valider, et la nouvelle adresse MAC devient effective immédiatement !

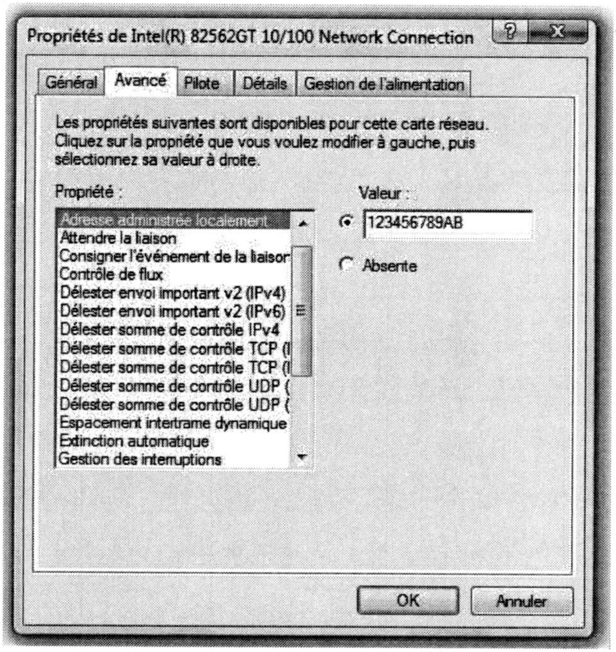

Affichage des propriétés avancées d'une carte réseau sous Windows

Remarque

*La commande **ipconfig /all** sous Windows ou **ifconfig -a** sous UNIX/Linux permet de le vérifier.*

Cette adresse est utilisée chaque fois qu'une station, ou plutôt sa carte réseau, a besoin d'émettre une trame vers une autre carte réseau. Il est néanmoins possible d'envoyer un paquet non pas à une, mais à plusieurs cartes en remplaçant l'adresse unique du destinataire par une adresse multiple (souvent une adresse de diffusion, soit *FFFFFFFFFFFF*, c'est-à-dire tous les bits des six octets mis à 1).

Ainsi, toute adresse référençant plusieurs hôtes verra son bit de poids fort (le plus à gauche) à '1' (ex. FFFFFF.FFFFFF), à '0' dans le cas contraire (ex. 00AA00.123456).

Par exemple, lorsqu'une carte réseau effectue une requête *Address Resolution Protocol* (ARP), elle envoie une diffusion sur son réseau de niveau 2, c'est-à-dire que le destinataire physique de la trame émise est "Tout le monde", FF-FF-FF-FF-FF-FF, comme ci-dessous :

```
+Frame: Base frame properties
-ETHERNET: ETYPE = 0x0806 : Protocol = ARP:  Address Resolution Protocol
  +ETHERNET: Destination address : FFFFFFFFFFFF
  +ETHERNET: Source address : 00A024B6132D
   ETHERNET: Frame Length : 60 (0x003C)
   ETHERNET: Ethernet Type : 0x0806 (ARP:  Address Resolution Protocol)
   ETHERNET: Ethernet Data: Number of data bytes remaining = 46 (0x002E)
-ARP_RARP: ARP: Request, Target IP: 172.17.0.3
   ARP_RARP: Hardware Type = Ethernet (10Mb)
   ARP_RARP: Protocol Type = 2048 (0x800)
   ARP_RARP: Hardware Address Length = 6 (0x6)
   ARP_RARP: Protocol Address Length = 4 (0x4)
   ARP_RARP: Opcode = Request
   ARP_RARP: Sender's Hardware Address = 00A024B6132D
   ARP_RARP: Sender's Protocol Address = 172.17.0.92
   ARP_RARP: Target's Hardware Address = 000000000000
   ARP_RARP: Target's Protocol Address = 172.17.0.3
   ARP_RARP: Frame Padding
```

Identification d'une adresse de diffusion (niv. 2)

Une adresse attribuée par l'IEEE verra son deuxième bit de poids fort à '0', tandis qu'une valeur '1' précisera que l'adresse correspond à une adresse non normalisée.

Par exemple, en Token Ring, l'adresse d'un hôte était constituée comme suit :

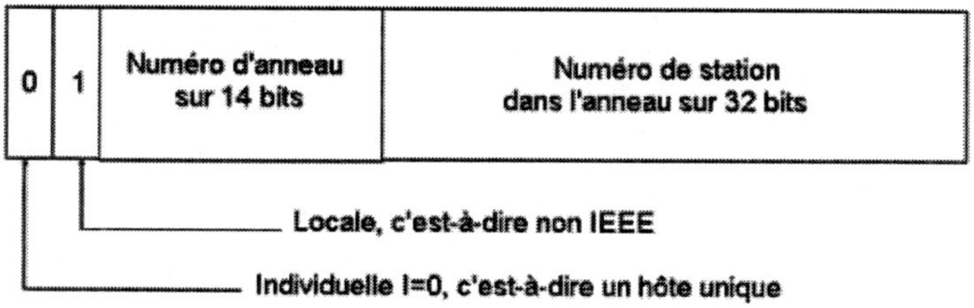

Adressage physique Token Ring

Remarque

Historiquement, il était possible de créer des groupes en Token Ring (G=1).

Remarque

La liste exhaustive des préfixes d'adresses MAC attribués aux constructeurs (OUI - Organizationally Unique Identifiers) peut être consultée à partir de l'URL suivante : http://standards.ieee.org/regauth/oui/index.shtml

2.2 Interruption

Tout périphérique du PC est relié au microprocesseur par une ligne dédiée, ou ligne d'interruption (IRQ - *Interrupt ReQuest*). Lorsque le périphérique a besoin du microprocesseur pour travailler, il lui envoie un signal par cette ligne (tension électrique qui passe à l'état bas). Il existe en tout seize lignes d'interruptions (2 fois 8 lignes en cascade). Certaines lignes sont attribuées par défaut et d'autres sont disponibles pour recevoir les périphériques supplémentaires. Le microprocesseur gère ces lignes par ordre de priorité : plus le numéro de l'interruption est faible, plus la priorité est élevée.

Remarque

Grâce à la technique du Plug and Play, qui permet la détection de la carte et l'affectation automatique de ses paramètres, il n'est plus vraiment utile aujourd'hui de connaître ces informations.

2.3 Adresse d'entrée/sortie

Un périphérique interrompt le microprocesseur chaque fois que des informations ont besoin d'être échangées. Ces informations sont reçues ou envoyées par une porte d'entrée/sortie localisée à une adresse particulière : l'adresse d'entrée/sortie. Cette adresse pointe sur une plage d'au plus 32 octets, qui va permettre de stocker des données, mais aussi des informations indiquant quoi faire de ces données.

2.4 Adresse de mémoire de base

Il s'agit d'une adresse de mémoire volatile dont le rôle est de faire un tampon (buffer), lors de la réception ou l'émission de trame sur le réseau.

Cette adresse doit être un multiple de 16, elle est donc souvent écrite en hexadécimal sans le '0' final qui est sous-entendu.

2.5 Canal Direct Memory Access (DMA)

Dans la plupart des cas, les périphériques dépendent du microprocesseur pour transférer des informations de leur tampon vers la mémoire vive ou en sens inverse. Ainsi, il existe des périphériques qui disposent d'un canal particulier pour pouvoir échanger directement des informations avec la mémoire vive du PC, sans avoir recours au microprocesseur (dans un deuxième temps).

Certains périphériques, notamment des cartes réseau disposent d'un canal DMA, de 1 à 7.

2.6 Bus

Toutes les données échangées entre les périphériques et l'ordinateur passent par des bus de données. Pendant longtemps, cet échange était surtout effectué à travers des voies parallèles, et la vitesse de transmission dépendait beaucoup de sa largeur, par exemple 16, 32 ou 64 bits. Les nouvelles technologies de bus privilégient des solutions de transferts en série, dans lesquels les bits sont envoyés les uns après les autres. Avec l'évolution des moyens, les débits sont désormais bien supérieurs et les connecteurs sont plus petits.

Les bus historiques, *Industry Standard Architecture* (ISA), *Extended Industry Standard Architecture* (EISA) et *Micro Channel Architecture* (MCA) ont laissé leur place à d'autres, plus modernes.

Le Gestionnaire de périphériques sous Windows permet d'obtenir les informations précises sur l'allocation des ressources matérielles :

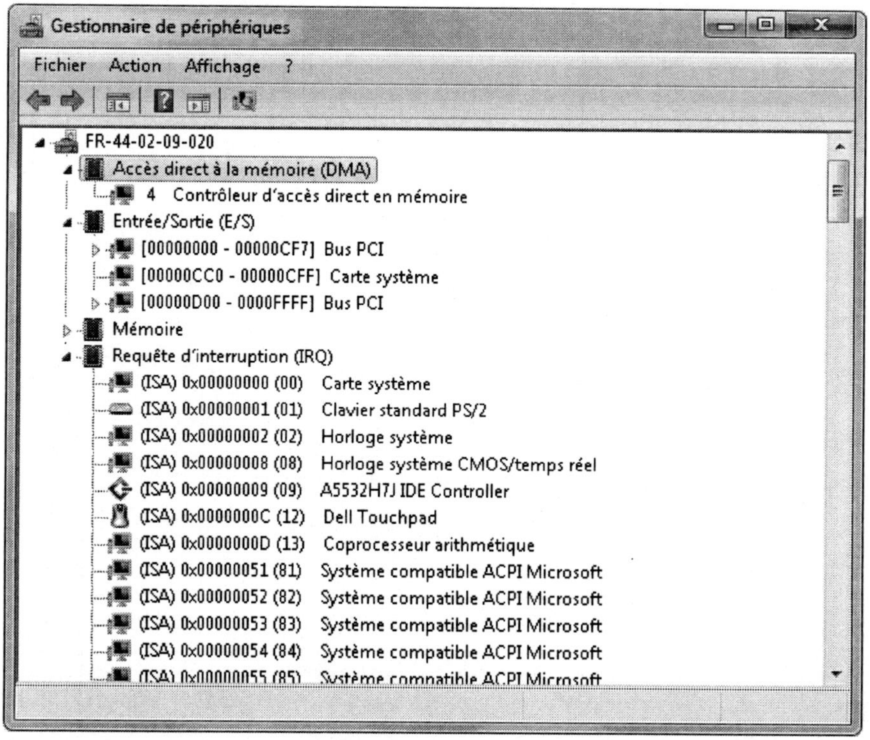

Affichage des adresses mémoire et des IRQ

2.6.1 Le bus Peripheral Component Interconnect (PCI)

Ce bus est devenu le standard pour les cartes d'extensions. Dans l'ordinateur, son connecteur est blanc. S'appuyant d'abord sur une architecture 32 bits en parallèle, il s'est enrichi de capacités 64 bits. PCI est Plug and Play, ne nécessitant aucune configuration pour la carte insérée.

Le bus PCI parallèle est pénalisé par son faible débit. Son successeur en version série est *PCI Express* (PCI-E ou PCIe), anciennement appelé *Third Generation I/O* (3GIO). Il est destiné à remplacer les différents bus internes PCI et AGP (*Accelerated Graphic Port*).

Ce dernier n'est d'ailleurs pratiquement plus utilisé, dépassé par le PCI-E sur lequel les cartes graphiques sont désormais connectées.

Prenant beaucoup moins de place dans l'ordinateur que ses prédécesseurs, PCI Express est nettement plus rapide. Différentes déclinaisons sont disponibles, de 1x capable de débits de 2 Gbps jusqu'à 32x (64 Gbps).

Ci-dessous deux slots PCI sur une carte mère d'un ordinateur :

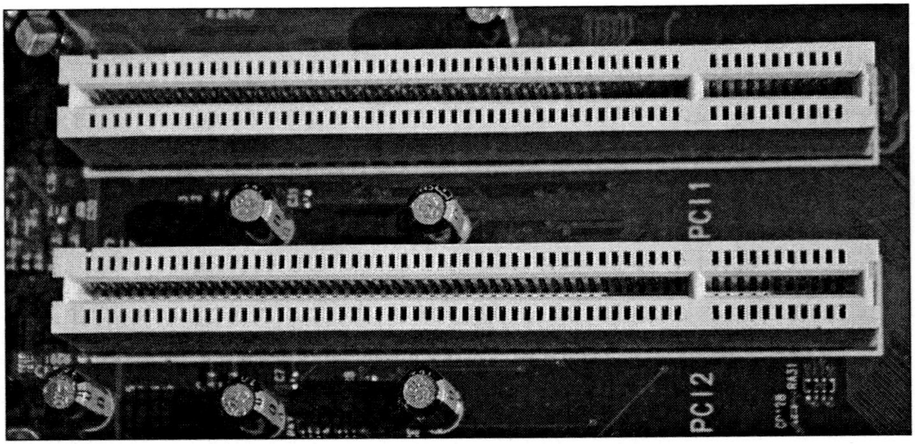

Slots PCI

2.6.2 Le bus PC Card

Il a été mis au point par le consortium *Personal Computer Memory Card International Association* (PCMCIA), dont il prend souvent le nom.

Il s'agit d'une architecture qui s'appuie sur des cartes aux dimensions d'une carte de crédit. La norme est, de plus, indépendante du système d'exploitation utilisé. Ces cartes intègrent également un Plug and Play matériel qui supprime toute configuration manuelle.

Il existe aussi des cartes Ethernet :

Carte Ethernet PCMCIA

des cartes Wi-Fi :

Carte Wi-Fi PCMCIA

ou des cartes 3G au format PCMCIA :

Carte 3G PCMCIA

2.6.3 Le bus USB

Ce bus série pour périphériques externes a fait son apparition il y a presque 15 ans. Il a progressivement remplacé les connecteurs clavier/souris PS/2, Série (COM) et parallèle (LPT). Parmi les périphériques ont trouvera aussi des interfaces réseaux externes.

Interface Ethernet pour port USB

Les débits ont bien évolué depuis la première version :

Version	Dénomination	Débit	Mise sur le marché
1.0	Basic-speed	12 Mb/s	1996
2.0	Hi-speed	480 Mb/s	2000
3.0	SuperSpeed	5 Gb/s	2009

Remarque

Attention, parfois on parle de débit en Mo/s (Mégaoctets par seconde) ou Go/s (Gigaoctets par seconde), dans ce cas il faut bien évidemment diviser par 8 les valeurs correspondantes exprimées (exemple, 480 Mb/s correspondent à 60 Mo/s et 5 Gb/s valent 625 Mo/s).

À noter que la version 2.0 peut fonctionner en version USB 1.0 mais en adoptant sa vitesse. Il en va de même pour la version 3.0 avec la version 2.0. En revanche, la version 3.0 ne peut pas fonctionner en version 1.0.

Il existe deux types de connecteurs USB :

- Le **connecteur de type A** est rectangulaire et permet de connecter des périphériques à faible bande passante (clavier, souris, webcam par exemple).
- Le **connecteur de type B** de forme carrée avec des biseaux sert surtout à connecter des périphériques à haut débits (dont les disques durs).

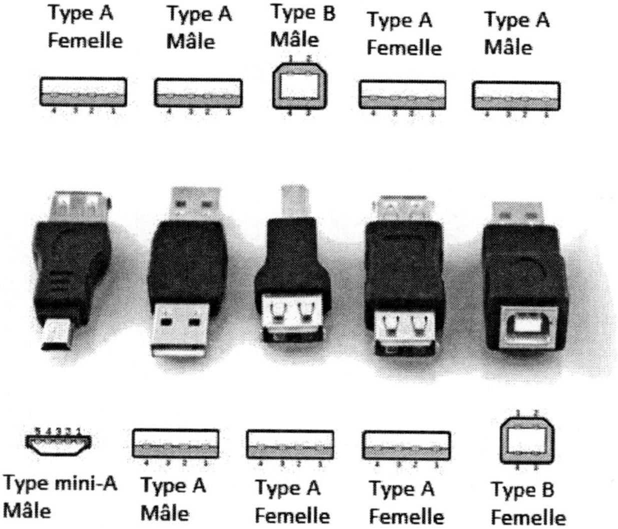

Connecteurs USB

Il existe plusieurs logos permettant d'identifier le débit associé à un périphérique :

Logos USB

Il est possible d'utiliser des hubs USB pour interconnecter plusieurs périphériques à un ordinateur.

Mini hub USB

Remarque

À noter que dans ce cas, le protocole utilisé pour permettre aux périphériques d'accéder au support est un protocole de type jeton passant.

Remarque

Les standards et spécifications sont disponibles à l'adresse :
http://www.usb.org/developers/docs/

USB On-The-Go

Depuis la norme 2.0, cette nouvelle fonctionnalité a fait son apparition : il s'agit de permettre la connexion point à point entre périphériques sans passer par un hôte (ex. un ordinateur). Un périphérique OTG peut ainsi se connecter soit à un autre périphérique OTG, soit à un périphérique non OTG, soit à un hôte.

Dans le cas d'une connexion directe entre périphériques OTG, c'est la position du connecteur du câble sur la prise mini AB qui permet de désigner lequel des deux sera l'hôte.

On pourra ainsi plus aisément connecter un appareil photo à une imprimante, ou un téléphone portable à un lecteur MP3.

Exemple de périphérique On-The-Go

2.6.4 Le bus IEEE 1394

Ce bus série très haut débit est complémentaire au bus USB. Il est apparu en 1995.

Il est aussi nommé **FireWire** (Apple), **i.Link** (Sony) ou **Lynx** (Texas Instruments).

Ce type de connecteurs peut aussi bien se trouver en interne qu'en externe.

Les débits varient en fonction des normes.

Celles-ci s'expriment en suivant le format suivant :

IEEE 1394x-S<debit-en-Mb/s>

Où x=a ou b

Les débits théoriques varient de 100 à 3200 Mb/s :

Norme IEEE	Dénomination	Débit
1394a-S100	FireWire	100 Mb/s
1394a-S200	FireWire	200 Mb/s
1394a-S400	FireWire	400 Mb/s
1394b-S800	FireWire 2 ou FireWire Gigabit	800 Mb/s
1394b-S1200	FireWire 2 ou FireWire Gigabit	1,2 Gb/s
1394b-S1600	FireWire 2 ou FireWire Gigabit	1,6 Gb/s
1394b-S3200	FireWire 2 ou FireWire Gigabit	3,2 Gb/s

Il existe des connecteurs 4, 6 et 9 broches suivant les normes.

Ci-dessous nous vous proposons un connecteur 4 broches :

Connecteur FireWire 6 broches

Le logo suivant permet d'identifier un matériel prenant en charge le FireWire.

FireWire

Logo FireWire

Remarque

À noter qu'il est possible d'utiliser un câble FireWire pour interconnecter deux ordinateurs en réseau.

2.7 Connecteurs de câble réseau

Pour brancher le câble de transmission, il y a au moins un connecteur derrière une carte réseau filaire. Les principaux connecteurs sont :

- RJ45 pour la paire torsadée (cuivre).
- SC, ST, FC et LC pour les fibres optiques.

2.7.1 Le connecteur RJ45

Pendant longtemps, les cartes ont proposé, à la fois, des connecteurs BNC et RJ45. Parfois, une jonction *Access Unit Interface* (AUI) était même ajoutée pour la connexion à un câble coaxial épais.

Connecteurs réseau BNC, AUI et RJ45

Le connecteur RJ45 est désormais, et de loin, le plus utilisé sur les réseaux locaux. Il est maintenant systématiquement utilisé en téléphonie, à la place du RJ11.

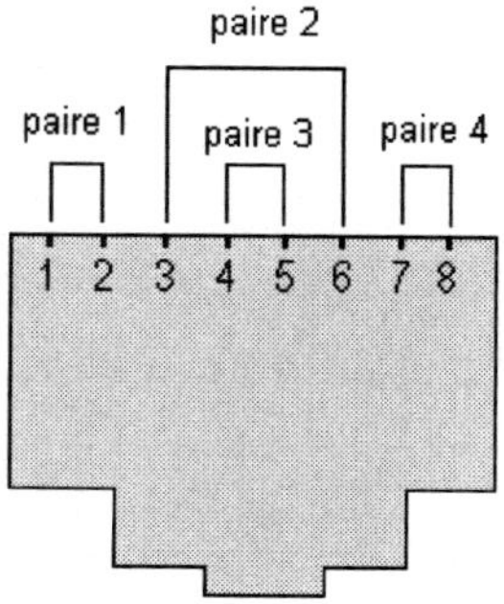

Brochage des paires

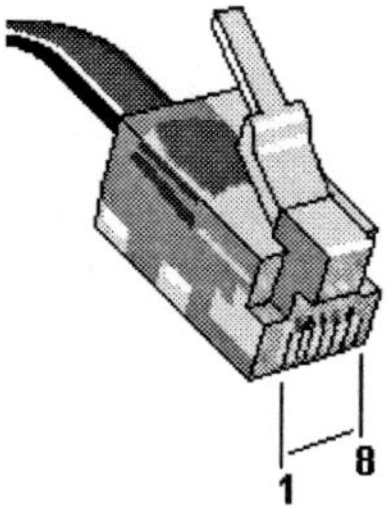

Connecteur RJ45

2.7.2 Le connecteur BNC

Le câble coaxial fin, connecté à un connecteur BNC a longtemps été le support privilégié des réseaux locaux. On en retrouve encore parfois dans les milieux industriels.

Connecteur BNC

2.7.3 Les connecteurs fibre optique

La fibre optique exploite différents connecteurs, qui ont évolué au fil des années. Ainsi, le modèle ST, de forme arrondie avec une baïonnette, a tendance à disparaître.

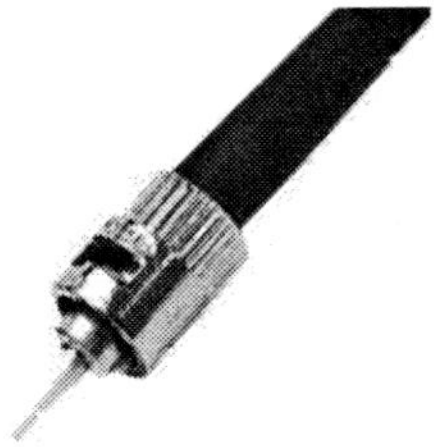

Connecteur de fibre optique ST

On retrouve plus couramment l'usage du connecteur à corps extérieur carré de type SC.

Connecteur SC et prise femelle correspondante

De même forme que le SC, le connecteur LC est beaucoup plus petit. Il est inspiré du principe du connecteur RJ45. Aisément mis en place et de faible encombrement, il autorise une liaison duplex, comme son « grand frère » SC. Sur l'interface réseau fixe (commutateur par exemple), un mini-GBIC (*Gigabit Interface Converter*) qui permet la connexion est mis en place.

Connecteur LC et mini-GBIC

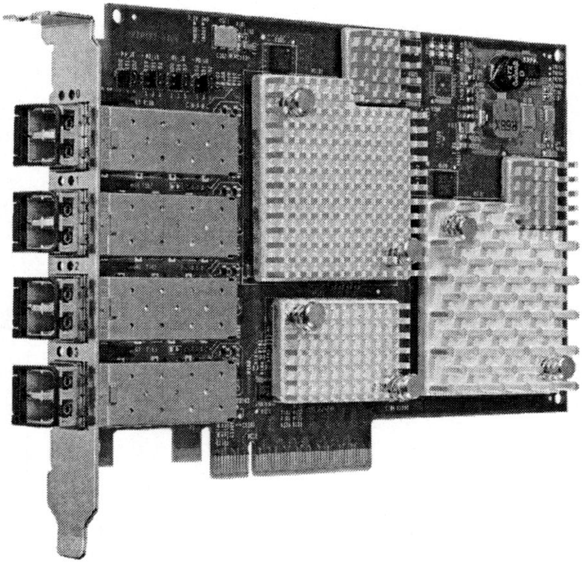

Carte 4 ports Fibre Channel - connecteurs LC

La connexion de fibre optique, bien que simplifiée au fil des années, reste un point sensible du réseau et une affaire de spécialistes. Par exemple, les connecteurs ci-dessus ne conviennent pas à des environnements dans lesquels sont perçues des vibrations. Dans ce cas, le connecteur FC est préconisé. De forme arrondie, il se verrouille par filetage et est donc plus sûr et plus précis.

Exemple de connecteur FC

Sur les réseaux métropolitains, comme FDDI, peuvent être utilisés des connecteurs dits doubles MIC.

Connecteurs doubles MIC

GBIC

2.8 Débits

L'unité informatique de base est le bit (binary digit), unité binaire, donc à deux niveaux. Une succession de 8 bits forme un octet, représentant une combinaison de 256 niveaux possibles.

La vitesse de transmission des informations sur le réseau est son débit, ou bande passante. Elle est mesurée en multiple du nombre de bits par seconde.

Par exemple, les débits les plus faibles sont de l'ordre de quelques milliers, ou kilo, bits par seconde (kbps ou kbit/s). Au-delà, le débit est mesuré en mégabits par seconde (Mbps ou Mbit/s), soit cent fois plus ou en gigabits par seconde (Gbps ou Gbit/s), soit mille fois plus.

2.9 Autres interfaces réseau

Les cartes réseau ne sont pas les seuls moyens d'interconnexion à un réseau informatique. Par exemple, les modems, internes ou externes, permettent les transferts de données par le Réseau Téléphonique Commuté (RTC). Ils peuvent être "classiques", pour les Réseaux Numériques à Intégration de Service (RNIS), pour *Asymmetric Digital Subscriber Line* (ADSL) ou autres. Nous reviendrons sur ces technologies.

Cartes fax/modem

La carte ressemble à une carte réseau et dispose d'un connecteur RJ45 qui permet de la relier au système téléphonique via une interface S0.

Remarque

Le terme anglo-saxon est ISDN (Integrated Services Digital Network).

Carte ISDN

Très souvent une connexion ADSL est mise en œuvre en utilisant une carte réseau Ethernet 10 Mbps connectée à un Modem ADSL, ou à une box.

Modem ADSL

On trouvera également des cartes 3G qui sont de plus en plus utilisées :

Carte 3G

3. Amorçage à partir du réseau

3.1 Principes

Sur certains sites, le système d'exploitation réseau, au niveau des stations de travail, est chargé lors du démarrage du poste à partir d'un programme écrit en mémoire morte (PROM - *Programmable Read Only Memory*). Ceci supprime l'obligation pour les stations d'avoir des mémoires de masse locales (disques durs).

Cette solution garantit qu'aucun échange d'informations n'a lieu à partir des postes de travail. On assure ainsi une plus grande confidentialité des données de l'entreprise, tout en évitant l'introduction de virus.

La plupart des cartes réseau disposent d'un emplacement pour ajouter une PROM de boot. Au démarrage, la carte qui connaît sa propre adresse physique, envoie une diffusion (une trame adressée à tout le monde) qui sera reconnue par un serveur, sachant quelle configuration de système d'exploitation réseau associer à cette adresse.

3.2 Protocoles

Différents protocoles ont facilité la possibilité d'amorçage à partir du réseau.

3.2.1 La liaison entre adresse physique et logique

Le protocole *Address Resolution Protocol* (ARP) résout l'adresse logique IPv4 de niveau 3 en adresse logique MAC de niveau 2.

Son inverse, *Reverse Address Resolution Protocol* (RARP) permet, en utilisant l'adresse physique, de déterminer l'adresse logique. Ainsi, lors de son initialisation (bootstrap), la station envoie une requête RARP, afin d'obtenir une adresse IP correspondante à l'adresse MAC transmise.

Une fois cette adresse IP obtenue, le poste dispose également de l'adresse IP du serveur qui a répondu, et lui demande alors un fichier en utilisant le protocole *Trivial FTP* (TFTP). Ce fichier, de quelques dizaines de Ko une fois téléchargé, sera ensuite exécuté, et permettra finalement de contacter un serveur BOOTPARAM en utilisant les appels de procédures distantes (RPC - *Remote Procedure Call*). L'adresse IP du serveur sera finalement transmise au client qui va ensuite télécharger le système d'exploitation via le réseau.

En IPv6, le protocole *Neighbor Discovery Protocol* (NDP) est utilisé en lieu et place de ARP.

NDP réalise plusieurs fonctions dont la découverte des autres hôtes situés sur le même lien, la détermination de leur adresse, ainsi que l'identification des routeurs présents.

Il permet également de gérer l'autoconfiguration d'adresse IPv6, sans serveur DHCP, ou de réaliser la correspondance entre l'adresse IP et l'adresse MAC.

Enfin, parmi les fonctions de NDP, on trouvera *Duplicate Address Detection* (DAD), qui permet de garantir qu'une adresse auto-attribuée est bien unique.

3.2.2 Le protocole BOOTP

Il constitue une évolution de RARP et de BOOTPARAM, autorisant la fourniture d'autres paramètres que la seule adresse IP.

3.2.3 Le protocole DHCP

Finalement, *Dynamic Host Configuration Protocol* (DHCP) constitue une évolution de BOOTP, en ce sens, qu'il permet aussi au client d'envoyer des informations au serveur. Par exemple, un client Windows récent sera capable d'envoyer son nom DNS complet à un serveur DHCP.

De plus, contrairement à BOOTP, qui ne gère pas de durée d'acquisition de paramètres TCP/IP, DHCP est capable d'associer des paramètres pendant une durée donnée (on parlera de bail).

Remarque

Plusieurs solutions d'administration DHCP existent qui sont souvent couplées avec la gestion DNS : Microsoft, Linux, VitalQIP, Cisco Network Registrar.

Remarque

Le service DHCP est décrit au chapitre Protocoles des couches moyennes et hautes de ce livre.

3.2.4 PXE

Preboot eXecution Environment (PXE) repose entièrement sur le réseau et s'appuie sur les protocoles DHCP et TFTP. Cette technique s'est généralisée et la plupart des ordinateurs, proposant des interfaces réseaux intégrées à la carte mère, autorisent un démarrage de ce type. Il suffit, pour l'activer, de demander dans le Setup de l'ordinateur un démarrage par le réseau.

Remarque

D'autres caractéristiques complémentaires ont été apportées aux interfaces réseaux telles que Wake On LAN (WOL), permettant de démarrer un PC à distance à travers le réseau ou l'évolution propriétaire d'Intel vPro autorisant le pilotage distant du PC.

4. Codage des données

On parle de données lorsqu'il s'agit de préciser l'information brute que l'on veut échanger.

Cependant, ces données doivent utiliser un ou plusieurs canaux de communication pour parvenir aux destinataires. Par exemple, la voix humaine peut transiter par les airs ou transiter par le réseau téléphonique commuté après avoir été numérisée.

On définit ensuite, comme signal, une information qui transite sur un canal de communication. Le passage de l'un à l'autre, comporte souvent des étapes de transformation.

4.1 Types de données et signaux

On distingue les données numériques des données analogiques. De même, on parle de signal numérique lorsque sa représentation comporte un nombre fini d'états (ex. tensions carrées de largeur 20 ms). Un signal analogique est représenté par une onde sinusoïdale qui peut prendre une infinité de valeurs.

4.1.1 Le signal analogique

Il suffit de jeter une pierre dans l'eau, pour constater qu'une onde omnidirectionnelle se propage sous forme d'une sinusoïde. Les sons transitent en suivant les mêmes principes, mais en opérant sur des variations de pressions dans l'air.

Ce type de signal est donc facilement reproductible y compris sur des supports limités (palpables, par exemple des câbles).

Une onde est donc un signal analogique périodique. Sa première caractéristique est la fréquence, d'unité le Hertz (Hz), représentant le nombre d'oscillations par seconde.

La période qualifie la durée d'une oscillation complète, en secondes. Il s'agit de l'inverse de la fréquence. On peut également calculer la longueur d'onde, distance parcourue par une oscillation, en mètres. La hauteur de l'onde est qualifiée d'amplitude. La phase indique le sens de l'onde.

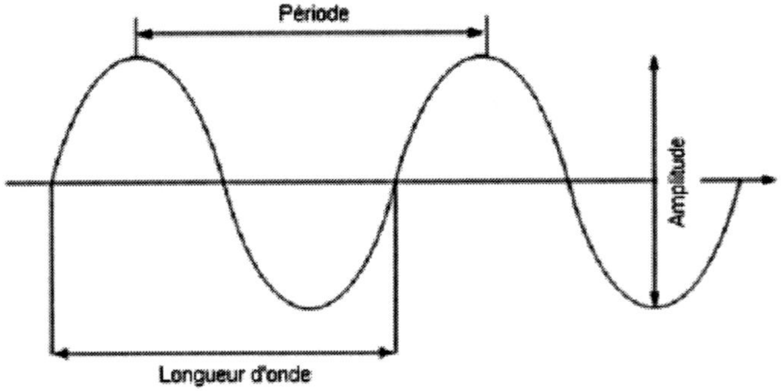

4.1.2 Le signal numérique

Ce type de signal, basé sur une synchronisation par top d'horloge, permet en faisant varier l'amplitude, de coder des informations numériques.

Le débit de ces signaux est exprimé en Bauds, c'est-à-dire en nombre de symboles codés par seconde.

Remarque

Attention, suivant l'algorithme utilisé pour transformer les informations en signal, le Baud aura une signification de bit par seconde ou non. Ainsi, si un bit élémentaire est codé sous forme de deux tensions successives, avec par exemple la méthode Manchester, le périphérique devra disposer d'une bande passante de 20 MHz (20 millions de symboles par seconde), pour un débit de 10 Mbit/s, dans le cas d'Ethernet, par exemple.

4.1.3 Les utilisations

	Analogiques	**Numériques**
Analogiques	stations de radio (musique, voix)	CD (0 et 1 décodés en fréquences)
Numériques	composition d'un numéro de téléphone (mode impulsion) modem (signaux téléphoniques analogiques)	terminal et ordinateur central

4.2 Codage des données

Pour le passage des données au signal à transporter, il est nécessaire d'effectuer des opérations intermédiaires.

La façon de coder les données est appelée **codification**.

L'application d'une codification sur un ensemble déterminé de données est le **codage**.

4.2.1 Le codage des données numériques en signaux analogiques

Ici, le signal propage une information sous la forme analogique, contenant de multiples valeurs. Parmi celles-ci, seuls deux niveaux, représentant le 0 et le 1 sont significatifs. Différentes modulations peuvent être utilisées pour différencier les données élémentaires.

Modulation d'amplitude

La plus simple modulation, et la première utilisée, consiste à faire varier l'amplitude (AM - *Amplitude Modulation*). On l'utilise pour les communications longues distances, à basses fréquences et puissances élevées, comme en téléphonie.

Dans l'exemple ci-dessous, l'amplitude vaut 1 et une demi-amplitude vaut 0.

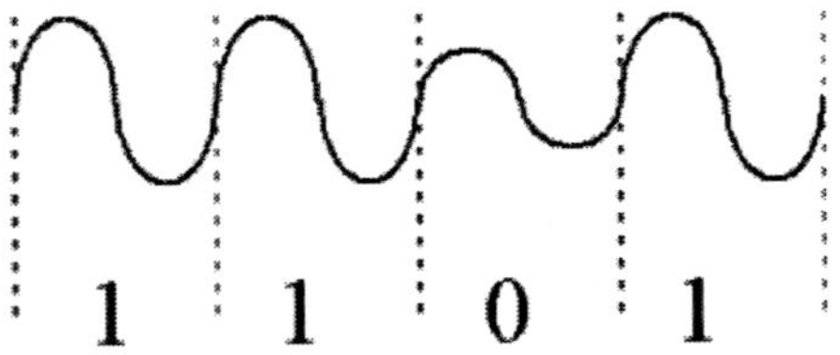

Modulation de fréquence

Une seconde modulation consiste à varier la fréquence (FM - *Frequency Modulation*).

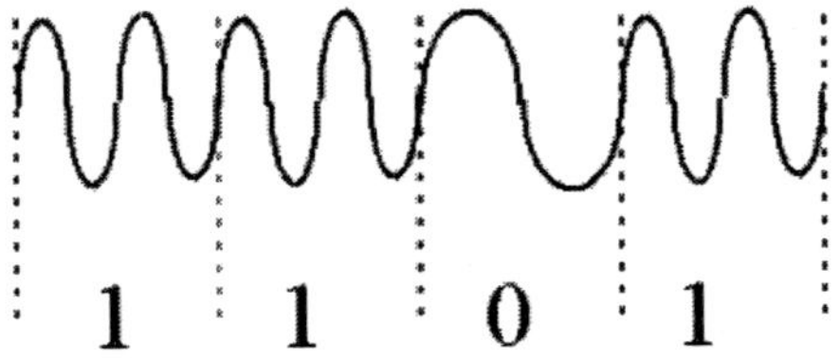

Modulation de phase

La modulation de phase (PM - *Phase Modulation*) ne présente basiquement que deux niveaux : la phase elle-même, dont le degré est 0, et son opposition décalée dans le temps, à 180°. Elle est particulièrement indiquée pour les transmissions numériques.

Dans l'exemple ci-dessous, le niveau 1 est qualifié par un changement de phase, le 0 par une absence de changement.

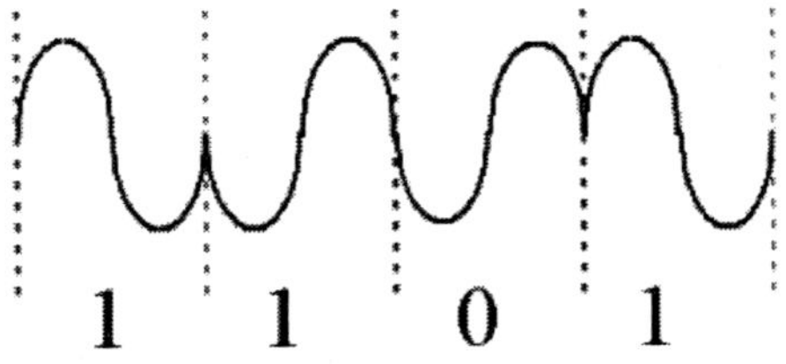

4.2.2 Le codage des données numériques en signaux numériques

Le codage des données numériques en signaux numériques se traduit souvent par la transformation de symboles binaires en un certain nombre de signaux carrés (ou d'impulsions lumineuses).

Il existe deux façons d'effectuer des codages. Soit on traduit bit par bit les données en signaux au fur et à mesure, on parle alors de codage en ligne, soit on utilise une table pour convertir un ensemble de bits en un signal particulier, c'est le codage complet.

4.2.3 Les codages en ligne

De nombreux modèles de traduction des données numériques en signaux sont utilisés. Nous n'en présentons ici que quelques exemples.

Manchester

'1' : tension basse, puis tension haute.

'0' : tension haute, puis tension basse.

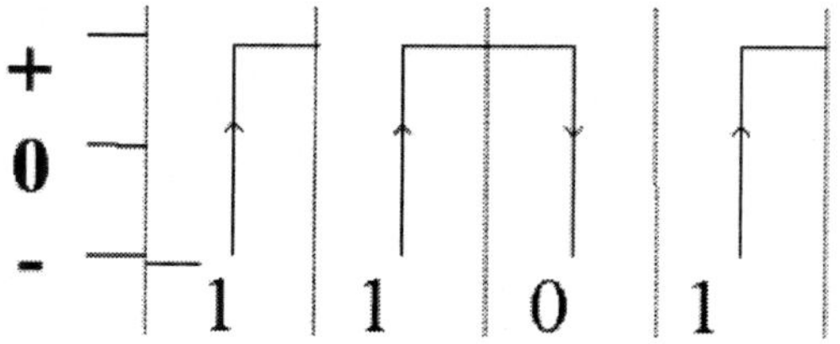

Remarque

Cette méthode est utilisée sur les réseaux Ethernet. Les cartes Ethernet à 10 Mbps utilisent donc une fréquence de 20 MHz. L'efficacité de codage est donc de 50 %, puisqu'un symbole est codé en deux tensions carrées.

Manchester différentiel

'0' on répète le signal précédent.

'1' on inverse le signal précédent.

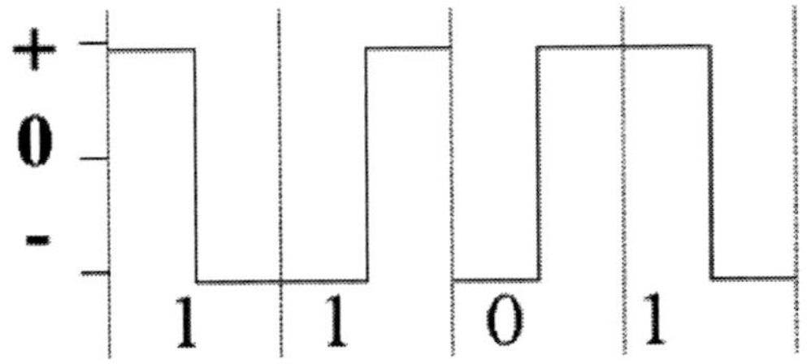

Non Return to Zero, Invert on One (NRZ-1)

0' on répète le signal précédent.

'1' on inverse le signal précédent.

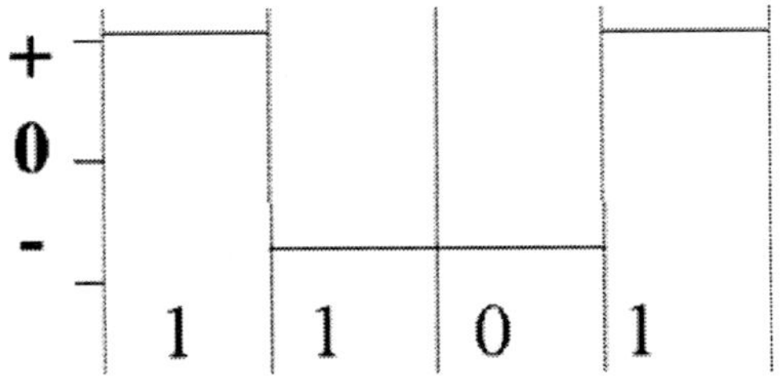

4.2.4 Les codages complets

Les codages complets nécessitent une meilleure qualité de transmission que les codages en lignes. C'est pour cette raison qu'ils sont surtout utilisés sur de la fibre optique. Comme exemple, on peut citer le codage 4B/5T (4 bits pour 5 transitions) mis en œuvre dans les réseaux FDDI. Ce genre de codage offre une efficacité de 80 % (4/5) contrairement au codage pour Ethernet qui est de 50 %.

4.3 Multiplexage de signaux

4.3.1 Le système bande de base

Sur un réseau bande de base, chaque périphérique transmet de manière bidirectionnelle. Les signaux échangés sont numériques.

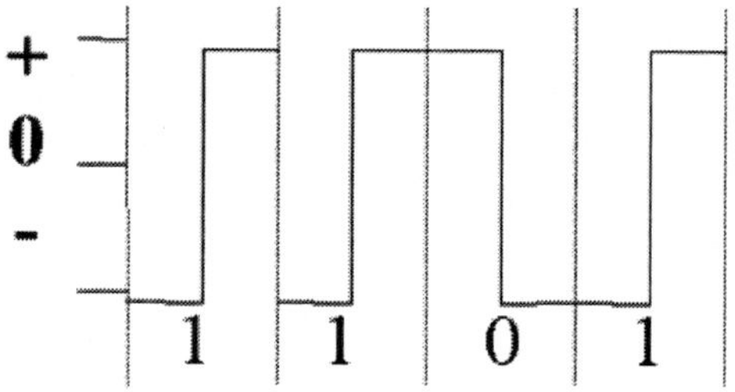

Signal initial

Remarque

L'atténuation, la distorsion et le bruit détruisent les signaux numériques très rapidement. Des répéteurs peuvent être utilisés pour remettre en forme le signal et le régénérer.

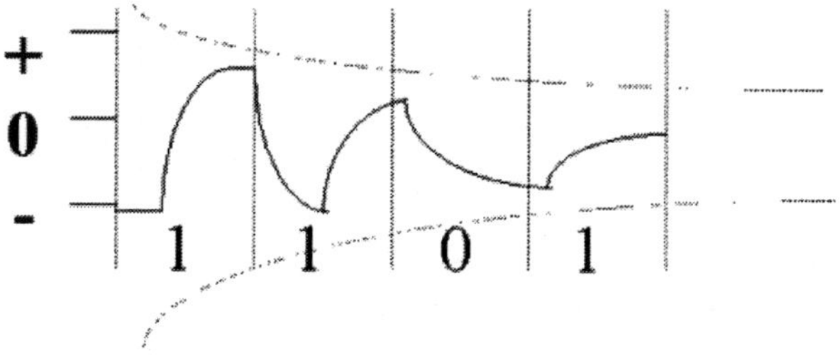

Signal après atténuation

4.3.2 Le système large bande

Chaque périphérique transmet de manière unidirectionnelle. Les signaux échangés sont analogiques.

Remarque

Les signaux sont très faiblement dégradés, par rapport à la bande de base. Des amplificateurs sont utilisés pour régénérer des signaux analogiques.

On préfère faire transiter les données sous forme de signaux analogiques sur des distances importantes (ex. sur le RTC via des modems).

4.3.3 Le multiplexage

L'objectif du multiplexage est de partager le canal de communication entre plusieurs périphériques. Ceci consiste en fait à diviser la capacité du canal (sa bande passante) en plusieurs canaux.

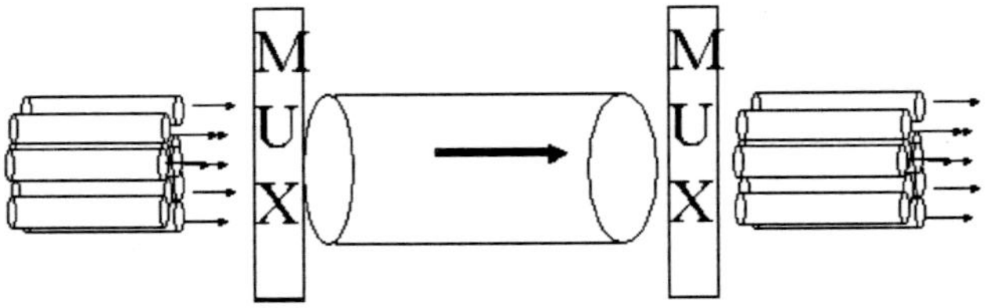

Le multiplexage

Remarque

Par exemple, il est possible sur une ligne Transfix à 64 Kbps incluant de la compression, de multiplexer de la téléphonie, un terminal et une ligne X25.

On parle de multiplexage fréquentiel, lorsque le canal principal transporte des signaux analogiques et de multiplexage temporel, lorsque le signal est numérique.

Multiplexage en fréquence

Les données d'entrée sont transformées suivant des composantes fréquentielles choisies astucieusement (une porteuse par fréquence). Ainsi, à l'arrivée, chaque porteuse peut être extraite.

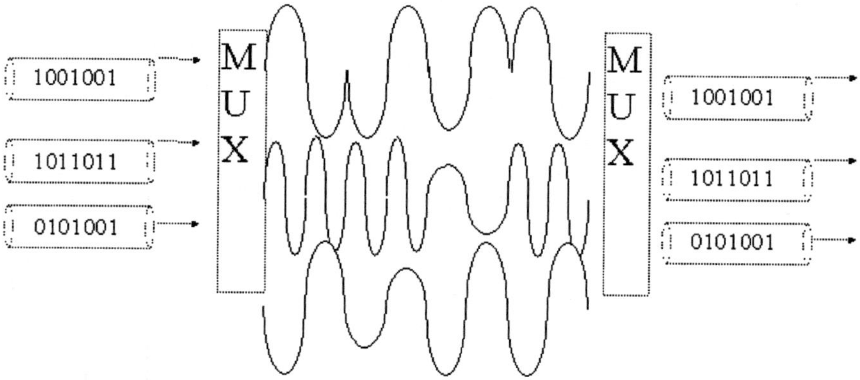

Le multiplexage en fréquence

Remarque

On peut citer à titre d'exemple, les câbles de télévision, en France à 500 MHz. 80 canaux sont multiplexés sur une largeur de bande de 8 MHz. Dans chacun de ces canaux, le son et la vidéo sont à leur tour multiplexés.

Multiplexage temporel

Dans le cas du multiplexage numérique, les données sont acheminées séquentiellement. Chaque canal se voit attribuer une quantité d'informations, à chaque acheminement.

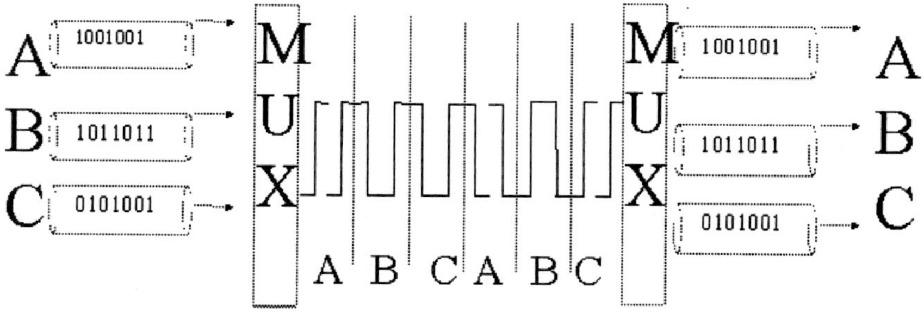

Le multiplexage temporel

L'inconvénient est que, si un canal alloué n'est pas utilisé, l'espace réservé est perdu, aux dépens des autres canaux.

5. Conversion des signaux

5.1 Définitions

Le niveau physique traite des signaux émis entre deux points. D'un côté, un équipement utilisateur appelé Équipement Terminal de Traitement des Données (ETTD), en anglais *Data Terminal Equipment* (DTE), et de l'autre, un nœud du réseau, l'Équipement Terminal de Circuit de Données (ETCD), en anglais *Data Communications Equipment* (DCE).

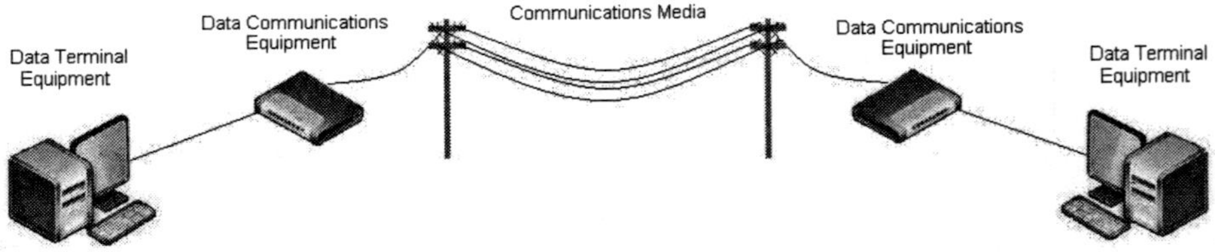

Équipements terminaux et intermédiaires

Un ETTD peut être un ordinateur ou un routeur, tandis qu'un ETCD peut être un modem, un commutateur ou un multiplexeur.

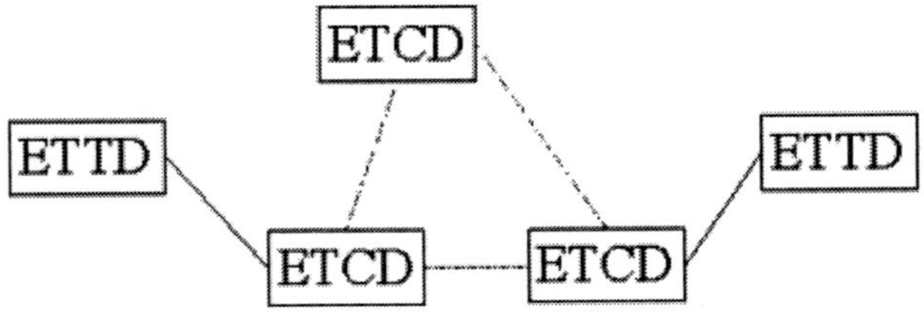

Équipements terminaux et intermédiaires

5.2 Modem

L'objet du modem est de MOduler et de DEModuler, c'est-à-dire de coder des données numériques en signaux analogiques, pour leur faire parcourir des distances assez importantes.

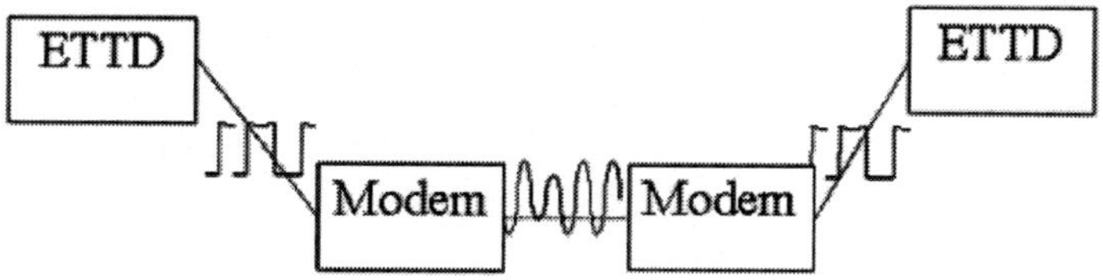

Modem et ETTD

Remarque

Il est possible d'utiliser un modem pour partager un canal (dans le cas de signaux analogiques), en utilisant des porteuses avec des fréquences différentes.

Sur des distances courtes, par exemple dans un bureau, le modem n'est pas nécessaire. Des signaux numériques peuvent être utilisés (ex. RS232-C).

La plupart du temps, le modem est utilisé pour établir une connexion point à point, entre deux sites distants via le réseau téléphonique.

5.3 Codec

L'objet du codec, COdeur DECodeur, est de coder un signal analogique (représentant des données analogiques) en un signal numérique. Son rôle consiste, en fait, à échantillonner un signal, c'est-à-dire à le numériser. Toute bonne carte son intègre un codec.

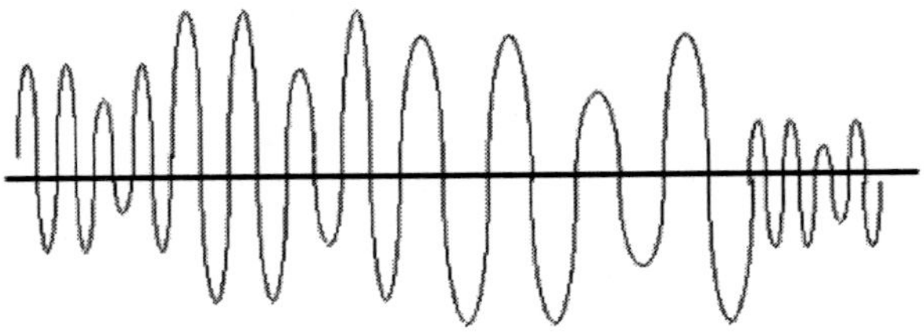

Signal brut

Après numérisation :

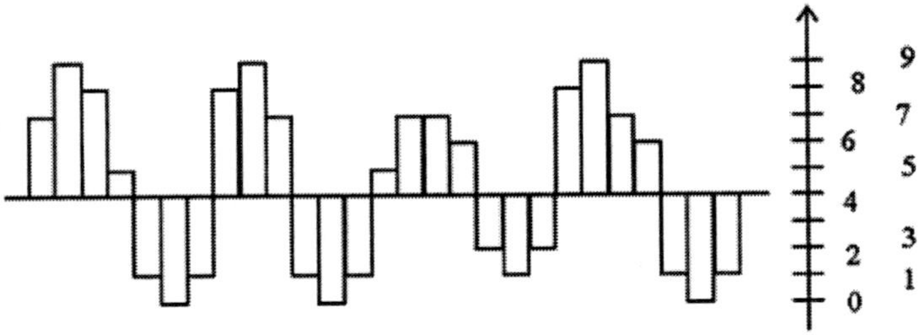

Numérisation du signal

Signal numérisé

(7,9,8,5,1,0,1,8,9,7,1,0,1,5,7,7,6,2,1,2,8,9,7,6,1,0,1)

Si les données sont codées sur 8 bits (valeurs de 0 à 255), chaque valeur décimale est codée en binaire sur 8 symboles. Il ne reste alors qu'à appliquer la méthode de codage, pour coder les symboles '0' et '1', sous forme de signaux.

Signal binaire numérisé

(00000111,00001001,00001000,...,0000000001,0000000000,0000000001)

Remarque

On peut donc imaginer d'échantillonner une donnée analogique en donnée numérique, puis de transporter cette donnée numérique via un signal analogique, en utilisant un modem.

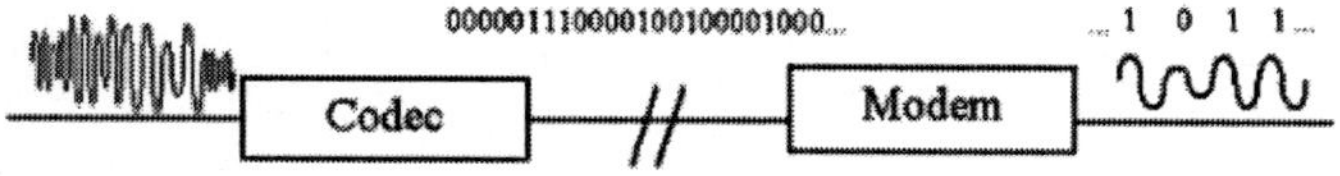

Rôle du codec

6. Supports de transmission

Un support de transmission transporte des données sous forme de signaux, entre les interfaces réseau.

Il existe différents types de supports qui sont fonction du prix, de la simplicité d'installation, de la vitesse et de la résistance aux interférences.

On distingue les supports limités, des supports non limités.

6.1 Supports limités

Ce sont des supports palpables, tels que des fils ou des câbles qui conduisent l'électricité ou la lumière.

Les principaux supports limités sont la paire torsadée, le câble coaxial et la fibre optique.

6.1.1 La paire torsadée

Une paire torsadée dans sa forme la plus simple est constituée de deux brins torsadés en cuivre, protégés chacun par une enveloppe isolante. Il existe plusieurs types de paires torsadées : la paire torsadée non blindée *Unshielded Twisted Pair* (UTP) et la paire blindée *Shielded Twisted Pair* (STP) constituent les plus répandues.

La paire torsadée blindée (STP) ajoute pour chaque paire une protection par paire.

Il existe également un type de paires FTP (*Foiled Twisted Pair*), qui apporte une protection au moyen d'un feuillard en aluminium entourant les 4 paires.

On pourra également trouver une combinaison des deux précédents qui sera nommée S/FTP ou *Shielded/Foiled Twisted Pair.*

Finalement, un autre type de protection sera constitué d'un double feuillard, par paire, et global. On parlera de F/FTP.

Le nombre de paires par câble varie. La torsion des fils diminue les interférences électriques, provenant des paires adjacentes et de l'environnement extérieur.

Paire torsadée non blindée

Il s'agit du type de paire torsadée le plus utilisé dans les réseaux locaux. Un segment de câble UTP peut atteindre 100 mètres.

La plupart des systèmes téléphoniques utilisent un type UTP. La popularité de ce type de câble est due au fait qu'un grand nombre de bâtiments sont précâblés pour les systèmes téléphoniques. Toutefois, le système téléphonique doit respecter les caractéristiques propres aux réseaux informatiques (comme la torsion), pour assurer une qualité de transmission suffisante.

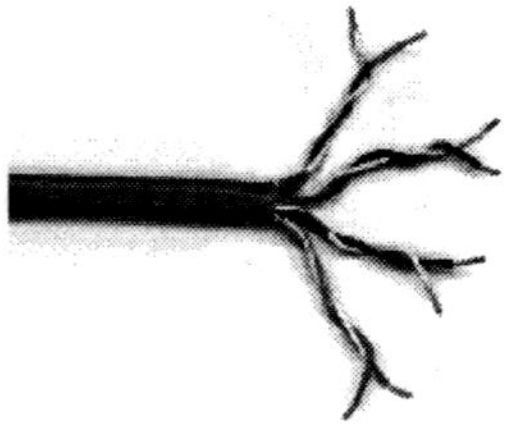

Câble à paires torsadées

Paire torsadée blindée

Le câble UTP est particulièrement sujet aux interférences (mélange de signaux dû à des paires avoisinantes). Le câble STP améliore la transmission en utilisant une gaine tressée en cuivre, de meilleure qualité et plus protectrice que celle utilisée par le câblage UTP. De plus, une enveloppe en aluminium est disposée autour de chacune des paires qui sont torsadées.

Ainsi, le câble STP prend en charge des débits plus élevés, sur des distances légèrement plus importantes, que le câble non blindé.

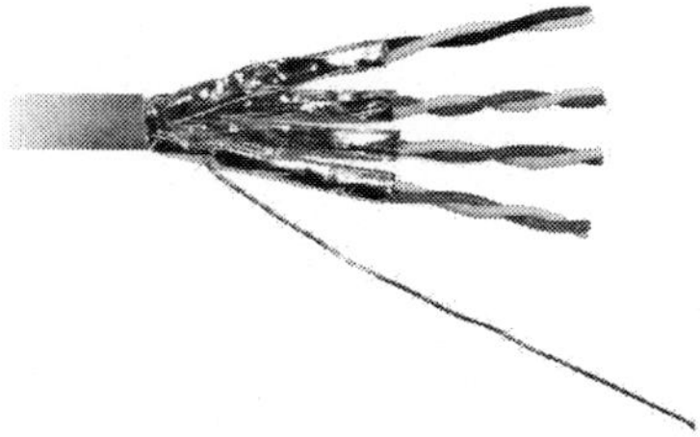

Câble STP

Le câble FTP quant à lui est davantage résistant aux perturbations externes.

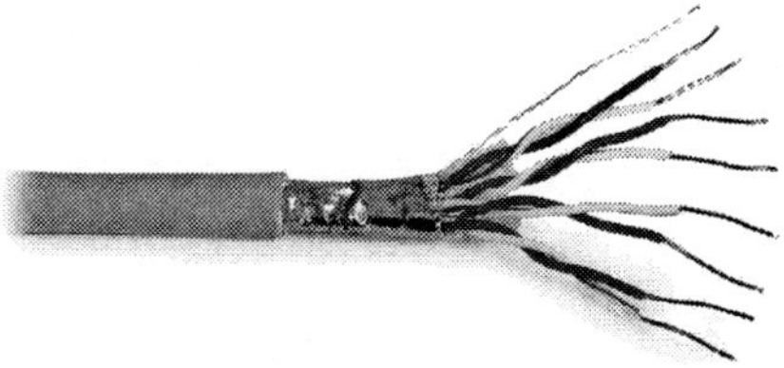

Câble FTP

Connecteurs

Il existe différents types de connecteurs pour la paire torsadée, dont voici les principaux :

– RJ11 câble téléphonique à 2 paires torsadées.

– RJ14 câble téléphonique à 3 paires torsadées.

– RJ45 câble réseau à 4 paires torsadées.

Pour des réseaux de grande envergure, il est possible d'organiser les connexions à partir d'une armoire de distribution de câbles.

Le connecteur RJ45 est utilisé aujourd'hui partout, qu'il s'agisse de la connectique réseau ou télécom.

Attention à ne pas le confondre avec les connecteurs RJ11 utilisés sur les anciens téléphones.

Comparaison des connecteurs

Catégories et types de câbles en paires torsadées

Le câblage UTP figure dans la norme de câblage des édifices commerciaux.

Voici les catégories qui ont été définies pour les câbles UTP par l'*Electronic Industries Association and Telecommunication Industries Association* (EIA / TIA) :

Catégories	Caractéristiques	Types de données
1 (obsolète)	Fil téléphonique UTP traditionnel	voix
2 (obsolète)	UTP à 4 paires pouvant transmettre jusqu'à 4 Mbit/s	données
3	UTP à 4 paires avec 3 torsions par pied (33 cm) pouvant transmettre jusqu'à 10 Mbit/s (standard actuel)	données

Catégories	Caractéristiques	Types de données
4	UTP à 4 paires pouvant transmettre jusqu'à 16 Mbit/s (était utilisé avec Token Ring)	données
5 (1991)	UTP, STP ou FTP à 4 paires pouvant transmettre jusqu'à 100 Mbit/s => Ethernet 10 et 100, Token Ring 4 et 16	données
5e (enhanced) 1999	UTP, STP ou FTP à 4 paires pouvant transmettre jusqu'à 1 Gbit/s => Ethernet 100 et 1000, ATM 155	données
6 (2002)	La catégorie 6 basée sur l'UTP de classe E, prend en charge un sur-ensemble de la catégorie 5e. => Ethernet 100 et 1000	données
6a	La catégorie 6a (augmentée) de classe Ea, prend en charge 1 Gbit/s et 10 Gbit/s => Ethernet 10G	données
7	Cette catégorie, basée sur du F/FTP de classe F, prend en charge jusqu'à 10 Gbit/s sur des distances plus courtes pour des applications nécessitant des exigences de sécurité fortes.	données
7a	La catégorie 7 augmentée, permet d'espérer à terme des débits allant jusqu'à 100 Gbits/s sur environ 15 mètres (contre 40 Gbit/s sur 50 mètres).	données

Le prix du câble augmente en fonction de la catégorie. Chaque composant ou connecteur utilisé doit supporter le même débit ou les mêmes contraintes pour une catégorie donnée. Une fois l'installation réalisée, l'infrastructure mise en œuvre doit être certifiée en accord avec la catégorie utilisée.

Aujourd'hui, la catégorie 6a commence à être largement répandue : elle supporte aussi bien le 1GBase-T que le 10GBase-T.

La catégorie 7 permet d'utiliser le 10 Gbit/s dans des conditions de bruit élevées.

Enfin, la catégorie 7a, qui n'utilise pas de connecteurs RJ45, n'a finalement pas été retenue par l'IEEE qui a ratifié le 802.3ba (l'Ethernet 40G et 100G) en juin 2010. Elle n'est donc pas compatible.

F/FTP catégorie 7a n'utilisant pas de connecteurs RJ45

Évaluation de la qualité des câbles en paires torsadées

Les deux principaux affaiblissements que les signaux électriques peuvent subir sur un câble en cuivre, sont l'affaiblissement linéique (ou atténuation exprimée en dB/km), qui caractérise l'écrasement du signal dû au parcours d'une distance importante et l'affaiblissement paradiaphonique, constaté sur des paires torsadées influencées électriquement par les paires voisines.

L'atténuation caractérise l'écrasement du signal, qui s'accentue à mesure que celui-ci parcourt le câble. Plus l'affaiblissement est élevé, (c'est-à-dire plus la résistance pour parcourir le câble est importante), plus l'atténuation est importante.

L'affaiblissement paradiaphonique (NEXT - *Near End CrossTalk*) est l'aptitude d'une paire à ne pas être perturbée par ses voisines. Plus ce paramètre est élevé, meilleur est le câble.

Finalement, une paire est définie de bonne qualité lorsque l'atténuation est faible et l'affaiblissement paradiaphonique est élevé.

La qualité des câbles en paires torsadées passe aussi par une protection contre les signaux parasites, en les atténuant ou en évitant d'en générer, pour les paires adjacentes.

Le blindage en paire STP constitue un premier niveau de protection vis-à-vis de l'extérieur.

Un autre moyen consiste à véhiculer une tension identique, mais de polarité inverse par paire, appelé mode balancé. Ces deux signaux opposés génèrent globalement un signal qui s'annule pour les paires voisines.

Il existe des filtres sur fréquences en Token Ring, appelés BALUN (*BALanced UNbalanced*).

Il est nécessaire de veiller à se protéger contre les moteurs, les néons et tubes fluorescents, en utilisant un capot métallique qui fait office de cage de Faraday.

6.1.2 Le câble coaxial

Même si ce type de câble n'est quasiment plus présent dans les entreprises aujourd'hui, il est intéressant de voir quelles sont ces caractéristiques pour bien comprendre l'évolution des réseaux informatiques.

Composition

Il est constitué d'un conducteur central en cuivre appelé âme, d'un isolant (ou diélectrique), puis d'un deuxième conducteur, sous forme de métal tressé, assurant le blindage et enfin d'une gaine plastique assurant la protection mécanique de l'ensemble.

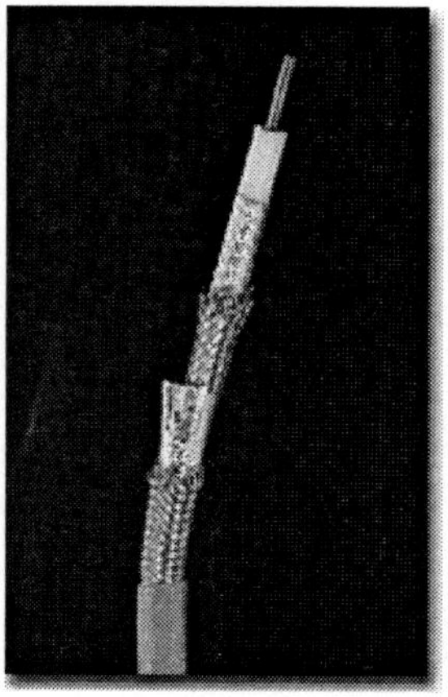

Câble coaxial et blindage

Les câbles coaxiaux sont classés suivant leur impédance caractéristique (l'impédance est au courant alternatif ce que la résistance est au courant continu). Ainsi, 50 Ohms correspond aux transmissions numériques et 75 Ohms aux transmissions analogiques.

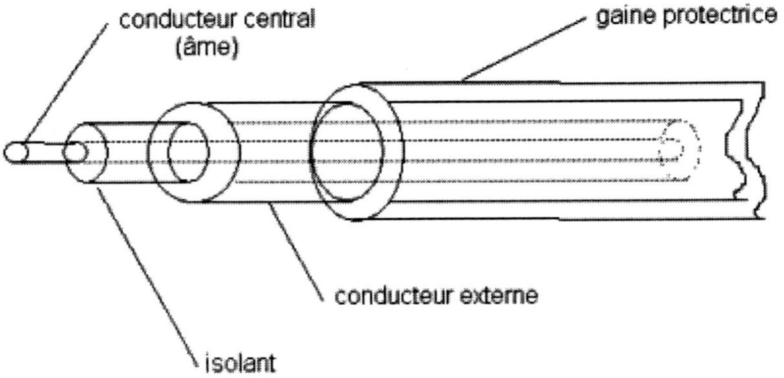

RG-8, RG-11	Câble coaxial épais (12 mm de diamètre), gros Ethernet ou *thick Ethernet*, 50 Ohms, 10 base 5.
RG-58	Câble coaxial fin (6 mm de diamètre), Ethernet fin ou *thinnet*, 10 base 2.
/U	Brin central à un fil (moyennement adaptés aux réseaux).
A/U	Brin central torsadé (utilisés dans les réseaux Ethernet en coaxial fin).
C/U	Spécification militaire du A/U.
RG-59	Câble coaxial TV (75 Ohms).
RG-62	Câble ArcNet (93 Ohms).

Remarque

Plus le brin central en cuivre (l'âme) est épais, plus la distance parcourue par les signaux sur le câble peut être importante. Le RG-58 autorise des segments maximum de 185 mètres, tandis que le RG-8 ou 11 permet d'atteindre jusqu'à 500 mètres.

Catégories de câbles coaxiaux

Il existe deux catégories de câbles coaxiaux. Dans la première, la gaine isolante est fabriquée en PVC (polychlorure de vinyle). Il s'agit des câbles coaxiaux les plus répandus et les moins chers. Cependant, en cas d'incendie, ils dégagent des fumées toxiques à basses températures (autour de 100 °C).

La seconde catégorie permet de définir des câbles résistants au feu en cas de sinistre. Ces câbles fabriqués en téflon, sont bien sûr plus onéreux que les précédents. On les qualifie de câble pour plénum. Le plénum étant le faux plancher ou le faux plafond qui peut servir à faire circuler de la connectique dans une pièce.

6.1.3 La fibre optique

La fibre optique est composée d'une fibre conductrice de lumière (en verre ou en plastique) extrêmement fine (environ 10 μm de diamètre). La fibre transfère des données numériques sous forme d'impulsions lumineuses modulées. Une diode laser émet le signal lumineux qui est récupéré à l'autre extrémité par une photodiode qui transforme le signal en signal électrique.

Connecteur fibre optique

Les signaux transmis sur la fibre sont à l'abri de toute écoute. En effet, contrairement aux signaux électriques, il n'est pas possible de capter des informations émises par une onde lumineuse, dans une fibre.

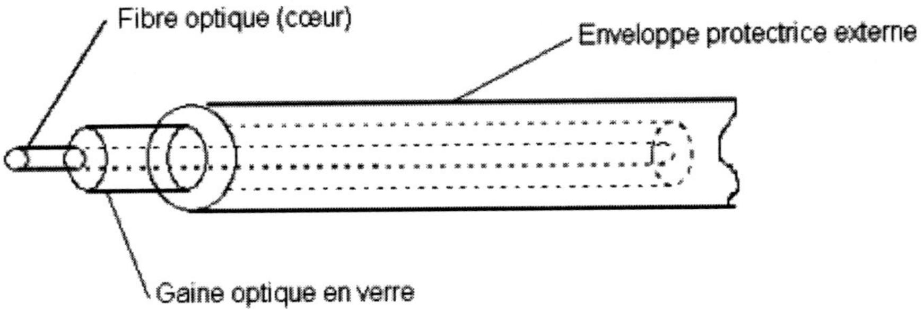

Fibre optique

Les câbles se présentent :

– soit sous la forme d'une fibre unique :

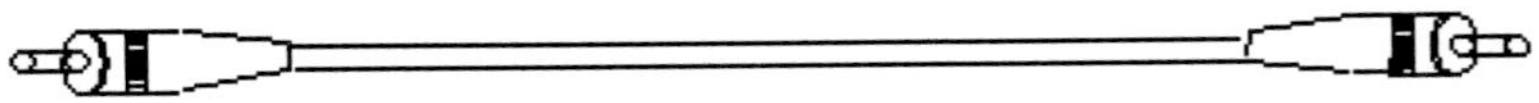

– soit sous la forme d'une double fibre avec deux connecteurs séparés :

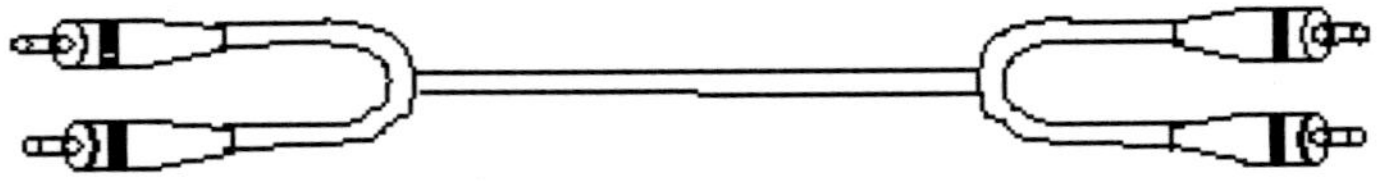

Câble fibre duplex à double fibre

On distingue deux types de fibres : la fibre monomode (un seul signal lumineux transite dans la fibre de faible diamètre, entre 2 à 8 μm pour le cœur) et la fibre multimode (plusieurs signaux lumineux transitent dans une fibre de diamètre plus important, de 50 à 125 μm).

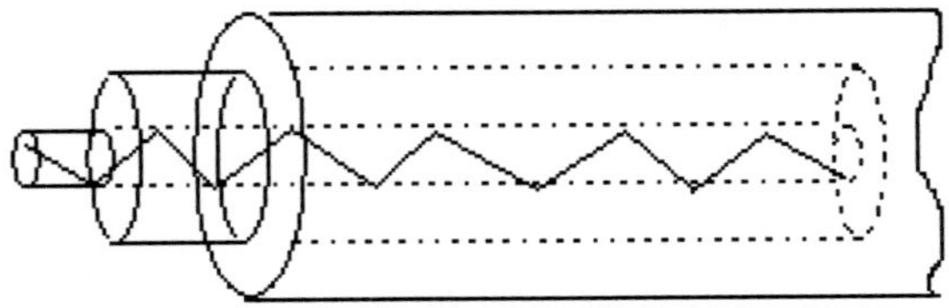

Fibre à saut d'indice

L'impulsion lumineuse est réfléchie sur la gaine optique en verre. Dans la catégorie des fibres multimodes, on distingue celles à gradient d'indice (onde sinusoïdale), de celles à saut d'indice (réfraction à angle droit). Dans une fibre à gradient d'indice, l'index de réfraction décroît du centre à la périphérie. Dans une fibre à saut d'indice, il n'y a pas de gradation dans l'indice de réfraction.

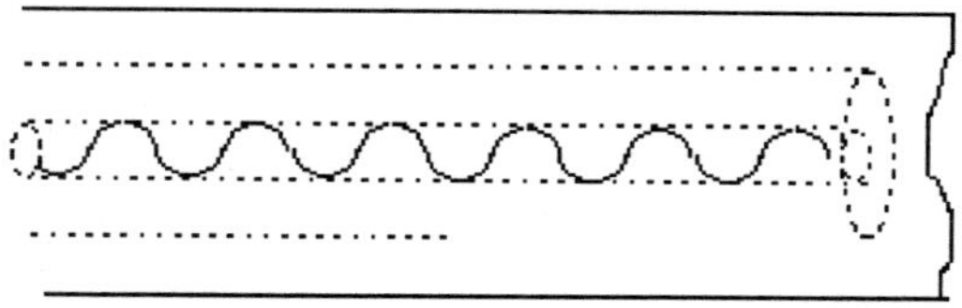

Fibre à gradient d'indice

Remarque

La fibre est souvent utilisée pour interconnecter des réseaux locaux Ethernet. En effet, en 10BaseFL, en Ethernet 10 Mbps sur fibre, il est possible d'utiliser des répéteurs mixtes (fibre/coaxial ou fibre/paire torsadée).

La fibre n'autorise la transmission des signaux que dans un seul sens. Par conséquent, on trouvera souvent la fibre disponible, soit avec deux cœurs, soit en fibre double (deux câbles distincts collés), pour l'émission et la réception.

La fibre est idéale pour la transmission de gros volumes de données à haut débit (en général 10 Gbps qui peut atteindre 10 Tbps), en raison de la pureté des signaux, de l'absence d'atténuation et de l'insensibilité aux interférences électriques. Elle permet la transmission de données sur des distances allant jusqu'à plusieurs milliers de kilomètres.

6.1.4 Les critères de choix des différents médias

Différents critères peuvent être évoqués pour choisir les différents médias possibles.

Il s'agit notamment du coût, de la bande passante du support, de l'atténuation du signal, de sa résistance aux phénomènes électromagnétiques qui l'entourent, ou encore de la simplicité ou non d'installation. En fonction de l'environnement et du type de signal transporté, un certain nombre de contraintes apparaissent. On citera, par exemple, la longueur maximale d'un segment, ou bien le nombre de périphériques connectés.

Dans le tableau suivant, nous proposons un récapitulatif des principaux supports utilisés.

Caractéristiques	Paire torsadée non blindée (UTP)	Paire torsadée blindée (FTP)	Fibre optique
Prix du câble	Peu cher (immeubles souvent précâblés)	Plus cher que UTP	Le plus cher des supports - coût en forte diminution.
Longueur d'un segment	Environ 100 m	Légèrement plus que UTP	2000 m
Débits courants	100 Mbps (cat 5) 1 Gbps (cat 5e et 6) 10 Gbps (6a et 7)	100 Mbps (cat 5) 1 Gbps (cat 5e et 6) 10 Gbps (6a et 7) Adaptés à des environnements perturbés	De 100 Mbps à 1 Gbps
Installation	Très simple	Très simple	Chaque connexion fibre doit être réalisée de manière à ne pas obstruer le passage de la lumière. De plus, un rayon de courbure minimum doit être respecté.
Atténuation	Élevée	Faible	Aucune
Sensibilité aux interférences	Sensible	Peu sensible	Aucune

Caractéristiques	Paire torsadée non blindée (UTP)	Paire torsadée blindée (FTP)	Fibre optique
Utilisation habituelle	Réseaux de bureaux ou de taille moyenne	Environnements perturbés ou de grande taille	Nécessités de forts débits, interconnexions entre répartiteurs ou bâtiments.

6.2 Supports non limités

Les technologies de réseaux sans fil ne sont pas encore au point de remplacer les supports limités, surtout à cause de leurs faibles bandes passantes, mais deviennent de très bons compléments.

On trouve désormais des technologies dans toutes les étendues de réseau. Parfois la lettre "W", pour Wireless, positionnée devant l'acronyme d'étendue, vient spécifier que le réseau utilise l'interface air. Pour préciser que le réseau sans fil utilise les ondes radioélectriques, la lettre "R", pour Radio, peut être utilisée.

Elles autorisent la mobilité des utilisateurs, à l'intérieur des locaux (itinérance) ou à l'extérieur (nomadisme).

6.2.1 L'infrarouge

Un faisceau de lumière infrarouge est utilisé pour transmettre les données. Ces signaux sont très sensibles à un éclairage trop fort. Il est toutefois possible d'atteindre des vitesses allant jusqu'à 16 Mbps sur des distances théoriques de quelques kilomètres.

Remarque

Il existe des réseaux en visibilité directe ou par diffusion (le signal rebondit sur les murs de couleur claire, les murs sombres absorbent les signaux).

L'intérêt de cette technique est que les équipements sont peu coûteux, car fabriqués en grand nombre. C'est une solution bien adaptée en intérieur qui n'est pas utilisable en extérieur, car elle est sensible aux conditions atmosphériques.

Remarque

La solution irDA sera évoquée plus en détails dans le chapitre Couches basses des réseaux personnels et locaux.

6.2.2 Le laser

Comme pour la transmission par infrarouge en visibilité directe, cette technique nécessite un champ de visibilité directe, sensible au problème d'alignement (entre le laser et la photodiode). Cependant, elle est résistante aux interférences et aux perturbations, mais sensible aux conditions atmosphériques.

6.2.3 Les ondes radio terrestres

Les technologies de transmission par ondes radio sont les plus prisées actuellement, quelle que soit la taille du réseau. Aux ondes à bande étroite sont préférées celles à spectre étalé (spread spectrum), plus résistantes aux interférences.

Les usages de ces réseaux sont multiples. Par exemple, des ponts sans fils permettent d'interconnecter des réseaux locaux, sans utiliser des supports limités.

L'avènement des ordinateurs portables et autres périphériques mobiles a démocratisé l'usage des réseaux radio pour les utilisateurs, à travers Bluetooth ou Wi-Fi.

Les nouvelles générations de téléphonie cellulaire permettent désormais des transmissions de données.

6.2.4 Les ondes radio par satellites

Les systèmes micro-ondes permettent d'interconnecter des bâtiments répartis sur des zones relativement peu étendues. C'est la méthode la plus utilisée aux États-Unis pour transmettre sur des longues distances. Des résultats excellents sont obtenus sur deux points, en visibilité directe (un satellite en orbite géostationnaire et une liaison terrestre, entre deux bâtiments ou sur de grandes étendues).

Il est nécessaire de disposer d'une homologation, de deux émetteurs-récepteurs radio, ainsi que d'antennes directionnelles qui doivent être précisément positionnées.

Remarque

Dans le cas de stations micro-ondes par satellite, il est possible d'utiliser des stations terrestres mobiles (avion, bateau).

Chapitre 4
Éléments logiciels de communication

1. Configuration de la carte réseau

La mise en fonctionnement d'une carte réseau implique un paramétrage matériel du périphérique, pris en charge par les capacités de Plug and Play, et l'installation du pilote (*driver*) de la carte.

1.1 Configuration matérielle

Sur les plus anciennes générations de cartes, il était nécessaire de configurer manuellement, à l'aide d'interrupteurs ou de cavaliers, les paramètres. Depuis, ces réglages sont devenus logiciels.

Désormais, les cartes sont Plug and Play et donc autoconfigurables. Les paramètres tels que l'adresse de ligne d'interruption (IRQ - *Interruption ReQuest*) et la plage mémoire sont adaptés automatiquement.

Si l'interface réseau n'est pas intégrée à la carte mère, il suffit, ordinateur éteint, de l'insérer dans le connecteur adéquat de l'ordinateur.

1.2 Configuration logicielle

À la mise sous tension de l'ordinateur, l'interface est détectée et le choix des valeurs à utiliser, n'entrant pas en conflit avec les autres périphériques, est effectué. La modification manuelle des ressources de la carte réseau est une affaire de spécialiste qui est devenue, avec le temps, extrêmement rare.

Remarque

La plupart des cartes réseau ne proposent plus l'accès à ces informations.

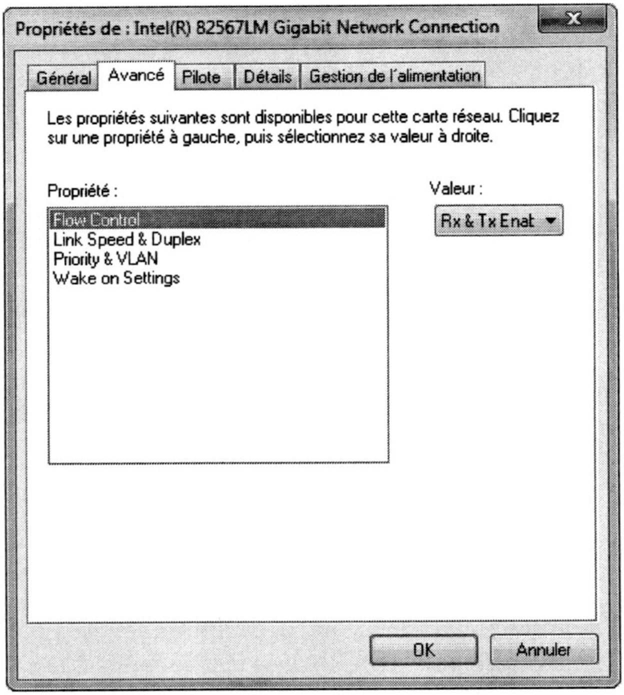

Propriétés de carte réseau dans Windows 7

Le système d'exploitation choisit lui-même le débit en fonction des capacités de la carte et de la vitesse maximale autorisée sur le réseau auquel elle est connectée. Le mode de fonctionnement est également fixé en fonction des possibilités détectées. Le mode intégral (*full-duplex*) autorise des émissions et réceptions simultanées. Sinon, seul le mode semi (*half-duplex*) est exploitable.

L'adresse physique, ou *Medium Access Control* (MAC), remontée de la carte, est utilisée par défaut.

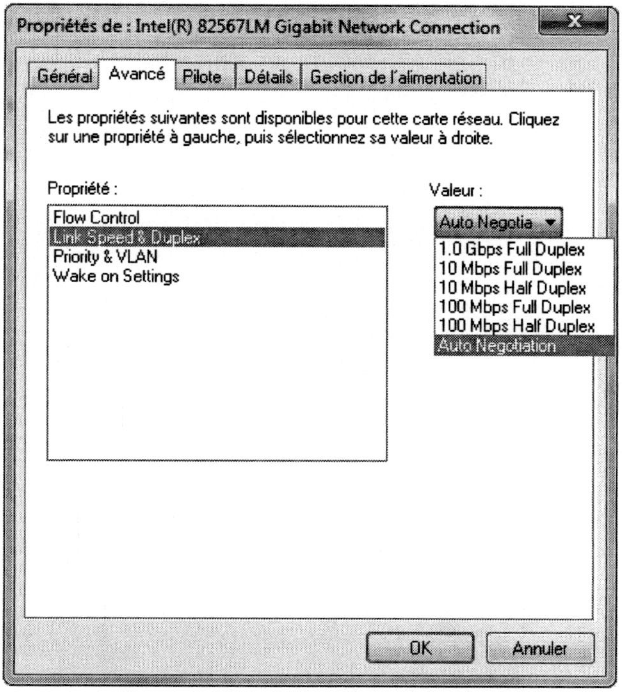

Configuration de débit d'une carte 10/100/1000 Mbps dans Windows 7

Remarque

Ces valeurs peuvent être modifiées, mais cela doit se faire en connaissance de cause, pour éviter un dysfonctionnement du périphérique.

Il ne reste plus qu'à finaliser l'installation du périphérique en installant le pilote de carte réseau adéquat.

La notion de **green IT** devient de plus en plus importante de nos jours. Les entreprises ont pris conscience des enjeux financiers importants associés, notamment en ce qui concerne les économies électriques qui peuvent être réalisées. Pour cela, l'un des points d'entrée est le **Wake On LAN** ou réveil de l'ordinateur à distance à partir de la carte réseau.

Des options sont maintenant disponibles directement au niveau de la carte réseau pour gérer ce point :

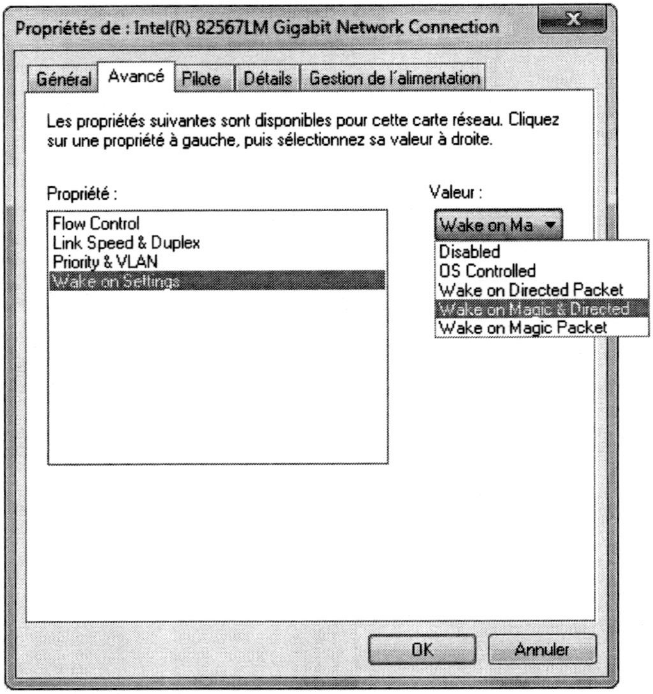

Configuration Wake On LAN d'une carte réseau

Imaginez la quantité d'énergie électrique qui pourrait être économisée si une entreprise forçait l'extinction des postes de travail le soir, en ayant la possibilité de les réveiller automatiquement la nuit pour déployer des patches ou des mises à jour. Une fois cette mise à jour effectuée, le poste serait automatiquement éteint à distance.

Remarque

Dans la collection DataPro aux Éditions ENI, un livre sur ce sujet est disponible : « Green IT - Gérez la consommation d'énergie de vos systèmes informatiques ».

1.3 Spécifications NDIS et ODI

Les spécifications de pilote réseau *Network Device Interface Specification* (NDIS) et *Open Data Interface* (ODI) permettent l'indépendance entre la carte réseau et les protocoles de couches supérieurs.

Ainsi, la carte réseau peut être associée logiciellement à la suite de protocoles TCP/IP ou à tout autre protocole. De plus, une même carte peut utiliser plusieurs protocoles.

Le type de spécification dépend du système d'exploitation utilisé. ODI fut développé par les sociétés Novell et Apple, NDIS par Microsoft et le fabricant 3Com.

Les systèmes d'exploitation Windows, par exemple, utilisent NDIS, qui définit une interface de communication avec la couche Liaison de données. Les niveaux de spécification NDIS sont :

- NDIS 2.0, définissant les pilotes en mode réel (MS-DOS, Windows for Workgroups 3.1 ou OS/2).
- NDIS 3.0, qui décrit un fonctionnement des composants en mode étendu, c'est-à-dire que le périphérique peut être géré à travers un contexte non exclusif, contrairement au mode réel (ex. Windows for Workgroups 3.11).
- NDIS 3.1, faisant référence à Windows 95.
- NDIS 4.0, introduisant le Plug and Play (Windows 95 OSR2, NT 4.0, Windows CE 3.0).
- NDIS 5.0, améliorant ces principes et qui est utilisé depuis Windows 98, 98 SE, ME et 2000.
- NDIS 5.1, faisant référence aux systèmes d'exploitation Windows XP, Server 2003 et Windows CE 4.x, 5.0.
- NDIS 5.2, à partir de Windows Server 2003 SP2.
- NDIS 6.0, qui optimise encore les performances et l'évolutivité du pilote et améliore la sécurité, en supportant également le Wi-Fi en natif (Windows Vista).
- NDIS 6.1, étant relatif aux systèmes d'exploitation Windows Vista SP1 et Windows Server 2008 (SP1 implicite).
- NDIS 6.2, faisant référence à Windows 7 et Windows Server 2008 R2.

2. Installation et configuration du pilote de carte réseau

2.1 Principes

L'installation logicielle d'une carte réseau commence par celle de son pilote (driver). Il peut être fourni en standard avec le système d'exploitation ou nécessiter l'utilisation de ceux fournis par l'éditeur (sur CD ou via Internet).

Le téléchargement d'un pilote depuis le site de l'éditeur permet de bénéficier de la dernière version développée. Par contre, il peut arriver que ce pilote ne soit pas stable.

Parfois, des outils complémentaires de configurations spécifiques peuvent être fournis. Ils viennent en surcouche des capacités du système d'exploitation, que ce soit pour les communications filaires (par exemple Ethernet) ou hertziennes (par exemple Wi-Fi).

Remarque

Suivant les systèmes d'exploitation, les procédures d'installation sont plus ou moins complexes. Par exemple, lorsqu'il s'agit d'intégrer la prise en charge d'un nouveau pilote de carte réseau non encore reconnu sur un système d'exploitation Linux. Cette démarche spécifique est décrite un peu plus loin dans ce chapitre.

2.2 Utilisation d'un outil fourni par le constructeur

Comme pour les pilotes, il peut être intéressant d'aller rechercher ses outils sur les sites web des constructeurs eux-mêmes, là où ils sont les plus à jour.

La première famille d'outils proposés permet de remplacer ceux fournis par le système d'exploitation. Ils servent essentiellement à paramétrer l'interface réseau souvent plus finement, puisqu'ils sont spécifiques au constructeur, voire à la carte, et non plus générique.

Remarque

Comme nous l'avons vu au chapitre Transmission des données couche Physique, les outils destinés aux serveurs peuvent inclure des capacités de mise en œuvre de « teaming ». Ils autorisent le regroupement de plusieurs cartes réseau en une seule interface virtuelle, apportant un élément de tolérance de panne.

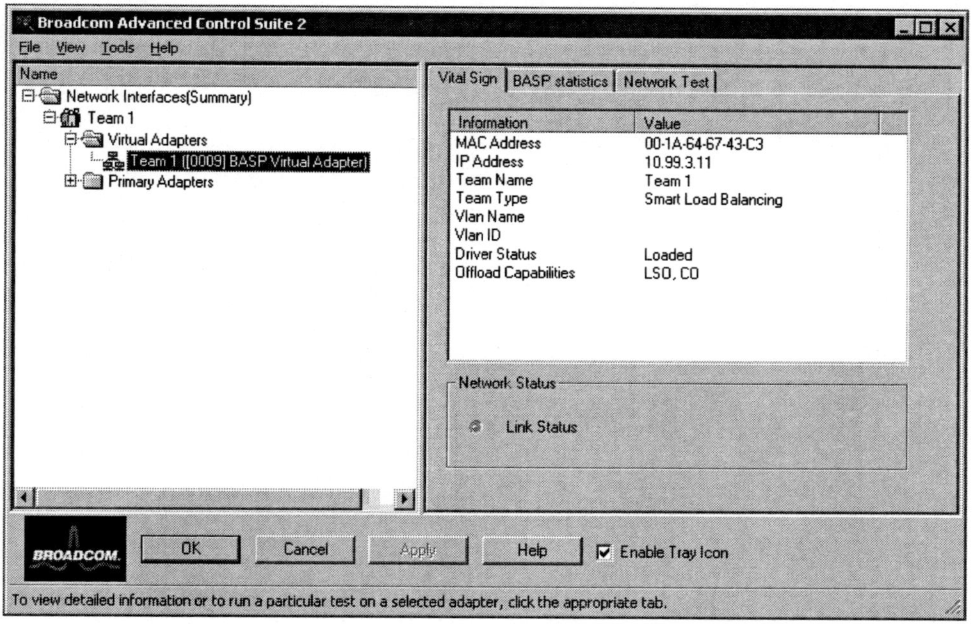

Interface virtuelle par « Teaming » avec l'utilitaire Broadcom

Des outils de diagnostics et de tests réseau peuvent également être fournis, voire inclus directement dans les interfaces de configuration.

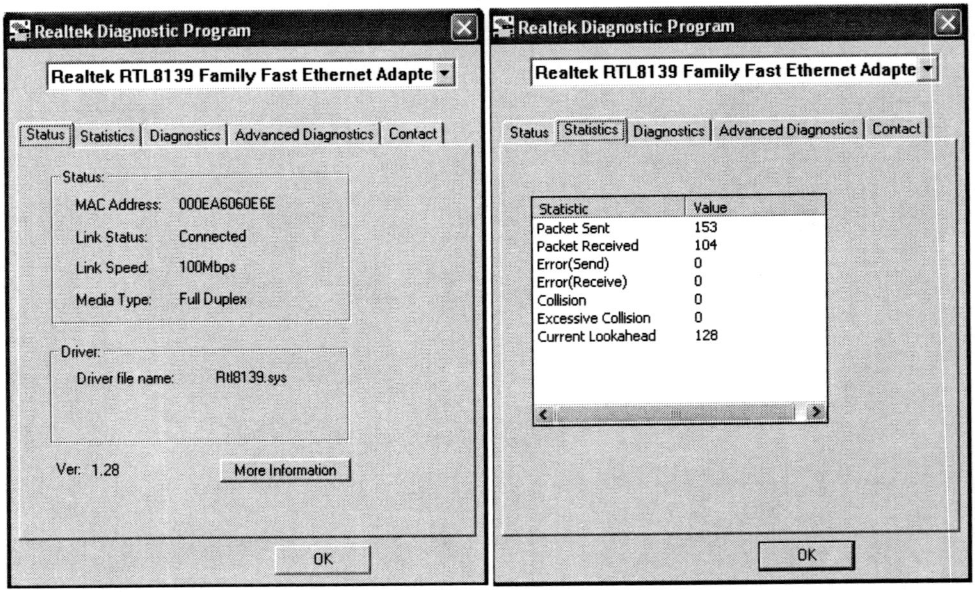

Exemple d'utilitaire constructeur

2.3 Utilisation du système d'exploitation

Nous allons examiner les procédures de configuration du réseau sous Windows, Linux Red Hat, Mac OS X et Android.

2.3.1 Sous Windows 7 ou 2008 R2

Avec Windows 7, les postes de travail destinés aux professionnels et aux particuliers reposent sur une base identique. Comme pour Windows 2008 R2 (pour les serveurs), le noyau est de version 6.1. Bien que les interfaces graphiques des systèmes destinés aux postes de travail ou aux serveurs ne soient pas, par défaut, identiques, les configurations des cartes réseau sont similaires. De plus, les pilotes de périphériques sont communs.

À partir du menu **Démarrer**, il suffit de rechercher **Centre Réseau et partage** pour accéder à l'environnement de configuration réseau de Windows 7 :

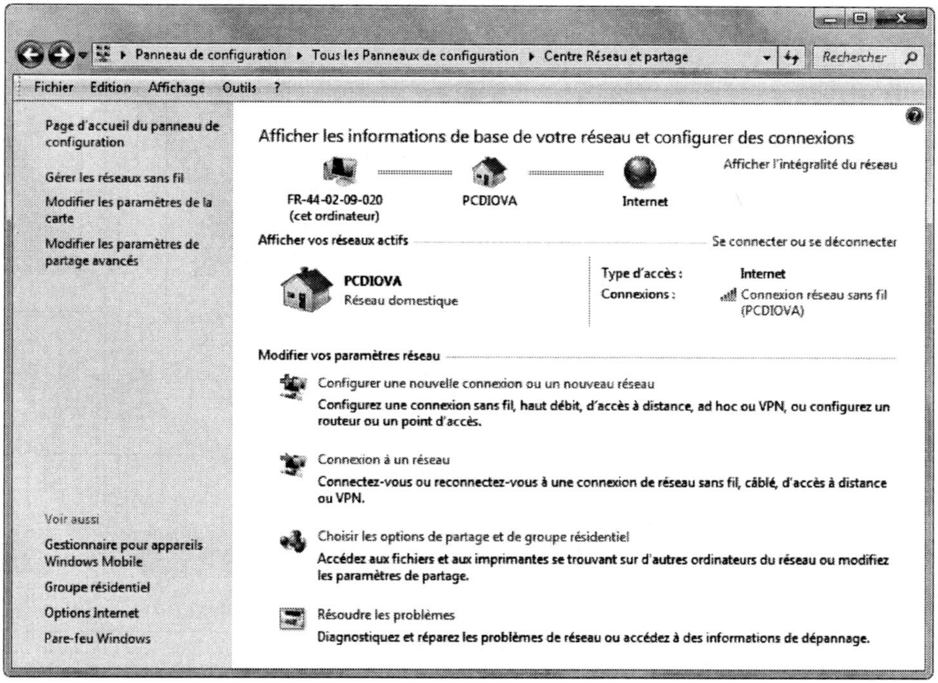

Centre Réseau et partage de Windows

Le lien **Modifier les paramètres de la carte** permet d'accéder à la configuration des cartes réseau de l'ordinateur :

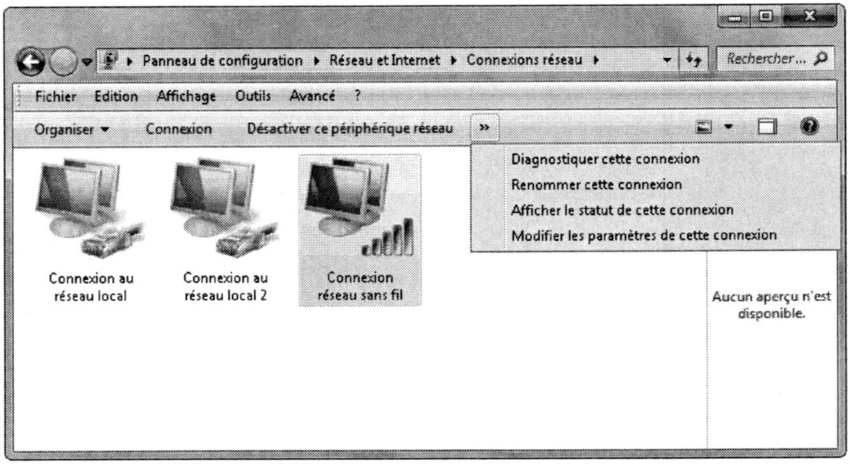

Menu contextuel associé à une connexion de réseau sans fil

De nombreuses options sont disponibles en fonction du contexte, par exemple pour **Connexion réseau sans fil** :

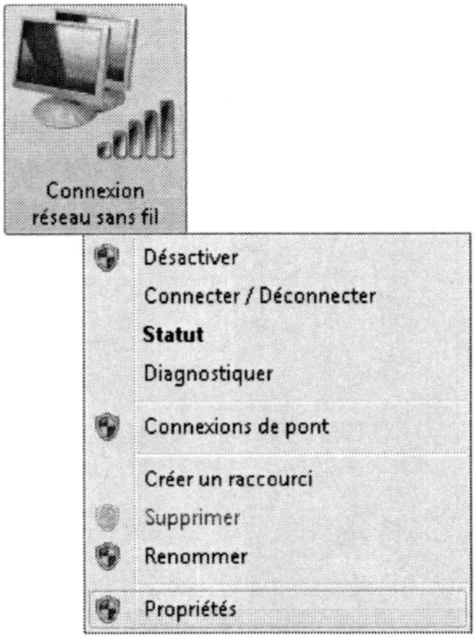

Accès aux propriétés de la connexion réseau sans fil

Il est alors possible d'accéder aux diverses propriétés, soit logicielles, soit matérielles :

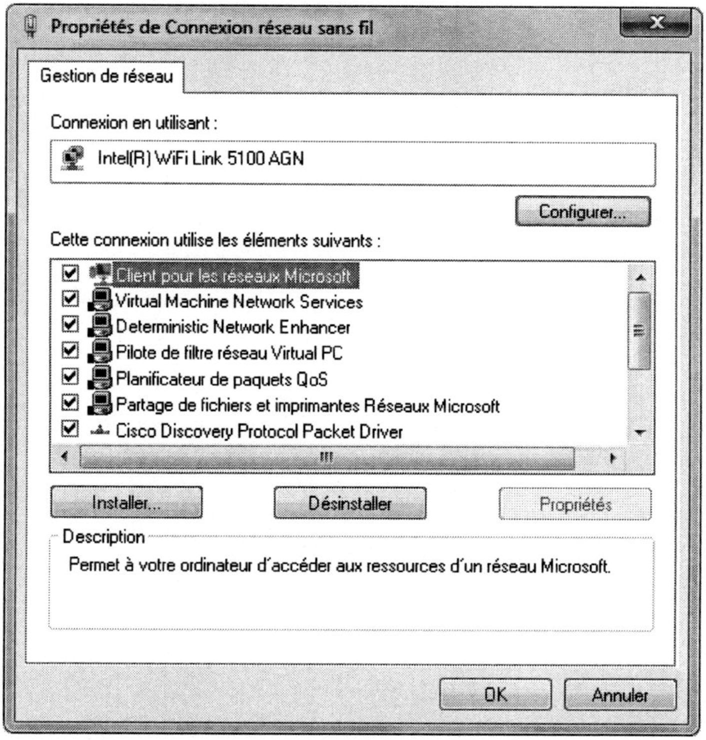

Configuration réseau

2.3.2 Sous Linux Red Hat

Les différents systèmes d'exploitation composés autour du noyau Linux ont beaucoup évolué. L'installation de composants courants, entre autres, ne s'avère pas plus difficile à réaliser que sous Windows.

Nous avons choisi dans notre exemple Linux Red Hat, qui a été spécialisé pour devenir système d'exploitation d'entreprise. Ce que nous allons voir reflète ce que l'on retrouve avec les autres versions de système d'exploitation de ce type.

Par exemple, si la carte réseau Ethernet est détectée lors de l'installation du système, elle est associée à son pilote et à une interface de nom **eth0** (appellation issue de UNIX). Cette dénomination peut être changée. Les services réseau qui y sont associés démarrent automatiquement avec le système.

```
[root@localhost Driver]# service network stop
Shutting down interface eth0:                              [  OK  ]
Shutting down loopback interface:                          [  OK  ]
[root@localhost Driver]# service network start
Bringing up loopback interface:                            [  OK  ]
Bringing up interface eth0:
Determining IP information for eth0... done.
                                                           [  OK  ]
[root@localhost Driver]#
```

Démarrage des services réseau Linux

Lors de l'étape graphique de l'installation du système, si la carte réseau a été bien détectée, une boîte de dialogue propose son paramétrage en TCP/IP, comme on peut le voir dans l'écran ci-dessous.

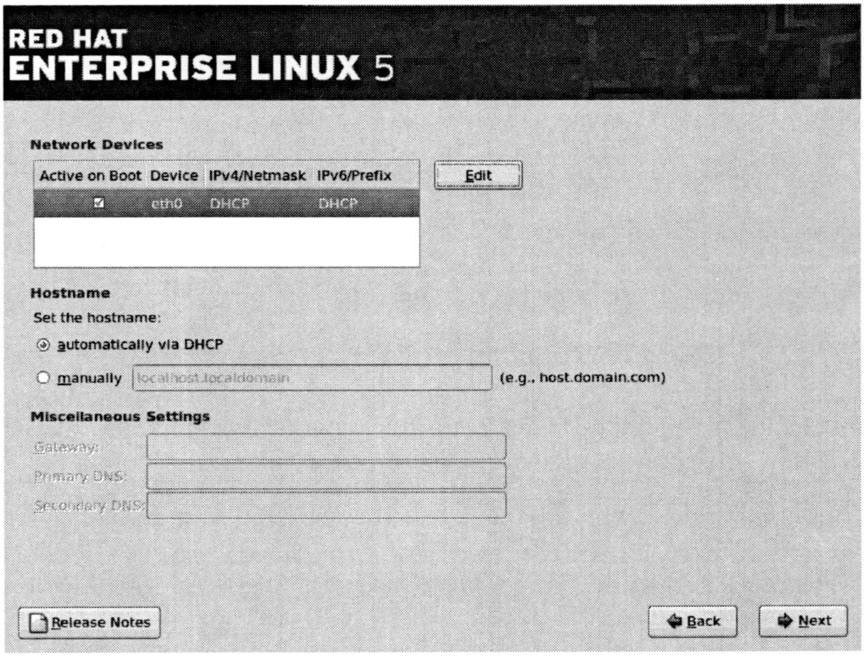

Configuration couche moyenne, la carte a été correctement détectée dès l'installation

La configuration avancée est facilement compréhensible, dès lors que TCP/IP est maîtrisé. Nous reviendrons sur ces notions plus tard. Nous nous apercevons donc que, comme pour Windows, la configuration de base de la carte, se rapportant au matériel, est devenue beaucoup plus transparente.

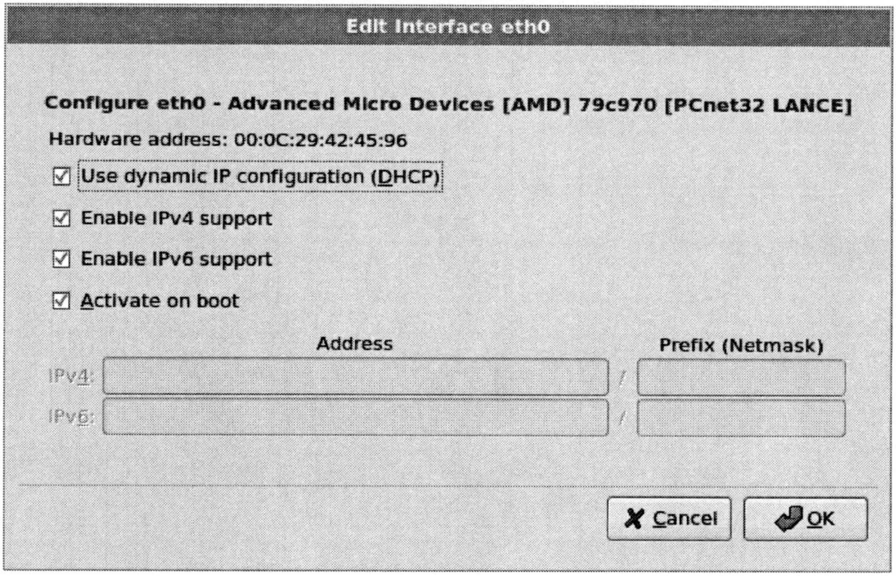

Configuration avancée, le type du pilote détecté est visible

Durant l'utilisation du système, après installation, la carte peut être paramétrée graphiquement, comme le montrent les écrans ci-dessous. L'adresse MAC utilisée peut être choisie.

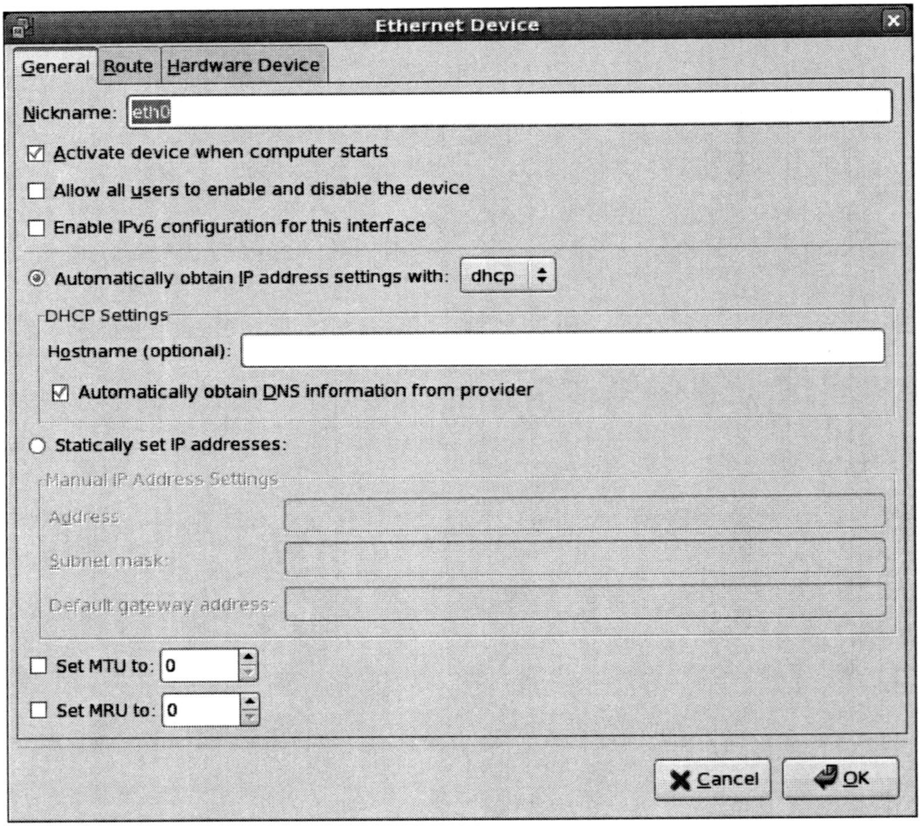

Propriétés de l'interface eth0

Les boîtes de dialogue autorisent l'activation/désactivation de l'interface, ou la modification du pilote, comme sous Windows. Si le pilote adéquat ne peut être trouvé, il est possible de le télécharger depuis Internet, par exemple à partir du site de l'éditeur, et de l'installer.

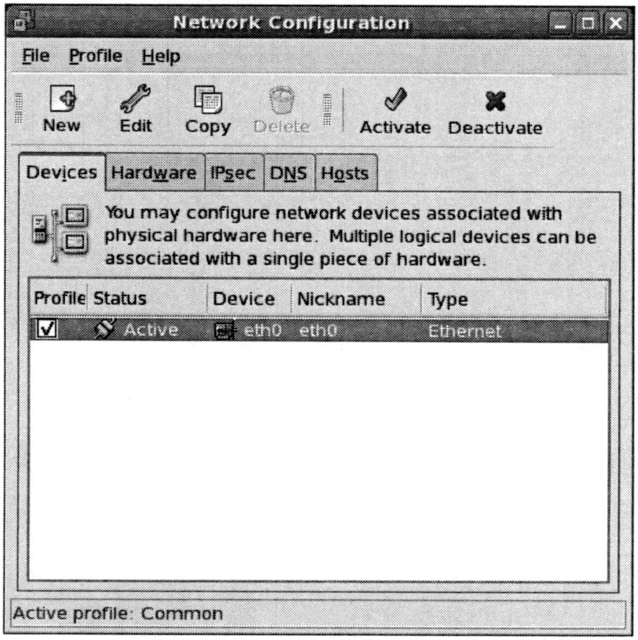

Configuration de l'interface eth0

2.3.3 Sur un Mac OS X

La configuration réseau sur Mac est accessible à partir du menu **Pomme - Préférences Système** :

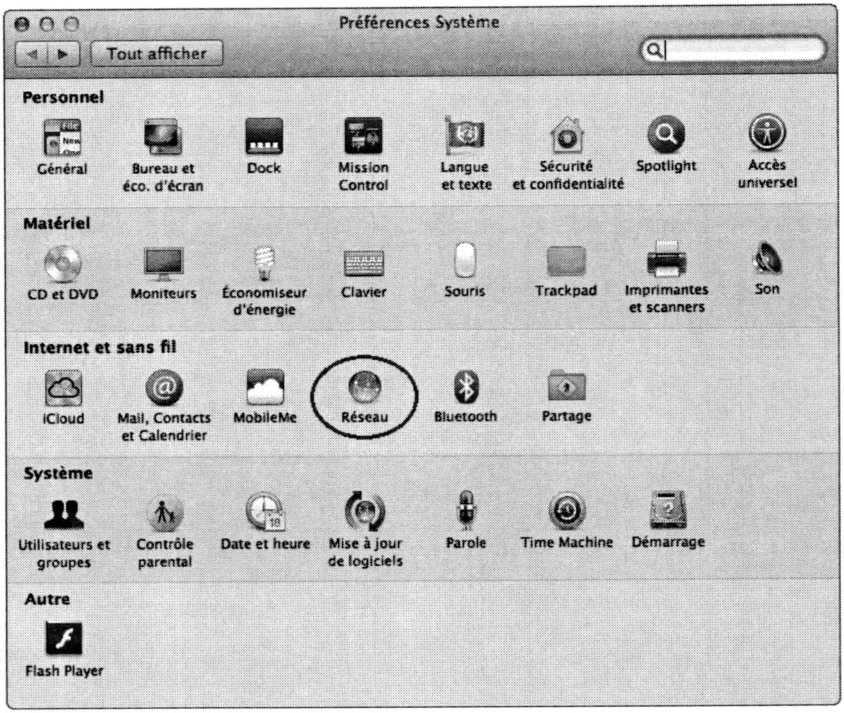

Préférences Système

▶ Sélectionnez ensuite **Réseau**.

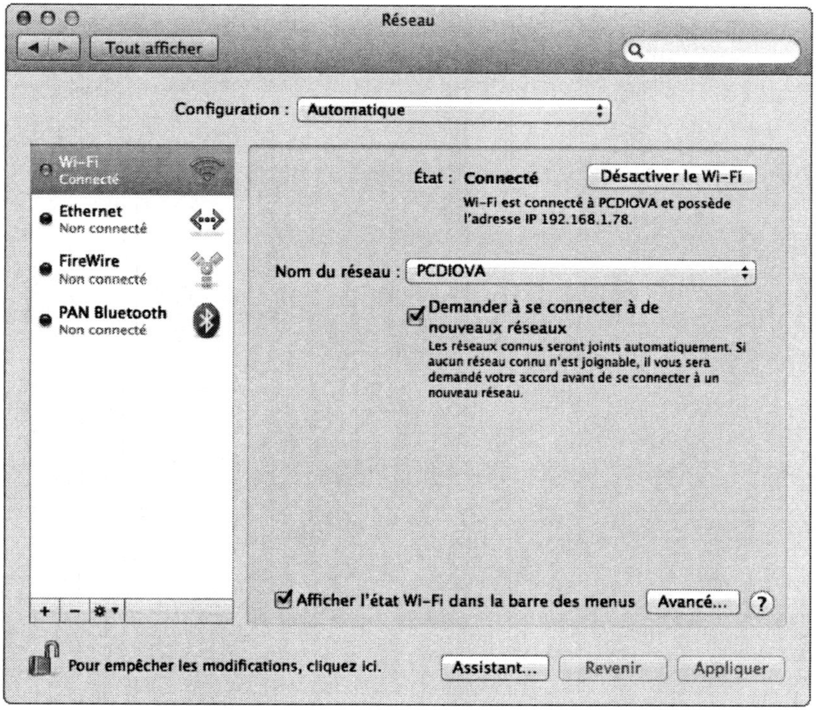

Réseau avec connexion Wi-Fi

Lorsque le réseau filaire est branché, **Ethernet** apparaît alors en tête de liste :

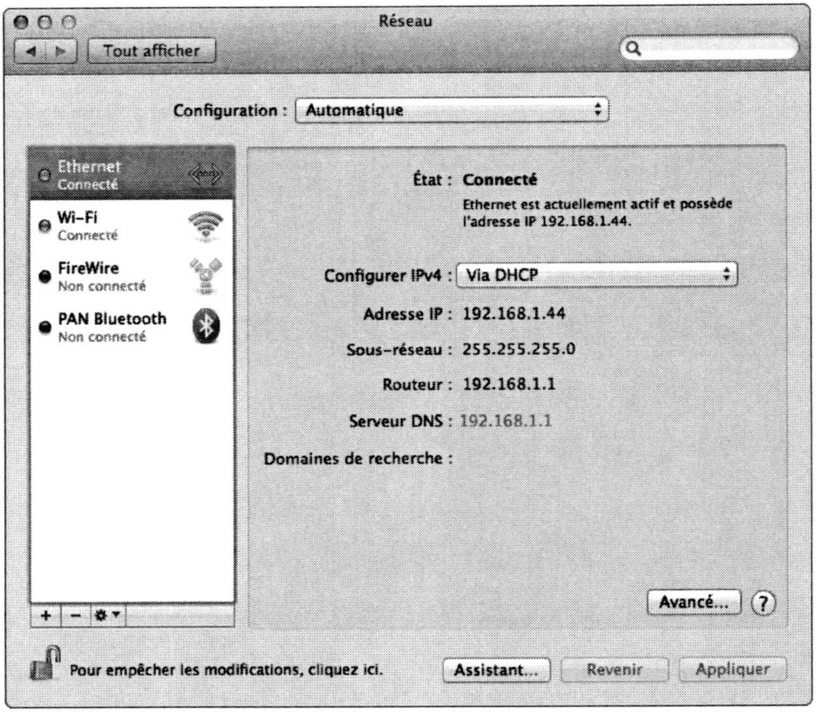

Réseau Ethernet

Le bouton **Avancé** permet l'accès à de nombreux paramètres complémentaires :

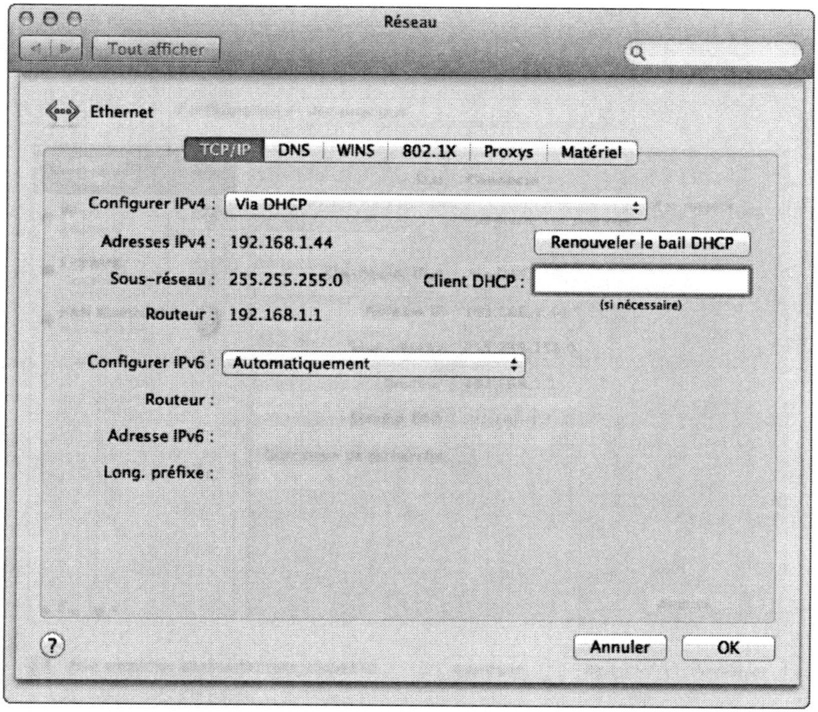

Paramètres avancés

La configuration de la carte réseau est quant à elle disponible via le bouton **Matériel** :

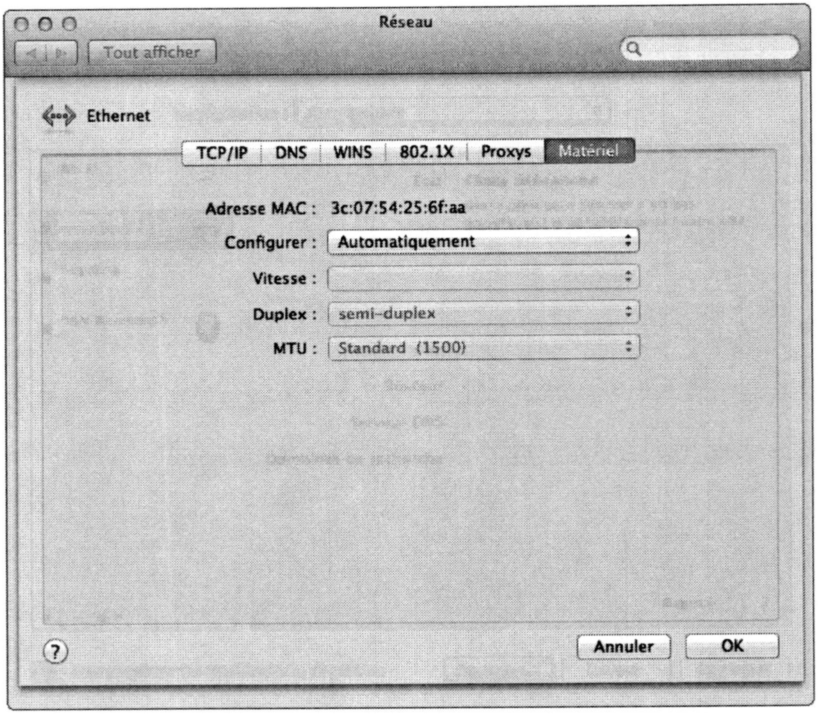

Matériel

2.3.4 Sur un smartphone Android

La configuration réseau sur un smartphone est beaucoup plus sommaire que sur un ordinateur. En effet, dès lors que le Wi-Fi aura été activé, la configuration va se limiter à saisir les informations d'authentification.

La première étape va consister en l'activation du Wi-Fi sur le smartphone.

▶ Pour cela, accédez au menu **Paramètres**.

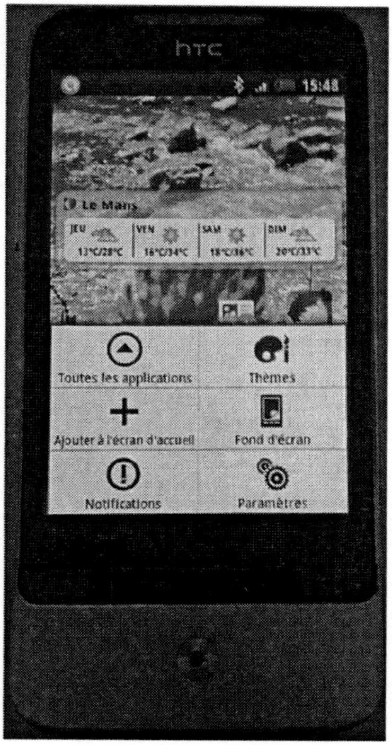

Accès au menu ***Paramètres***

▶ Cliquez sur **Paramètres**, pour faire apparaître l'option **Sans fil et réseaux**.

*Accès au menu **Sans fil et réseaux***

◘ Appuyez sur **Sans fil et réseaux** pour faire apparaître le menu correspondant :

Activation du Wi-Fi

- Cochez alors la case **Wi-Fi** pour activer le réseau sans fil. Le téléphone va alors rechercher les réseaux Wi-Fi à portée :

Sélection d'un réseau

Lorsque plusieurs réseaux apparaissent, vous pouvez choisir explicitement le réseau sur lequel vous souhaitez vous connecter.

■ Si une authentification est requise, vous devrez préciser la clé demandée :

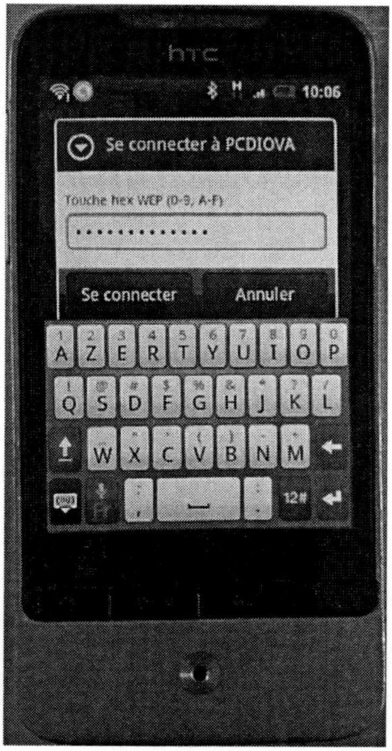

Saisie d'une clé WEP

Une fois la clé saisie, une connexion est tentée. Si tout se passe bien, une adresse IP est attribuée au smartphone :

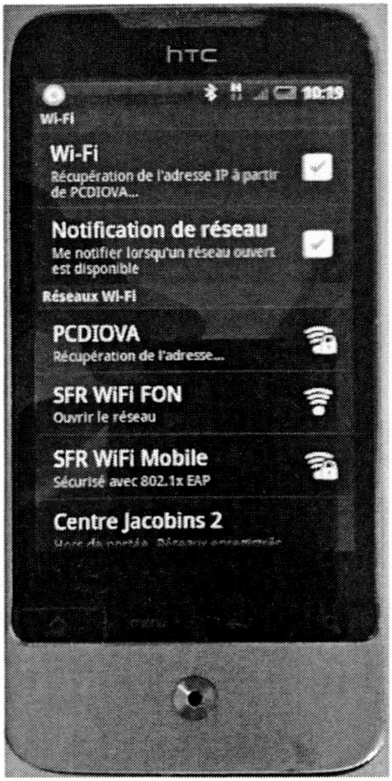

Obtention d'une adresse IP

La sélection du réseau sur lequel la connexion a lieu permet d'obtenir des informations supplémentaires :

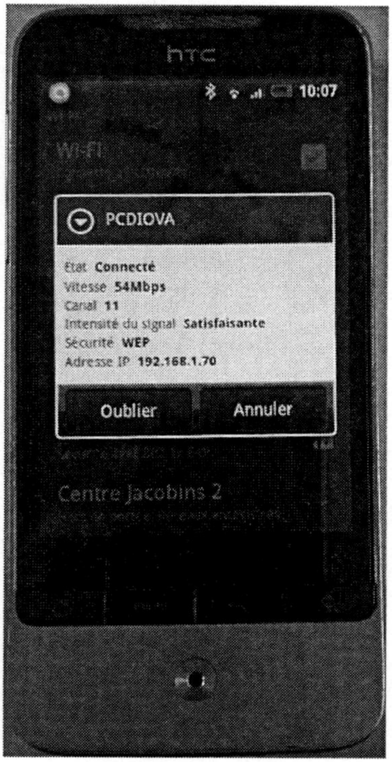

Lecture des informations obtenues

On peut alors démarrer un navigateur Internet pour accéder à ses sites préférés.

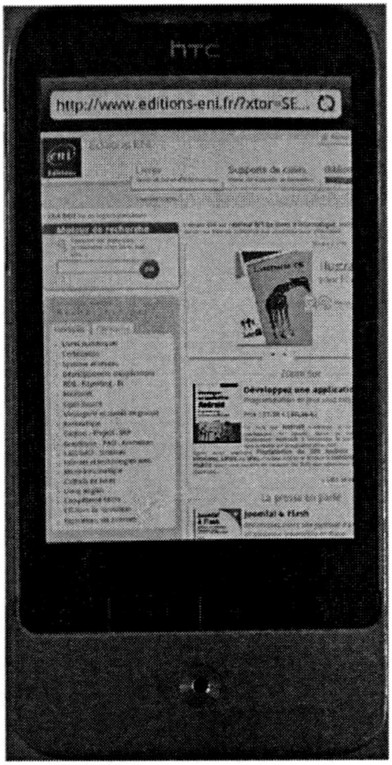

Connexion Internet via Wi-Fi

3. Pile de protocoles

Il est important de savoir que sur un ordinateur donné, il est possible de trouver plusieurs cartes réseau, exploitant plusieurs protocoles, sur lesquels plusieurs services s'exécutent. On parlera alors de pile de protocoles, pour désigner les couches successives et les liaisons mises en jeu entre les différentes strates.

À un niveau donné, une couche peut travailler avec plusieurs autres couches immédiatement adjacentes. Lors de la configuration du modèle réseau utilisé, il est ainsi possible de favoriser une liaison par rapport à une autre, permettant ainsi de réaliser une optimisation de la configuration.

Sur un ordinateur piloté par un système d'exploitation Windows, par exemple, ce réglage est accessible dans les paramètres avancés des connexions réseau.

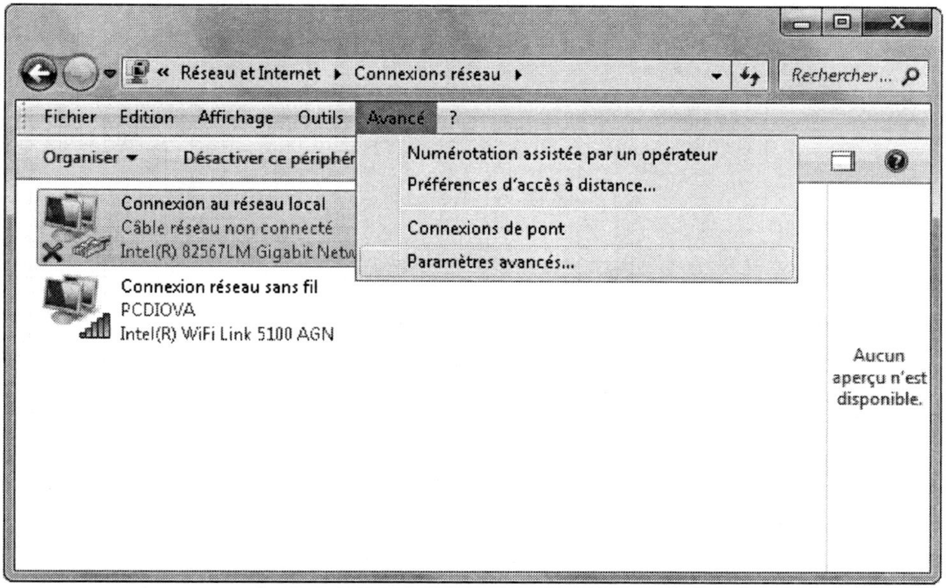

Connexions réseau avec Windows 7

Dans la copie d'écran suivante, nous voyons que l'on peut rendre une interface réseau plus prioritaire, en la montant par rapport aux autres. Dans la fenêtre inférieure de la boîte de dialogue, le **Protocole Internet version 4 (TCP/IPv4)** se voit privilégié par rapport à **Protocole Internet version 6 (TCP/IPv6)**.

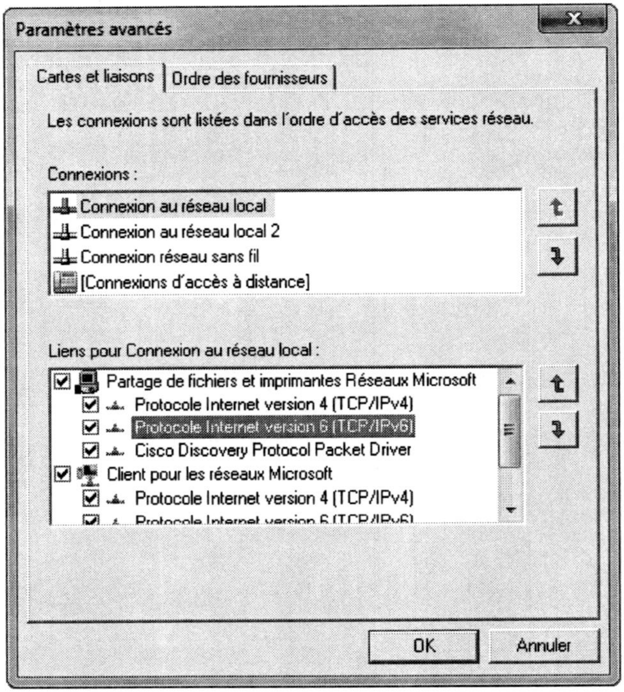

Propriétés réseau avec Windows 7

4. Détection d'un problème réseau

4.1 Connectique physique réseau

Il existe différentes causes possibles d'erreurs liées à la mise en œuvre d'une carte réseau sur un système d'exploitation. Nous allons voir quelles sont celles qui sont les plus courantes et les actions à entreprendre pour résoudre le problème.

4.1.1 Le type de câble

Il est important de veiller à utiliser le bon type de câble, notamment en cuivre. Même si les connecteurs RJ45 semblent identiques, certains sont spécifiquement adaptés pour certains débits et doivent correspondre à la catégorie de câble utilisée. De même, l'interconnexion doit être certifiée pour une catégorie donnée et il ne suffit pas de disposer de câbles et de connecteurs de catégorie 5, mais le travail réalisé doit aussi être de qualité !

La connexion directe entre deux ordinateurs doit s'effectuer avec un câble croisé. La connexion d'un ordinateur à une prise murale ou à un concentrateur (ou tout autre élément actif concentrateur) doit s'effectuer par l'intermédiaire d'un câble droit.

- Vérifiez que vous disposez bien d'un câble droit lorsque vous êtes connecté à un hub (pour cela observez les fils de couleur utilisés aux deux extrémités des deux connecteurs RJ45).
- Vérifiez que vous disposez bien d'un câble croisé lorsque vous êtes connecté directement à un autre poste (de carte réseau à carte réseau).

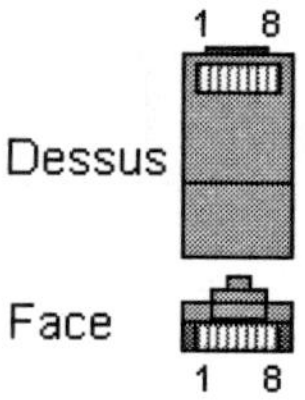

Ainsi, pour un **câble droit**, le code de couleur adopté sera le suivant sur chacun des deux connecteurs (ex. norme T568B) :

1	Blanc-Orange	5	Blanc-Bleu
2	Orange	6	Vert
3	Blanc-Vert	7	Blanc-Marron
4	Bleu	8	Marron

Pour un **câble croisé**, l'une des extrémités adoptera le brochage suivant :

1	Blanc-Vert	5	Blanc-Bleu
2	Vert	6	Orange
3	Blanc-Orange	7	Blanc-Marron
4	Bleu	8	Marron

Remarque

L'apairage des brins est proposé dans le chapitre Transmission des données couche physique - Le connecteur RJ45.

4.1.2 Le type de composants

Lorsque vous connectez une carte réseau à un concentrateur à l'aide d'un câble en paire torsadée droit, il est nécessaire de vérifier que le port utilisé n'est pas lui-même croisé (uplink).

Remarque

Beaucoup d'équipements de nouvelle génération, tels que les commutateurs, peuvent détecter si le câble est droit ou croisé et s'adapter en conséquence.

Vérifiez les caractéristiques du composant :

- Type de réseau de niveau 2 OSI supporté : Token Ring, Ethernet ; tous les deux peuvent utiliser des câbles avec des connecteurs RJ45 !
- Débits supportés (exemple 10/100 Mbps pour la carte réseau, mais seulement 10 Mpbs pour l'élément actif).

Si vous connectez l'ordinateur à une prise murale, n'oubliez pas de vérifier, ou de faire vérifier, qu'elle est bien brassée et qu'elle est branchée à un équipement réseau.

4.2 Configuration logicielle réseau

Avec la généralisation des interfaces réseaux détectées automatiquement, la problématique de dysfonctionnement due à la configuration logicielle est désormais moindre.

Il est devenu très rare de devoir paramétrer manuellement la carte, à l'aide d'outils du constructeur ou intégrés dans le système d'exploitation. Des réglages plus fins peuvent néanmoins être effectués pour des interfaces de serveurs, tels que le forçage d'un débit donné ou le mode de communication (*half* ou *full-duplex*).

La plupart du temps, un problème logiciel a pour cause le pilote lui-même. L'installation d'une version corrigée plus récente peut s'avérer nécessaire. A contrario, certains pilotes trop récents ne sont pas correctement pris en charge par le système d'exploitation ou sont défectueux. Dans ces derniers cas, il est recommandé de tester le fonctionnement avec un pilote moins récent voire certifié sur le système d'exploitation.

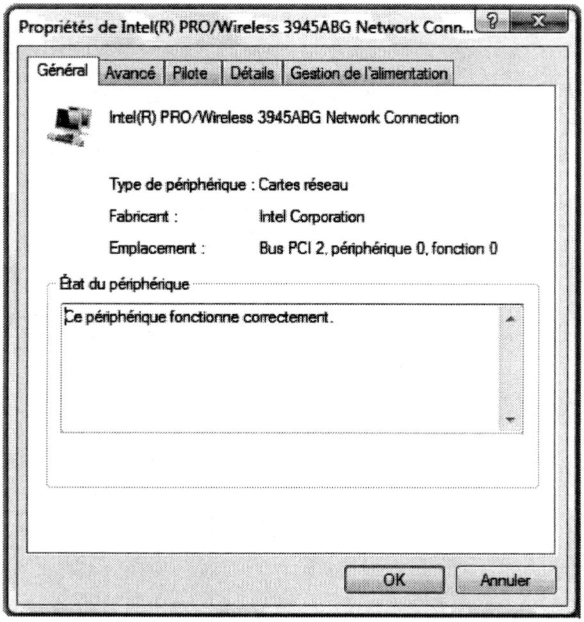

Propriétés d'une carte réseau sous Windows

Chapitre 5
Architecture réseau et interconnexion

1. Topologies

Une topologie caractérise la façon dont les différents équipements réseaux sont positionnés les uns par rapport aux autres.

1.1 Principes

On distingue la topologie physique, relative au plan du réseau, de la topologie logique, qui précise la façon dont les informations circulent au plus bas niveau.

Les interconnexions entre nœuds du réseau s'effectuent en liaison point à point, c'est-à-dire un avec un, ou en multipoints, soit n avec n.

1.2 Topologies

1.2.1 Le bus

La topologie en bus (support linéaire) repose sur un câblage, sur lequel viennent se connecter des nœuds (postes de travail, équipements d'interconnexion, périphériques). Il s'agit d'un support multipoints. Le câble est l'unique élément matériel constituant le réseau et seuls les nœuds génèrent les signaux.

La quantité de câbles utilisés est minimale et ne nécessite pas de point central. L'inconvénient majeur repose sur le fait qu'une seule coupure du câble empêche toute station d'échanger des informations sur le réseau.

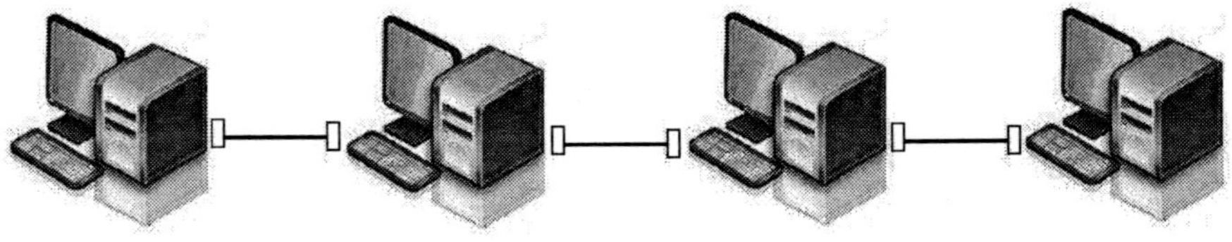

Topologie en bus point-à-point

1.2.2 L'étoile

La topologie en étoile repose, quant à elle, sur des matériels actifs. Un matériel actif remet en forme les signaux et les régénère. Il intègre une fonction de répéteur.

Ces points centraux sont appelés des concentrateurs (*hubs*). Il est possible de créer une structure hiérarchique en constituant un nombre limité de niveaux.

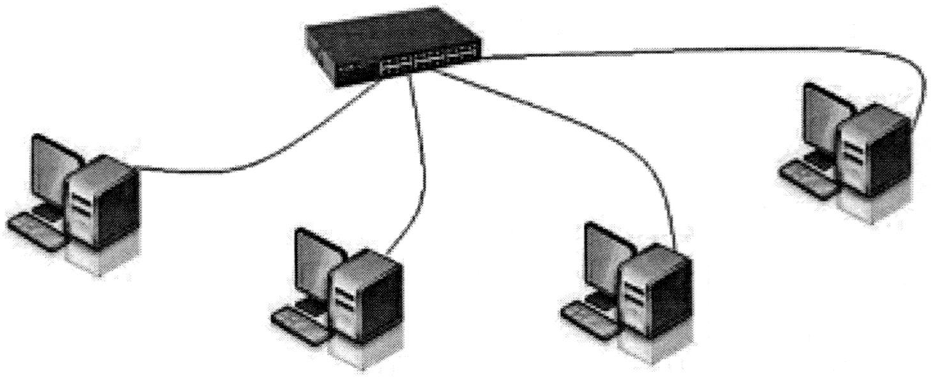

Topologie en étoile

Remarque

L'exploitation d'un concentrateur dans un réseau Ethernet crée une topologie physique en étoile, alors que la topologie logique associée peut être considérée en bus.

1.2.3 L'anneau

Cette topologie repose sur une boucle fermée, en anneau (*ring*), constituée de liaisons point à point entre périphériques. Les trames transitent par chaque nœud, qui se comporte comme un répéteur (élément actif). Les concentrateurs en anneau permettent l'insertion de stations dans un réseau. Ils contiennent non seulement des ports pour ces dernières, mais également deux connecteurs hermaphrodites nommés R/I (*Ring In*) et R/O (*Ring Out*) pour faire les boucles entre éléments. Ils acceptent des connexions de câbles cuivres (RJ45) ou de fibres. On différencie le MAU (*Multistation Access Unit*), passif, du CAU (*Controlled Access Unit*), actif.

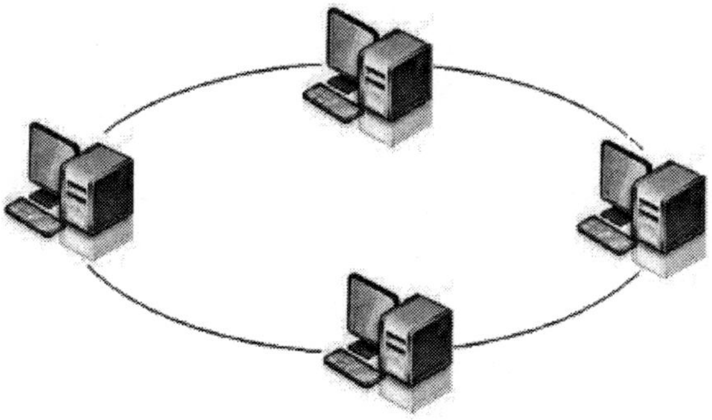

Remarque

L'exploitation d'un MAU dans un réseau crée une topologie physique en étoile, alors que la topologie logique associée est en anneau.

Remarque

Même si le Token Ring est de moins en moins utilisé, il est intéressant de bien comprendre ce type de topologie.

1.2.4 L'arbre

Dans l'architecture en arbre, les postes sont reliés entre eux de manière hiérarchique, à l'aide de concentrateurs cascadables (*stackable hubs*). Cette connexion doit être croisée.

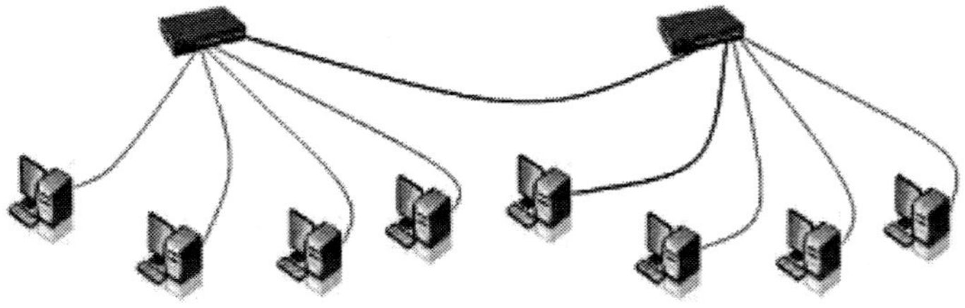

Topologie en arbre ou étoile hiérarchique

Remarque

En Ethernet sur paire torsadée, il est possible d'interconnecter jusqu'à quatre niveaux de concentrateurs.

1.2.5 Les topologies dérivées

Maillage

On parlera de réseau maillé lorsqu'il s'agit de décrire une architecture constituée de topologies mixtes, par exemple Internet (toile d'araignée étendue mondiale ou WWW (*World Wide Web*).

L'interconnexion de deux sites en point à point, via des modems par exemple, qui utilisent chacun avec une topologie particulière, constitue un réseau hybride.

Bus en étoile

Les éléments actifs du réseau, sur lesquels sont connectés les postes de travail, peuvent être reliés entre eux par un bus.

Plusieurs concentrateurs reliés par une dorsale (souvent désormais en fibre optique) forment un réseau avec une topologie bus en étoile.

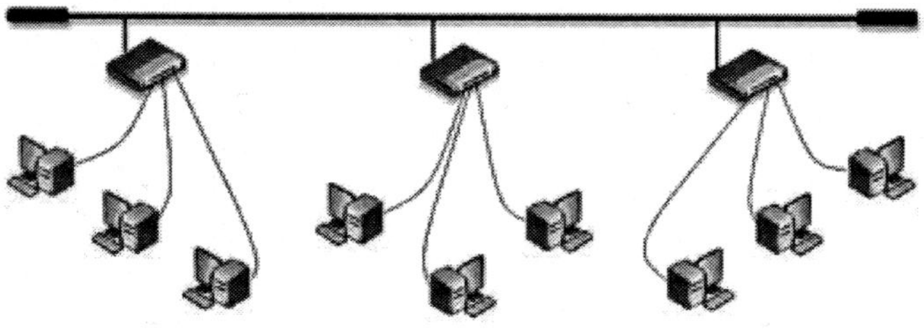

Topologie bus en étoile

Anneau en étoile

On parle d'anneau en étoile, lorsqu'il s'agit de relier plusieurs anneaux entre eux.

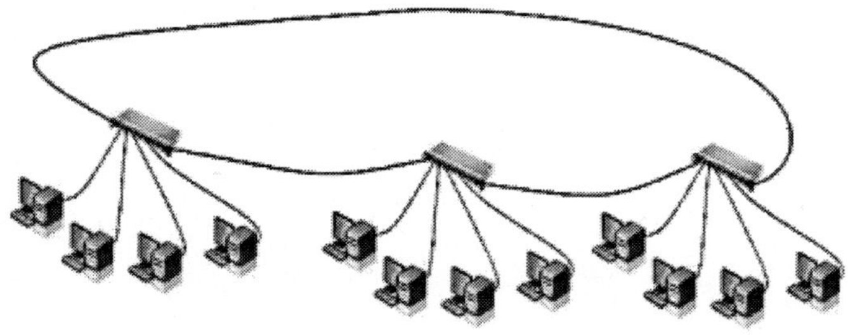

Topologie anneau en étoile

1.2.6 Le cas des réseaux sans fil

Connexion point à point

Par une interface réseau sans fil, deux nœuds peuvent communiquer directement. On parle également de liaison de type pair à pair (*peer-to-peer*) ou ad hoc. Une telle configuration est possible dans les techniques Bluetooth ou Wi-Fi.

Connexion multipoint

Un élément centralisateur, comme le point d'accès (AP - *Access Point*) et Wi-Fi centralise les communications. Il permet également l'interconnexion avec le réseau filaire local.

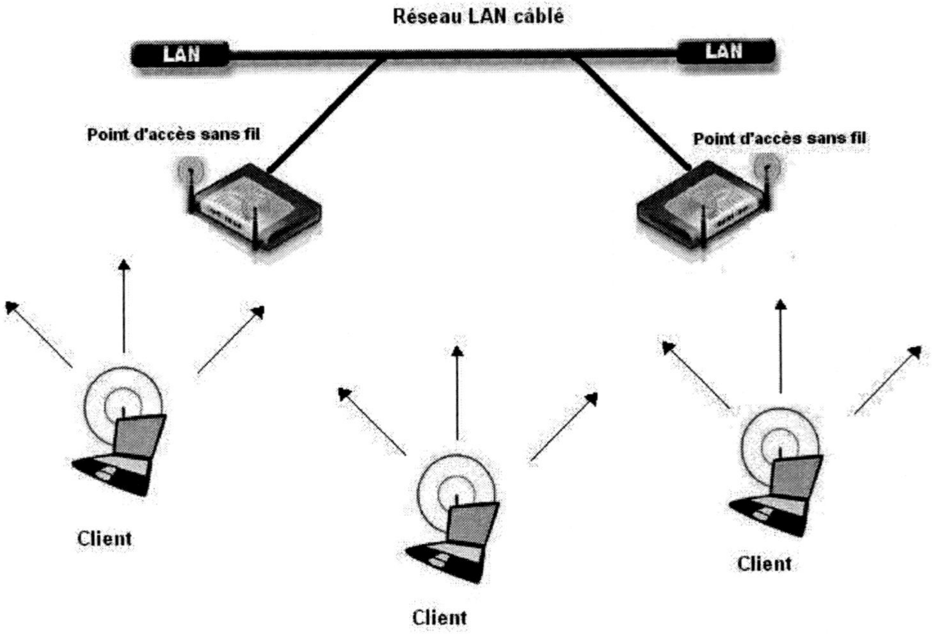

Remarque

De nouvelles techniques de réseau sans fil promettent un usage de type réseau maillé (mesh), dans lesquels de simples postes de travail peuvent relayer la communication multipoint.

2. Choix de la topologie réseau adaptée

Il n'y a pas si longtemps, la question se posait de choisir parmi les topologies en bus, en étoile ou en anneau.

On retrouve encore parfois cette dernière, mais rares sont les conceptions de réseau modernes qui inaugurent un tel fonctionnement. Le bus se retrouve encore parfois dans des réseaux industriels.

Les réseaux locaux de bureau sont désormais standardisés, dans les protocoles utilisés comme dans les topologies. L'étoile est la norme, avec une connexion directe des postes de travail et serveurs à des commutateurs. Bien sûr, ceux-ci sont reliés entre eux, très souvent par des bus en fibre optique. Une telle topologie permet de composer un réseau performant à un prix raisonnable.

3. Gestion de la communication

La circulation des informations sur le réseau, le type de transmission et le partage du média sont des aspects importants de l'architecture.

3.1 Sens de communication

Différentes directions du flot de données sont possibles, particulièrement dépendantes du support de transmission et des techniques utilisées.

3.1.1 Le mode simplex

Ce mode n'exploite qu'un seul sens de transfert de l'information. Il correspond généralement à l'usage d'un seul émetteur pour n récepteurs. Ces derniers sont peu coûteux.

Remarque

L'émission de programmes radio est un exemple d'utilisation de communication en mode simplex.

Une fibre optique n'offre qu'un sens de connexion, ne permettant que le mode simplex. Ainsi, au moins deux fibres sont utilisées, en multimode, pour permettre une communication bidirectionnelle.

3.1.2 Le mode half-duplex

Ici, les deux sens de communication sont alternés, chaque interface étant successivement émettrice et réceptrice.

Remarque

Les radios amateurs (CB - Citizen Band) sont basées sur ce principe.

Le câble coaxial représente un bon exemple de support half-duplex.

3.1.3 Le mode full-duplex

Dans ce mode, les deux extrémités peuvent transmettre simultanément. C'est la solution la plus coûteuse, mais également la plus efficace.

Remarque

Les communications téléphoniques sont de type full-duplex.

Le support filaire paire torsadée est un média de transmission full-duplex. Une carte réseau connectée à l'équipement adéquat peut utiliser simultanément une paire de fils pour l'émission et une autre pour la réception.

3.2 Types de transmission

Les données transmises doivent être synchronisées par le récepteur afin d'être lues. Pour cela, plusieurs types de transmission peuvent être utilisés. Les principaux sont :

- Synchrone, utilisant une horloge pour transmettre à flots continus.
- Asynchrone, permettant de gérer un échange imprévisible ou occasionnel, débutant par un bit de démarrage (*start*) et se terminant par un bit de stop.
- Isochrone, dans lequel la périodicité est fixée, mais indépendamment d'une horloge, pour donner un signal continu.

Dans les réseaux locaux, les deux premiers types sont particulièrement utilisés. Le tableau suivant les caractérise plus précisément.

	Synchrone	Asynchrone
Avantages	Plus efficace. Vitesse rapide. Meilleure détection des erreurs.	Peu compliqué. Matériel peu cher.
Inconvénients	Les circuits des émetteurs et des récepteurs sont plus complexes et plus chers.	La mise en trame de chaque caractère et la détection des erreurs correspond à 20 à 30 % du débit utile. Le bit de parité détecte une seule erreur. Transfert lent.

3.3 Méthodes d'accès au support

Sur un canal point à point, un émetteur peut transmettre librement. En revanche, lorsque le support est partagé par plusieurs périphériques, il est nécessaire de gérer la façon dont les données sont échangées.

Ces échanges dépendent de l'architecture réseau, c'est-à-dire de la topologie logique.

Une méthode d'accès décrit les règles qui régissent, pour chaque matériel, l'accès, la transmission et la libération du canal partagé. On distingue essentiellement trois méthodes : la contention, le polling et le jeton passant.

3.3.1 La contention

Dans la méthode d'accès par contention, chaque station émet quand elle en a besoin, après écoute du canal ou de la porteuse (CS - *Carrier Sense*), qui doit être disponible. La trame émise est écoutée, pour vérifier qu'aucun signal ne vient perturber l'émission. Il n'existe, dans ce cas, aucun arbitrage du canal.

Deux stations peuvent émettre simultanément, ce qui peut conduire à une surtension dans le cas d'un câble coaxial, ou à une réception d'informations sur la paire réceptrice, alors que des données sont émises sur l'autre paire (paire torsadée). Cet état est qualifié de collision, et il peut être nécessaire qu'elle soit détectée et gérée.

Ceci est possible à condition de respecter un certain nombre de contraintes (par exemple l'étendue maximale du réseau). C'est ainsi qu'avec Ethernet, une trame ne doit pas être inférieure à 64 octets de manière à ce que la station émettrice soit capable de détecter une collision avant d'avoir envoyé le dernier octet de sa trame.

Remarque

À titre indicatif, un bit de donnée d'une trame en Ethernet 10 Mbps, est représenté par un signal qui s'étend sur 23 mètres. Ce qui implique que la plus petite trame Ethernet (de 64 octets) peut s'étendre sur plus de de 10 km !

Lorsqu'il se produit une collision, la première station qui la détecte prolonge son émission par un signal spécial (trame de brouillage ou JAM), afin de prévenir les autres stations qu'une collision a eu lieu.

Dans ce cas, un temps d'attente est défini aléatoirement, pour chaque machine qui émettait au moment de la collision. Ainsi, elles n'essaieront pas de reprendre le contrôle du canal au même moment.

Les deux implémentations les plus répandues de contention sont CSMA/CD et CSMA/CA.

CSMA correspond à l'écoute de la porteuse (*Carrier Sense*) sur un support partagé (*Multiple Access*). Les deux mises en œuvre se distinguent par le fait que l'une détecte les collisions (*Collision Detection*), et l'autre tente de les éviter (*Collision Avoidance*).

Le second cas constitue une variante par rapport à la méthode décrite ci-dessus. En effet, plutôt que d'essayer de transmettre les données en risquant une collision (après écoute du support), le périphérique va envoyer une trame préliminaire pour avertir les autres stations qu'elle veut prendre possession du canal (pour envoyer sa trame de données).

Remarque

CSMA/CD correspond à l'implémentation Ethernet, tandis que CSMA/CA est celle adoptée par la norme 802.11 (Wi-Fi).

Le principal avantage de cette gestion du support est sa simplicité. Cependant, la méthode n'est pas déterministe, car le temps d'accès au canal n'est pas prévisible. De plus aucune gestion de priorité n'est possible pour des matériels qui ont des besoins d'accéder rapidement au support partagé.

3.3.2 L'interrogation (polling)

Ici, un équipement du réseau est désigné comme administrateur de l'accès au canal. Ce matériel, le maître, interroge dans un ordre pré-déterminé chacun des autres nœuds et leur demande s'ils ont des informations à transmettre. Souvent, le maître est un concentrateur et les matériels secondaires sont les nœuds de l'étoile.

L'avantage de cette méthode est que tous les accès au canal sont centralisés. De plus, le temps d'accès et le volume des données manipulées sur le support sont prévisibles et fixés.

Cependant, elle utilise une partie de la bande passante du réseau pour émettre des messages de gestion (interrogations, avertissements, acquittements...), ce qui est coûteux en bande passante.

3.3.3 Le jeton passant

Dans la méthode du jeton passant, les trames circulent de poste en poste, chacun se comportant comme un répéteur. Initialement, une petite trame, le jeton (*token*), est répétée de poste en poste jusqu'à ce qu'une machine qui désire émettre le conserve pendant un temps fixé. Cette méthode d'accès est généralement utilisée sur une architecture en anneau (*ring*).

Ce jeton est en quelque sorte un message d'autorisation, qui offre l'exclusivité du support à la station qui le possède. Celle-ci émet une trame qui sera répétée par chaque station, faisant ainsi le tour de l'anneau. Au passage, le destinataire de la trame, qui voit passer le signal, en fait une copie, si elle n'est pas erronée et s'il dispose de suffisamment de place dans son tampon de réception. La trame copiée est marquée par le destinataire, pour informer l'émetteur qu'elle a été lue.

Après avoir fait le tour de l'anneau, la trame est retirée par l'émetteur, qui libère le jeton vers la prochaine station.

Le jeton passant implémente une solution déterministe, qui permet un bon contrôle du support. Le débit maximal réel atteint est beaucoup plus élevé qu'avec la contention, sujette aux collisions.

Remarque

Il existe plusieurs normes à jeton passant, sur des topologies en anneau (IEEE 802.5, Token Ring ou FDDI) mais aussi sur des topologies en bus (IEEE 802.4). On trouve encore des réseaux implémentant Token Ring ou FDDI.

La technique de jeton passant nécessite un mécanisme de gestion du système plus poussé que la contention. Mais elle est plus efficace sur les réseaux à forte charge, plus touchés par les collisions. Par exemple, un nœud doit être élu comme maître, afin, entre autres, de générer un nouveau jeton en cas de perte de celui-ci.

3.4 Techniques de commutation

3.4.1 La commutation de circuits

Ce type de commutation établit une liaison physique temporaire, pendant toute la durée de la communication.

Remarque

La commutation de circuit est utilisée par le Réseau Téléphonique Commuté (RTC).

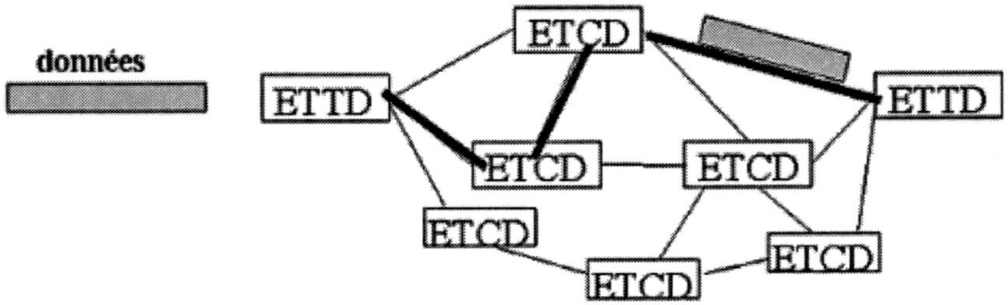

Commutation de circuit

3.4.2 La commutation de messages

Ici, il n'est pas nécessaire d'établir un chemin dédié entre les deux stations qui communiquent. En fait, lorsqu'une station envoie un message, l'adresse du destinataire est ajoutée au paquet. Le message est alors transmis en un seul bloc, de nœud en nœud. Chaque nœud reçoit le message en entier, le stocke brièvement, puis le transmet au suivant : on parle alors de store and forward.

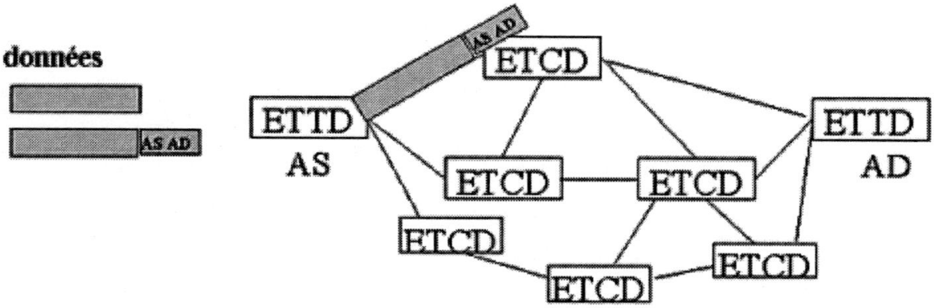

Commutation de messages

3.4.3 La commutation de paquets

La commutation de paquets combine celle de messages et celle de circuits. Deux techniques sont couramment utilisées. Dans les deux cas, un message est décomposé en paquets, chacun contenant les adresses source et destination.

Datagramme

Dans la commutation de paquets par datagramme, chaque datagramme suit son propre chemin (au sens de la commutation de messages). Par conséquent, en plus de l'adresse du destinataire, il est nécessaire de numéroter les datagrammes en séquence, afin de remettre dans l'ordre les paquets reconstitués en message à l'arrivée. En effet, comme un datagramme suit son propre chemin, il peut très bien arriver avant un autre, alors qu'il a été émis après.

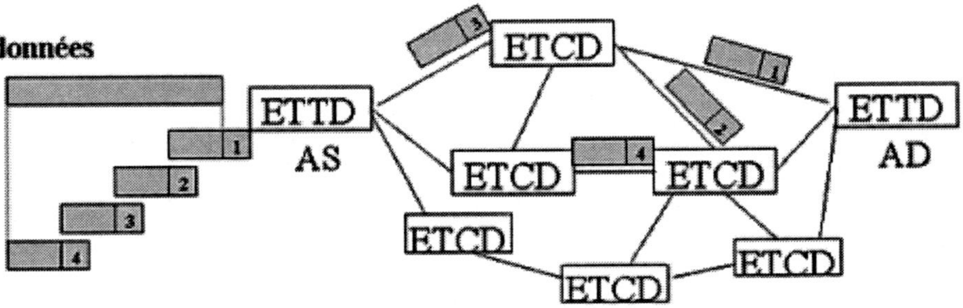

Commutation par datagrammes

Circuit virtuel

Les Circuits Virtuels (CV) nécessitent l'établissement de connexions logiques entre l'émetteur et le récepteur. Une connexion logique est mise en place au début d'un échange, afin de décider de tous les paramètres inhérents à la communication : le choix du chemin, la taille d'un paquet, les acquittements nécessaires, le contrôle de flux, la gestion des erreurs. Les circuits virtuels autorisent l'allocation à la demande de la bande passante.

Remarque

Cette technique a été normalisée par X.25.

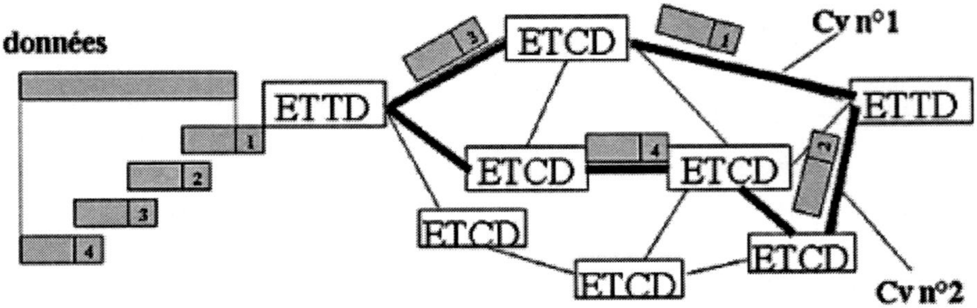

Commutation par circuits virtuels

4. Interconnexion de réseaux

Chaque topologie a ses limites en termes de longueur maximum d'un segment, nombre de stations par segment... La nécessité s'est donc fait sentir d'accroître le nombre possible de postes sur un réseau ou plus simplement d'interconnecter des réseaux, soit de même type (topologie, méthode d'accès), soit de types différents.

4.1 Principes

Des matériels sont donc utilisés pour interconnecter les réseaux entre eux. Ils permettent également de segmenter les réseaux de taille importante, en domaines plus petits.

Sur un réseau Ethernet, par exemple, le domaine de collision se rapporte à l'étendue maximale que couvre une trame inondant un réseau physique.

Remarque

En Ethernet, le fait de découper en deux domaines de collisions un réseau déjà existant à l'aide d'un pont, permet bien souvent de désengorger le réseau.

On parle de domaine de diffusions pour identifier les parties du réseau sur lesquelles une trame physique, dont l'adresse MAC est une adresse de diffusion (c'est-à-dire FF.FF.FF.FF.FF.FF), peut s'étendre. En effet, certains services travaillant uniquement à l'aide de diffusions, il peut être intéressant de réduire les domaines de diffusions à l'aide de routeurs.

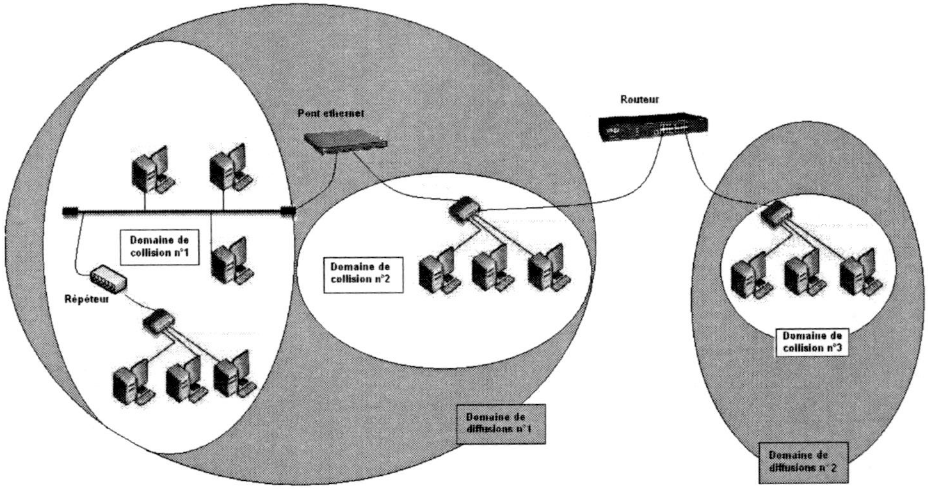

4.2 Composants d'interconnexion et modèle OSI

Il est important, tout d'abord, de bien comprendre la relation qui existe entre le modèle OSI, TCP/IP et les composants d'interconnexion réseau.

En effet, suivant le niveau de fonctionnement de chaque composant, on peut identifier ceux qui s'appuient sur les adresses MAC et ceux qui utilisent les adresses IP pour filtrer les accès.

Modèle OSI				Modèle TCP/IP
7	Application	PASSERELLE		Application
6	Présentation	PASSERELLE		Application
5	Session	PASSERELLE		Application
4	Transport	PASSERELLE		Transport
3	Réseau	Routeur / PASSERELLE	Adresse IP	Internet
2	Liaison	Pont, commutateur	Adresse MAC	Interface réseau
1	Physique	Répéteur, hub, carte réseau		Interface réseau

Remarque

Les commutateurs les plus évolués sont désormais capables de traiter les données au niveau de la couche Réseau, ce qui n'était pas leur but premier.

4.3 Description fonctionnelle des composants

4.3.1 Le répéteur

Un répéteur (*transceiver*) agit au niveau de la couche physique du modèle OSI. Il reconditionne les données reçues et les retransmet, afin d'accroître la distance de transmission. En effet, les signaux numériques étant sujets à une forte atténuation, il est nécessaire de retransformer le signal en données, puis les données en signaux.

Répéteur fibre/paire torsadée

Remarque

Les signaux carrés ont une fâcheuse tendance à perdre de l'amplitude (à se "ratatiner") et à se triangulariser.

Un répéteur agit sur un même support physique, sauf si le répéteur prend en charge l'interconnexion de supports hétérogènes.

Le répéteur n'a donc aucune connaissance de la sémantique des champs de la trame (couche MAC). Il se contente de déchiffrer les signaux pour les retransformer en bits élémentaires. Il est, par conséquent, incapable de savoir si une trame est valide ou non. Un répéteur doit cependant être capable de détecter une collision pour pouvoir la propager de l'autre côté.

Travaillant au niveau 1, il n'est pas capable, non plus, d'interconnecter des brins fonctionnant à des vitesses différentes. Il est fortement déconseillé d'utiliser un répéteur en cas de trafic réseau déjà important. Les méthodes d'accès étant gérées au niveau de la couche MAC, le répéteur ne peut pas être utilisé, si les segments utilisent des méthodes d'accès différentes.

Remarque

Un concentrateur (hub) actif fait également office de répéteur. Il est très rare désormais de trouver en usage des répéteurs se limitant à cette seule fonction.

4.3.2 Le pont

Rôle

Un pont (*bridge*) agit au niveau de la couche Liaison de données. Il permet ainsi de lier deux ou plusieurs supports physiques différents, à condition que les mêmes formats d'adresses MAC soient utilisés des deux côtés.

Pont sans fil

Un pont interconnecte des réseaux de débits différents grâce à un fonctionnement en "stocke et fait suivre" (*store and forward*). En contrepartie, il peut se produire une saturation des buffers internes, engendrant une perte de trames. Un pont autorise l'extension d'un réseau dont l'étendue maximale a été atteinte avec des répéteurs. Les fonctionnalités de pont peuvent être entièrement codées dans un matériel autonome.

Action filtrante

Le pont a une action filtrante sur le trafic qu'il voit passer. Il est capable en observant l'adresse MAC source du paquet qui arrive, d'apprendre que l'émetteur se trouve d'un côté plutôt qu'un autre (apprentissage d'un pont). Certains ponts sont programmables, ce qui permet d'effectuer une action filtrante sur certains champs du paquet Ethernet. Ils peuvent ainsi être utilisés pour segmenter un réseau trop chargé.

Un pont est de plus capable de détecter une trame non valide : trame trop courte, trop longue ou ayant un CRC erroné.

Apprentissage

Le pont apprend, au fur et à mesure, les adresses sources des périphériques à l'origine de paquets et leur correspondance de connexion sur ses ports (certains périphériques tels que des imprimantes n'apparaîtront ainsi jamais dans les tables des ponts). À chaque adresse source est associée une durée de vie. Lorsque cette durée de vie expire, le mappage est supprimé des tables du pont.

Adressage

L'accès aux adresses physiques lui permet donc, dans certains cas, de ne pas laisser passer une trame dont il sait que le destinataire n'est pas de l'autre côté.

Au contraire, lorsque le pont ne sait pas où se trouve le destinataire, il laisse passer la trame. En plus de transmettre au besoin les données destinées à un seul destinataire (*unicast*), un pont laisse passer celles à destination d'un groupe (multidiffusion, ou *multicast*) ou de tous (diffusion, ou *broadcast*).

Il n'est pas nécessaire d'adresser les ponts. Les adresses de ses interfaces n'apparaissent jamais dans les paquets, sauf lorsqu'il s'agit de trames de service échangés entre ponts.

Cohérence de la méthode d'accès

Un pont est capable d'éviter les collisions, en ne les répétant pas sur l'autre segment, contrairement au répéteur.

Grâce à ses buffers, le pont est capable de mémoriser un paquet et de ne le réémettre que lorsque le réseau est prêt à recevoir l'information de l'autre côté (méthode CSMA/CD pour Ethernet, ou attente du jeton pour Token Ring).

Gestion des boucles

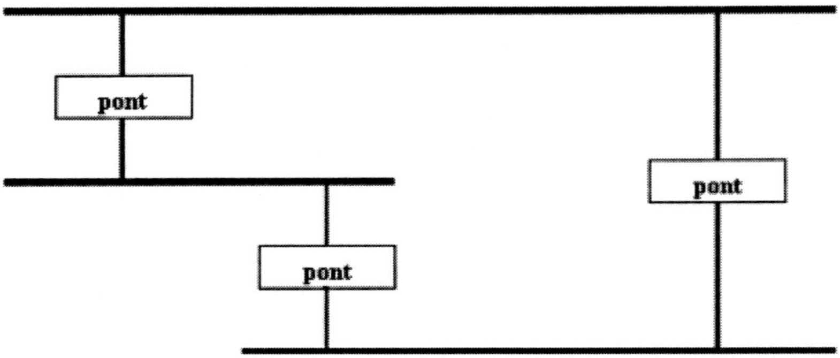

Boucle dans un réseau Ethernet

La généralisation de l'interconnexion de réseau à l'aide de ponts nous a conduit à des configurations de plus en plus complexes. Les constructeurs ont donc développé un algorithme de détection de boucle appelé le Spanning Tree Algorithm (IEEE 802.1D) en Ethernet. Lors d'une configuration assez particulière, la boucle, si elle n'est pas détectée par les ponts, génère une circulation continue de trames qui inondent le réseau. La détection de boucle peut être effectuée par un pont lui-même, en s'adressant une trame, sur l'un de ses ports et en étant à l'écoute de cette trame sur un autre port. Dès lors que la boucle est détectée, il est nécessaire de désactiver momentanément un des ports qui participent à la boucle.

Remarque

Une adresse MAC 01.80.C2.00.00.00 a été définie pour que les ponts puissent dialoguer entre eux.

Interconnexion de réseaux

L'utilisation courante du pont est la segmentation d'un réseau, en vue de le désengorger du trafic trop important (trop de collisions, notamment en Ethernet), en créant ainsi deux domaines de collisions distincts.

Un pont, par définition, ne permet d'interconnecter que des réseaux disposant d'une même méthode d'accès. Par conséquent, on parlera de ponts Ethernet ou de ponts Token Ring. Il existe cependant des ponts intégrant la translation de trame et permettant l'interconnexion de topologies gérant des méthodes d'accès différentes. Il est à noter que la difficulté vient également du fait qu'en Ethernet, la détection de boucle s'effectue grâce au Spanning Tree, tandis qu'en Token Ring, c'est l'algorithme du source routing qui est implémenté.

Les ponts et les métriques associées

Un pont peut être caractérisé par deux grandeurs :

- **La capacité de filtrage** : la capacité de filtrage correspond au nombre de paquets par port qu'un pont peut traiter, pour savoir si oui ou non le paquet doit être transmis de l'autre côté.

Remarque

Par exemple, en Ethernet 10 Mbps, il faut filtrer 14 880 paquets par seconde, avec des buffers dont la taille n'excède pas 10 Ko.

- **La capacité de transfert** : la capacité de transfert identifie le nombre de paquets qui peuvent être transférés en une seconde sur l'autre segment.

Algorithme du Spanning Tree

Le réseau devient toujours plus critique et nécessite des mécanismes de tolérance de panne. Le réseau de niveau 2, contrairement au niveau 3 ne sait pas gérer directement les chemins multiples entre un émetteur et un destinataire. Ainsi, dans le cas de boucles de niveau 2, un commutateur va observer qu'un ordinateur est accessible à partir de plusieurs de ses ports (la même adresse MAC sera vue sur plusieurs ports différents) ; dans ce cas, des trames dupliquées vont être générées pouvant conduire jusqu'à l'écroulement du réseau.

Le Spanning Tree, littéralement "Élagage de l'arbre", va ainsi proposer une solution de neutralisation de boucles, qui ont été volontairement introduites dans la topologie Ethernet à des fins de tolérance de panne.

L'algorithme utilisé va ainsi permettre de construire, à partir de la topologie existante, une arborescence à partir d'une racine d'un arbre pour atteindre chaque segment du réseau.

À partir du moment ou le Spanning Tree a été activé sur l'ensemble des commutateurs, une neutralisation des boucles s'opère en calculant le "meilleur chemin" pour l'accès à chaque segment.

Dans le dessin ci-dessous, le commutateur cœur de réseau A2 a été élu racine de l'arbre :

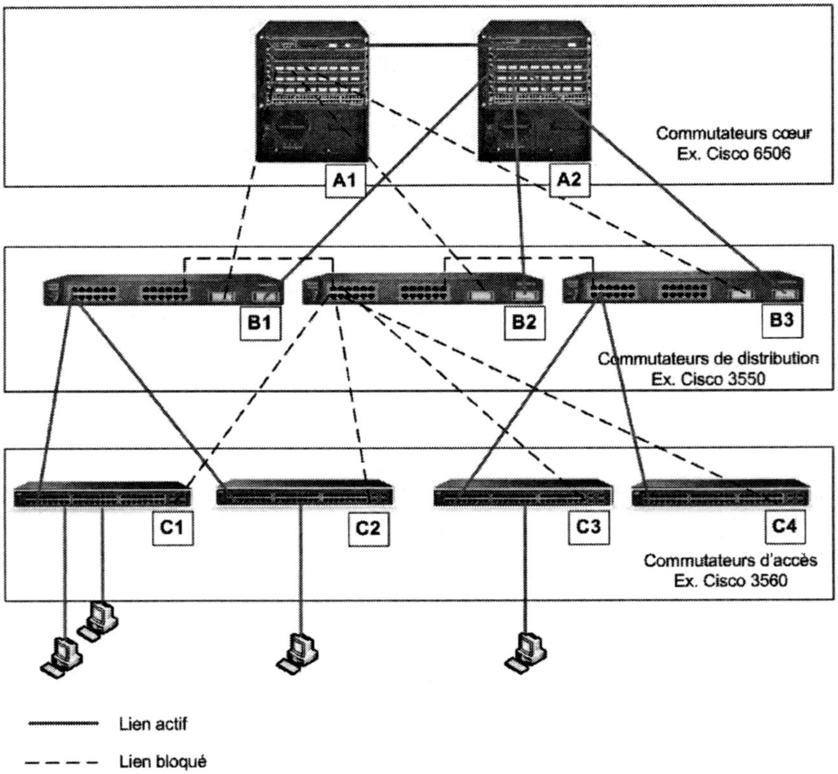

Neutralisation des liaisons par le Spanning Tree

À noter que sur le schéma, la dorsale réseau principale est accessible directement à partir des cœurs A1 et A2.

Les serveurs du réseau local sont, quant à eux, connectés sur les commutateurs de distribution.

Avant l'application du Spanning Tree le schéma réseau est le suivant :

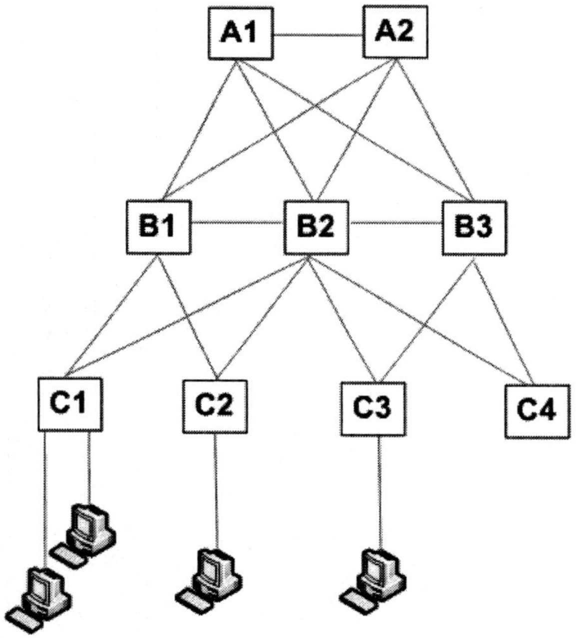

Schéma réseau global

Après exécution du Spanning Tree, l'arbre équivalent obtenu du réseau est le suivant :

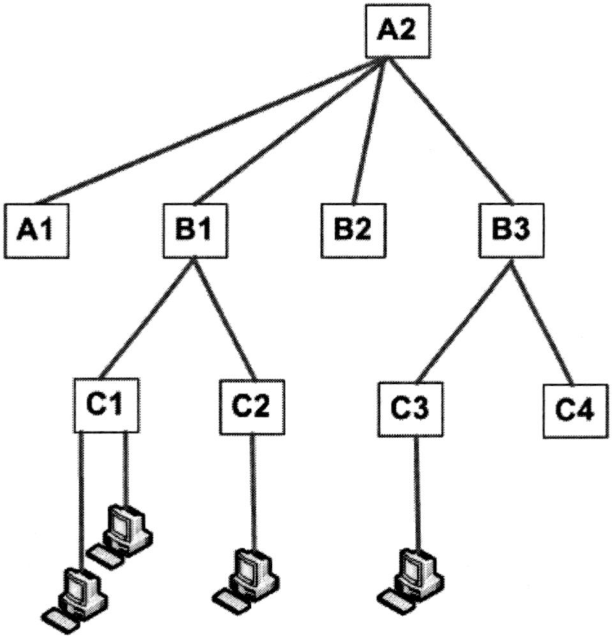

Arbre obtenu par le Spanning Tree

L'algorithme utilisé va permettre de réaliser un certain nombre d'actions. Pour cela des trames vont être échangées entre commutateurs, des messages BPDU ou *Bridge Protocol Data Unit*, pour obtenir des informations sur les commutateurs eux-mêmes ainsi que sur la topologie existante.

Les objectifs visés sont les suivants :

1) Élection d'un commutateur racine de l'arbre, celui disposant du couple (priorité, adresse MAC) le plus faible.

2) Désignation des autres commutateurs en tant que "commutateurs désignés", en définissant un "port racine", qui précisera le port privilégié pour l'accès au commutateur racine, en tenant compte du chemin le plus court. Pour cela un coût sera associé à chaque port en fonction du débit pris en charge :

Vitesse	**Coût**
10 Mbps	2 000 000
100 Mbps	200 000
1 Gbps	20 000
10 Gbps	2 000

Le "port racine" du commutateur sera alors mis en relation avec un "port désigné" d'un autre commutateur, en "se rapprochant" du commutateur racine.

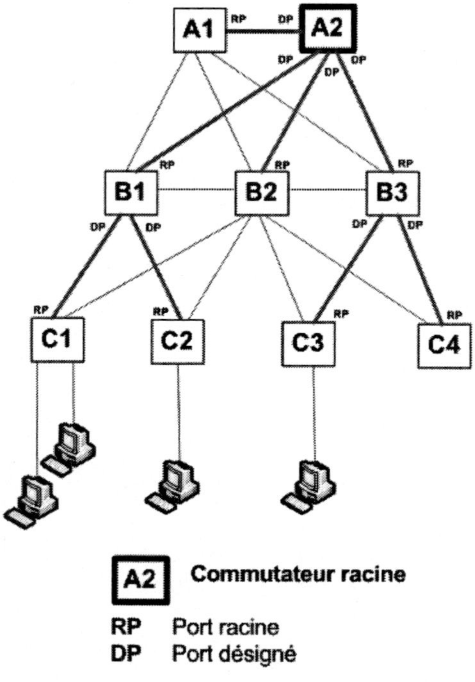

Affectation des "ports racines" et "ports désignés"

3) Des ports complémentaires seront également attribués pour mettre en œuvre la redondance du Spanning Tree (port alternatif, port de sauvegarde, etc.).

Ainsi, les ports à l'origine de chemins supplémentaires seront "bloqués" pour empêcher le passage des trames, mais pas l'acheminement des messages BPDU.

L'algorithme doit de plus être capable de reconsidérer la topologie réseau à chaque évolution (coupure réseau, introduction d'un lien supplémentaire, etc.).

4.3.3 Le commutateur

Origine

Le commutateur (*switch*) est apparu en 1990, sur Ethernet, et en 1994, pour Token Ring. Il intègre à la fois une fonction de concentrateur et une fonction de pont. La gestion de ce matériel intelligent est confiée à un microcontrôleur, voire un microprocesseur.

Le commutateur est désormais un composant clé dans les réseaux locaux. Dans tous les réseaux récents, les postes de travail et serveurs sont directement reliés à de tels équipements. Il est désormais très rare d'utiliser des équipements dédiés de concentrateur ou de ponts.

Ainsi, le réseau n'a plus une caractéristique de diffusion, mais est qualifié de commuté.

Les commutateurs sont catégorisés en fonction de leur capacité de traitement vis-à-vis du modèle OSI. Ceux de niveau 2 (N2) ou de groupe de travail, effectuent des traitements jusqu'à la couche liaison de données. Ils sont, par exemple, capables d'exploiter les adresses MAC des ordinateurs connectés à leurs ports.

Ceux de niveau 3 (N3), ou commutateurs d'étage, sont capables de travailler sur les en-têtes de couche 3 (Réseau). Ils sont ainsi capables de reconnaître les adresses IP.

Remarque

Par exemple, dans une utilisation typique de ces commutateurs, un cœur de réseau de niveau 3 pilote l'ensemble du réseau. Les serveurs peuvent y être directement connectés. Les postes de travail sont reliés aux ports de commutateurs de niveau 2 qui utilisent, comme maître, le cœur de réseau.

Commutateurs Ethernet

Principes

Le principe d'un commutateur Ethernet est d'offrir un segment à 100 Mbps (voire 1 Gbps) par port ; chacun étant connecté à un ordinateur. Lorsqu'une trame est acheminée à partir d'un port, le commutateur met en place un circuit virtuel (CV) correspondant à l'adresse MAC source et à l'adresse MAC destination, pour les ports spécifiés.

Le commutateur est capable de mémoriser un certain nombre d'adresses MAC par port (par exemple 1000 entrées par port). Les prochaines trames sont directement commutées vers le bon destinataire, en utilisant le CV préalablement établi.

Il s'agit bien ici d'une fonction de pontage, si ce n'est que la commutation peut se faire en parallèle sur l'ensemble des ports grâce à la capacité du commutateur.

Un commutateur peut comporter jusqu'à 48 ports, plus 2 d'interconnexion (par câble croisé ou fibre).

Types de commutation

Il existe plusieurs sortes de commutation.

La commutation à la volée (*on the fly* ou *cut through*), repose sur un traitement des trames en simultané, sans stockage intermédiaire. L'avantage est que le commutateur ne dispose que d'un faible tampon et que les temps de latences sont inexistants. En revanche, il laisse passer les mauvaises trames et les collisions sont transmises.

Dans la commutation "stocke et fait suivre" (*store and forward*), la trame est stockée, analysée puis acheminée vers le bon destinataire. Cette technique a l'avantage d'éliminer les mauvaises trames.

En Ethernet, le commutateur permet de segmenter en autant de domaines de collisions le réseau. Dans le cas idéal, si on place une station par port, on obtient un réseau Ethernet sans collision.

L'amélioration de qualité des câbles croisés en cuivre autorise une communication à 1 Gbps à faible coût. Ainsi, de tels débits sont devenus courants sur les liaisons réseaux des serveurs et entre commutateurs.

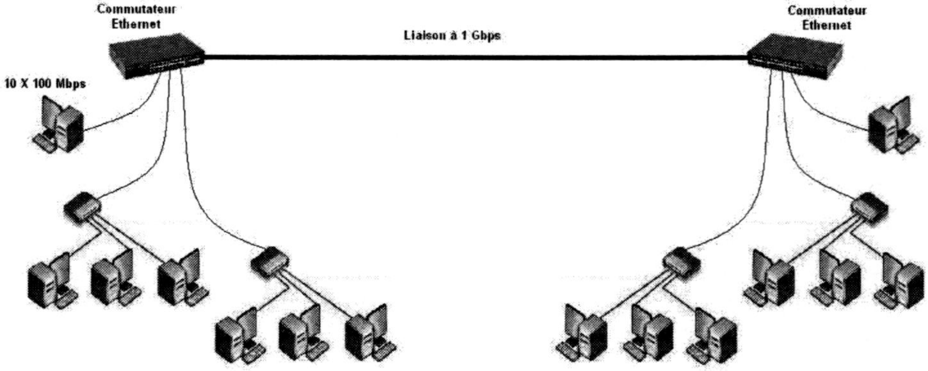

Administration

Beaucoup de commutateurs fournissent des fonctionnalités d'administration, de suivi, de segmentation du réseau et de neutralisation des boucles (prise en charge du Spanning Tree, IEEE 802.1D en Ethernet).

En général, ils disposent d'une adresse IP qui permet à l'administrateur de s'y connecter à distance, en Telnet, en HTTP, ou directement via un terminal série.

La copie d'écran ci-après présente la configuration des ports sur un commutateur de marque Netgear.

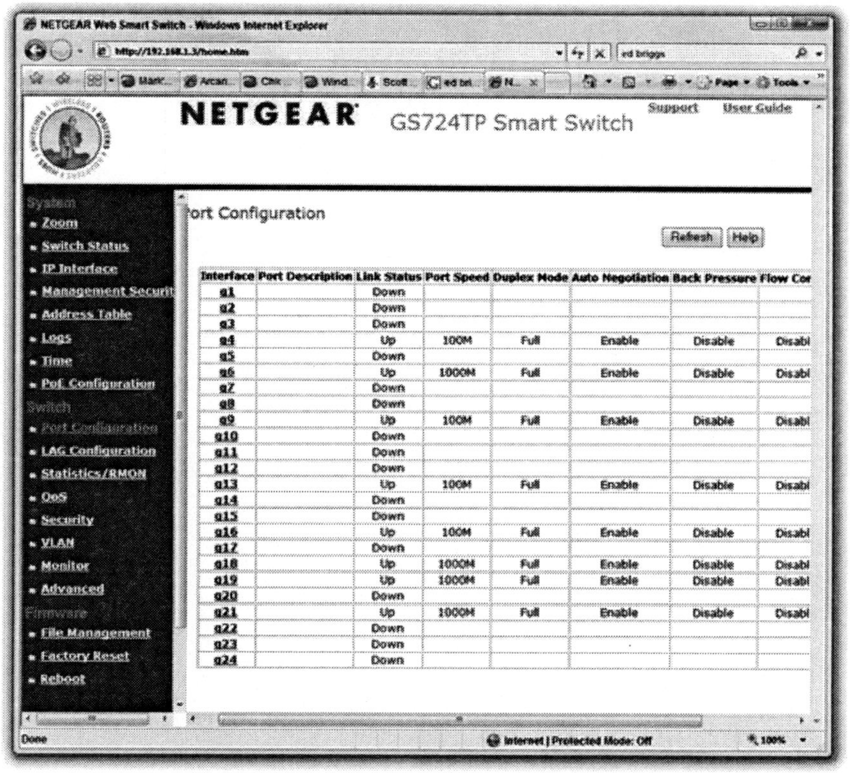

Administration d'un commutateur via une interface web

Notion de VLAN

L'objectif d'un réseau local virtuel (VLAN - *Virtual Local Area Network*) est la segmentation logique des réseaux. Ainsi, il devient possible de contrôler, voire d'empêcher tout dialogue entre équipements interconnectés sur un même commutateur, par des listes de contrôle d'accès.

La compartimentation logique peut être effectuée de plusieurs manières. Un VLAN, qualifié d'implicite, peut être réalisé à partir de différents critères :

- Les numéros de port du commutateur, sur la couche 1 OSI.
- Les adresses MAC des matériels qui y sont reliés, sur la couche 2 OSI.
- Le protocole utilisé, sur la couche 3 OSI.

Remarque

Ce dernier cas est réservé à des commutateurs évolués, dits de niveau 3.

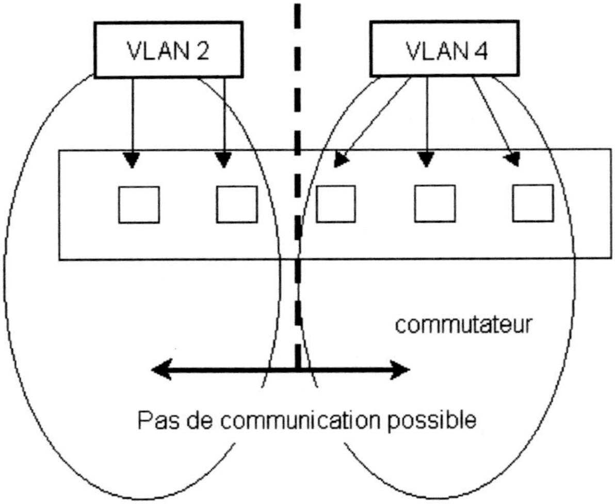

Principe d'étanchéité entre VLAN

Par exemple, dans un VLAN basé sur les adresses MAC, celles correspondant à un VLAN ne pourront pas communiquer avec un autre, sauf si les VLAN sont routés.

Remarque

Un port peut appartenir à plusieurs VLAN.

Type de VLAN	Couche OSI	Avantages	Inconvénient
VLAN par port	1	– Étanchéité maximale en cas d'intrusion. – Facilité de configuration par affectation du VLAN sur un port d'un commutateur.	– Configuration lourde à déployer sur chaque commutateur. – Nécessité de modifier la configuration à chaque déplacement de poste. – Pas d'architecture centralisée, chaque commutateur dispose de sa propre table de correspondance.
Adresse MAC	2	– Possibilité de centralisation des adresses MAC pour une affectation automatique au VLAN (via VMPS ou *VLAN Membership Policy Server*).	– Offre une sécurité moindre que le VLAN par port car il est possible d'usurper une adresse MAC
Protocole utilisé	3	– Le commutateur affecte automatiquement une machine au VLAN en fonction de son adresse IP en extrayant son adresse IP source.	– Lenteurs liées à la désencapsulation des trames pour extraire l'adresse IP. – Nécessité d'utiliser des équipements coûteux assurant la prise en charge jusqu'au niveau 3. – L'usurpation d'adresse IP est plus simple à mettre en œuvre que l'usurpation d'adresse MAC.

Il existe deux types de VLAN : les VLAN implicites et les VLAN explicites.

Dans le fonctionnement en VLAN implicite, les trames ne sont pas modifiées. L'appartenance à un VLAN s'appuie sur des numéros de port, sur les adresses MAC ou sur un protocole spécifique.

En fonction de cette appartenance au VLAN, la transmission sera autorisée ou refusée. Un VLAN implicite sous-entend donc une absence de marquage (modification) des trames. On parlera alors de *untagged VLAN*.

L'utilisation de VLAN explicite s'appuie sur un marquage des trames (*tagged VLAN*) au sens de la norme IEEE 802.1Q.

Cette dernière approche permet de gérer la segmentation dans un environnement à plusieurs commutateurs. On peut ainsi refuser une trame provenant d'un VLAN taggé d'un autre commutateur.

Lorsque l'on dispose de plusieurs commutateurs, il est possible de configurer les liens effectifs entre les deux périphériques de manière à optimiser les échanges. On parlera de *port trunking* pour désigner la faculté d'associer plusieurs liens point à point ou de *switch meshing* pour désigner un maillage de connexions entre un ensemble de commutateurs. Cette dernière approche permet de mettre en œuvre une redondance sur des connexions multiples, en désignant de meilleurs chemins entre deux adresses MAC grâce à différents critères, dont la taille des tampons utilisés sur chaque commutateur et les débits associés.

Virtualisation des commutateurs : VSS

Virtual Switching System (VSS) ou système de commutation virtuelle est une fonctionnalité Cisco qui permet de ne voir qu'un seul gros commutateur logique alors que deux commutateurs physiques sont déployés (Catalyst 650X). Cette solution permet de remplacer avantageusement le Spanning Tree qui apporte souvent une complexité supplémentaire à l'environnement de niveau 2 existant.

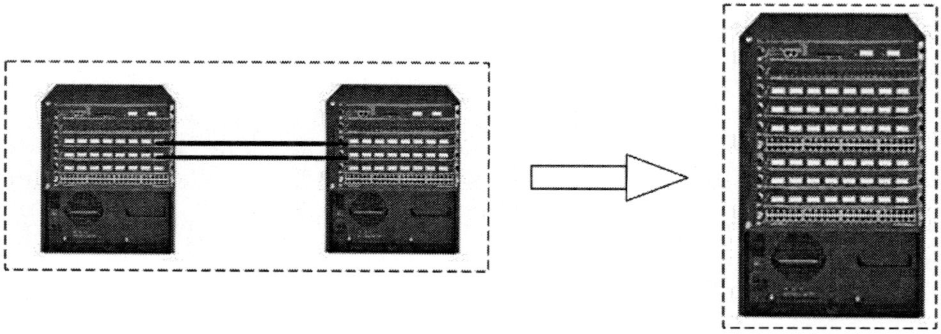

Équivalent logique à deux Catalyst 650X avec VSS

Chaque châssis peut ainsi être déployé dans un local technique distinct, ce qui permet de proposer une solution à forte tolérance de panne.

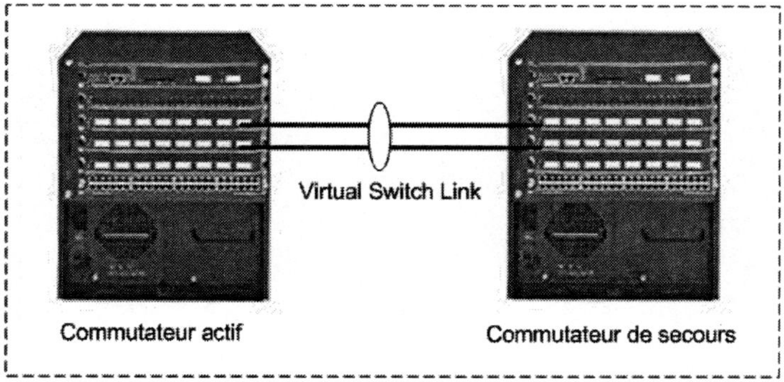

Connexion de deux commutateurs en VSS

Au sein du système VSS, un des châssis est désigné comme commutateur virtuel actif et l'autre comme commutateur virtuel de secours. Ainsi, une seule des cartes de supervision est élue comme point de gestion central. De ce fait, les configurations de niveaux 1, 2 et 3 seront accessibles via une configuration unique hébergée par la carte de supervision active.

4.3.4 Le routeur

Principe

Le routeur est un matériel d'interconnexion qui a accès à toutes les informations des couches 1, 2 et 3, notamment aux adresses logiques qui sont indépendantes de toute méthode d'accès et de toute topologie physique.

Le routeur peut ressembler physiquement à un commutateur, ou être disponible sous forme de châssis :

Commutateur multiniveau

Le routeur va donc modifier la couche physique pour changer de support, la couche MAC, pour préciser les nouvelles adresses MAC, la sienne et celle du prochain périphérique intermédiaire (éventuellement un autre routeur), tout en tenant compte de la nouvelle méthode d'accès. Les adresses logiques permettent d'avoir une vision logique de l'inter-réseau, ce qui conduit un routeur à connaître les différents chemins possibles pour atteindre un destinataire.

Le routeur doit donc connaître la liste de tous les réseaux logiques existants, qu'il conserve dans une table. Ces données sont mises à jour, soit une fois pour toutes au départ, on parlera alors de routage statique, soit régulièrement grâce aux routeurs qui s'informent mutuellement des modifications de topologies dans l'inter-réseau : c'est le routage dynamique.

Remarque

Dans certains cas et pour des raisons de sécurité, toutes les tables de routage peuvent être prédéfinies et figées.

Une table de routage comporte l'ensemble des adresses réseau connues, la manière de se connecter aux autres réseaux (l'adresse logique du prochain périphérique permettant d'atteindre le réseau destinataire sur lequel se trouve l'hôte), les différents chemins entre routeurs, les coûts liés à l'envoi des données. Un routeur peut également faire office de barrière de sécurité en filtrant certaines adresses logiques.

La notion de routage n'est possible qu'à condition que les protocoles utilisés soient routables, c'est-à-dire qu'ils gèrent une adresse logique constituée d'un numéro de réseau et d'un numéro d'hôte dans le réseau.

Un routeur, par définition, ne laisse pas passer une diffusion (numéro de réseaux différents).

Un routeur peut être configuré à l'aide d'un terminal connecté sur un port DB25 du routeur, ou à l'aide du réseau, par exemple via Telnet en TCP/IP.

Exploration des routes

Il existe des algorithmes à chemin unique et des algorithmes à chemins multiples qui autorisent une répartition des charges.

De plus, on distingue les algorithmes à domaine de routage plat, de ceux à domaine hiérarchique qui évitent aux routeurs d'apprendre tous les réseaux logiques possibles.

Dans tous les cas, un routeur doit choisir le meilleur chemin possible, suivant différents critères. Le nombre de sauts (*hops*) correspond au nombre de bonds pour changer de réseau, c'est-à-dire au nombre de routeurs traversés. Le *ticks* rend compte du temps de traversée nécessaire sur le réseau. Le coût de la ligne, la densité de trafic, le débit des liens traversés ainsi que leur fiabilité sont autant de critères pour qualifier un chemin comme étant le meilleur.

Types de routeurs

Statiques

Dans ce cas, la table de routage est initialisée manuellement par l'administrateur (via telnet par exemple). Les chemins possibles sont prédéfinis et les routeurs intermédiaires ne prennent aucune décision de routage.

Dynamiques

La première route est souvent configurée manuellement. Au passage de chaque routeur le meilleur chemin est choisi.

Choix d'une distance

Vecteur de distance

Chaque routeur construit sa propre table de routage en combinant les informations des tables de ses voisins immédiats.

Un inconvénient réside dans le fait que ce type d'algorithme génère beaucoup de trafic sur le réseau. Les tables de routages complètes sont diffusées par défaut toutes les 30 secondes. De plus, il nécessite un temps de convergence assez long.

Exemple

Routing Internet Protocol (RIP) est pris en charge par IP et IPX.

États de liaison

L'exploration des routes s'appuie sur une diffusion globale initiale, puis chaque modification est ensuite diffusée. Ainsi, les tables de routage sont en permanence à jour.

Exemple

Open Shortest Path First (OSPF) est pris en charge par IP (il travaille au niveau hiérarchique).

Nous pouvons également citer les protocoles de routage IGRP (*Interior Gateway Routing Protocol*) et EIGRP (*Enhanced IGRP*), développés par Cisco. Très fiable et extensibles, ils remédient aux limitations de RIP.

Exemple de protocoles de routage

RIP

Le protocole RIP (*Routing Information Protocol*), initialement spécifié dans la RFC 1058 (RIPv1) puis dans la RFC 2453 (RIPv2), est un protocole de routage intérieur et utilise un algorithme à vecteur de distance.

Il utilise le nombre de sauts comme mesure pour la sélection du chemin. Il établit comme route inaccessible un nombre de sauts supérieur à 15. Chaque routeur RIP envoie le contenu de sa table de routage, par défaut toutes les 30 secondes, à ses voisins.

Lorsqu'un routeur reçoit une mise à jour qui inclut un nouveau sous-réseau ou une modification, le routeur met à jour sa table de routage en conséquence. Au niveau de chaque routeur, la valeur du nombre de sauts s'incrémente d'une unité. Après avoir mis à jour sa table de routage, le routeur commence à transmettre des mises à jour de routage pour informer les autres routeurs du réseau. L'envoi de ces mises à jour, appelées mises à jour déclenchées, est indépendant de l'envoi de mises à jour régulières par les routeurs RIP.

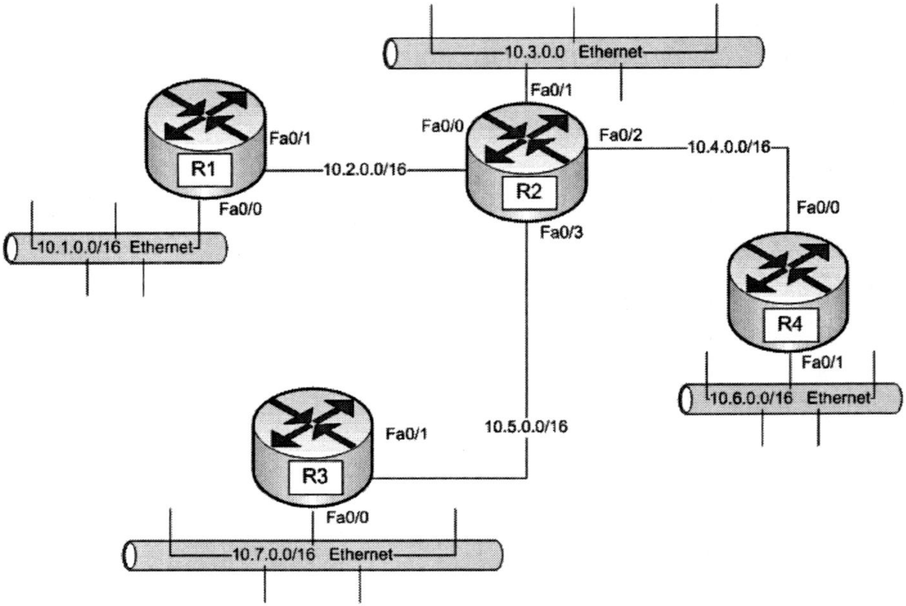

Environnement réseau et RIP

Initialement, les routeurs ont connaissance des réseaux auxquels ils sont immédiatement connectés. Ce qui donne :

Routeur R1	Réseau	Interface	Saut
	10.1.0.0/16	Fa0/0	0
	10.2.0.0/16	Fa0/1	0

Routeur R2	Réseau	Interface	Saut
	10.2.0.0/16	Fa0/0	0
	10.3.0.0/16	Fa0/1	0
	10.4.0.0/16	Fa0/2	0
	10.5.0.0/16	Fa0/3	0

Routeur R3	Réseau	Interface	Saut
	10.7.0.0/16	Fa0/0	0
	10.5.0.0/16	Fa0/1	0

Routeur R4	Réseau	Interface	Saut
	10.4.0.0/16	Fa0/0	0
	10.6.0.0/16	Fa0/1	0

Lorsque R1 va diffuser sa table de routage à son voisin R2, R2 va apprendre l'existence du réseau 10.1.0.0/16 par son interface Fa0/0 :

Routeur R2	Réseau	Interface	Saut
	10.2.0.0/16	Fa0/0	0
	10.3.0.0/16	Fa0/1	0
	10.4.0.0/16	Fa0/2	0
	10.5.0.0/16	Fa0/3	0
	10.1.0.0/16	**Fa0/0**	**1**

Puis par mise à jour déclenchée, R3 et R4 vont apprendre ce même réseau :

Routeur R3	Réseau	Interface	Saut
	10.7.0.0/16	Fa0/0	0
	10.5.0.0/16	Fa0/1	0
	10.1.0.0/16	**Fa0/1**	**2**

Routeur R4	Réseau	Interface	Saut
	10.4.0.0/16	Fa0/0	0
	10.6.0.0/16	Fa0/1	0
	10.1.0.0/16	**Fa0/0**	**2**

De même, R3 va envoyer sa table de routage à son voisin R2, qui va apprendre que le réseau 10.7.0.0/16 est accessible en un saut par son interface Fa0/3.

R2 va à son tour propager l'ensemble de sa table de routage, dont l'information concernant l'existence du réseau 10.7.0.0/16 à ses voisins R1 et R4 en deux sauts.

R4 va apprendre à R2 l'existence du réseau 10.6.0.0/16. R2 va ensuite propager cette information aux deux routeurs adjacents R1 et R3.

Une fois la convergence complète de RIP réalisée, on obtient finalement les informations ci-dessous :

Routeur R1	**Réseau**	**Interface**	**Saut**
	10.1.0.0/16	Fa0/0	0
	10.2.0.0/16	Fa0/1	0
	10.7.0.0/16	**Fa0/1**	**2**
	10.6.0.0/16	**Fa0/1**	**2**
	10.3.0.0/16	**Fa0/1**	**1**
	10.4.0.0/16	**Fa0/1**	**1**
	10.5.0.0/16	**Fa0/1**	**1**

Routeur R2	**Réseau**	**Interface**	**Saut**
	10.2.0.0/16	Fa0/0	0
	10.3.0.0/16	Fa0/1	0
	10.4.0.0/16	Fa0/2	0
	10.5.0.0/16	Fa0/3	0
	10.1.0.0/16	**Fa0/0**	**1**
	10.7.0.0/16	**Fa0/3**	**1**
	10.6.0.0/16	**Fa0/2**	**1**

Routeur R3	Réseau	Interface	Saut
	10.7.0.0/16	Fa0/0	0
	10.5.0.0/16	Fa0/1	0
	10.1.0.0/16	**Fa0/1**	**2**
	10.6.0.0/16	**Fa0/1**	**2**
	10.3.0.0/16	**Fa0/1**	**1**
	10.4.0.0/16	**Fa0/1**	**1**
	10.5.0.0/16	**Fa0/1**	**1**

Routeur R4	Réseau	Interface	Saut
	10.4.0.0/16	Fa0/0	0
	10.6.0.0/16	Fa0/1	0
	10.1.0.0/16	**Fa0/0**	**2**
	10.7.0.0/16	**Fa0/0**	**2**
	10.2.0.0/16	**Fa0/0**	**1**
	10.3.0.0/16	**Fa0/0**	**1**
	10.5.0.0/16	**Fa0/0**	**1**

Les avantages principaux relatifs à RIP sont les suivants :

- Fonctionnement simple.
- Protocole disponible partout.

Les inconvénients majeurs de RIP sont les suivants :

- Nombre de sauts limité à 15.
- Convergence lente.
- Envoi de toute la table à chaque fois.

OSPF

Le protocole OSPF (*Open Shortest Path First*) est spécifié dans la RFC 2328. Il s'agit d'un protocole ouvert, à état de liaisons, qui fonctionne en tant que protocole intérieur, au sein d'un environnement délimité (AS ou *Autonomous System*).

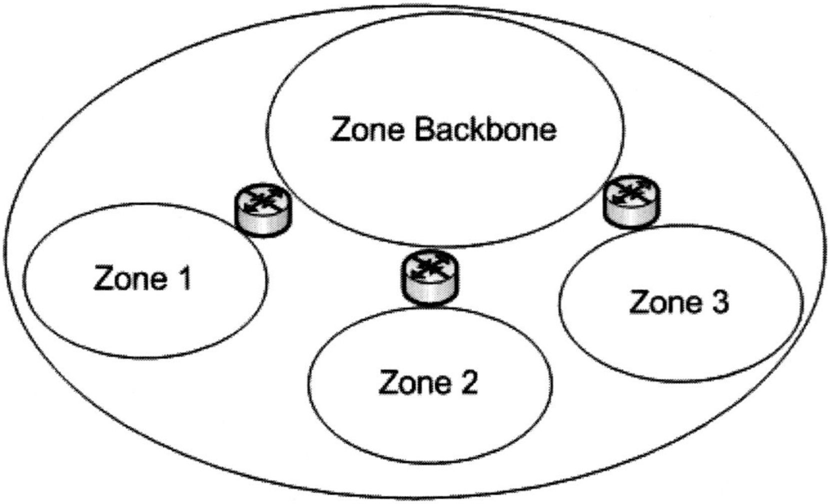

Autonomous System OSPF

L'AS est ensuite découpé en zones OSPF (*Area*) qui sont raccordées à une zone principale ou zone backbone.

Remarque

Il n'est pas conseillé de dépasser 50 routeurs par zone OSPF, ce qui représente un réseau déjà très important.

Il s'appuie sur l'algorithme *Shortest Path First* ou SPF pour calculer le coût le plus faible vers une destination au sein d'une zone donnée.

L'algorithme utilisé est celui de Dijkstra.

Le coût utilisé pour le calcul du chemin le plus court doit être inversement proportionnel à la bande passante utilisée. Il peut être soit défini manuellement, soit calculé, en utilisant par exemple 100 000 000 / bande passante en bps :

Réseau	Vitesse	Coût
Token Ring	16 Mbps	6
Ethernet	100 Mbps	1
Ligne T1	1,524 Mbps	65
Ligne 56k	56 kbps	1785

Remarque

Si on veut prendre en compte le 10 Gbps Ethernet, on peut par exemple utiliser une formule telle que 10 000 000 000 / bande passante en bps pour calculer manuellement l'ensemble des coûts du réseau.

Au sein de chacune des zones est maintenue une table d'état des liaisons qui est mémorisée sur un DR (*Designated Router* ou routeur désigné) puis sauvegardée sur un BDR (*Backup Designated Router* ou routeur désigné de sauvegarde). Ce DR sert de point central aux échanges avec tous les routeurs de la zone.

Sous OSPF, les routeurs s'informent de l'évolution de la topologie (déconnexion d'un lien, reconnexion, découverte d'un nouveau routeur) en envoyant uniquement les mises à jour de routage au routeur désigné de la zone.

OSPF prend en charge trois types d'opérations : au sein d'une zone, entre deux zones et entre deux AS.

Remarque

Un routeur de bordure de zone ou ABR (Area Border Router) permet l'échange des informations entre zones.

Tous les routeurs maintiennent à jour une base de données topologique en fonction des modifications découvertes. Chaque routeur recalcule son arborescence SPF pour rechercher les nouveaux chemins les plus courts vers chaque réseau. Ils mettent ainsi à jour leur table de routage en fonction du meilleur chemin recalculé.

La convergence de l'algorithme est très rapide. De plus, l'authentification des routes est prise en charge.

Au sein d'OSPF, trois protocoles sont utilisés :

- Hello.
- Inondation (*flooding*).
- Échange.

Le protocole Hello permet aux routeurs de vérifier les liaisons avec ses voisins. Les paquets Hello contiennent un certain nombre d'informations, telles que : l'identifiant du routeur, l'intervalle Hello, les voisins avec lesquels le routeur a une adjacence (ils partagent ses informations de routage), l'identifiant de la zone dans laquelle se trouve le routeur, ainsi que la priorité du routeur.

Le protocole d'inondation est utilisé par un routeur qui détecte un changement au sein du réseau, et qui souhaite prévenir rapidement les autres de cette modification.

Le protocole d'échange est un mécanisme qui permet aux routeurs de s'échanger leurs informations de base de données topologique. À la fin du processus d'échange, les routeurs adjacents sont complètement synchronisés.

Les avantages principaux de OSPF sont :

- Une convergence rapide.
- L'algorithme est très performant pour neutraliser les boucles de niveau 3.
- Les routeurs s'échangent des informations sur l'état de liaison avec leurs voisins ce qui permet à chacun de se faire sa propre idée du plus court chemin.

Les principaux inconvénients sont :

- Un algorithme complexe d'élection de rôles spécifiques pour la mise en œuvre de OSPF.
- L'algorithme utilisé est très consommateur de ressources processeur.

BGP

Le protocole BGP (*Border Gateway Protocol*) actuellement en version 4 est décrit dans la RFC 4271. Il s'agit d'un protocole extérieur, c'est-à-dire qu'il permet l'échange des tables de routage entre deux *Autonomous System*. Il fonctionne sur la base de règles de décision prises tout au long des AS traversés plutôt que d'utiliser une métrique comme avec les autres protocoles ; en ce sens, il est classé dans les protocoles de type **vecteur de chemin**.

Un AS est aujourd'hui codé sur 16 bits et correspond généralement à un fournisseur d'accès ou à une entreprise de taille importante. En effet, au niveau mondial, il n'y a que 65535 AS possibles aujourd'hui.

BGP va mettre en relation deux AS distincts pour permettre l'échange d'informations de routage. Cependant, étant donné que chaque AS défend ses propres intérêts, il est important de pouvoir contrôler les informations provenant de l'autre AS.

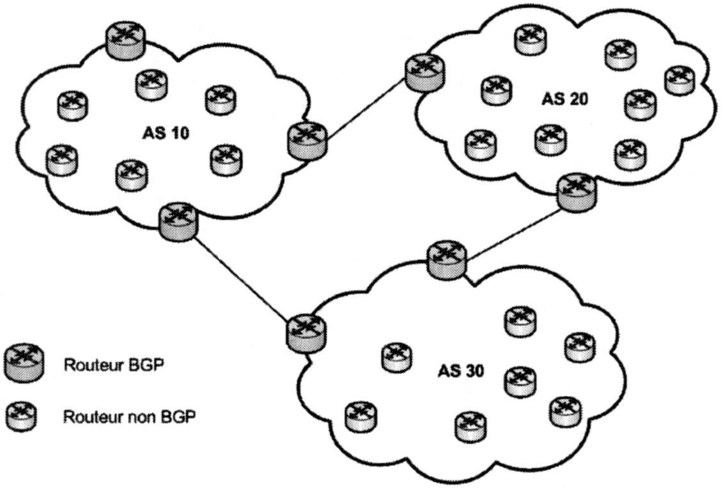

Architecture BGP

BGP est un protocole d'échange entre deux AS et fonctionne en s'appuyant sur deux modes possibles d'association :

- Client-fournisseur.
- Coûts partagés.

Le mode "client-fournisseur" permet à une entreprise importante, qui détient un AS, de disposer d'une connectivité Internet via un fournisseur d'accès (qui détient également un AS).

Le mode "coûts partagés" est une relation d'égal à égal ou chacune des parties accepte l'échange des paquets au travers d'un point d'interconnexion.

Une autre des particularités de BGP est qu'il s'appuie sur une connexion TCP (donc fiable) pour réaliser les échanges de tables de routage (TCP 179).

Plusieurs types de messages sont échangés avec BGP :

- OPEN
- UPDATE
- KEEPALIVE
- NOTIFICATION

Une ouverture de session est réalisée au moyen d'un message OPEN. Au départ, les routeurs BGP s'échangent l'intégralité de leurs tables. Ensuite, des messages de type UPDATE sont utilisés pour échanger les mises à jour.

La session BGP est maintenue au moyen de messages KEEPALIVE.

Finalement, les messages NOTIFICATION permettent de gérer les exceptions.

BGP, pour choisir la meilleure route pour atteindre un réseau distant, puis la propager à un autre AS, est assujetti à de nombreuses règles. Parmi celles-ci on trouvera comme critères, par ordre de priorité :

- Le poids (préférence administrative locale).
- La préférence locale (au sein de l'AS).
- La préférence d'un réseau dont l'origine est le routeur local.
- La préférence d'un chemin qui traverse un minimum d'AS.
- La préférence d'un chemin appris par un protocole intérieur plutôt qu'un protocole extérieur.
- La préférence suivant la métrique annoncée par l'AS d'origine.

- La préférence des routes BGP apprises par des routeurs extérieurs par rapport à des routeurs intérieurs.
- Le coût du protocole intérieur.
- L'association BGP pour les routes les plus stables.
- L'identifiant du routeur.

Tolérance de panne d'une passerelle par défaut : HSRP

Hot Standby Router Protocol ou HSRP est un protocole conçu pour permettre le rétablissement transparent en cas de panne d'une passerelle par défaut.

HSRP permet de sélectionner, au sein d'un groupe de routeurs, un routeur actif et un routeur de secours. Le routeur actif est celui qui va prendre en charge les paquets. Le routeur de secours est celui qui va devenir actif lorsque le routeur actif sera défaillant.

Ci-dessous une configuration HSRP avec deux routeurs disposant d'une interface sur le réseau 10.1.0.0/16. Une adresse IP de passerelle par défaut, 10.1.0.254 est définie en tant que IP virtuelle pour le sous-réseau. Chaque routeur dispose d'une adresse IP définie pour une interface dans le sous-réseau.

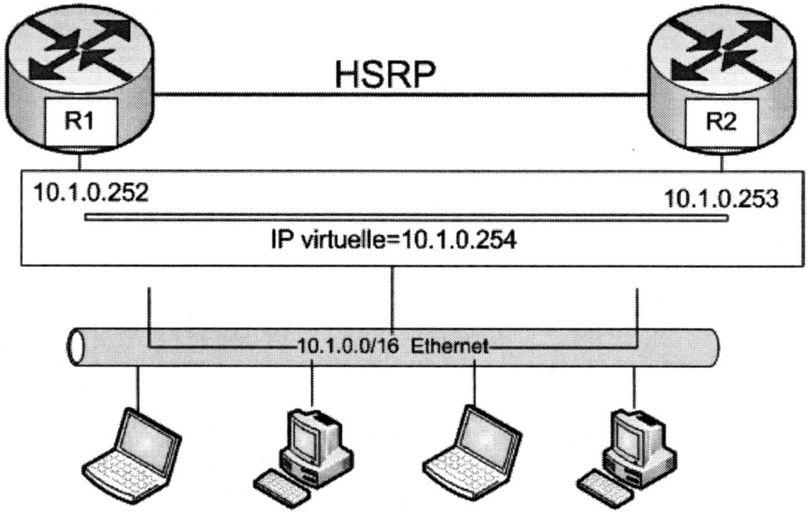

Adresse IP virtuelle et HSRP

La plupart des hôtes IP ne disposent que d'une seule adresse IP de passerelle configurée. Ainsi, lorsque HSRP est mis en œuvre, l'adresse IP virtuelle HSRP est configurée sur les hôtes à la place d'une adresse IP d'un routeur physique.

HSRP est utile lorsque les hôtes ne prennent pas en charge un protocole de découverte de routeurs tel que *ICMP Router Discovery Protocol* (IRDP) et n'est pas capable de basculer vers un autre routeur lorsque celui configuré devient indisponible.

Lorsque HSRP est utilisé sur un segment réseau, il fournit une adresse MAC virtuelle ainsi qu'une adresse IP qui est partagée au sein d'un groupe de routeurs exécutant HSRP. Pour n routeurs exécutant HSRP, n+1 adresses IP et adresses MAC sont attribuées.

HSRP s'appuie sur un mécanisme de priorité pour déterminer quel routeur HSRP configuré doit devenir le routeur actif. Pour définir un routeur comme actif, il est nécessaire d'attribuer la priorité la plus élevée parmi tous les routeurs HSRP du groupe.

Des messages Hello multicast sont échangés entre les périphériques HSRP pour détecter la défaillance d'un routeur et pour désigner le routeur actif et les routeurs de secours.

Lorsque le routeur actif échoue à envoyer un message Hello, au cours d'une période de temps définie, le routeur de secours disposant de la priorité la plus élevée va devenir le routeur actif. Ce mécanisme de transition est complètement transparent pour les hôtes du réseau.

4.3.5 La passerelle

Il s'agit d'une machine, en général un serveur dédié, qui opère au niveau des couches 3 à 7 en tant que traducteur des couches moyennes et hautes, notamment pour la mise en forme des données.

Avec la généralisation de l'usage de TCP/IP, les passerelles sont moins utilisées. On en retrouve surtout pour l'interconnexion entre ces protocoles et des grands environnements, exploitant *System Network Architecture* (SNA).

4.4 Choix des matériels de connexion appropriés

Afin de faciliter le choix entre les différents matériels d'interconnexion ci-dessus, nous allons passer en revue les divers caractéristiques de chacun. Nous allons ainsi préciser dans quelle mesure un matériel plutôt qu'un autre doit être utilisé.

4.4.1 Le répéteur

Il agit au niveau de la couche Physique du modèle OSI. Il permet d'étendre la longueur maximale d'un segment, en amplifiant le signal, en même temps qu'il permet d'interconnecter deux supports physiques différents.

Il n'est pas capable de travailler au niveau sémantique du contenu d'une trame, cependant il est capable de détecter une collision et de la propager de l'autre côté.

Travaillant au niveau 1, il n'est pas capable, non plus, d'interconnecter des brins fonctionnant à des vitesses différentes.

On parle désormais de fonction de répéteur incorporée à un élément actif du réseau et plus vraiment de composant dédié.

4.4.2 Le pont

Il autorise l'interconnexion de réseaux ayant la même couche Liaison de données (même adressage MAC et même méthode d'accès), pour opérer une action filtrante en se basant sur les adresses physiques. Il permet ainsi de désengorger un réseau surchargé.

Il laisse passer les multidiffusion (*multicast*) et diffusion (*broadcast*), ainsi que les trames dont l'adresse de destination est inconnue. Il est capable de détecter et gérer les boucles d'interconnexion.

Désormais, ces capacités sont généralement exploitées dans les réseaux locaux par les commutateurs.

4.4.3 Le commutateur

Il se comporte comme un pont multibrins. Il permet d'introduire une architecture centralisée d'interconnexion d'autres LAN. Étant au cœur de la topologie, il constitue un moyen privilégié de suivre l'utilisation du réseau.

Il permet, sur un réseau Ethernet, de mettre en œuvre une dorsale rapide, en même temps que d'isoler des domaines de collisions distincts, au niveau de chaque port.

Avec un câblage en paires torsadées entre les stations et le commutateur, il est possible de travailler avec des cartes réseau directement en full-duplex, de manière à doubler les capacités globales.

Le commutateur peut également être utilisé pour interconnecter deux LAN à 1 Gbps ou à 10 Gbps.

4.4.4 Le routeur

Il ne laisse pas passer les diffusions (sauf pour certains routeurs dont l'option peut être activée).

Il permet de choisir le meilleur chemin possible au sens des adresses logiques.

Il ne laisse pas passer un paquet si l'adresse de destination est inconnue.

Il est nécessaire d'utiliser un protocole routable sauf si la fonction de pont est possible (cas d'un pont-routeur ou b-router).

4.4.5 La passerelle

Elle permet d'agir comme une traductrice de couches moyennes et autres : tables de caractères, caractéristiques internationales, voire traduction de protocoles.

Elle permet d'éviter d'installer des composants réseaux sur chaque client, en offrant un accès universel qui minimise l'hétérogénéité du réseau.

Chapitre 6
Couches basses des réseaux locaux

1. Couches basses et IEEE

De nombreux protocoles concrétisent les couches basses du modèle OSI, Physique et Liaison de données. Ils restent indépendants des couches supérieures.

Ces technologies sont standardisées par différents organismes, dont l'*Institute of Electrical and Electronic Engineers* (IEEE).

1.1 Différenciation des couches

La couche Physique est associée à l'interface filaire ou air. Différentes caractéristiques y sont définies, telles que méthode d'accès au support, le codage, les topologies supportées, les débits...

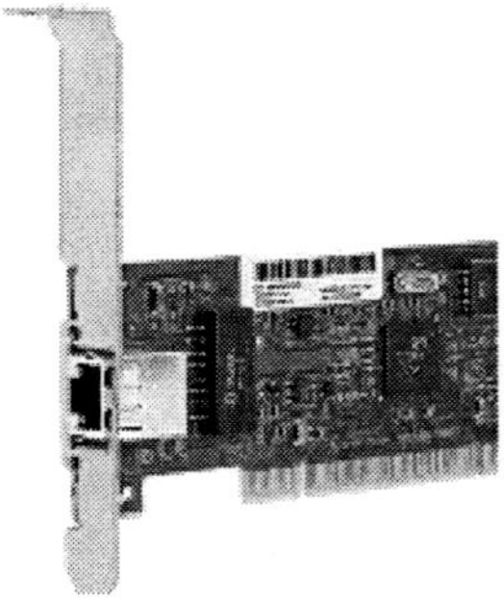

La carte réseau

Le projet 802 de l'IEEE divise le niveau Liaison de données en deux sous-couches. La première, est nommée contrôle d'accès au média ou *Medium Access Control* (MAC). Elle est propre à chaque type de réseau. La seconde, nommée contrôle de la liaison logique ou *Logical Link Control* (LLC), est indépendante du type de réseau. Elle est standardisée comme 802.2.

LIAISON	IEEE 802.2 (LLC)		
PHYSIQUE	IEEE 802.3 CSMA/CD	IEEE 802.4 Token Bus	IEEE 802.5 Token Ring

Les normes 802.x de l'IEEE

1.2 IEEE 802.1

Cette spécification est une introduction aux normes 802. Elle s'intéresse aux relations globales entre toutes les autres. Elle prend en compte les problèmes relatifs à la gestion des systèmes et à l'interconnexion des réseaux.

Par exemple, l'algorithme de spanning tree, résolvant les problèmes de boucles sur les réseaux Ethernet, est décrit dans 802.1D. Le marquage, dans les VLAN explicites est défini dans 802.1Q. La gestion des priorités est abordée dans 802.1P.

1.3 IEEE 802.2

1.3.1 Les principes de Logical Link Control (LLC)

Le contrôle de la couche Liaison définit des services standards, quelle que soit la topologie et la méthode d'accès au support. Ils prennent en charge des liaisons point à point ou multipoints, sur des supports limités ou non, en half-duplex ou en full-duplex et cela sur des réseaux à commutation de paquets ou de circuits.

LLC peut assurer l'intégrité de la transmission de bout en bout entre deux stations.

Remarque

High level Data Link Control (HDLC) est un protocole, créé en 1979 qui constitue une étape intermédiaire de LLC.

1.3.2 Les types de service

Les protocoles LLC offrent trois types de service.

Service sans connexion et sans acquittement (type 1)

Il s'agit du service le plus simple et le moins fiable. C'est aussi le plus répandu, car la plupart des ensembles de protocoles utilisent souvent un transport fiable (couche 4 de l'OSI).

Service orienté connexion (type 2)

Une connexion logique est établie entre l'émetteur et le récepteur.

Service sans connexion avec acquittement (type 3)

Chaque trame est acquittée individuellement mais il n'existe pas de connexion logique entre les deux stations.

2. Ethernet et IEEE 802.3

2.1 Généralités

Apparu en 1980, le protocole Ethernet est issu des travaux de DEC, Intel et Xerox. Très économique, il a fini par devenir omniprésent en entreprise. Son évolution a été standardisée dans la norme IEEE 802.3, qui couvre la couche Physique et une partie de celle Liaison de données. Même s'il existe de légères différences entre Ethernet et 802.3, nous ne dissocierons pas ces deux normes.

802.3 utilise les services de la couche LLC. La méthode d'accès au support est par contention, à travers *Carrier Sense Multiple Access/Collision Detection* (CSMA/CD).

2.2 Caractéristiques de couche Physique

802.3 offre différentes options de couche Physique. Les dénominations utilisées tiennent compte du débit, du support, du type de signal et de la longueur de segment.

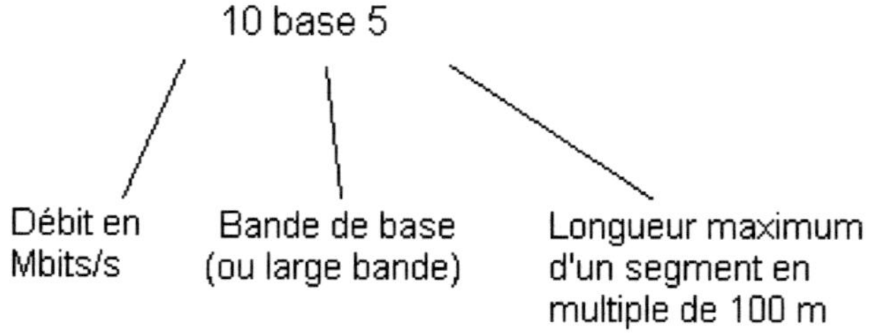

10 base 2 correspondait au réseau Ethernet avec du câble coaxial fin (10 Mbps, signalisation numérique pour des segments de 200 mètres maximum, en fait, 185 mètres).

10 base T correspond à de l'Ethernet en paire torsadée (T pour *Twisted pair*).

100 base T est une implémentation d'Ethernet à 100 Mbps sur paire torsadée (catégorie 5).

1000 base T (norme IEEE 802.3ab) correspond à une solution basée sur de la paire torsadée UTP catégorie 5e (maximum 100 mètres).

10 G base T s'appuie sur la définition IEEE 802.3an et définit les débits à 10 Gbps pour de la paire torsadée sur des longueurs maximales de 100 mètres.

La signalisation est numérique et le codage utilisé est du Manchester (les cartes réseau fonctionnent donc à 20 MHz). Une trame a une longueur minimale de 64 octets et maximale de 1518 octets.

2.2.1 Les spécificités d'Ethernet

Ethernet fut défini pour un débit de 10 Mbps. Les nœuds du réseau sont d'abord reliés par du câble coaxial épais (*thick*) ou fin (*thin*). Désormais, la quasi-totalité des implémentations de ce réseau utilisent de la paire torsadée et de la fibre optique.

10 base 2

Un réseau Ethernet qui utilisait le coaxial fin RG58, de 5 mm de diamètre, était nommé thin-net ou cheap-net.

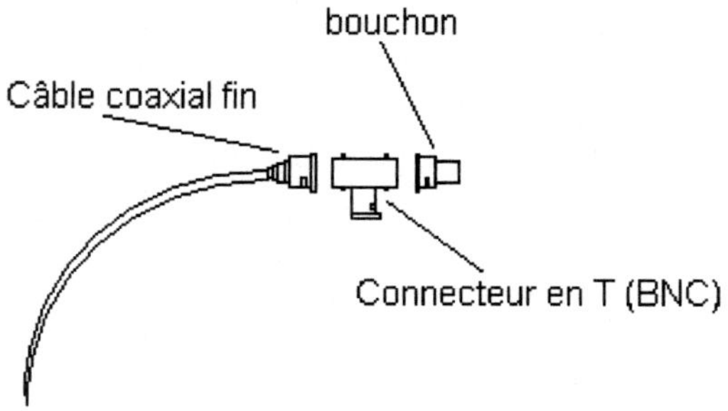

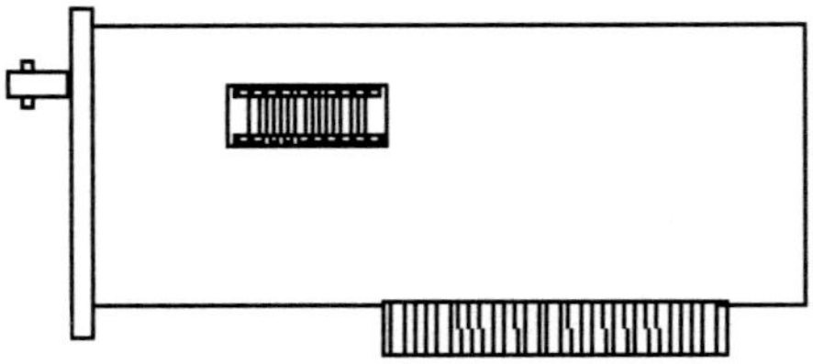

La topologie retenue était le bus et les segments ne devaient pas excéder 185 mètres (à cause du facteur d'atténuation important). On utilisait des connecteurs *British Naval Connector* (BNC) pour relier les nœuds.

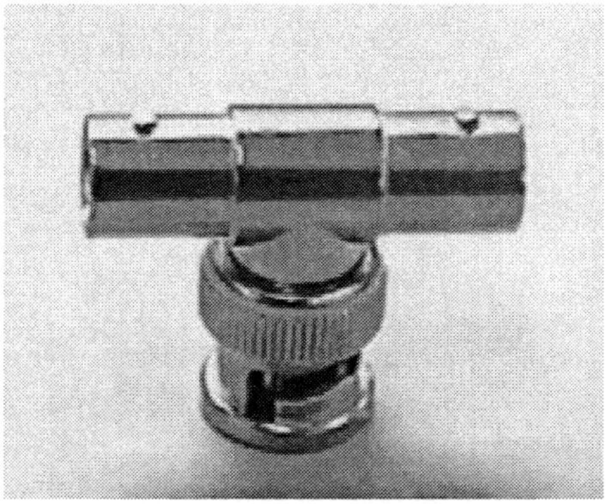

Connecteur en "T"

La distance minimale entre deux connecteurs T était de 0,5 m. Le nombre maximum était de 30 stations par segment. L'étendue de réseau ne devait pas dépasser 925 mètres (en interconnectant 5 segments maximum avec 4 répéteurs). À chaque extrémité du segment, il était nécessaire de placer une résistance ou bouchon de terminaison. L'émetteur-récepteur qui permettait la circulation des signaux était intégré sur la carte réseau en 10 base 2.

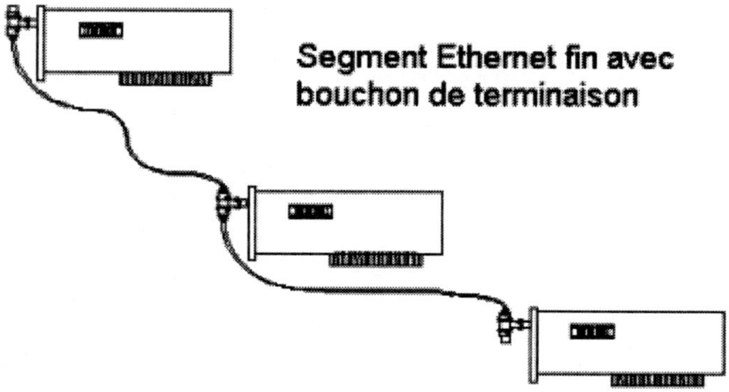

10 base 5

Le support coaxial épais RG11, de diamètre 10 mm, a presque disparu. Il peut être encore exploité dans des environnements très sensibles aux perturbations électromagnétiques.

Câble coaxial épais

Les réseaux Ethernet utilisant du câble coaxial épais étaient aussi connus sous les termes thick-net, gros Ethernet ou Ethernet épais du fait de leur encombrement et de leur rigidité. La méthode d'accès CSMA/CD fonctionnait comme en 10 base 2 sur une topologie en bus. Les segments étaient étendus à 500 mètres, ce qui conférait au réseau une étendue maximale de 2500 mètres.

Remarque

En Ethernet, on parle souvent de la règle des 5-4-3, qui permet d'avoir au maximum 5 segments interconnectés par 4 répéteurs. Sur 5 des segments, seulement 3 doivent comporter des stations de travail. Ainsi, en Ethernet fin, l'étendue maximale du réseau était de 925 mètres contre 2500 en Ethernet épais.

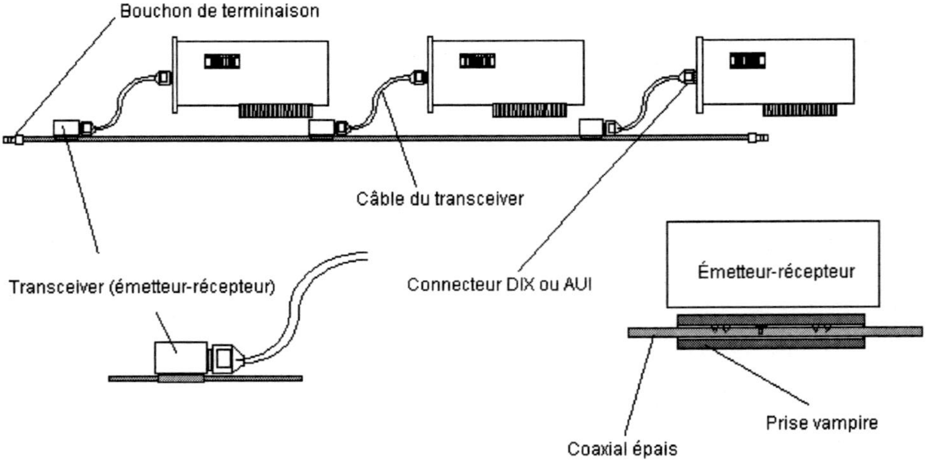

Dans le cas de 10 base 5, l'émetteur-récepteur (ou *transceiver*) était externe et pouvait être éloigné de la carte réseau à 50 mètres. Le cordon qui reliait le connecteur *Access Unit Interface* (AUI) ou *Digital Intel Xerox* (DIX) de la carte au transceiver, sur le câble coaxial épais, était appelé câble émetteur-récepteur. La distance minimale entre deux transceivers était de 2,5 mètres et l'on ne devait pas avoir plus de 100 transceivers par segment.

Remarque

L'émetteur-récepteur externe était souvent raccordé au câble épais en utilisant une prise vampire. On trouvait également des adaptateurs AUI/RJ45 qui disposaient d'un émetteur-récepteur intégré permettant de raccorder la carte réseau en 10 base T en utilisant un connecteur AUI.

10 base T

Les réseaux Ethernet en étoile utilisent du câble cuivre en paire torsadée. Quatre fils sont utilisés, sertis dans des connecteurs RJ45. Le câble utilisé est de catégorie 3, voire 5. Il peut être blindé ou non.

Câble 10 base T

Le réseau est formé par centralisation sur un commutateur (*switch*). La longueur du câble entre le matériel à connecter et l'élément actif ne devrait pas, théoriquement, excéder 100 m. Avec l'amélioration de qualité des câbles, cette distance peut être dépassée en pratique, même si cela n'est pas recommandé.

Bien que l'image externe, donnée par la connexion sur les différents ports de l'élément actif ressemble à une étoile, les nœuds du réseau composent une topologie en bus. Le réseau peut être étendu en cascadant les éléments actifs, pour obtenir une topologie en arbre, ou en les interconnectant par un bus (souvent en fibre optique).

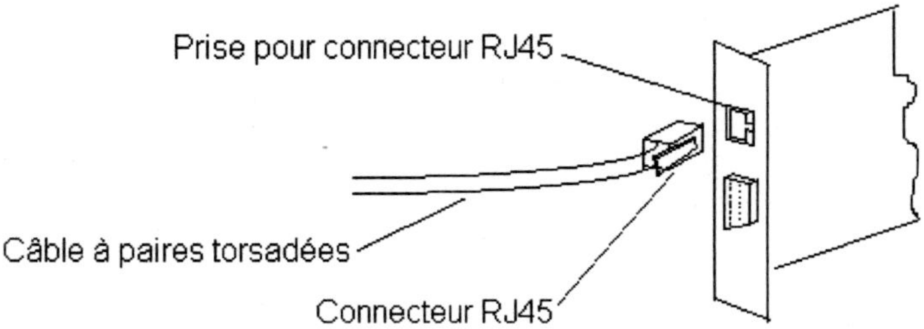

Ethernet et la fibre optique

Fiber Optic Inter Repeater Link (FOIRL) fut la première mise en œuvre de la fibre optique sur un réseau Ethernet.

Elle peut être utilisée pour la connexion de deux LAN situés à des distances relativement proches (un ou deux kilomètres).

L'interconnexion peut s'effectuer au moyen d'un répéteur, d'un pont ou même d'une étoile optique active (gestion des collisions).

Remarque

Il faut toujours utiliser deux fibres, qui sont des supports simplex, pour assurer l'émission et la réception.

L'utilisation de la fibre à des faibles débits a permis de voir naître des solutions Ethernet, avec des longueurs de segments allant jusqu'à deux kilomètres. Il est de plus possible d'utiliser la fibre pour interconnecter des LAN distants, à l'aide de répéteurs mixtes (fibre/coaxial, par exemple).

À la fin de l'année 1993, des standards ont été définis autour d'Ethernet et de la fibre optique. Ils ont été désignés sous l'appellation 10 base F. Ces spécifications définissent trois types de segments : 10 base FL (*Fiber Link*), 10 base FB (*Fiber Backbone*) et 10 base FP (*Fiber Passive*).

10 base FL

Cette norme remplace l'ancienne FOIRL. Elle définit un segment point à point pouvant atteindre 2 km, à condition que seuls des équipements 10 base FL soient utilisés. Si des équipements FOIRL sont utilisés, le segment ne peut pas alors dépasser 1 km. Un segment 10 base FL peut relier deux ordinateurs ou deux répéteurs, ou un ordinateur à un port d'un répéteur.

Répéteur 10 base FL

10 base FB

Cette spécification permet de définir une topologie à base de fibre, comme dorsale d'une architecture en étoile. Cette mise en œuvre décrit une signalisation synchrone qui permet d'aller au-delà du nombre de répéteurs autorisés par Ethernet. Les connexions 10 base FB ne relient pas des ordinateurs, elles sont seulement utilisées pour relier des étoiles optiques 10 base FB, afin de constituer une épine dorsale. Chaque segment peut atteindre 2 km. De plus, cette dernière norme autorise le diagnostic des fautes à distance.

Câble 10 base FB

10 base FP

Cet ensemble de spécifications définit une étoile passive reliant plusieurs ordinateurs connectés à une fibre optique sans utiliser de répéteur. Un segment 10 base FP ne doit pas dépasser 500 m. Une étoile passive 10 base FP peut relier jusqu'à 33 ordinateurs.

Remarque

Il est de plus en plus rare de trouver en activité des réseaux Ethernet à 10 Mbps. La plupart des implémentations présentées précédemment ne sont plus du tout utilisées. Pourtant, elles représentent les bases autour desquelles se sont développées les techniques les plus récentes, comme pour Fast Ethernet.

2.2.2 Les spécificités de Fast Ethernet

Avec l'augmentation des flux réseau nécessaires en entreprise, le débit natif de 10 Mbps de l'Ethernet s'avère insuffisant. Apparu en 1994, Fast Ethernet lui succéda (standard IEEE 802.3u). Offrant une bande passante dix fois plus importante, il ne coûte pas plus cher.

Lors de ses premières applications concrètes, Fast Ethernet, avec son implémentation 10/100 Mbps, a permis de prendre en compte l'existant. Cette capacité de transition a facilité sa mise en œuvre initiale.

Le câblage utilisé est de la paire cuivre en catégorie 5 minimum, avec prise RJ45, ou de la fibre optique.

Fast Ehernet utilise, comme son prédécesseur, CSMA/CD. Les topologies sont les mêmes.

100 base T4

100 base T4 utilise quatre paires torsadées UTP, au moins de catégorie 3. Les connecteurs sont aussi compatibles avec le 10 base T, 100 base T4 utilisant simplement deux paires supplémentaires. Le codage est de type 8B/6T et utilise trois des quatre paires pour transmettre dans chaque sens, et la quatrième paire pour la détection de collisions.

Cette solution permettait initialement de récupérer des architectures basées sur des câbles de catégorie 3. Ceux-ci ne sont plus utilisés et le 100 base T4 ne présente plus d'intérêt.

100 base TX

Cette implémentation utilise des paires torsadées de catégorie 5 au moins, blindée ou non. L'insertion des câbles dans les prises RJ45 est compatible avec 10 base T. Il s'agit du standard couramment utilisé.

100 base FX

100 base FX s'appuie, quant à lui, sur de la fibre optique (deux fibres).

Carte réseau fibre

Remarque

Fast Ethernet s'est imposé comme le standard depuis quelques années maintenant. Les débits derrière les postes de travail s'avèrent suffisants et l'application de 100 base TX est de faible coût.

2.2.3 Le gigabit Ethernet

Cette évolution est standardisée par l'IEEE sous le numéro 802.3z. La bande passante très rapide, de 1 Gbps, oblige à revoir les bases de communication. Par exemple, les câbles de catégorie 5 ne sont normalement pas dimensionnés pour assumer des fréquences aussi rapides que celles nécessaires dans ce cas. L'appellation 5e (*enhanced*) désigne des câbles capables de supporter des fréquences à 100 MHz.

Par contre la compatibilité est assurée avec les prédécesseurs, d'où, par exemple le qualificatif pour les matériels : 10/100/1000 Mbps.

Remarque

Pour porter une installation existante en gigabit Ethernet, une requalification s'avère généralement nécessaire. Bien souvent, même si les matériels en sont capables, le câblage mural n'est pas adéquat pour atteindre de tels débits de manière fiable.

À 1 Gbps, la gestion des collisions est très délicate. À ce débit, les architectures sont commutées.

Un certain nombre d'implémentations sont reconnues telles que :

- 1000 base T (ou 1000 base TX) : comparable à 100 base T, mais 10 fois plus rapide, elle admet les paires de cuivre torsadées 5 (ou plutôt 5e) et 6 sur des câbles de 100 mètres au maximum.
- 1000 base SX (*Short Wave*), pour l'exploitation de fibres optiques multimode sur des distances plus courtes, de l'ordre de 550 mètres maximum.
- 1000 base LX (*Long Wave*), utilisant de la fibre optique multimode ou monomode sur 2 à 5 kilomètres maximum.

Commutateur prenant en charge différents connecteurs fibre au moyen de GBIC

Le gigabit Ethernet est encore particulièrement destiné aux dorsales réseaux et aux communications avec les serveurs.

Dans le premier cas, il permet l'interconnexion entre commutateurs (fibre optique ou cuivre) ou bien entre sous-répartiteurs. Si ces pièces, contenant les matériels de commutation, sont éloignées ou dans des bâtiments distincts, une liaison par fibre optique est nécessaire.

Du côté des serveurs, cette solution est intéressante puisqu'ils forment généralement un goulot d'étranglement et que les débits réseaux les concernant doivent être plus élevés.

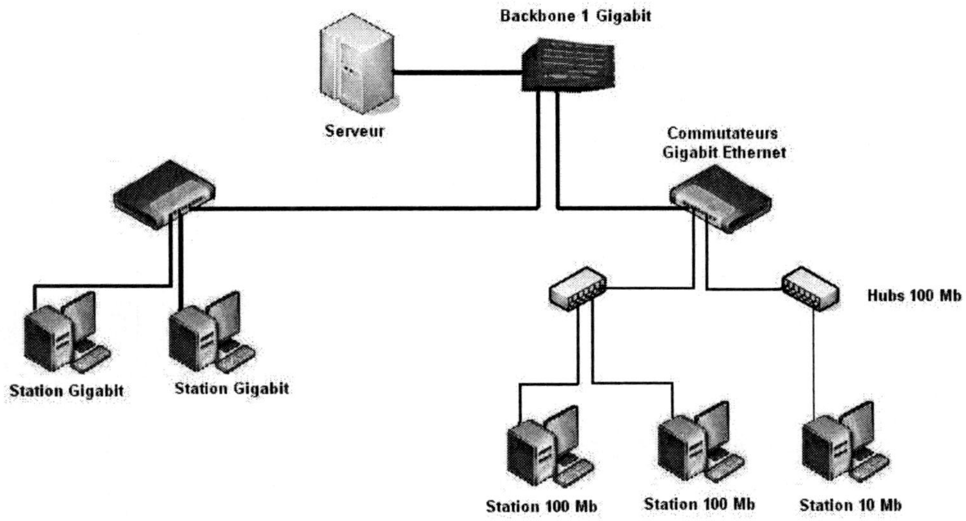

Architecture Ethernet à plusieurs niveaux prenant en charge des débits variables

Une norme complémentaire, 802.3x, définit l'adaptation du débit avec les réseaux moins rapides. Comme les buffers d'entrée/sortie ne sont pas illimités, et ne peuvent donc pas absorber les différences de vitesse, un contrôle de flux est activé. Il indique à l'émetteur de cesser momentanément la transmission.

Le gigabit Ethernet n'a plus rien d'exceptionnel dans les architectures réseau d'entreprise. De plus en plus d'interfaces pour postes de travail et ordinateurs portables sont d'ailleurs capables d'atteindre de tels débits.

2.2.4 Le 10 gigabit Ethernet

Le successeur du 802.3z, 10 Gigabit Ethernet a été approuvé en 2002 par l'IEEE en tant que 802.3ae. Il reste compatible avec ses prédécesseurs. Mais, il ne se limite plus aux réseaux locaux et trouve son utilisation aux niveaux métropolitains et étendus.

L'objectif est de continuer à utiliser le même format de trames que dans la définition Ethernet d'origine. Par contre, la communication de type full-duplex est indispensable.

Sept spécifications ont été définies :

- 10 GBASE-CX4 (802.3 ak) utilise un câble cuivre spécial sur une distance maximum de 15 mètres.
- 10 GBASE-T (802.3an) sur câble cuivre de catégorie 6 (200 MHz), 6a (500 MHz) et 7 (600 MHz), assurant des distances de communication inférieures à 100 mètres.
- 10 GBASE-SR (*Short Range*) a une portée de 26 à 82 mètres avec de la fibre optique multimode (mais peut atteindre 300 mètres avec une nouvelle génération de fibre).
- 10 GBASE-LX4 pratique le multiplexage par division de longueur d'onde et augmente les distances supportées à 240, voire 300 mètres avec de la fibre multimode (10 kilomètres peuvent être supportés avec une fibre monomode).
- 10 GBASE-LR (*Low Range*) utilise de la fibre optique monomode pour des communications jusqu'à 10 kilomètres.
- 10 GBASE-ER (*Extended Range*) autorise des distances de 40 kilomètres, toujours avec de la fibre monomode.
- 10 GBASE-LRM (*Long Range Multimode*, 802.3aq), implémentation de FDDI sur des distances allant jusqu'à 200 mètres.

Remarque

Plusieurs constructeurs de matériel ont fait évoluer 10 GBASE-ER en 10 GBASE-ZR pour étendre les capacités sur des traitements allant jusqu'à 80 kilomètres.

2.2.5 Le 100 gigabit Ethernet

La norme IEEE 802.3ba a été publiée en juin 2010.

Elle définit des débits allant de 40 à 100 Gbps pour des supports de type fibre optique ou paire torsadée.

Il existe des solutions basées sur l'utilisation du cuivre mais pour des distances limitées à 10 mètres :

- 40 GBase-CR4
- 100 GBase-CR10

D'autres solutions s'appuient sur de la fibre multimode mais n'autorisent que des distances limitées (100 à 125 mètres) :

- 40 GBase-SR4
- 100 GBase-SR10

Celles basées sur de la fibre monomode permettent soit d'être limitées à 10 kilomètres maximum avec le 40 GBase-LR4, soit d'atteindre les 40 kilomètres avec le 100 GBase-ER4.

Récent et assez onéreux, l'Ethernet à 10 Gbps n'est pas encore vraiment adopté dans les réseaux locaux, où un débit 10 fois inférieur est largement suffisant.

2.2.6 Récapitulatif

Nous présentons ci-dessous les applications les plus courantes sur les réseaux locaux.

Désignation	Média	Long. maxi segment	Vitesse	Topologie
100 Base TX	UTP Cat 5 au moins	100 mètres	100 Mbps	Étoile (commutateur)
1000 Base TX	UTP Cat 5e au moins	100 mètres	1 Gbps	Étoile (commutateur)
1000 Base SX	Double fibre multimode 62.5/125 μm	550 mètres	1 Gbps	Étoile ou bus/ point à point
1000 Base LX	Support grandes ondes sur fibre optique multimode et monomode.	5 km	1 Gbps	Artère de campus

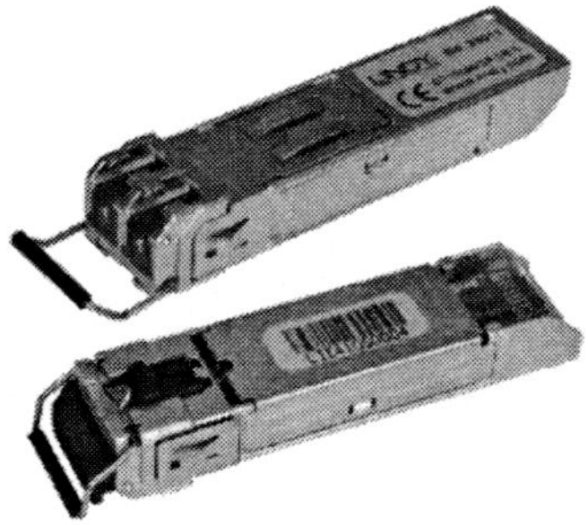

Mini GBIC 100 Base SX Gigabit LC

2.3 En-tête de trame Ethernet

La trame Ethernet, très légèrement différente de celle 802.3, est constituée de trois parties. L'en-tête comprend d'abord un préambule, sur 7 octets, qui permet la synchronisation. Ensuite, un délimiteur de début de trame (SFD - *Start Frame Delimiter*), sur un octet, indique le début des informations. Celles-ci sont d'abord constituées des adresses source et destination. Un champ EtherType, sur 2 octets, précise le protocole de couche supérieure utilisé. Il n'existe pas en 802.3, et son utilisation permet de se passer de l'usage de LLC. Par exemple, ce champ notifie la valeur 800 pour IP.

Le champ de données, contenant les informations de niveau 3, doit avoir une taille minimale de 46 octets. Au besoin, des bits de bourrage (*padding*) sont ajoutés pour obtenir cette valeur. La taille maximale de ce contenu est de 1500 octets, et est appelée le *Maximum Transfer Unit* (MTU). Enfin, un code de contrôle d'erreur *Cyclic Redundancy Check* (CRC) marque le délimiteur de fin de trame *Frame Sequence Check* (FSC).

Préambule + SFD	Adresse Source	Adresse Destination	Données	FSC

3. Token Ring et IEEE 802.5

Le protocole de réseau local filaire Token Ring, d'origine IBM, a longtemps été soutenu par ce constructeur. Son concurrent Ethernet, moins onéreux et plus facile d'exploitation, quoique moins efficace, a fini par le supplanter.

On retrouve encore l'usage de ce réseau, normalisé comme 802.5 par l'IEEE, dans des infrastructures importantes et historiques. Mais cette architecture se raréfie.

3.1 Configuration du réseau

La norme 802.5 repose sur la méthode du jeton passant sur une topologie en anneau. Il existe différentes combinaisons possibles de bandes passantes, 4 Mbps, 16 Mbps et 100 Mbps qui sont fonction du câblage utilisé, UTP, STP ou fibre multimode.

Les stations sont connectées en étoile (topologie physique) au *Multistation Access Unit* (MAU).

Les MAU les plus anciens disposent de prises hermaphrodites et des connecteurs DB9 sont utilisés pour relier les cartes réseau au MAU, à l'aide d'un câble Token Ring spécifique.

MAU

Câble Token Ring

La topologie logique est en anneau point à point, où chaque machine se comporte comme un répéteur.

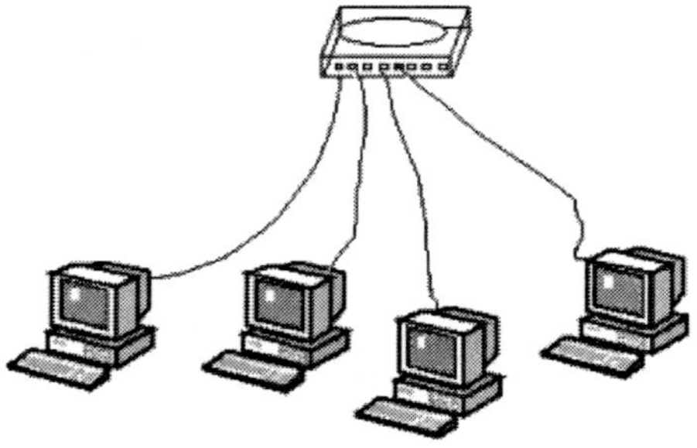

Topologie physique en étoile

Les MAU peuvent être interconnectés entre eux, agrandissant ainsi l'anneau principal, en utilisant les deux ports *Ring In* (entrée dans l'anneau) et *Ring Out* (sortie de l'anneau). Les trames circulent dans le sens RI - RO.

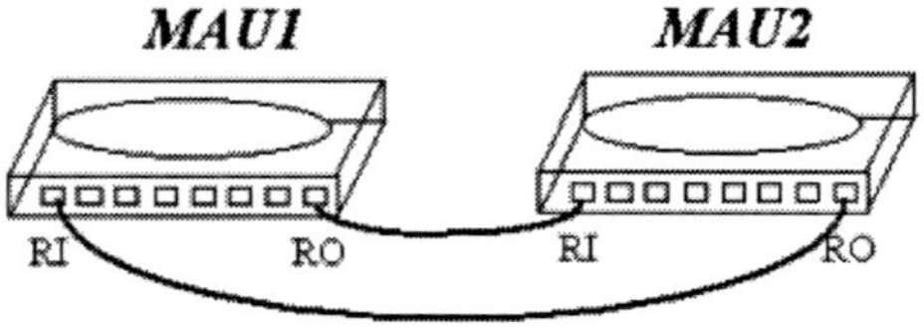

Remarque

Selon les MAU utilisés, ceux-ci peuvent ou non répéter les signaux. L'adressage MAC de Token Ring repose sur un format particulier directement lié à la topologie et à l'algorithme Source routing mis en œuvre par les ponts.

D'un point de vue logique, une fois les stations connectées au MAU, tout se passe comme si ces ordinateurs étaient connectés entre eux en topologie anneau point-à-point :

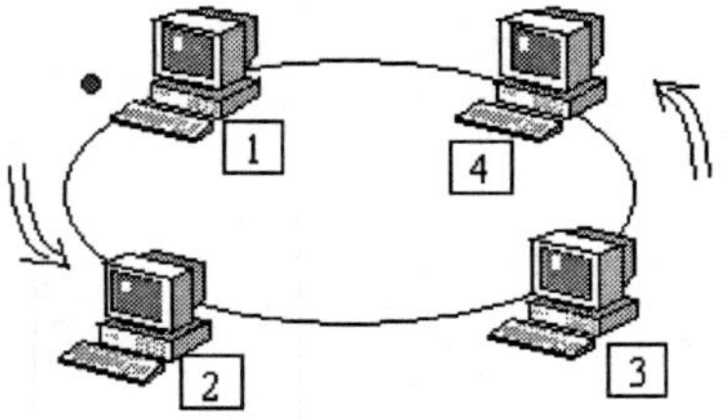

**Le jeton circule sur l'anneau.
Il est répété de poste en poste.**

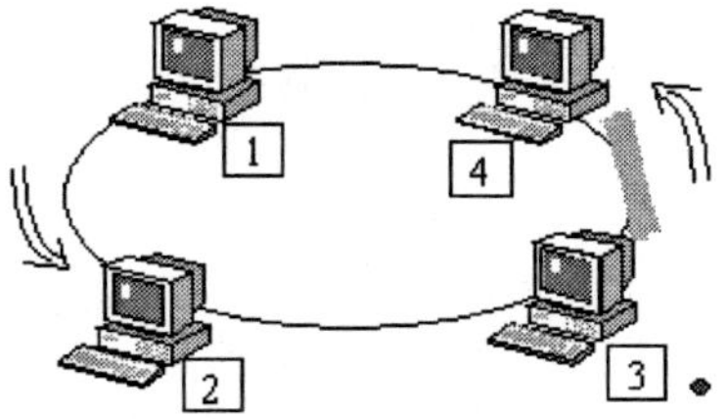

La station 3 qui désire émettre une trame conserve le jeton et envoie sa trame.

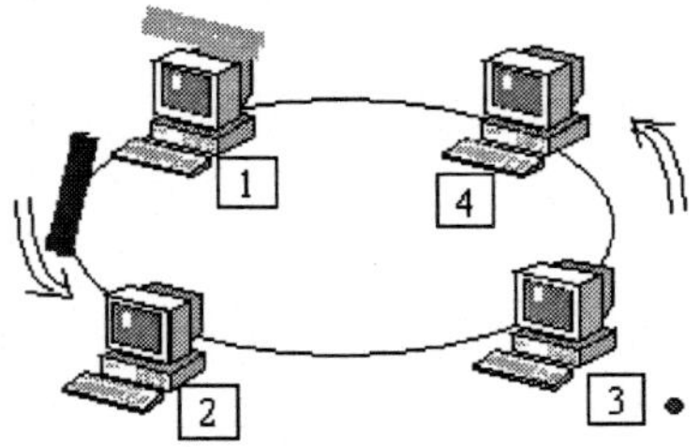

La trame est répétée de station en station jusqu'à atteindre son destinaire, station 1, qui la copie si possible. La trame est alors marquée pour préciser à l'émetteur que les données ont ou non été reçues correctement.

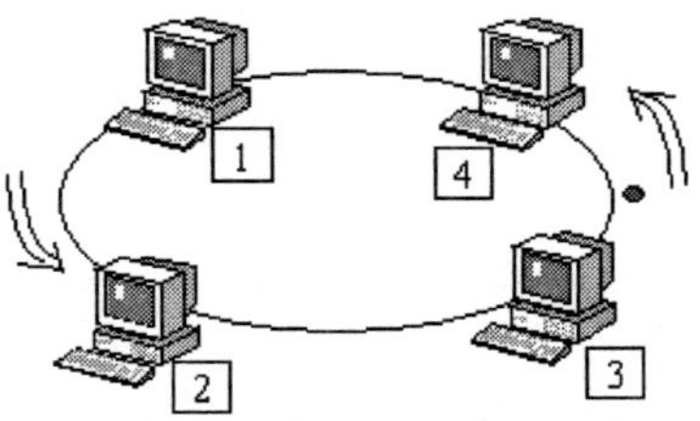

La trame revient alors vers son émetteur qui constate que ses données sont effectivement parvenues à destination. Le jeton est remis en circulation et le processus peut recommencer.

De plus, il est possible pour une station de réserver le prochain jeton, avec un certain niveau de priorité. Ainsi, le jeton régénéré ne sera utilisable que par une station disposant d'un niveau de priorité suffisant (au moins égal à celui du jeton). Sans priorité, c'est la première station qui voit passer le jeton qui se sert.

Remarque

L'implémentation à 16 Mbps opère à la manière de FDDI, en ce sens que le jeton est réémis immédiatement après l'envoi de la trame.

D'un point de vue logique, le jeton est transmis d'ordinateur à ordinateur. D'un point de vue physique, chaque connexion en paire torsadée permet l'insertion d'un ordinateur en étendant l'anneau point-à-point.

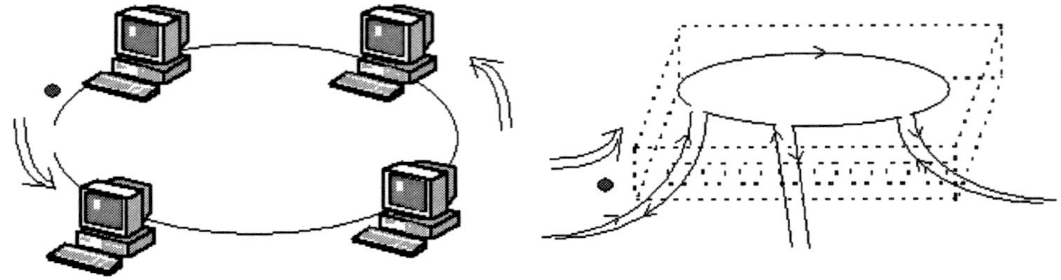

Circulation du jeton dans un anneau

Les MAU ont une tolérance de panne intégrée. Ils sont ainsi configurés pour pressentir la panne d'une station (déconnexion automatique de l'anneau).

Un anneau Token Ring peut comporter jusqu'à 260 stations (respectivement 136) en 4 Mbps (resp. 16 Mbps) et la longueur conseillée des lobes (reliant les stations aux MAU) est de 45 mètres en UTP et 100 mètres en STP.

Le média utilisé est un couple de paires torsadées blindées (ex. type 1) ou de la fibre. Les types de connecteurs sont des DB9 pour les cartes réseau et des prises hermaphrodites pour la connexion aux MAU.

Le type de codage utilisé est le Manchester différentiel.

La distance entre deux MAU est limitée à 45 mètres en UTP, 200 mètres en STP, voire 1 km en fibre.

L'étendue maximale du réseau en Token Ring, c'est-à-dire la longueur maximale de l'anneau principal (en tenant compte de la distance MAU - station) varie suivant le nombre de MAU, de répéteurs et de locaux techniques traversés. Des abaques sont disponibles auprès des différents constructeurs pour tenir compte du temps de propagation d'une trame, dépendant de la longueur maximale d'un anneau.

Remarque

La longueur d'une trame est de 21 octets minimum et peut aller jusqu'à 4493 octets en 4 Mbps et 18000 octets en 16 Mbps.

3.2 Autoreconfiguration de l'anneau

Un point important dans Token Ring est la gestion de l'anneau par une station dédiée (celle qui est allumée depuis le plus longtemps, dont l'adresse MAC est la plus élevée) : le surveillant actif. Ce poste est chargé de résoudre un certain nombre de problèmes comme :

- La détection de la perte du jeton (lorsqu'une station qui détient le jeton disparaît brutalement).
- La suppression d'une trame qui a déjà effectué un tour complet (l'émetteur a disparu avant de supprimer sa trame de l'anneau).
- La détection des erreurs sur les mécanismes de priorité (un jeton ne doit pas être régénéré avec la même priorité deux fois de suite, sauf si c'est la priorité la plus basse).

Remarque

Environ toutes les sept secondes, le surveillant actif effectue une vérification du bon fonctionnement de l'ensemble, en transmettant un jeton à son voisin immédiat. Chaque poste répète alors le jeton, en mémorisant au passage, l'adresse du surveillant actif, ainsi que l'adresse de son prédécesseur. Lorsque le surveillant récupère son jeton, le test est considéré comme réussi.

À noter que le problème peut également venir du surveillant actif lui-même, qui aura par exemple été brutalement arrêté. Ainsi, si une station n'a plus de nouvelles de son prédécesseur au bout de sept secondes, elle prend l'initiative d'envoyer un message sur l'anneau contenant les informations suivantes : sa propre adresse réseau, l'adresse de son prédécesseur, qui n'a pas donné de nouvelles et le type de problème détecté. Ce processus permet ainsi d'isoler les parties de l'anneau qui posent problème. Pendant ce processus, chaque carte réseau Token Ring se déconnecte de l'anneau et effectue des tests internes pour savoir si elle est à l'origine du problème. Si aucun problème n'est détecté, la carte réintègre l'anneau automatiquement. Dans les autres cas, l'administrateur devra manuellement reconfigurer la carte pour qu'elle fonctionne de nouveau dans la topologie.

4. Wi-Fi et IEEE 802.11

Les liaisons sans fil de type Radio LAN (RLAN) ont trouvé des standards adéquats avec les travaux des groupes IEEE 802.11.

4.1 Présentation

C'est en 1997 que le groupe de travail 802.11 standardise, après plusieurs années de travaux, sa définition des réseaux de type *Wireless* LAN, qui est retouchée en 1999. Comme 802.3, ces spécifications couvrent les couches Physique et Liaison de données du modèle OSI. Cette dernière est divisée en deux sous-couches : *Medium Access Control* (MAC), pour l'accès au support de transmission et *Logical Link Control* (LLC), pour le contrôle de la transmission.

La couche Physique 802.11 définit trois modes de transmissions. Le premier utilisant la diffusion infrarouge, qui ne sera finalement pas retenue dans les implémentations de ces spécifications. Les deux autres techniques utilisent la transmission radio. Finalement, une seule, nommée *Direct Sequence Spread Spectrum* (DSSS) sera réellement exploitée.

Les spécifications 802.11 intéressent tellement certains éditeurs qu'ils forment, en 1999, le regroupement *Wireless Ethernet Compatibility Alliance* (WECA). Leur but est non seulement de promouvoir ce nouveau standard, mais également de certifier les matériels afin de garantir sa bonne application. Un label *Wireless Fidelity* (Wi-Fi), brevet d'interopérabilité, peut être décerné après différents tests. Finalement, cet organisme sera rebaptisé Wi-Fi Alliance.

Après des tests de compatibilités, le constructeur du matériel peut apposer sur les boîtes le logo ci-dessous, en fonction des standards respectés.

Logo Wi-Fi

Le standard Wi-Fi permet des communications sur des distances de quelques dizaines de mètres. L'utilisation d'antenne de gain plus important autorise exceptionnellement plusieurs centaines de mètres.

4.2 Normes de couche Physique

De nombreuses spécifications ont précisées celle 802.11 d'origine. Parmi celles-ci, trois définissent l'usage de couche Physique.

4.2.1 802.11b

Cette norme, publiée en septembre 1999, vient porter la vitesse maximale de transmission à 11 Mbps, avec des replis possibles à 5,5, 2 et 1 Mbps. Sa fréquence d'exploitation est 2.4 GHz.

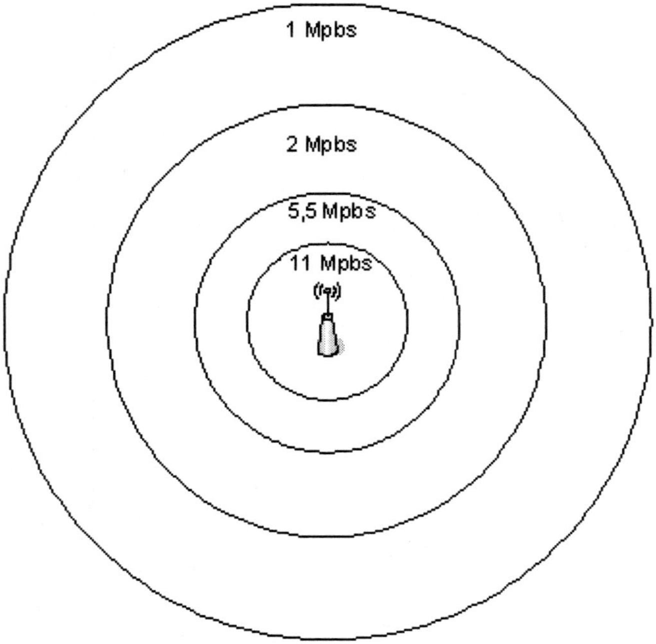

Plages de débits disponibles (802.11b)

Le réseau porte désormais un nom, le SSID (*Service Set IDentifier*).

4.2.2 802.11a

Comme 802.11b, la norme 802.11a est publiée en septembre 1999. Par contre sa couche Physique est prévue pour travailler en 5 GHz. La transmission maximale est de 54 Mbps. Comme précédemment, des solutions de replis sont prévues, à 48, 36, 24, 18, 12, 9 et 6 Mbps.

À cause du changement de fréquence, les antennes 802.11a sont incompatibles avec celles 802.11b.

4.2.3 802.11g

Ce standard, ratifié en juin 2003, succède finalement au 802.11b. Exploitant, comme cette dernière, la bande des 2.4 GHz, il autorise des débits à 54 Mbps. Les replis possibles sont les mêmes que 802.11a, soit 48, 36, 24, 18, 12, 9 et 6 Mbps.

4.2.4 802.11n

802.11g reste, depuis 2003, la spécification la plus exploitée commercialement. L'évolution 802.11n a été finalisée par l'IEEE en septembre 2009.

Après les versions 1.0 et 1.1, le groupe de travail de l'IEEE a adopté, en mars 2007, la version 2.0 du brouillon, qui s'approchait enfin du standard définitif. En termes de capacités, le 802.11n en version brouillon incluait d'ores et déjà la qualité de service (QoS - *Quality of Service*), le WMM (*Wi-Fi MultiMedia*) pour les applications VoIP (*Voice over IP*) et le streaming.

Les évolutions à définir étaient importantes, car il s'agissait à la fois d'améliorer considérablement le débit et la couverture radio. Un certain nombre de procédés ont été mis en œuvre et leurs définitions dans le cadre du standard ont été difficiles à avaliser.

Tout d'abord, un travail sur le signal (couche Physique) a été effectué. Cette avancée seule permettait d'envisager un débit de 65 Mbps au lieu de 54 Mbps avec les spécifications précédentes.

La seconde amélioration sur les transmissions a été amenée par une série de techniques liées à la technologie MIMO (*Multiple Input Multiple Output*). Par multiplexage spatial, ce sont jusqu'à 4 flux au lieu d'un seul qui peuvent être traités simultanément. En utilisant plus d'antennes de réception que de flux, il est possible de recevoir des signaux de plusieurs chemins.

802.11n utilise les bandes de fréquence 2.4 et 5 GHz. Dans cette dernière, il est possible de doubler la largeur de canal exploité, ce qui permet de gagner encore en vitesse. Le débit maximal de la version finale du 802.11n est de 200 Mbps. Les techniques utilisées permettent d'aller en théorie jusqu'à 540 Mbps.

La portée intérieure est de l'ordre de 50 mètres contre 125 mètres en extérieur.

4.3 Matériels

Le choix d'un matériel Wi-Fi nécessite d'abord de s'assurer de sa correspondance avec la norme de couche Physique souhaitée.

4.3.1 La carte réseau

Un adaptateur Wi-Fi est avant tout composé d'une puce, connectée à une antenne. Il est intégré à l'équipement informatique, ordinateur portable, PDA..., ou inséré sur une carte périphérique.

Dans le cas d'une solution intégrée, l'antenne l'est également. Elle est, par exemple, positionnée le long de l'écran de l'ordinateur portable. Les constructeurs peuvent également adopter la technologie Intel Centrino, incluant le Wi-Fi dans une solution complète.

De très nombreux modèles de cartes réseau Wi-Fi permettent d'ajouter une telle fonction à un ordinateur. On retrouve des formats PC Card/PCMCIA, Compact Flash, PCI ou USB.

Types de cartes Wi-Fi

4.3.2 L'équipement d'infrastructure

Deux matériels sont essentiellement utilisés ici. Leur but est l'interconnexion du réseau Wi-Fi au réseau filaire Ethernet, qualifié de système de distribution (DS - *Distribution System*).

Point d'accès

Le point d'accès (AP - *Access Point*) est le principal composant d'infrastructure d'un réseau Wi-Fi. Concentrateur, il centralise toutes les communications des stations qui lui sont associées.

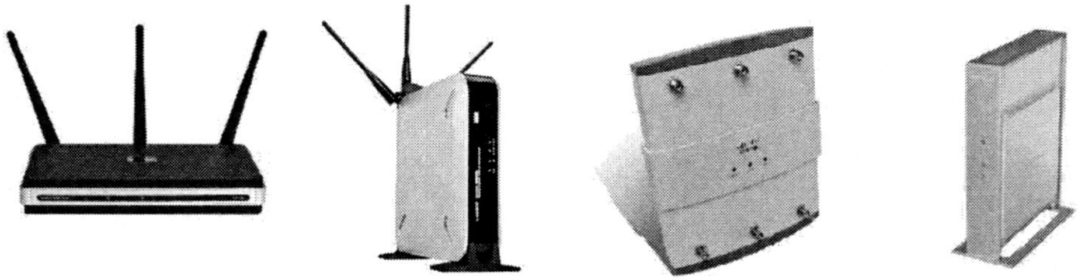

Concentrateurs Wi-Fi

Pont

La fonction principale d'un pont (*bridge*) Wi-Fi est d'interconnecter deux réseaux filaires Ethernet par l'interface air. Les ponts Wi-Fi fournissent ainsi une solution à prix réduit pour relier les réseaux Ethernet de plusieurs bâtiments, sans avoir recours à la fibre optique. Bien sûr, cette dernière sera nettement plus rapide.

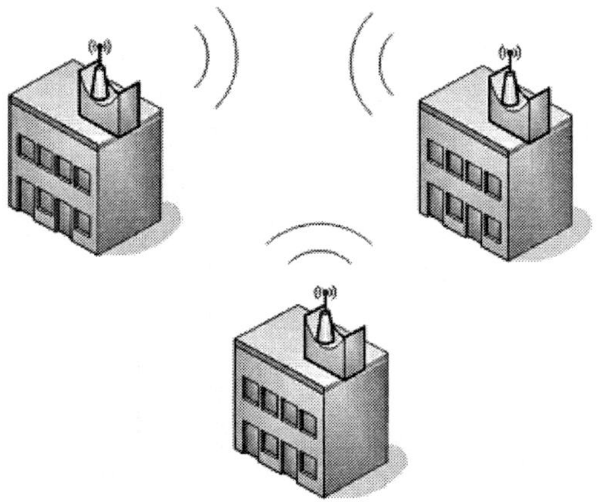

4.3.3 Les périphériques Wi-Fi

Les terminaux Wi-Fi les plus courants restent les ordinateurs, particulièrement les portables, et les périphériques mobiles de type assistants personnels communiquants. Dans les bureaux, d'autres équipements communiquent désormais en Wi-Fi : les vidéoprojecteurs, les imprimantes, les caméras...

Au niveau industriel ou dans les entrepôts, les douchettes de lecture de codes barres, depuis longtemps sans fil, se sont standardisées en adoptant le Wi-Fi.

Périphériques Wi-Fi

Le succès de la téléphonie sur IP (VoIP) a même conduit des constructeurs à proposer des solutions sans fil exploitant le réseau Wi-Fi (VoWi-Fi). Celles-ci ont actuellement plutôt recours à des fonctionnements propriétaires, par exemple pour l'itinérance, en attendant les standards.

4.4 Architecture

La première architecture définie dans la norme 802.11 permet une communication d'égal à égal entre au moins deux stations. Elle est nommée *Independent Basic Service Set* (IBSS), pour former des réseaux ad hoc.

La seconde architecture nécessite un point d'accès. Dans ce *Basic Service Set* (BSS), il agit comme un maître pour les stations périphériques qui lui sont associées. Toutes les communications doivent passer par lui.

Un réseau de plus grande étendue, avec plusieurs points d'accès, est nommé *Extended Service Set* (ESS). Ce type de réseau peut autoriser un déplacement au sein de l'entreprise, en s'associant successivement au point d'accès le plus proche, sans coupure de communication. Cette action est l'itinérance, ou *roaming*.

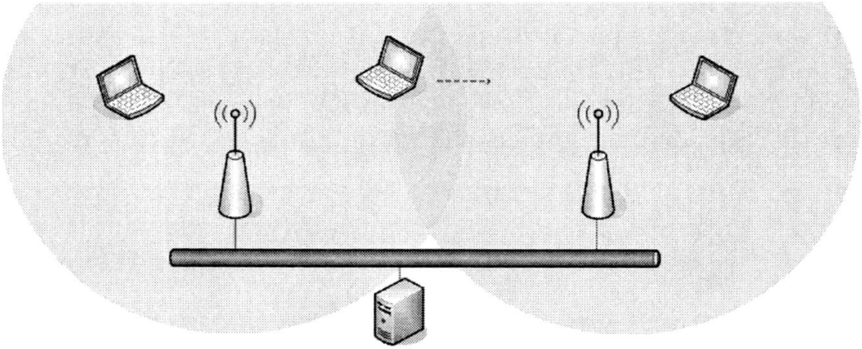

Wi-Fi et itinérance

4.5 Sécurisation

4.5.1 WPA

Le Wi-Fi Protected Access a été finalisé en 2003 en réponse aux nombreuses faiblesses identifiées avec WEP (*Wired Equivalent Privacy*). Il implémente la plupart des fonctionnalités décrites dans la norme 802.11i qui n'était pas encore complètement finalisée à l'époque.

La conception même du protocole repose sur l'utilisation d'un serveur d'authentification basé sur 802.1X nécessaire à la distribution des clés pour chacun des utilisateurs.

Une autre implémentation plus basique et disponible généralement chez les particuliers et les PME, est l'utilisation d'une clé partagée (*Pre-Shared Key* ou PSK).

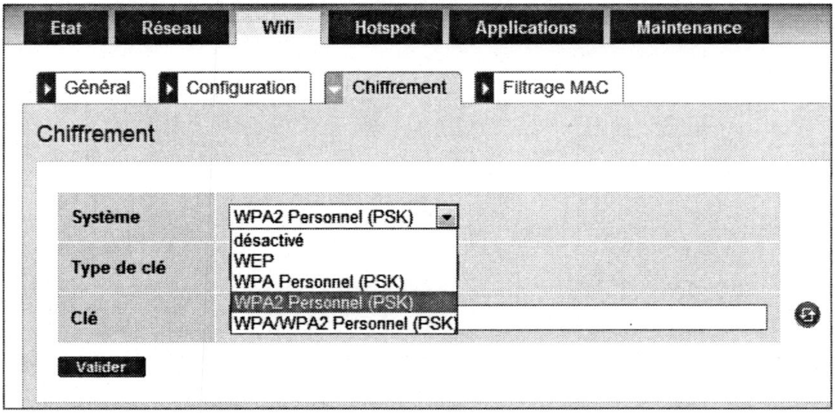

Exemple de choix d'une sécurité Wi-Fi sur une box Internet

WPA s'appuie généralement sur le protocole TKIP (*Temporal Key Integrity Protocol*) qui utilise des clés plus longues que les clés WEP. Ce protocole TKIP permet l'échange dynamique des clés.

Il existe deux variantes pour le WPA (v1 ou v2) :

– WPA-Personnel

– WPA-Entreprise

Le WPA-Personnel ne nécessite pas de serveur d'authentification ; chaque équipement s'authentifie directement auprès du point d'accès au moyen d'une même clé de 256 bits.

La version Entreprise repose sur l'utilisation d'un service RADIUS (*Remote Authentication Dial In User Service*) et s'appuie nécessairement sur un chiffrement AES (*Advanced Encryption Standard*).

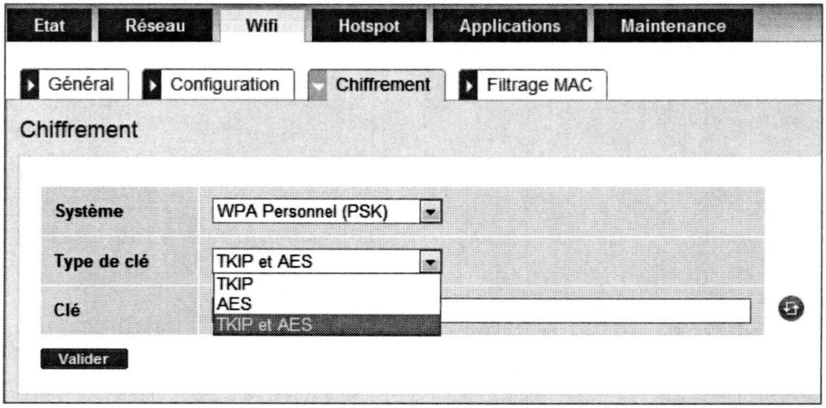

Configuration du protocole de chiffrement

Ainsi, WPA garantit non seulement l'authentification, mais aussi le chiffrement. Il protège également l'intégrité des trames en les signant. Il est ainsi quasi impossible de réaliser des attaques par modification des trames et de leur CRC (*Cyclic Redundancy Check*) comme avec le WEP. Il propose également un mécanisme de comptage de trames qui empêche le rejeu par des attaquants.

Remarque

L'algorithme utilisé pour l'identification des messages est le MIC (Message Integrity Code), appelé aussi "Mickael".

4.5.2 WPA2

Il s'agit de la version de protocole qui respecte scrupuleusement la norme IEEE 802.11i.

Le chiffrement est mis en œuvre au moyen du protocole AES.

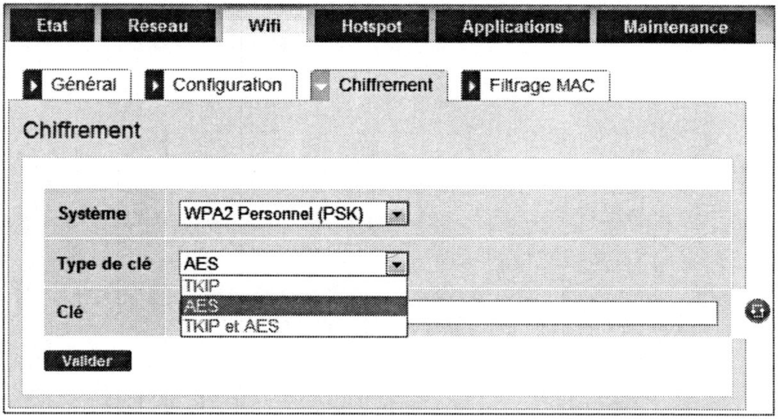

Configuration WPA2 avec AES

Remarque

Depuis 2006, la compatibilité WPA2 est obligatoire pour les équipements certifiés Wi-Fi.

4.6 Usages

Cette technologie est d'abord à considérer comme la version sans fil d'Ethernet. Elle arrive de concert avec une exigence de mobilité à l'intérieur de l'entreprise. Au-delà d'un usage bureautique, avec son terminal posé sur une table, le Wi-Fi autorise une véritable itinérance.

Une autre utilisation importante est l'extension du réseau d'entreprise. Amener le réseau local là où il n'est pas encore disponible est désormais beaucoup plus évident qu'avec une solution filaire. En plus de la facilité et de la rapidité de déploiement, le coût représente un critère de choix important.

Un hotspot permet un accès à Internet par la technologie Wi-Fi. La commission générale de terminologie et de néologie a francisé ce terme en Accès Sans Fil à Internet (ASFI).

4.7 En-tête de trame Wi-Fi

La couche *Medium Access Control* (MAC), sous-couche basse de la Liaison de données constitue le cœur du Wi-Fi.

Elle doit gérer le média, ou plutôt l'absence de média physique, caractérisé par une fréquence radio. Ce canal doit être partagé entre les différents nœuds du réseau. Chacun possède une adresse MAC qui lui est propre, comme dans Ethernet.

Remarque

Le mécanisme de gestion de média ne peut utiliser la détection de collisions, peu concevable dans l'air. Une solution d'évitement de trame, de type CSMA/CA est donc exploitée.

La gestion du partage de bande passante n'est pas la seule exploitation de la couche MAC, loin de là. Avant d'émettre des données vers un point d'accès, une station doit être connectée au *Basic Service Set* (BSS), réseau de l'équipement maître. Un processus d'association est auparavant nécessaire. Et avant cela, une authentification de la station peut être demandée par le point d'accès.

D'autres problématiques sont également prises en compte à ce niveau. La fragmentation/défragmentation des trames transmises, ainsi que la capacité à communiquer à différents débits sont gérées. Les contrôles d'erreur et les économies d'énergie ne sont pas, non plus, oubliés. La sécurisation peut être également gérée au niveau de la couche MAC.

L'en-tête de trame Wi-Fi est donc nettement plus complexe que son pendant Ethernet. Le corps de trame a une taille maximale de 7956 octets. On remarque que quatre champs sont réservés pour les adresses MAC. Ils permettent l'usage, en plus des adresses source et destination, de points d'accès comme intermédiaire.

Octets: 2	2	6	6	6	2	6	2	4	0–7955	4
Frame Control	Duration /ID	Address 1	Address 2	Address 3	Sequence Control	Address 4	QoS Control	HT Control	Frame Body	FCS

En-tête MAC

Construction d'un en-tête de trame Wi-Fi

L'amendement 802.11n draft, entre autres, a entraîné quelques modifications de la couche MAC, tant au niveau du format de l'en-tête que de son contenu. Ainsi, un champ destiné à la qualité de service (QoS - *Quality of Service*) a été ajouté derrière celui Address 4.

5. Bluetooth et IEEE 802.15

Le succès des technologies réseaux utilisant la radio se confirme avec Bluetooth, devenu le standard commercial des réseaux de type RPAN (*Radio Personal Area Network*) et autres communications entre périphériques.

5.1 Historique

Lancée en 1994 par la société Ericsson, cette technologie porte le nom d'un roi danois "Harald II". Surnommé Harald II Blåtand (dent bleue - *blue tooth*), grand mangeur de myrtilles, il unifia le Danemark, ainsi qu'une partie de la Suède et de la Norvège, au IX siècle. Cette appellation marque la volonté, de la part d'Ericsson, de rassembler le monde de la téléphonie mobile.

D'autres grands industriels tels que Nokia, Intel, Microsoft, Toshiba, et IBM ont ainsi rejoint ce constructeur, à partir de 1998, pour former le Bluetooth *Special Interest Group* (SIG). Il compte actuellement plus de 10 000 sociétés membres.

Bluetooth™

Logo Bluetooth

Destinée à faire communiquer des équipements hétérogènes et peu éloignés, Bluetooth regroupe, sur une puce unique de moins d'un centimètre de côté, des capacités très avancées.

5.2 Standardisation

La spécification 1.0, publiée en juillet 1999, est adaptée aux transmissions de voix, données et images. Son débit théorique est de 1 Mbps. Sa fréquence de travail est la même que celle du Wi-Fi, soit 2.4 GHz. Enfin, elle est très économe en énergie. La deuxième spécification date de la fin de l'année 2004. Encore plus économe en énergie, elle est capable de débits théoriques de 10 Mbps, autorisant ainsi la transmission de vidéos.

Le groupe IEEE 802.15 (WPANWG - *Wireless Personal Area Network Working Group*) a choisi de se baser sur Bluetooth pour son standard. En fait, 4 subdivisions, les groupes de projet ou Tasks Groups, ont été formées.

Du projet 802.15.1, publié en juin 2002, a découlé un standard, basé sur Bluetooth v1.1.

Le second, 802.15.2, finalement mis en hibernation, avait pour charge des travaux sur la coexistence entre WPAN (802.15) et WLAN (802.11).

La solution haut débit (HR - *High Rate*) du groupe 802.15.3 a été finalisée en juin 2003. Elle permet le transfert de fichiers audio et vidéo en streaming, en se basant sur la technologie *Ultra Wide Band* (UWB), issue de l'armée américaine. Ce standard est capable de débits de plusieurs centaines de mégabits par seconde, sur quelques dizaines de mètres. De plus, cette solution ne craint pas de passer les obstacles, tels que les murs d'un bâtiment.

Enfin, à l'autre extrémité, la solution bas débit, avec économie d'énergie très avancée du groupe 802.15.4, a été approuvée en 2006. Cette norme, également appelée ZigBee, est le prolongement de HomeRF. Elle peut être utilisée pour transmettre des commandes plus que des données. Son débit est au maximum de 250 Kbps sur une distance d'une dizaine de mètres.

5.3 Réseau Bluetooth

Des équipements Bluetooth peuvent être interconnectés de deux manières.

La première consiste à former un réseau unique, le piconet, composé d'un terminal maître prenant en charge jusqu'à 7 terminaux esclaves. Toutes les communications, même entre esclaves, sont gérées et transitent par le maître.

Une deuxième solution est d'interconnecter plusieurs réseaux en étoile. Ceux-ci forment un scatternet, dans lequel le maître d'un piconet peut devenir l'esclave d'un autre piconet.

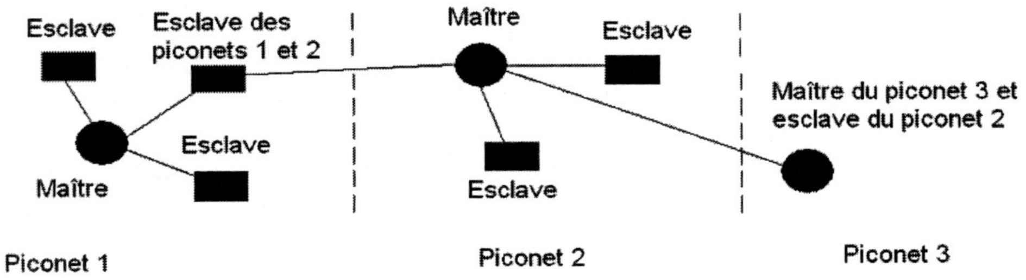

Au sein de tels schémas, différents débits sont autorisés entre équipements, pour un total de 1 Mbps en spécification 1.0. Une communication bidirectionnelle full-duplex atteindra environ 434 Kbps dans chaque sens, alors qu'une autre, dite déséquilibrée, autorisera 732 Kbps dans un sens et 58 Kbps dans l'autre.

Bluetooth est véritablement construit pour de multiples utilisations. Les fonctionnalités d'un périphérique sont ainsi répertoriées en tant que profils. Pour que deux équipements puissent communiquer, leur usage doit correspondre. Parmi les différents profils, on peut citer :

- GAP (*Generic Access Profile*), définissant les procédures de recherche d'appareils, de connexion et de sécurité.
- HS Profile (*Headset Profile*), pour les kits mains libres.
- LAN Access Profile.
- Fax Profile.
- FTP (*File Transfer Profile*).
- CTP (*Cordless Telephony Profile*)...

Ainsi, un réseau TCP/IP radio entre plusieurs machines (ad hoc) peut être constitué grâce au profil réseau local Bluetooth.

5.4 Classes d'équipement

Trois classes d'appareils Bluetooth sont définies :

- Classe 1, d'une puissance de 100 mW, pour des grandes distances de 100 mètres.
- Classe 2, d'une puissance de 2,5 mW, pour des distances moyennes d'environ 15 à 20 mètres.
- Classe 3, de puissance 1 mW, pour des petites distances, sur une dizaine de mètres.

L'essentiel des équipements du commerce sont de classe 3. Cette technologie est actuellement beaucoup utilisée pour des kits mains libres universels de téléphonie mobile. On la retrouve également dans des liaisons entre périphériques (assistants personnels numériques...) ou entre ordinateurs et périphériques (imprimantes...). Dans ce dernier cas, elle remplace la solution filaire USB.

Exemple de matériels utilisant Bluetooth

6. Autres technologies

Au niveau des couches basses des réseaux de taille modeste, d'autres technologies peuvent être retrouvées. Parmi celles-ci, le Courant Porteur en Ligne (CPL) paraît une technologie alternative prometteuse en LAN.

6.1 Autres standards de l'IEEE

Certains groupes de travail ont été abandonnés (ex. 802.4, 802.6, 802.7, 802.9, 802.10 et 802.12), tandis que d'autres ont été créés au fur et à mesure de l'évolution des technologies.

IEEE 802 LAN/MAN Standards Committee

IEEE 802 Working Group & Executive Committee Study Group Home Pages

Active Working Groups and Study Groups

- 802.1 Higher Layer LAN Protocols Working Group
  - Link Security Executive Committee Study Group is now part of 802.1
- 802.3 Ethernet Working Group
- 802.11 Wireless LAN Working Group
- 802.15 Wireless Personal Area Network (WPAN) Working Group
- 802.16 Broadband Wireless Access Working Group
- 802.17 Resilient Packet Ring Working Group
- 802.18 Radio Regulatory TAG
- 802.19 Wireless Coexistence Working Group
- 802.20 Mobile Broadband Wireless Access (MBWA) Working Group
- 802.21 Media Independent Handover Services Working Group
- 802.22 Wireless Regional Area Networks
- 802.23 Emergency Services Working Group

Inactive Working Groups and Study Groups

- 802.2 Logical Link Control Working Group

Disbanded Working Groups and Study Groups

- 802.4 Token Bus Working Group (material no longer available on this web site)
- 802.5 Token Ring Working Group

Extrait du site web de l'IEEE faisant apparaître le statut des différents standards

Nous allons examiner les nouveaux groupes qui ont été définis et les sujets sur lesquels ils portent.

6.1.1 802.16

Ce groupe de travail se concentre sur le développement des standards et des meilleures pratiques pour supporter et déployer les réseaux sans fil Larges bandes de type MAN (*Metropolitan Area Network*). Une des applications est le WiMAX, qui est décrit dans le chapitre Protocoles des réseaux MAN et WAN - section Interconnexion du réseau local.

Vous trouverez des renseignements complémentaires sur le site :
http://www.ieee802.org/16/

6.1.2 802.17

Dans le cas de réseau de type MAN ou WAN, la fibre optique basée sur une topologie en anneau est très largement utilisée. Ces anneaux utilisent des protocoles qui ne sont ni optimisés, ni adaptables à la demande en fonction des besoins parmi lesquels « la vitesse de déploiement », l'allocation de la bande passante et du débit, la réduction des coûts des équipements et de gestion.

Le groupe de travail *Resilient Packet Ring* contribue ainsi au développement des standards et au déploiement d'offres adaptables autour de la fibre optique en anneau.

Vous trouverez des renseignements complémentaires sur le site :
http://www.ieee802.org/17/

6.1.3 802.18

Ce groupe de travail œuvre sur la normalisation des communications radioélectriques.

Vous trouverez des renseignements complémentaires sur le site :
http://www.ieee802.org/18/

6.1.4 802.19

Ce groupe s'intéresse à la cohabitation avec les autres standards sans fil.

Vous trouverez des renseignements complémentaires sur le site :
http://www.ieee802.org/19/

6.1.5 802.20

Ce groupe se concentre sur les accès sans fil à large bande.

Vous trouverez des renseignements complémentaires sur le site :
http://www.ieee802.org/20/

6.1.6 802.21

Ce groupe s'intéresse à l'interopérabilité entre périphériques hétérogènes basés sur des types de réseaux distincts.

Vous trouverez des renseignements complémentaires sur le site :
http://www.ieee802.org/21/

6.1.7 802.22

Ce groupe de travail se concentre sur les réseaux régionaux sans fil.

Vous trouverez des renseignements complémentaires sur le site :
http://www.ieee802.org/22/

6.1.8 802.23

L'objectif de ce groupe est de définir un cadre indépendant du média, qui réponde aux exigences des autorités civiles, dans le contexte des systèmes de communications.

Vous trouverez des renseignements complémentaires sur le site :
http://www.ieee802.org/23/

6.2 Infrared Data Association (IrDA)

Utilisant le support infrarouge, IrDA définit une suite de protocoles permettant d'assurer la communication entre périphériques. Il existe deux principales normes IrDA.

6.2.1 Le protocole IrDA DATA

IrDA DATA est un standard d'échanges bi-directionnels, adapté au transfert de données. Ses applications sont multiples : ordinateurs, imprimantes, assistants personnels, téléphones cellulaires et potentiellement tout périphérique mobile.

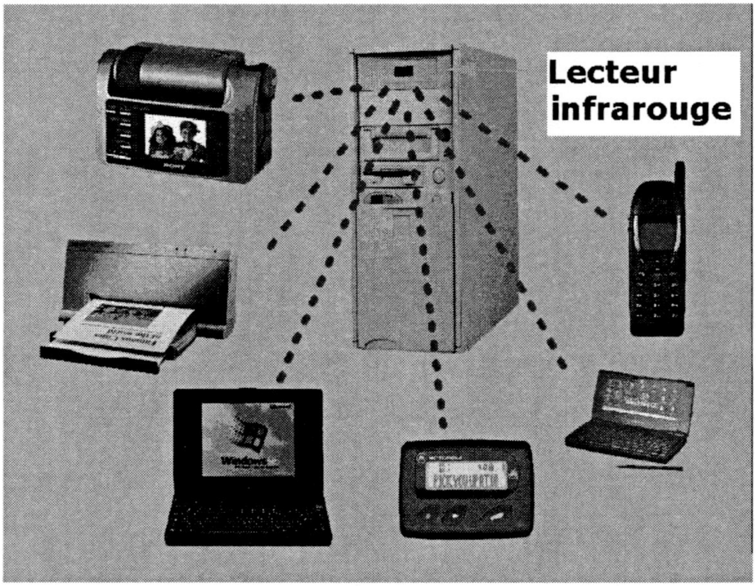

Il est composé d'une pile de protocoles obligatoires :

PHY (physique) : dépendant de la puissance électrique utilisée, ce protocole assure une communication maximale de 2 mètres entre les périphériques. Les versions à faible consommation d'énergie permettent un échange d'informations à une distance maximale de 20 cm et jusqu'à 30 cm si la destination est un périphérique standard. Ce protocole garantit la communication bi-directionnelle à une vitesse comprise entre 9,4 Kbps et 4 Mbps. Les paquets de données sont protégés grâce à un CRC.

IrDA Link Access Protocol (IrLAP) : ce protocole gère la connexion entre les périphériques afin d'assurer un transfert de données ordonné et fiable. Il est aussi chargé de la découverte automatique de périphériques.

IrDA Link Management Protocol (IrLMP) : ce protocole assure le multiplexage, permettant ainsi l'utilisation de plusieurs canaux au niveau IrLAP. Comme ce dernier, il est chargé de la découverte automatique, mais uniquement pour les protocoles et les services.

Selon les utilisations, des protocoles optionnels sont implémentés :

- Tiny TP, contrôle de flux IrLMP, segmentation et réassemblage.
- IrCOMM, émulation de ports COM.
- IrOBEX, services d'échange d'objets.
- IrDA Lite, méthodes d'allègement du code, tout en garantissant la compatibilité avec la totalité des spécifications IrDA.
- IrTan-P, protocole d'échange d'images.
- IrMC, spécifications des échanges entre périphériques de téléphonie et informatiques (répertoires, calendriers...).
- IrLAN, accès aux réseaux locaux.

Pile de protocoles IrDA DATA

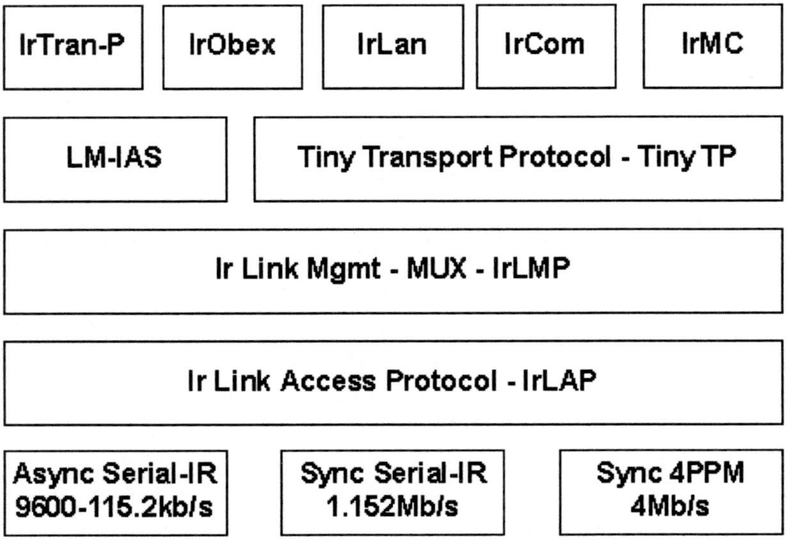

6.2.2 Le protocole IrDA CONTROL

Ce standard définit les échanges entre périphériques (clavier, souris, joystick...). Il est composé de trois protocoles obligatoires.

PHY (Physique) : assure une communication bi-directionnelle à une vitesse de 75 kbps, pour une distance maximale de 5 mètres. Les paquets de données sont protégés grâce à un CRC. Ce protocole est optimisé pour des composants à faible consommation d'énergie.

MAC : permet une communication simultanée entre périphériques (jusqu'à 8) et un faible temps de réponse. Assure l'adressage dynamique des périphériques (asymmetric MAC).

LLC : détecte les erreurs et retransmet les données.

La mise en application des technologies IrDA reste moins adaptée aux réseaux informatiques que les technologies utilisant les ondes radio, notamment à cause de la limitation de débit imposée par le support et sa relative sensibilité aux interférences.

6.3 Courant Porteur en Ligne (CPL)

6.3.1 Les principes

La transmission par Courants Porteurs en Ligne (CPL), en anglais *Power Line Communications* (PLC) ou *Broadband Power Line* (BPL), existe depuis les années 1950. La technique utilisée à cette époque était unidirectionnelle et ne procurait que des faibles débits. Elle reste exploitée pour, par exemple, l'allumage et l'extinction des lampadaires de rues ou le basculement des compteurs électriques entre tarifs jour et nuit.

Vers la fin des années 1990, les recherches ont permis au CPL de devenir bidirectionnel et d'autoriser des hauts débits. Cette solution peut être mise en œuvre pour des communications à l'intérieur de bâtiments, sur de faibles distances. D'autres exploitations, tel l'accès à Internet par CPL, seront très rapidement possibles. En France, ce n'est, en effet, que durant le premier semestre 2005, que le caractère expérimental de cette possibilité a été levé, ouvrant la porte aux solutions commerciales.

Dans la perspective de l'utilisation des lignes électriques pour les réseaux locaux, un consortium américain, appelé *HomePlug Powerline Alliance*, a été créé. Il regroupe différents acteurs du domaine, comme par exemple Intel, Linksys et Motorola, dans le but de travailler sur un cadre standard pour le courant porteur en ligne.

Des certifications ainsi que des tests pour vérifier l'interopérabilité des matériels ont été définis. Après validation, le constructeur est autorisé à utiliser le logo correspondant, par exemple sur la boîte du matériel.

Logos HomePlug

La première certification fut HomePlug 1.0, proposant des débits théoriques de 14 puis 85 Mbps. À cette certification initiale a succédé HomePlug AV (HPAV) destinée au réseau multimédia domestique. Compatible avec la version 1.0, elle autorise un débit théorique de 200 Mbps. Plus sécurisée, elle permet en outre la qualité de service et le streaming audio et vidéo.

Les deux autres sigles correspondent aux spécifications *HomePlug Access* BPL (*Broadband Power Line*), pour l'accès haut débit vers les habitations et HomePlug CC (*Command & Control*) pour le pilotage d'appareil par cette technologie.

Le consortium HomePlug se rapproche également de l'IEEE et de son groupe P1901 (http://grouper.ieee.org/groups/1901) destiné à standardiser ce type de communications.

La norme commune, permettant l'interopérabilité des trois grands systèmes CPL, est finalement aboutie en 2010 : IEEE Std 1901-2010. Cette norme prévoit l'utilisation d'adaptateurs domestiques pouvant atteindre en théorie le débit de 500 Mbps.

6.3.2 Le fonctionnement

Cette technologie utilise donc le réseau d'installation électrique d'un bâtiment pour véhiculer des données informatiques. Pour cela, une puissance beaucoup plus faible et des hautes fréquences (bande 1.6 à 30 MHz) sont exploitées sur les câbles électriques. Des filtres passe-bande permettent de différencier ce signal superposé à celui de 220V et 50 Hz, ne conservant que la donnée informatique.

Ce signal est reçu par tout adaptateur CPL branché sur le réseau électrique interne. Cet équipement le transforme ensuite en signal Ethernet, voire USB. Un ordinateur peut donc y être connecté.

Adaptateur CPL

Le transport de hautes fréquences sur les câbles électriques peut poser un problème de perturbations radioélectriques. La puissance injectée ne doit pas être trop importante, afin de ne pas empêcher le fonctionnement des appareils non réseaux. De plus, ces perturbations peuvent entraîner un manque de confidentialité des communications. HomePlug prévoit d'ailleurs l'usage possible d'un chiffrement *Advanced Encryption Standard* (AES), venant succéder au *Data Encryption Standard* (DES).

La couche physique du HomePlug utilise la modulation par étalement de spectre, ou *Spread Spectrum*, avec la technique de transmission *Orthogonal Frequency Division Multiplexing* (OFDM). La méthode d'accès est de type CSMA/CA (*Carrier Sense Multiple Access with Collision Avoidance*). Ces moyens sont également utilisés lors des communications Wi-Fi.

Bien que le CPL manque quelque peu de normalisation pour l'entreprise, avec des débits un peu plus importants, cette technologie peut être un bon complément au Wi-Fi. En effet, l'interconnexion du réseau Wi-Fi avec la dorsale Ethernet n'est pas toujours possible, par exemple pour des raisons de distance. Dans un tel cas, la mise en œuvre d'un prolongement, avec CPL, peut apporter une souplesse non négligeable.

Il est fort probable que les évolutions de cette technologie prometteuse permettent rapidement un usage encore plus intéressant dans l'entreprise, voire à l'extérieur.

Chapitre 7
Protocoles des réseaux MAN et WAN

1. Interconnexion du réseau local

Ces dernières années, les demandes d'interconnexion des entreprises entre elles (sites distants) ou à Internet ont explosé. Vis-à-vis de cet inter-réseau, les particuliers n'ont pas été en reste.

En parallèle, les technologies permettant ces connexions ont elles-mêmes considérablement progressé. Beaucoup de solutions utilisent des supports publics, comme la ligne du Réseau Téléphonique Commuté (RTC) ou le câble en fibre optique. Cette dernière peut également être déployée dans le cadre d'interconnexions privées. Comme pour les réseaux de taille plus petite, les réseaux radio se développent.

1.1 Usages du réseau téléphonique

Le réseau téléphonique commuté en fil de cuivre reste le support privilégié des communications au-delà du réseau local. Il est, en effet, peu courant de concevoir un bâtiment, particulier ou professionnel, sans interconnexion à ce réseau.

Normalement dédié aux transmissions de la voix, il s'est aussi avéré pleinement opérationnel techniquement pour faire circuler de la donnée.

Nous pouvons distinguer deux parties dans le réseau téléphonique commuté. La première, nommée Boucle Locale (BL) est propriété de France Télécom. Elle relie les centraux de cet opérateur aux bâtiments des clients finaux. Au-delà, un réseau cœur prend en charge la communication.

Remarque

Le réseau cœur de France Télécom transmet l'information sous forme numérique depuis très longtemps. En entrée, la voix est donc codée (échantillonnage). Avant d'être envoyée sur la boucle locale du correspondant destinataire, elle est décodée. Ce réseau cœur n'a donc aucune difficulté à transmettre les données informatiques.

À l'intérieur des centraux, des équipements *Digital Subscriber Line Access Multiplexer* (DSLAM) interconnectent l'abonné au réseau cœur de l'opérateur. À l'origine, seul France Télécom installait des DSLAM dans ses propres centraux. Depuis quelques années, des opérateurs alternatifs peuvent installer leurs matériels et interconnecter leur réseau cœur (numérique) à la boucle locale.

Dans ce dégroupage partiel, la communication téléphonique continue d'utiliser les services de France Télécom, quand la circulation des données est prise en charge par l'opérateur alternatif. Un dégroupage total indique une prise en charge complète des communications téléphoniques et de données par l'opérateur alternatif. Dans ce cas, l'abonnement à France Télécom est à la charge de ce dernier et non plus du client final.

Remarque

Dans une zone non dégroupée, le central ne contient que des équipements France Télécom.

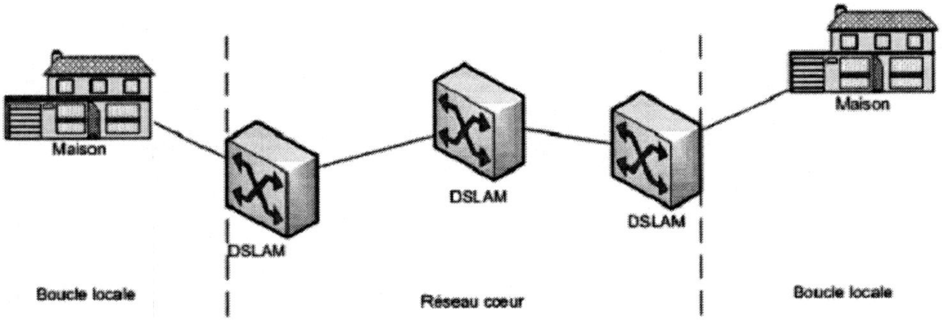

Pour transférer des données sur le support RTC, le modem analogique a longtemps été la solution la plus prisée. Il est désormais tombé en désuétude, utilisé la plupart du temps pour apporter uniquement des fonctionnalités de fax. Les modems du Réseau Numérique à Intégration de Services (RNIS) ont eux-mêmes été écartés par l'adoption massive en France de l'*Asymmetric Digital Subscriber Line* (ADSL), même si cette technologie n'est pas disponible partout.

D'autres techniques, telles les Lignes Spécialisées (LS), peuvent profiter de ce support filaire RTC.

1.2 Réseau Numérique à Intégration de Services (RNIS)

1.2.1 Les principes

Le Réseau Numérique à Intégration de Services (ISDN - *Integrated Services Digital Network*) est un ensemble de normes établies par l'ex-CCITT (ITU-T) pour transformer le réseau téléphonique commuté (analogique à ses débuts) en un réseau numérique mondial.

Remarque

En France, France Télécom propose un accès RNIS à son réseau, dont le nom commercial est Numeris. Bien que concurrencées par des technologies récentes, les offres Numeris restent d'actualité.

Un réseau numérique de bout en bout permet la transmission de n'importe quels types d'information tels que voix, vidéo ou données. De nombreuses applications sont ainsi possibles à travers la ligne RTC : transfert de fichiers, visioconférence, audioconférence, télécopie.

Le RNIS étant un standard international, la compatibilité entre pays est assurée.

1.2.2 Le rapport au modèle OSI

Le RNIS couvre les trois premières couches du modèle OSI. Au niveau de la première, couche Physique, RNIS fournit un multiplexage temporel entre les différents éléments. Localement, un modem RNIS permet la connexion entre le terminal et le réseau. Le connecteur RJ45 et les interfaces S/T (S vers l'abonné, T vers le réseau) sont exploités.

La couche Liaison est assurée par le protocole *Link Access Protocol on the D-Channel Multipoint* (LAP-D), qui prend en charge des adresses multipoints et de diffusion ainsi que la gestion du canal D.

Au niveau de la couche Réseau, deux canaux distincts sont mis à disposition. Celui dit de base (Canal B) est utilisé pour le transfert des informations. Le canal de données (Canal D) est utilisé pour la numérotation, l'établissement de la communication, l'identification de l'appelant et d'autres services.

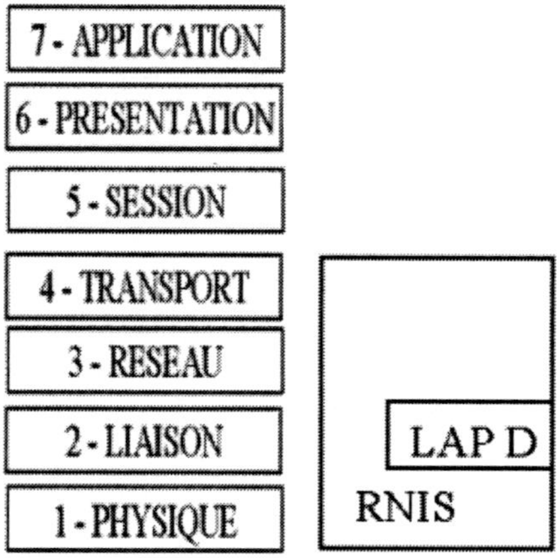

RNIS et OSI

1.2.3 Les types d'accès disponibles

Pour l'utilisateur, deux types d'accès ont été définis par rapport au débit de base nécessaire pour transmettre de la voix, 64 Kbps.

Remarque

En Europe, la voix sur le réseau téléphonique est numérisée à 8000 échantillons par seconde, soit 1 toutes les 125 microsecondes. Chaque impulsion est définie sur 8 bits (256 niveaux possibles). Ainsi, ce codage en Modulation par Impulsion Codée (MIC) transmet à 64 kbps. Cette unité est la base du RNIS.

L'accès de base comprend :

- 2 canaux B à 64 kbps chacun (soit 128 kbps par agrégation de ligne), pour la transmission des données.
- 1 canal D à 16 kbps pour la signalisation.

Remarque

Grâce à la compression RNIS, il est possible d'atteindre jusqu'à 400 kbps.

L'accès primaire fournit :

- 30 canaux B à 64 kbps chacun.
- 1 canal D à 64 kbps.

Remarque

Aux USA et au Japon, l'accès primaire correspond à 1 canal D et à 23 canaux B.

En France, par exemple, les offres commerciales sont des adaptations de ces accès.

Le RNIS est un service commuté. Par conséquent, l'utilisateur est facturé en fonction de la durée de communication et de la distance parcourue. Bien sûr, le type d'accès est également pris en compte.

1.3 Ligne Spécialisée (LS)

1.3.1 Les principes

Une ligne spécialisée est permanente et louée forfaitairement à un opérateur téléphonique, la plupart du temps France Télécom. Elle interconnecte en point à point deux numéros prédéfinis à l'avance. Il n'est pas nécessaire de composer celui du destinataire.

La facturation est dépendante de la distance et du débit proposé.

Les lignes spécialisées sont accessibles de n'importe quel point de France. Leur coût les destine à des exploitations d'entreprise.

Remarque

France Télécom commercialise un tel service sous l'appellation Transfix.

1.3.2 Les débits

Avec les lignes spécialisées, les débits sont symétriques. Ils sont standardisés à l'échelle européenne, sous l'appellation Ex, ou américaine, avec les niveaux Tx.

Par exemple, les principaux débits européens sont :

- E1, à 2,048 Mbps, soit 30*64 kbps.
- E2, à 8,848 Mbps, soit 4*E1.
- E3, à 34,368 Mbps, soit 4*E2.
- E4, à 139,264 Mbps, soit 4*E3.

Parmi les débits américains, nous pouvons citer :

- T1, à 1,544 Mbps, soit 24*64 kbps.
- T2, à 6,312 Mbps, soit 4*T1.
- T3, à 44,736 Mbps, soit 7*T2.

1.4 Techniques xDSL

1.4.1 Les principes

Nous avons vu précédemment que sur la boucle locale du réseau téléphonique commuté, le signal est transmis habituellement sous forme analogique, alors qu'il devient numérique sur le circuit cœur. Les techniques de transmission telles que *Asymmetric Digital Subscriber Line* (ADSL) permettent d'utiliser les fréquences non exploitées par le signal analogique. Elles autorisent des débits numériques très importants, en utilisant au maximum les possibilités offertes par le câble cuivre.

Ainsi, les débits obtenus peuvent être conséquents, mais sur des distances très courtes au sein de la boucle locale. En effet, la perte de qualité de ce signal très poussé, sur les fils de cuivre RTC, survient très rapidement.

Pour qu'une ligne téléphonique soit éligible à une connexion ADSL, l'abonné doit être situé au maximum à environ 5 kilomètres du central auquel il est relié. Avec ADSL 2+, cette distance est prolongée d'environ 1,5 kilomètre. Tout le monde ne peut donc être connecté au haut débit à Internet par ADSL.

Chez l'abonné, un modem spécifique permet la mise en forme du signal avant son envoi sur le support cuivre du téléphone. L'ordinateur est interconnecté à ce modem par un câble en paires torsadées, dont les terminaisons sont des connecteurs RJ45 ou par câble USB. Du point de vue logiciel, une configuration *Point to Point over Ethernet* (PPoE) est créée sur l'ordinateur, autorisant la connexion jusqu'au Fournisseur d'Accès Internet (FAI).

1.4.2 Les différents services

L'ADSL est la première solution commerciale proposée. Définie en 1995, elle prévoit une exploitation sur un canal téléphonique analogique ou RNIS. Les débits initialement prévus étaient de :

- 800 kbps maximum en débit montant (depuis l'abonné vers le central).
- 8,192 Mbps maximum en débit descendant (depuis le central vers l'abonné).

Grâce aux avancées technologiques, les services proposés peuvent désormais aller jusqu'à :

- 1,024 kbps en montant.
- 28,672 Mbps en descendant.

Les technologies DSL sont fortement tributaires de la distance avec le central. Ainsi, le débit maximal ADSL n'est souvent plus disponible au-delà de 2,4 kilomètres de boucle locale. L'évolution *Reach Extended* ADSL ne prolonge cette distance que d'environ 800 mètres.

Après ce premier type, d'autres ont vu le jour, tels que :

- *High bit rate DSL* (HDSL), symétrique à 2 Mbps maximum sur environ 3,6 kilomètres.
- *Symmetric DSL* (SDSL), à 2 Mbps maximum sur des distances de l'ordre de 2400 mètres, mais avec des temps de transit très intéressants.
- *Single-pair High-speed DSL* (SHDSL), de 144 Kbps à 2,3 Mbps, jusqu'à 5400 mètres, mais avec un débit fixe garanti (important pour les visioconférences).
- *Very high speed DSL* (VDSL), capable de pointes descendantes jusqu'à 100 Mbps, mais à 300 m du central maximum (au-delà, similaire à l'ADSL 2+ présenté ci-dessous, mais sur 3500 mètres).

S'adressant principalement au particulier, ADSL a évolué et beaucoup de fournisseurs proposent désormais à l'abonné l'usage de la technologie ADSL 2+. Celle-ci est capable de pointes à 20 Mbps, mais sur 2,5 kilomètres au maximum. Au-delà, l'ADSL classique prend le relais. Aux extrémités, le modem, comme le DSLAM doivent être adaptés à ADSL 2+.

Remarque

De plus en plus souvent, les FAI donnent les débits en ATM, entre le réseau Internet et le DSLAM du FAI. Le réel est le débit IP, environ 25 % moins rapide.

En France, particulièrement grâce à ces technologies xDSL, l'accès à Internet à haut débit est devenu une réalité. Les communications sont désormais tellement rapides et fiables qu'un grand nombre de sociétés abandonnent les coûteuses lignes spécialisées au profit de réseaux privés virtuels (VPN - *Virtual Private Network*) permanents, contrôlés par l'entreprise. Il suffit pour cela de configurer deux routeurs, qui vont créer un tunnel sécurisé à travers l'Internet, sans aucun autre engagement auprès des opérateurs que les abonnements nécessaires.

1.4.3 Les offres "triple play"

Avec le dégroupage total et l'augmentation du débit en ADSL 2+, les fournisseurs d'accès Internet ont commencé à proposer des offres allant bien au-delà de la simple fourniture d'un accès haut débit à l'inter-réseau.

Ces offres, portant l'appellation "triple play", incluent :

- L'accès Internet haut-débit.
- La téléphonie illimité, en voix sur IP (VoIP).
- La télévision, avec de nombreuses chaînes possibles.

Elles sont réservées aux abonnés éligibles les plus proches des DSLAM.

Des modems spéciaux font l'interface entre la prise téléphonique et les différents matériels (télévision, ordinateur, téléphone...) concernés par le "triple play". Leur connectique est importante, avec au moins des prises RJ11, RJ45 et Péritel.

Remarque

En France, les différents FAI qualifient ces matériels de "box". Un quatrième service est même parfois possible : la connexion du téléphone mobile par Wi-Fi à la connexion Internet du foyer pour téléphoner avec ce périphérique sans passer par le réseau GSM.

1.5 Câble public

Certaines agglomérations proposent une solution d'accès à Internet alternative, par le câble en fibre optique. Contrairement aux techniques DSL, il est ici nécessaire d'avoir auparavant connecté spécifiquement l'abonné à l'architecture réseau en fibre optique.

La France a peu privilégié ce support, très coûteux à installer. La concurrence des technologies DSL, reposant sur un réseau maillant déjà tout le territoire, a eu une grande influence. Par contre, les limites des technologies DSL commencent à se faire sentir et le câble public, offrant de bien meilleurs débits, a encore de l'avenir. Pour l'instant, il n'est encore disponible que dans les agglomérations.

Les offres proposées par les câblo-opérateurs sont très similaires à celles découlant d'un usage ADSL, avec des débits actuellement équivalents voire supérieurs. Le "triple play" est également d'actualité avec les offres des câblo-opérateurs.

1.6 WiMAX

1.6.1 La boucle locale radio

Les solutions d'accès à Internet haut débit DSL utilisent les lignes RTC. Malheureusement, ces technologies ne peuvent couvrir l'ensemble de la population, ne permettant pas l'accès rapide à Internet pour tous. Nous savons désormais que le câblage en fibre optique est réservé à des populations dont la densité de logements est forte.

L'exploitation de la solution Boucle Locale Radio (BLR) permet de s'affranchir de ces problématiques. La BLR devient ainsi une solution complémentaire aux techniques xDSL et câble public, en autorisant des sites professionnels et des foyers à accéder à Internet haut débit.

Des opérateurs alternatifs à France Télécom peuvent ainsi créer leurs propres réseaux hertziens de BLR, moyennant autorisation.

Pour les fournisseurs d'accès Internet, la BLR peut aussi être une solution à certains problèmes actuels du dégroupage. En effet, il est difficilement concevable pour ces opérateurs de reproduire un réseau de télécommunications complet arrivant jusqu'au client final. Dans une offre de dégroupage partiel, l'opérateur alternatif relie la boucle locale, appartenant à France Télécom, à son propre réseau. Pour cela, il place ses équipements de transmission dans les locaux de l'opérateur historique, dont il est concurrent. Le dégroupage total implique, en plus, au FAI, la location de la ligne de la boucle locale. On comprend donc que l'utilisation de la BLR permettrait de simplifier certaines opérations.

1.6.2 La solution WiMAX

Les solutions de type RMAN, exploitables pour la BLR, sont standardisées par le groupe de travail IEEE 802.16 *Broadband Wireless Access Working Group* (BWAWG). Pour promouvoir celles-ci, les sociétés Intel et Alvarion sont à l'origine, en 2002, d'une association, le *Worldwide Interoperability for Microwave Access* (WiMAX) *forum*. Ce groupement compte aujourd'hui de nombreuses sociétés membres.

En plus de la promotion de la technologie, le but de cette association est de faciliter la certification des équipements, afin de garantir leur compatibilité.

Le logo WiMAX

Le standard IEEE 802.16a, ratifié en janvier 2003, a servi de base au WiMAX. Il autorise des débits symétriques théoriques allant jusqu'à 70 Mbps, pour une portée pratique d'environ 50 kilomètres. En réalité, les opérateurs parlent d'un débit réel maximum de 12 Mbps pour une portée de 10 à 20 kilomètres, en fonction de l'environnement.

Quelques antennes d'infrastructure peuvent ainsi suffire à mettre en œuvre une connexion point à multipoints à l'échelle d'un département. Ce premier standard, qui ne gère que la connexion fixe, a très légèrement évolué en 802.16d, également appelé 802.16-2004, ratifié en juin 2004.

L'évolution 802.16e, validée en décembre 2005, apporte la mobilité au WiMAX. Elle prévoit le passage d'une antenne à l'autre (*hand-over*) et le déplacement à bord d'un véhicule sans incidence pour la communication. Son débit théorique est de 30 Mbps et sa portée jusqu'à 3,5 kilomètres. Pour communiquer, les PC portables et autres équipements nomades devront intégrer un composant dédié.

La nouvelle version 2 du WiMAX est sur le point d'être finalisée (IEEE 802.16m).

Cette version autorise des débits théoriques allant jusqu'à 1 Gbps. Cette norme doit ainsi permettre la convergence des technologies Wi-Fi, WiMAX et 4G.

1.7 Réseaux cellulaires

1.7.1 Les principes

La téléphonie cellulaire a envahi notre quotidien depuis maintenant quelques années. Là encore, la convergence des réseaux voix et données est d'actualité.

Dans ces réseaux, une antenne (RAN - *Radio Access Network*) couvre une zone géographique donnée. Tous les points qui peuvent être atteints à partir de cet équipement forment une cellule. Une station de base, liée à l'antenne, assure le rôle de serveur pour tous les clients de la cellule. Un réseau cœur (CN - *Core Network*) relie entre elles les différentes stations de base.

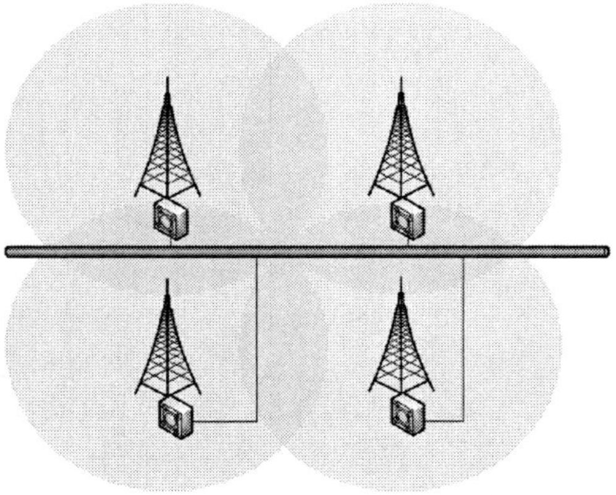

Cette organisation en cellules géographiques recouvrantes permet le transfert de l'une à l'autre durant une communication. En effet, l'équipement mobile teste en continu la qualité des signaux reçus. Si sa station de base ne lui fournit pas le meilleur, il demande au gestionnaire, sur le réseau cœur, le basculement. Cette action, en communication, porte le nom de hand-over, handover ou handoff. En téléphonie cellulaire, une capacité de roaming, ou itinérance, indique un accord entre opérateurs pour accéder à leur réseau depuis l'étranger.

De telles notions et appellations peuvent être retrouvées dans des réseaux de taille inférieure, RMAN ou RLAN. Le terme de hand-over indique parfois également un changement de technologie.

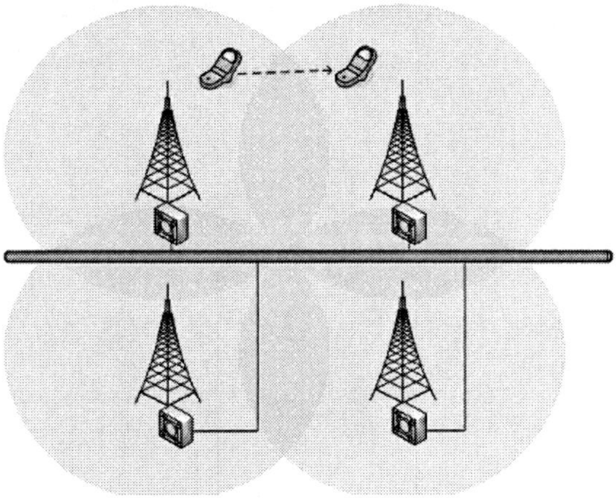

1.7.2 Les débuts

À la fin des années 70, le réseau Radiocom 2000 devient la première génération (1G) de téléphonie mobile. Le fonctionnement en est complètement analogique, en commutation de circuit. Le réseau est composé de cellules de quelques kilomètres de portée.

Au début des années 80, la Conférence Européenne des Postes et Télécommunications (CEPT) commence à normaliser un système de téléphonie mobile numérique. Elle réserve pour cela des bandes de fréquences proches des 900 MHz. Et en 1987, le groupe d'étude GSM, Groupe Spécial Mobile, du CEPT lance le système de téléphonie *Global System for Mobile* (GSM). Dans cette 2ème génération (2G), le transport est numérique, optimisé pour la parole.

Une évolution de cette dernière, exploitant la bande 1800 MHz, le *Digital Cellular System* (DCS 1800) arrive rapidement et est finalisé en 1990.

Rien ne s'opposant techniquement à cela, un premier service de données par GSM est tenté : le *Wireless Application Protocol* (WAP). La donnée est modulée en signal voix, pour être ensuite reconstituée par démodulation. Son débit est de 9,6 kbps.

1.7.3 L'évolution vers le transport de données

La solution WAP, qui fut un échec commercial, trouvera un successeur avec *General Packet Radio Service* (GPRS), parfois qualifié de génération 2.5. Il s'agit d'une véritable adaptation des réseaux cellulaires aux transferts de données. La connexion peut être permanente puisqu'elle exploite la technique de commutation de paquets. Sur les terminaux, les transferts de voix sont toujours pris en charge par GSM (facturation possible au temps de communication), tandis que les transferts de données sont pris en charge par GPRS (facturation possible au poids de données transmises).

Cette nouvelle technique permet un débit théorique allant jusqu'à 115 kbps, 40 kbps en pratique, adaptant sa vitesse à la qualité du réseau. Grâce à elle, les assistants personnels deviennent réellement communicants et de nombreuses solutions voient le jour.

Les terminaux mobiles désormais utilisables pour la donnée

GPRS évolue en EDGE (*Enhanced Data for GSM Evolution*), technologie également dédiée au transfert de données en mode paquets. Tout en réutilisant les infrastructures réseaux GSM existantes ; elle permet d'augmenter la vitesse d'exploitation. Son débit théorique peut attendre 384 Kbps. EDGE est considérée comme une solution intermédiaire entre GPRS et UMTS et est qualifiée de génération 2.75.

Mais les débits demeurent quand même insuffisants et il est difficile de proposer avec GPRS ou EDGE des applications multimédia, comme par exemple, la télévision sur les téléphones mobiles ou la visiophonie. De plus, à l'échelle mondiale, les différents systèmes de communication mobile 2G sont incompatibles. L'Union Internationale des Télécommunications (UIT) propose donc, dès 1985 la définition d'un programme *Future Public Land Mobile Telecommunications System* (FPLMTS) pour exploiter une bande de fréquences unique et suffisante et proposer des accès jusqu'à 2 Mbps.

L'ensemble de spécifications de ce programme, finalement baptisé système *International Mobile Telecommunication 2000* (IMT 2000) intéressa l'ETSI qui proposa sa solution y répondant : *Universal Mobile Telecommunications System* (UMTS). D'autres organismes se regroupèrent autour de cette solution, pour former le consortium *3rd Generation Partnership Project* (3GPP), qui adopte l'UMTS au niveau mondial début 1998. Les USA préfèreront finalement adopter le système CDMA2000, issu des travaux du groupe 3GPP2.

1.7.4 Les nouvelles générations de téléphonie cellulaire

En Europe, l'UMTS devient la 3ème génération (3G) de téléphonie mobile.

Pour répondre aux fortes contraintes du hand-over, un débit maximal est retenu : 384 kbps en réception. Il autorise le transfert entre deux cellules à la vitesse d'un véhicule automobile. De plus, des basculements sans perte de communication entre 2G et 3G sont possibles.

L'investissement nécessaire aux opérateurs de téléphonie mobile pour passer en UMTS est important. Les débits demeurent trop limités pour des applications permettant un retour sur investissement suffisant. Rapidement, l'UMTS évolue logiciellement en HSDPA (*High Speed Downlink Packet Access*), considéré comme l'ADSL pour la téléphonie mobile. Cette génération 3G+ autorise des débits de plus de 7 Mbps.

Cartes modem 3G ou 3G+ aux formats PCCard ou USB

La future révolution des réseaux hertziens pourrait être l'exploitation de la norme de communication *Unlicensed Mobile Access* (UMA). Celle-ci autorisera le roaming entre réseaux 2G ou 3G vers Wi-Fi ou Bluetooth, sans coupure de communication. Cette solution, dite *Intelligent Transportation Systems* (ITS), pourrait imposer de disposer d'une adresse IP permanente.

La 4G ou quatrième génération fait référence à un ensemble de critères, à la fois de débit et de qualité de service. Cette génération est également connue sous l'apellation *Long Term Evolution* (LTE). C'est grâce à l'utilisation de multiples liens radio simultanés que les débits peuvent être considérablement accrus. De plus, une latence plus faible permet d'améliorer considérablement la prise en charge des applications temps réel.

En effet, alors que les débits théoriques de la 3G+ plafonnent à 42 Mbps (contre 7 Mbps en usage pratique), la LTE annonce des débits théoriques de 100 Mbps en débit descendant et 50 Mbps en montant.

Chez de nombreux opérateurs, le développement des smartphones a généré un trafic de données qui a explosé en deux ans. Certaines grandes villes rencontrent des problèmes de saturation aux heures de pointe.

Après un lancement du premier réseau opérationnel en Suède en septembre 2009, par TeliaSonera, le très haut débit mobile a été déployé par Ericsson et est opéré par MetroPCS en Amérique du Nord (région de Dallas et Fort Worth au Texas).

Fin 2011, l'ARCEP, l'Autorité de Régulation des Communications Électroniques et des Postes, a attribué aux enchères les licences 4G LTE (*Long Term Evolution Advanced*).

Deux appels d'offres ont été réalisés.

Le premier appel d'offres portait sur la fréquence de 2600 MHz et a été réparti comme suit pour un montant total de 936 millions d'euros :

- Orange et Free Mobile obtiennent 20 MHz.
- Bouygues Telecom et SFR obtiennent 15 MHz.

Le second appel d'offres portait sur la fréquence des 800 MHz, récupérés du fait de l'arrêt de l'émission hertzienne analogique, attribués pour un montant total de 2,6 milliards d'euros : Bouygues Telecom, Orange et SFR ont obtenu chacun 10 MHz.

À noter que Free Mobile n'a pas obtenu de fréquences pour ce second appel d'offres mais peut utiliser le roaming sur le réseau SFR de cette plage.

Fin 2012, les premières offres ont fait leur apparition dans les grandes villes au travers d'Orange et de SFR.

Les autres opérateurs emboîtent le pas début 2013.

Samsung a été l'un des premiers à proposer la prise en charge 4G sur ses smartphones :

Smartphone 4G

Des clés sont également commercialisées pour permettre la connexion des PC portables :

Clé 4G

1.8 Fiber Distributed Data Interface (FDDI)

Cette technologie de réseau métropolitain (MAN) a été développée par des anciens de la Sperry Corporation en 1982. Elle a été proposée à l'ANSI, puis normalisée par l'ISO sous le numéro 9314. Elle est compatible avec LLC et comprend une sous-couche MAC.

1.8.1 Les principes

FDDI définit une communication sur un double anneau à jeton contra-rotatif, soit chacun dans un sens.

À l'origine, le débit défini est de 2*100 Mbps, sur une fibre optique monomode ou multimode. Cette vitesse a évolué à 2*155 Mbps en FDDI-2, puis en 2*2.5 Gbps avec l'évolution *FDDI Follow On LAN* (FFOL).

Remarque

FDDI 2 fonctionne de manière isochrone, permettant ainsi les transmissions multimédia et le transport de la voix.

Des variantes existent, qui utilisent de la paire torsadée, telle *Copper Distributed Date Interface* (CDDI).

La distance maximale entre deux raccordements est de 2 km avec une fibre multimode et de 60 km avec une fibre monomode.

1.8.2 La topologie

La connexion au réseau FDDI peut être réalisée directement sur l'ordinateur ou via un concentrateur.

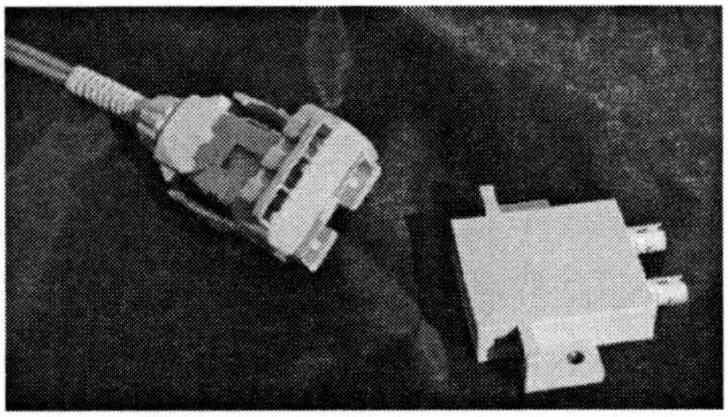

Connecteurs FDDI

Différents modes de raccordement peuvent être utilisés, utilisant des connecteurs de type distinct :

- A, double connexion à chaque anneau.
- B, double connexion à un seul anneau.
- C, concentrateur connecté au double anneau afin de relier les stations B.

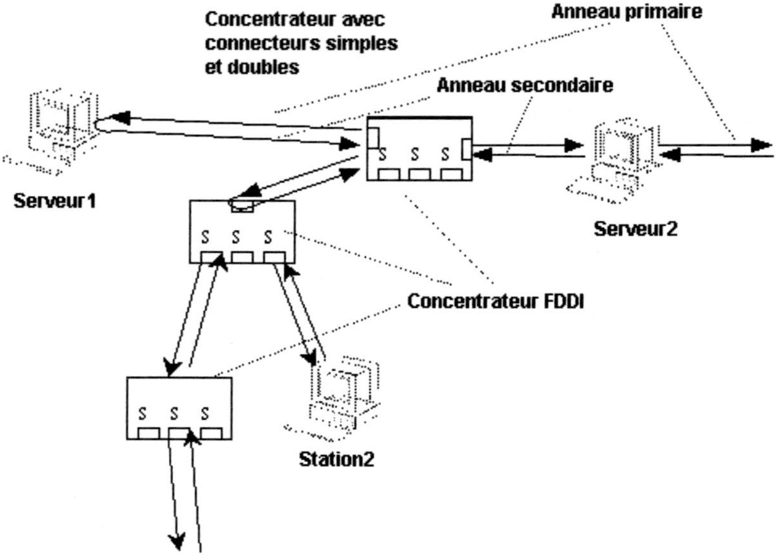

Connectique FDDI en arbre et tolérance de panne

1.8.3 Le fonctionnement

FDDI est dimensionné pour des réseaux de type MAN mais peut être utilisé comme moyen d'interconnexion de LAN (dorsales). Ses services sont utilisés par LLC et sa technologie est proche de 802.5.

Le passage du jeton a été amélioré. Un relâchement de ce dernier est immédiatement effectué après émission de la trame de données. Ainsi, les trames sont répétées de poste en poste et le jeton est toujours la dernière trame que les machines voient passer. Elles peuvent ainsi se l'approprier pour émettre à la suite des autres trames de données, leurs propres informations.

L'architecture en deux anneaux circulant en sens inverse permet en cas de panne un rebouclage automatique, assurant ainsi une forte tolérance de panne pour les postes.

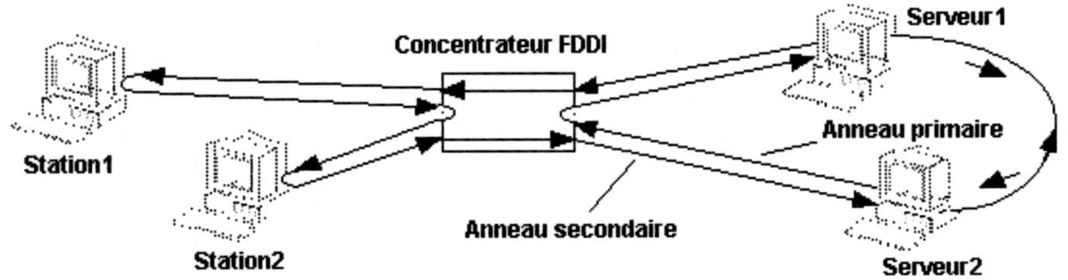

Il est ainsi possible en FDDI de disposer de 500 stations sur un anneau de 100 km de périmètre. Dans le cas où chaque station participe à la tolérance de panne, en cas de coupure, le rebouclage conduit à un anneau total de près de 200 km comportant 1000 machines.

Chaque poste se comporte comme un répéteur, qui est nécessaire tous les 2 km.

Après un tour d'anneau, une trame peut avoir plusieurs états qui vont permettre à son émetteur de savoir si celle-ci a été correctement reçue. L'état inchangé précise que le destinataire n'a pas vu passer la trame. Dans les autres cas, la trame est modifiée par le récepteur pour préciser qu'il l'a copiée ou refusée, à cause d'une erreur de CRC ou d'un manque de place dans le tampon de réception du destinataire de la trame.

Le codage complet est de type NRZI - 4B / 5T.

1.9 Asynchronous Transfer Mode (ATM)

L'ATM est né de la fusion de la téléphonie et de l'informatique. Cette technologie est soutenue depuis 1991 par l'ATM Forum.

1.9.1 Les principes

ATM doit permettre la transmission de la voix, de la vidéo et des données sur des réseaux de grande taille, à des vitesses importantes. Il a donc été nécessaire d'adopter une méthode permettant un débit non variable (isochronisme), pour les flux multimédias.

Une commutation de paquets de taille fixe et réduite, les cellules, a été retenue. Cette commutation de cellules permet des débits de 155 Mbps, 622 Mbps ou plus. Elle est couplée avec une sorte de commutation de niveau physique, par mise en place de circuits virtuels multiplexés.

ATM est aussi bien utilisé comme dorsale dans des réseaux de taille relativement modeste que dans les réseaux WAN.

1.9.2 Le relais de cellule

L'ATM est une forme de relais de cellules (*Cell relay*). Une cellule ATM est une trame fixe, de 53 octets, dont 48 de données.

Cette valeur est un compromis d'isochronisme pour l'échantillonnage. Comme vu précédemment, la numérisation de la voix prévoit de délivrer un octet toutes les 125 microsecondes. 6 millisecondes sont donc nécessaires pour remplir une cellule, comme pour la vider au niveau du récepteur. Entre les deux, le transport ne doit pas être trop long.

Sur un réseau ATM, chaque station émet continuellement, même si les cellules sont inoccupées. La technique tient d'ailleurs compte du média, le considérant comme une sorte de mémoire physique durant le cheminement des cellules.

Les cellules sont de deux types, leurs en-têtes étant différents :

- *Network Node Interface* (NNI), entre deux nœuds du réseau.
- *User Network Interface* (UNI), en entrée et sortie du réseau.

1.9.3 La régulation du trafic

Le protocole ATM intègre une allocation dynamique de la bande passante, grâce à un multiplexage temporel asynchrone.

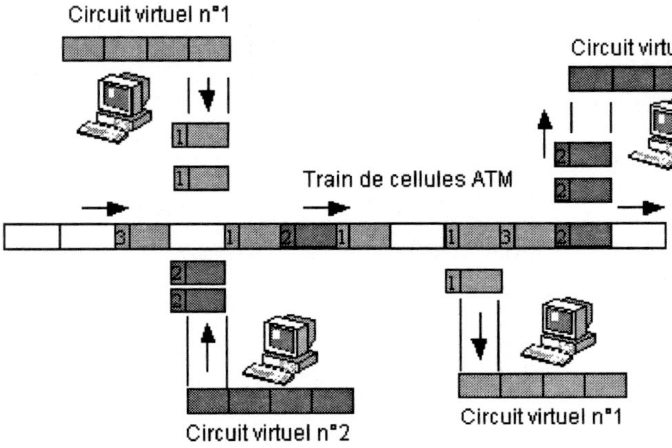

Grâce à ce multiplexage, la connexion s'effectue à deux niveaux. Les voies virtuelles, (VCI - *Virtual Channel Identifier*), sont des tronçons, identifiés par un numéro de VCI constant. À l'intérieur de ces voies, des chemins, les faisceaux virtuels (VPI - *Virtual Path Identifier*) assurent les connexions statiques semi-permanentes.

Les commutations sont réalisées à deux niveaux :

- Par les brasseurs, qui n'effectuent que de la commutation de faisceaux.
- Par les commutateurs, qui agissent à la fois sur les VCI et les VPI.

Une cellule de supervision permet la mise en place du circuit virtuel. Elle utilise une table de routage et détermine, pour chaque nœud, l'association entre les voix d'entrée et de sortie. Les associations sont regroupées dans une table de commutation.

1.9.4 Les types de services

Quatre classes ont été définies avec l'ATM :

- A, émulation de circuit en débit constant et flux isochrone.
- B, émulation de circuit en débit variable et flux isochrone.
- C, émulation de paquets avec connexion.
- D, émulation de paquets sans connexion.

Des services sont associés à ces différentes classes :

- *Constant Bit Rate* (CBR), pour voix et vidéo non compressées.
- *Variable Bit Rate* (VBR), pour voix et vidéo compressées.
- *Available Bit Rate* (ABR), pour la transmission de données et l'interconnexion de réseaux locaux.
- *Unspecified Bit Rate* (UBR), pour la transmission de données.

Les trois premiers services comportent des paramètres de qualité de service et de type de trafic.

1.9.5 La topologie et les débits

La technologie ATM couvre à peu près les couches 1 à 3 du modèle OSI.

Le niveau Physique, chargé d'adapter les cellules au support est divisé en deux parties :

- *Transmission Convergence* (TC) est chargé de la mise en forme.
- *Physical Medium* (PM), transmet sur le réseau physique.

Trois modes de fonctionnement sont définis en couche physique :

- *Plesiochronous Digital Hierarchy* (PDH) utilise les infrastructures existantes.
- *Synchronous Digital Hierarchy* (SDH) devrait, à terme, être le seul utilisé.
- Cellules, pour les réseaux privés, dans lesquels celles-ci peuvent être transmises directement sur le support de transmission.

Au niveau Liaison de données, la couche ATM elle-même est chargée du transport de bout en bout des cellules, avec la commutation et le multiplexage nécessaires. Elle règle les problèmes de congestion, contrôle les flux et adapte au besoin le débit en insérant ou supprimant des cellules vides. ATM est capable de prendre en compte une qualité de service.

Au-dessus, *ATM Adaptation Layer* (AAL) fait la liaison entre ATM et les couches supérieures. Elle est décomposée en :

- *Segmentation And Reassembly* (SAR).
- *Convergence Sublayer* (CS).

AAL prend en charge la segmentation et le réassemblage des informations, ainsi que le traitement d'erreur et la récupération du signal d'horloge.

Les débits sont, pour partie, ceux décrits dans le point sur les lignes spécialisées, qui peuvent utiliser ATM, comme les techniques DSL. Nous retrouvons, par exemple, les débits européens E1, E2, E3 et E4. Les réseaux ATM à très fort débits utilisent le mode de fonctionnement SDH.

1.10 Synchronous Optical Network (SONET) et Synchronous Digital Hierarchy (SDH)

1.10.1 L'historique

De tout temps, la transmission de communications téléphoniques vocales a subi deux contraintes importantes :

- Un grand nombre de communications simultanées doivent transiter par un même support physique.
- L'interconnexion de lignes entre grands opérateurs doit passer outre les différences de débit.

Dans les années 70, était utilisée une technique nommée *Plesiochronous Digital Hierarchy* (PDH), qui a du évoluer pour prendre en compte les demandes croissantes de transfert. Progressivement, d'autres besoins ont émergé. Pour répondre aux demandes, les opérateurs ont dû faire évoluer leur offre, en termes de flexibilité notamment.

Pour répondre à cette problématique, de nouvelles approches, *Synchronous Optical Network* (SONET) en Europe et *Synchronous Digital Hierarchy* (SDH) pour les USA, sont apparues.

Remarque

La recommandation SDH a été normalisée par l'UIT-T.

1.10.2 Les caractéristiques de SDH

Les avantages de SDH sur PDH sont importants :

- Facilité d'insertion d'une trame au sein d'un multiplex.
- Débits élevés réservés pour la maintenance et le suivi de l'ensemble.
- Évolution possible vers les hauts débits (la limitation est uniquement technique).
- Architecture réseau plus adaptée à la sécurisation des communications.
- Modularité plus importante des équipements.

Depuis le milieu des années 80, de nombreux travaux ont été entrepris pour permettre aux opérateurs télécoms de faire évoluer leurs infrastructures réseau optique.

C'est finalement en 1988 que des accords internationaux ont permis de se mettre d'accord sur une série de recommandations pour SDH :

- G. 707 : débit binaire de la SDH.
- G. 708 : interface de nœud réseau pour la SDH.
- G. 709 : structure de multiplexage synchrone.

D'autres normes s'ajoutèrent par la suite pour étoffer le SDH.

1.10.3 Les débits

Avec SONET, les niveaux sont classés en *Optical Contener* (OC). Quelques exemples de débits sont :

- OC-1, à 51,84 Mbps.
- OC-3, à 155,52 Mbps.
- OC-9, à 466,65 Mbps.
- OC-24, à 1,244 Gbps.
- OC-48, à 2,488 Gbps.

Les débits SDH sont notés *Synchronous Transport Module* (STM), comme :

- STM-1, à 155,52 Mbps.
- STM-3, à 466,65 Mbps.
- STM-8, à 1,244 Gbps.
- STM-16, à 2,488 Gbps...

Remarque

Le débit OC-3/STM-3, à environ 155 Mbps est souvent cité pour ATM.

1.11 X.25

La spécification X.25 du CCITT date de 1974. À l'origine, il s'agissait de relier des terminaux distants à des grands systèmes. Initialement, le RTC était utilisé. Il s'est montré peu fiable.

Antérieure au modèle OSI, elle décrit un ensemble de protocoles intégrés dans un réseau à commutation de paquets par circuits virtuels.

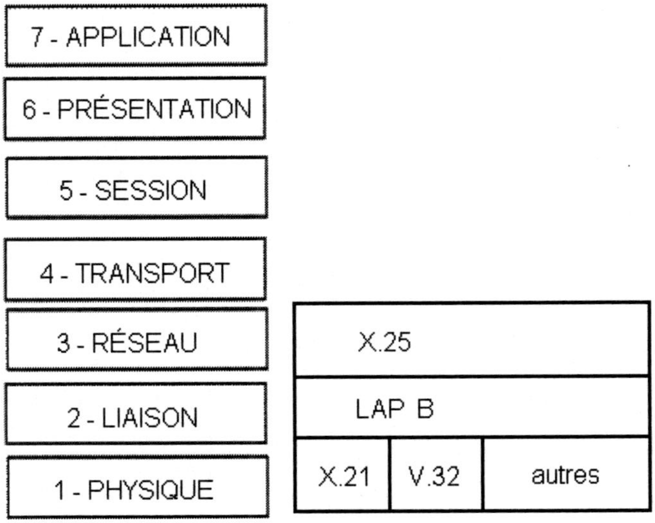

Comparaison modèle OSI et X.25

X.25 s'étend sur les trois premières couches du modèle OSI et s'appuie sur le protocole *Link Access Protocol B* (LAP B). De nombreux standards sont disponibles pour la couche physique.

X.25 intègre une indentification des paquets, ainsi qu'un acquittement. Ce protocole gère pour chaque circuit virtuel, une reprise sur erreur et un contrôle de flux. L'architecture physique de X.25 a été initialement pensée pour le réseau téléphonique non fiable existant. Mais cette correction d'erreurs, associée au contrôle de flux ralentit considérablement X.25.

Ses débits ne sont pas adaptés à l'interconnexion de LAN. Malgré tout, X.25 constitue un standard utilisé internationalement. Il est surtout développé dans des pays manquant d'infrastructures modernes.

Dans un réseau X.25, l'équipement terminal (ETTD ou DTE) est identifié par rapport à l'ETCD ou DCE. Le commutateur est appelé *Packet Switching Exchange* (PSE).

L'équipement *Packet Assembler/Disassembler* (PAD) permet à un terminal non X.25 de se raccorder au réseau, Transpac en France. Il est également possible d'accéder au réseau X.25 à partir du RTC (norme X.32).

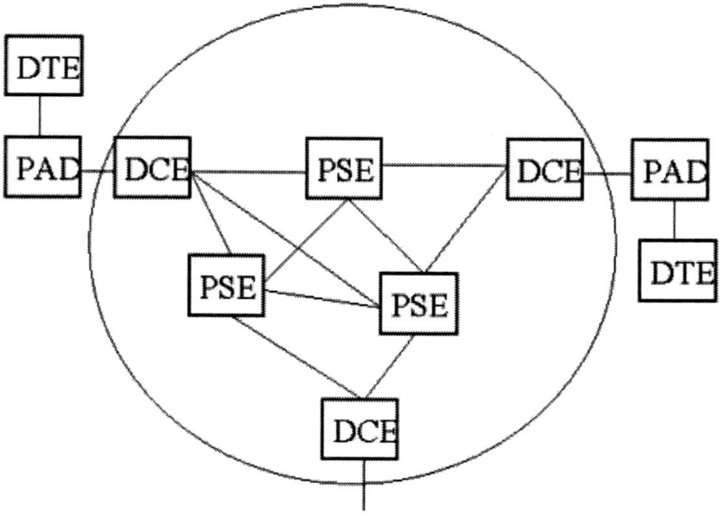

Exemple d'architecture X.25

Par exemple, France Télécom propose, avec Transpac, une solution autorisant des débits allant de 9,6 kbps à 1920 kbps. Elle permet une connectivité universelle avec tous les abonnés, ainsi qu'avec tous les utilisateurs d'un réseau public X.25 relié au nœud de transit international.

L'accès peut même être réalisé à partir du réseau téléphonique commuté ou d'une connexion au réseau numérique à intégration de service.

1.12 Relais de trame

Le relais de trame (*Frame relay*) est conçu pour simplifier les protocoles, en transportant une trame de bout en bout, sans remonter au niveau Réseau dans les nœuds intermédiaires. L'adressage et le routage sont donc réalisés en couche 2 du modèle OSI. Les paquets de couche Réseau y sont directement encapsulés, quel que soit le protocole. Des débits relativement élevés sont autorisés.

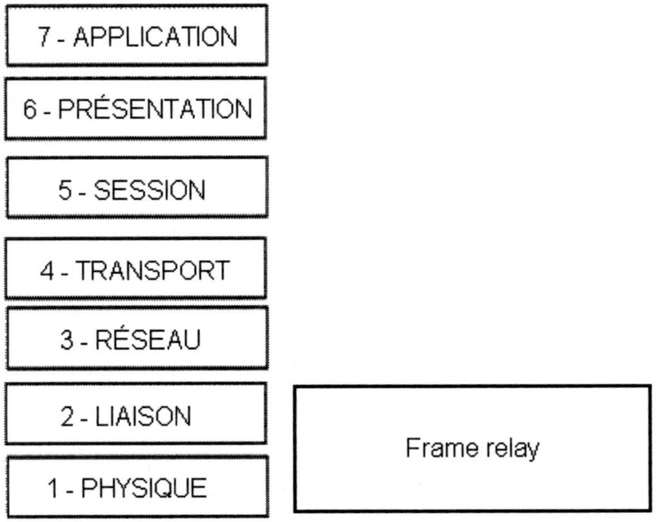

Comparaison modèle OSI et Frame Relay

Souvent qualifié de commutation de paquets rapide (*Fast Packet Switching*), il réalise en réalité une commutation au niveau de la trame (couche 2 OSI). Un circuit virtuel doit donc être mis en œuvre au niveau de cette couche, dont le rôle est également la correction d'erreur. Les extrémités (EOP - *Elements Of Procedure*) sont chargées de l'acquittement et des reprises, ainsi que du contrôle de flux.

Pour atteindre le réseau relais de trame, les données sont acheminées via une ligne spécialisée (LS) vers un commutateur Frame relay.

1.13 MPLS

1.13.1 Origine

Le MPLS ou *Multiprotocol Label Switching* signifie littéralement commutation multiprotocole par label.

Il trouve son origine principalement à cause du fonctionnement même de IP, et de son mode non connecté. À chaque routeur traversé, le datagramme subit une décision de routage qui n'est pas nécessairement prévisible par l'émetteur. Le poids affecté à une route (nombre de routeurs traversés, coût inverse de la bande passante utilisée, ou pondération définie par l'administrateur, etc.) permet de prendre les bonnes décisions au fil de l'eau.

Cependant, les fournisseurs d'accès avaient besoin de mieux contrôler la bande passante associée et d'optimiser les flux basés sur des qualités de services bien définies.

Ainsi, l'orientation s'est portée sur la mise en œuvre :

- D'un mode connecté pour le protocole de niveau 3.
- De l'établissement d'un chemin bien défini correspondant à la bande passante souhaitée.
- Du contrôle de flux correspondant permettant de gérer un service pour les clients de l'opérateur.

MPLS est alors apparu pour répondre à ce besoin.

Il est souvent utilisé pour interconnecter les sites d'une même entreprise au moyen d'un VPN (*Virtual Private Network* ou Réseau Privé Virtuel) :

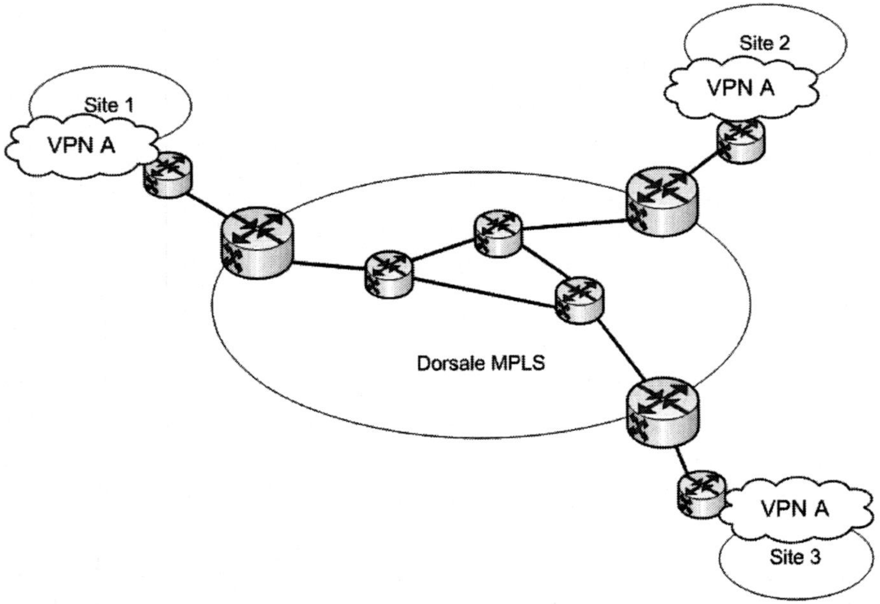

VPN de couche 3 MPLS

1.13.2 Les principes

Multiprotocol Label Switching (MPLS) est une norme récente, proposée par l'IETF, combinant à la fois le routage de niveau 3, comme le fait IP, et la commutation de niveau 2, exploitée dans le Frame Relay ou l'ATM.

Les services de couche 3 OSI offerts par le standard MPLS sont importants, tout en offrant des débits conséquents. Très flexible, il permet d'intégrer différents protocoles de couche 3 OSI, dont, bien sûr, IPv4 et IPv6. Non lié à une technique de niveau 2, il se montre indépendant de l'infrastructure et peut utiliser les services de ATM, Frame Relay, SDH, Ethernet...

MPLS est conçu pour permettre facilement la qualité de service (QoS - *Quality of Service*) durant les transports, cela pour tout type de données. Comme ATM, il exploite l'agrégation de flux en réduisant au maximum le nombre de connexions, afin de gagner en efficacité.

1.13.3 Le circuit virtuel et l'étiquetage

MPLS pallie, par exemple, le manque de visibilité du routage IP, dans lequel seul le saut suivant est maîtrisé. Tout d'abord, la transmission de données est effectuée sur un chemin (LSP - *Label Switched Path*), sorte de circuit virtuel, établi avant transmission, depuis la source jusqu'à la destination. Les nœuds intermédiaires, participant à la mise en place de ce circuit sont appelés *Label Switched Router* (LSR). Ils gèrent une table de commutation *Label Switching Forwarding Table* (LSFT), qui peut être plus complexe, mais plus efficace qu'une table de routage "classique". Les nœuds d'accès au réseau MPLS sont les *Label Edge Router* (LER).

Lorsqu'un paquet arrive dans un réseau MPLS, une étiquette (label) lui est affectée. Elle peut être insérée entre la couche 2 et l'en-tête de couche 3, ou dans le champ d'adressage de niveau 2, en fonction des protocoles exploités. Ce label est fonction du groupe ou de la classe de flux *Forwarding Equivalent Class* (FEC) du paquet. Ceux de même classe FEC sont traités à l'identique, parcourant le même chemin.

Remarque

Generalized MPLS (GMPLS) étend ce concept en introduisant d'autres différenciations comme référence. Ainsi, ce n'est plus seulement le paquet qui est repéré, mais un numéro de longueur d'onde, une tranche de temps...

1.13.4 Le routage

Deux types de routage sont prévus en MPLS.

Dans le premier, le routage est géré par les nœuds de sortie, grâce au protocole *Label Distribution Protocol* (LDP). Des procédures et des messages LDP sont utilisés par les nœuds intermédiaires *Label Switched Router* (LSR), pour constituer le chemin, en saut par saut. Les protocoles de routage habituels de l'Internet, tels *Open Shortest Path First* (OSPF) ou *Routing Internet Protocol* (RIP) sont généralement employés pour la gestion des tables de commutation LSFT.

Le routage explicite (*Explicit Routing*) permet d'utiliser le plus efficacement possible les ressources du réseau. Il permet de réaliser de l'ingénierie de trafic, en le répartissant sur l'ensemble du réseau pour éviter les congestions. Il ne s'agit plus, comme pour le routage IP de déterminer le chemin le plus court, mais le plus efficace.

2. Accès distant et réseaux privés virtuels

L'accès au réseau local d'un site professionnel depuis l'extérieur, pour le télétravail ou l'interconnexion entre deux sites, par exemple, nécessite la mise en place de solutions spécifiques.

Ces accès distants utilisent un mode point à point entre deux terminaisons repérées par une adresse (comme une IP publique), voire un numéro de téléphone.

2.1 Utilisation et évolution

Ces services peuvent être classés dans deux catégories.

Si l'accès direct est réalisé à partir d'un protocole de type WAN, on parle de service d'accès distant (RAS - *Remote Access Service*). Il utilise souvent une solution par modem, avec une facturation de la communication au temps et à la distance.

Avec la démocratisation de la connexion à l'Internet, les communications par accès distant avec un modem analogique sont désormais rares. La privatisation d'une communication traversant le réseau public Internet est désormais la norme. Pour cela, une communication chiffrée, créant un tunnel d'isolation virtuel, est montée entre deux terminaisons, interconnectées à ce réseau. On parle de réseau privé virtuel (RPV, VPN - *Virtual Private Network*).

La réduction de coûts entraînée par l'adoption de RPV a généralisé son usage, tant en communication permanente entre sites distants que pour des accès ponctuels d'un poste de travail vers l'entreprise.

2.2 Protocole d'accès distant

Succédant au protocole de niveau Physique *Serial Line IP* (SLIP), qui ne pouvait pas être sécurisé, *Point to Point Protocol* (PPP) couvre les deux couches basses du modèle OSI.

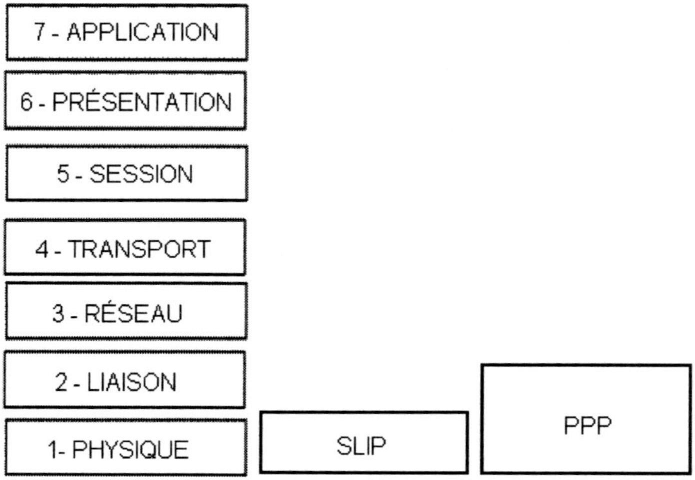

Comparaison modèle OSI, SLIP et PPP

PPP dispose de fonctionnalités complémentaires, telles que le contrôle d'erreur et la sécurisation. Il supporte différents protocoles LAN de couche Réseau.

2.3 Réseau privé virtuel

Cette communication est également de type point à point, entre un client et son serveur. Le protocole PPP est donc utilisé pour le transport.

2.3.1 L'établissement de la connexion

Pour mettre en œuvre la session VPN, une connexion au réseau doit d'abord être établie, entre les deux extrémités de la communication.

Le client comme le serveur doivent comprendre les différents protocoles qui seront utilisés, tant au niveau communication qu'authentification et chiffrement.

2.3.2 L'authentification

Lorsque le client VPN demande accès à son serveur, l'authentification de l'utilisateur est, avant tout, exigée.

Le transfert, des informations d'identification et de mot de passe, peut être pris en charge, de manière plus ou moins sécurisée, par un certain nombre de protocoles standardisés, à travers PPP :

- *Password Authentication Protocol* (PAP), peu recommandable car le mot de passe circule en clair.
- *Challenge Handshake Authentication Protocol* (CHAP), ne transmettant qu'un hachage du mot de passe, mais encore très perfectible en termes de sécurité.
- Microsoft CHAP version 1 (MS-CHAPv1) et version 2 (MS-CHAPv2), versions améliorées de la précédente.

Une véritable assurance de sécurité est apportée par le mécanisme *Extensible Authentication Protocol* (EAP), qui permet différents moyens d'authentification, y compris l'usage d'un support physique ou de la biométrie.

2.3.3 Le chiffrement

Une fois l'étape d'authentification passée, le tunnel de communication peut être mis en place, à différents niveaux du modèle OSI :

- Couche 2, avec *Layer 2 Transport Protocol* (L2TP).
- Couche 3, avec *Point To Point Tunneling Protocol* (PPTP) ou *IP Security* (IPSec).
- Couches supérieures avec, par exemple, SSL/TLS.

Les deux protocoles PPTP et L2TP utilisent PPP pour transporter les données. L2TP allège les en-têtes, avec une compression possible à 4 octets au lieu de 6.

Le chiffrement dans PPTP est fourni par le protocole *Microsoft Point to Point Encryption* (MPPE), utilisant l'algorithme RC4. Des clés de 40, 56 ou 128 bits peuvent être exploitées. L'authentification peut être assurée par MS-CHAPv1 ou MS-CHAPv2, par exemple. La solution PPTP/MPPE est la plus ancienne, et elle devrait être de moins en moins utilisée.

Si la confidentialité des informations transmises par L2TP est nécessaire, elle est assurée par le standard de couche 3 IPSec. Il est désormais recommandé de privilégier l'usage du couple L2TP/IPSec, pour la réalisation d'un tunnel VPN sur les couches 2 et 3.

De nouveaux types de réseaux VPN sont apparus récemment. Considérant que tous les postes utilisateurs sont capables d'interpréter les trames SSL/TLS, grâce aux navigateurs par exemple, VPN-SSL privilégie une solution sans déploiement et installation de client (client less). De plus, les trafics sécurisés par ce moyen utilisent un port potentiellement plus couramment ouvert sur les pare-feu, le TCP 443, correspondant à HTTPS.

2.4 Les clients légers et l'accès distant

La bande passante nécessaire lors de communications d'accès distant ou dans un RPV peut être réduite par l'usage de solutions de type terminal, dans lesquelles les seuls trafics sont :

- La transmission des images écran dans un sens.
- La transmission des appuis touches et mouvements souris dans l'autre.

Remarque

De telles solutions sont également utilisées sur les réseaux locaux, dans lesquels elles apportent rationalisation des coûts et facilité de gestion.

Par exemple, un serveur Windows incorporant la fonctionnalité Services de Bureau à distance (RDS) peut être joint grâce au « Bureau à distance », partie cliente, à travers un VPN ou non. Le protocole de transmission utilisé est *Remote Desktop Protocol* (RDP), en couches hautes.

La société Citrix propose une solution similaire avec le serveur XenApp (ex. Presentation Server, lui-même ex. Metaframe). Le protocole utilisé est *Independent Computing Architecture* (ICA) et le client doit être ajouté. Le logiciel passerelle *Citrix Secure Gateway* (CSG) peut être ajouté en frontière de l'entreprise pour une communication terminale à travers un réseau privé virtuel et l'Internet.

D'autres solutions existent.

Chapitre 8
Protocoles des couches moyennes et hautes

1. Principales familles de protocoles

À l'avènement des réseaux locaux, différents protocoles de couches moyennes et hautes furent utilisés, bien souvent liés à un éditeur de logiciels. Ils ont progressivement été remplacés par le standard de fait TCP/IP.

1.1 IPX/SPX

1.1.1 L'historique

Historiquement, cette famille de protocoles était utilisée avec les réseaux Novell Netware jusqu'à la version 3.12. TCP/IP était déjà disponible dans cette version, mais IPX/SPX était absolument nécessaire pour assurer le bon fonctionnement du système d'exploitation, éventuellement en plus de TCP/IP. Aujourd'hui, on ne l'utilise quasiment plus même s'il reste souvent pré-configuré sur les imprimantes réseau.

1.1.2 Les protocoles

Internetwork Packet eXchange (IPX) agit au niveau des couches Réseau et Transport. Il assure, comme IP, un service sans connexion et sans garantie.

IPX est routable et identifie un hôte à l'aide d'une adresse logique qui ne nécessite pas, comme IP, un plan d'adressage statique. Une adresse IPX est la concaténation d'un numéro de réseau externe, sur 4 octets, et de l'adresse MAC du périphérique, sur 6 octets. L'attribution d'adresses IPX est automatique et, de surcroît, la résolution d'adresses logiques en adresses physiques est instantanée, puisque l'adresse physique fait partie intégrante de l'adresse IPX.

Remarque

Les adresses IPX se présentent, par exemple, de la manière suivante 0000CAFE : 00-A0-00-26-37-10, où 0000CAFE est le numéro de réseau logique en hexadécimal sur 4 octets et 00-A0-00-26-37-10 constitue l'adresse MAC de la carte réseau.

Sous Netware, il ne faut pas confondre le numéro de réseau externe (lié aux périphériques) avec le numéro de réseau interne (lié aux applications). Ce dernier est lié à la structure interne de Novell qui associe les applications d'un serveur à un numéro de nœud et un numéro de réseau. Le serveur se comporte ainsi comme un routeur interne pour commuter le réseau physique (numéro de réseau externe) avec le réseau logique (les applications du serveur). Ainsi, un serveur Novell possède deux adresses réseaux, une adresse interne et une externe.

Comme pour IP, tous les nœuds reliés au même réseau physique doivent avoir le même numéro de réseau (externe) et chaque adresse IPX doit être unique au sein de l'inter-réseau. De même, les numéros de réseaux internes utilisés doivent être uniques.

Une des particularités d'IPX est de pouvoir court-circuiter le modèle OSI, en s'adressant directement à la couche 5 du destinataire, et pas forcément SPX ! IP+TCP correspondent à IPX+SPX, tandis que IP+UDP serait équivalent à IPX seul.

Sequenced Packet eXchange (SPX) est implémenté au niveau de la couche Transport du modèle OSI et assure une livraison fiable des paquets (orientée connexion).

1.2 NetBIOS

1.2.1 L'historique

Network Basic Input/Output System (NetBIOS) a été introduit par IBM en 1985 et optimisé pour les petits réseaux. Sa mise en œuvre est simple, mais il n'est pas routable. Il introduit des noms NetBIOS pour identifier les postes du réseau, sans gérer d'adresses logiques. Il n'existe donc qu'une résolution de nom en adresses MAC. De plus, cette résolution est souvent gérée par le poste lui-même, qui envoie une diffusion sur le réseau.

1.2.2 Les principes

La simplicité de ce protocole et le fait qu'il soit peu gourmand en ressources mémoire, font qu'aujourd'hui NetBIOS est encore très utilisé par les produits Microsoft, IBM et Novell.

Les *Application Programming Interface* (API) NetBIOS se sont largement développées sur PC, pour permettre une indépendance vis-à vis du protocole sous-jacent utilisé.

NetBIOS est disponible en natif, encapsulé dans des trames LLC (802.2) ou encapsulé dans IPX ou TCP/IP.

Les produits Microsoft fonctionnent encore beaucoup avec NetBIOS. Il est cependant possible d'utiliser n'importe quel protocole de couches 3, 4 parmi TCP/IP, IPX/SPX ou NetBEUI.

NetBIOS est, aujourd'hui encore, omniprésent dans les systèmes d'exploitation Windows, à travers NBT (*NetBIOS over TCP/IP*).

Il a fallu attendre Windows 2000 pour que les systèmes d'exploitation Microsoft n'exigent plus d'utiliser NetBIOS, notamment pour son très populaire service de fichiers *Server Message Block* (SMB).

Remarque

Sur des versions UNIX/Linux implémentant SaMBa (SMB réécrit par Andrew Tridgel), NetBIOS est automatiquement installé sous la forme d'un démon nmbd.

1.2.3 Les noms NetBIOS

Utilisation

Un poste de travail ou un serveur Windows peut être repéré par son nom NetBIOS, comportant 15 caractères, plus un 16ème d'identification de service.

Les noms NetBIOS sont résolus au moyen de diffusions, en utilisant un fichier local LMHosts ou par l'intermédiaire d'un serveur *Windows Internet Name Service* (WINS).

Le choix ou non de continuer à utiliser la résolution NetBIOS avec TCP/IP est configurable à partir des options TCP/IP avancées :

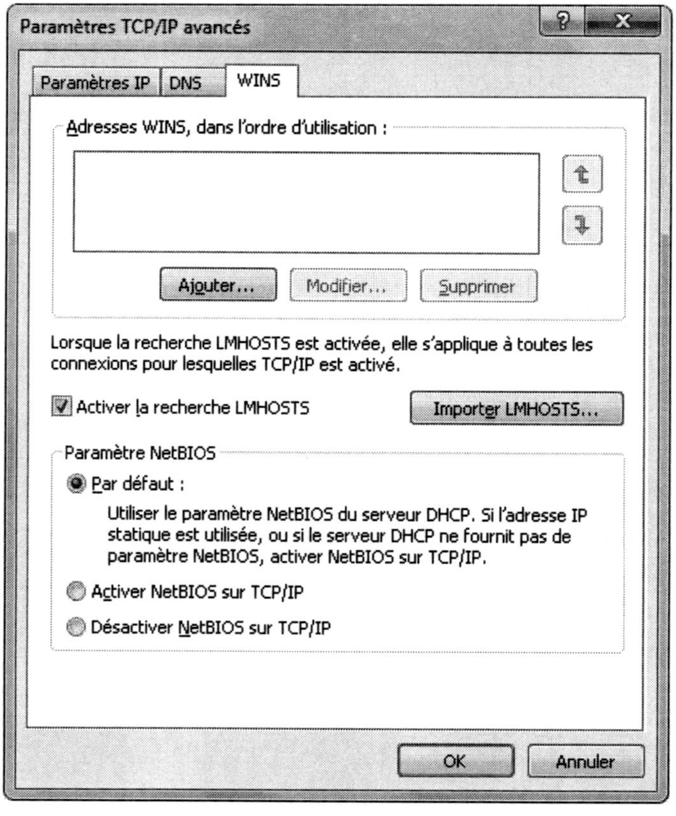

Configuration de la résolution NetBIOS avec TCP/IP

Remarque

Notez qu'un ordinateur UNIX/Linux ne répond jamais à une demande de résolution de nom NetBIOS par diffusion, contrairement à un ordinateur exécutant un système d'exploitation Microsoft.

Constitution

Sur un réseau NetBIOS, chaque ordinateur doit disposer d'un nom unique de 15 caractères ou moins.

Les noms NetBIOS peuvent contenir tous les caractères alphanumériques ainsi que les caractères suivants : ! @ # $ % ^ & ( ) - _ ' { } . ~

Remarque

Il n'est pas possible d'utiliser des caractères qui pourraient être assimilés à des caractères génériques, comme l'astérisque ou le point d'interrogation.

Il n'est pas conseillé d'utiliser des espaces dans les noms NetBIOS, bien que certaines applications soient capables de les gérer. Ainsi, la commande suivante est autorisée, à condition de protéger les paramètres transmis en plaçant des doubles quotes :

```
net view "\\LE SERVEUR"
```

Mise en œuvre d'une nomenclature NetBIOS

Il est donc nécessaire de mettre en place une dénomination pour chaque poste, de façon à faciliter son identification. Par exemple, on peut envisager une dénomination en rapport avec son emplacement physique, son système d'exploitation ou l'utilisateur qui travaille avec.

Configuration d'un nom NetBIOS d'ordinateur

La saisie du nom de l'ordinateur est nécessaire dès l'installation du système d'exploitation. Bien sûr, la dénomination peut être modifiée à tout moment, en fonction des droits attribués.

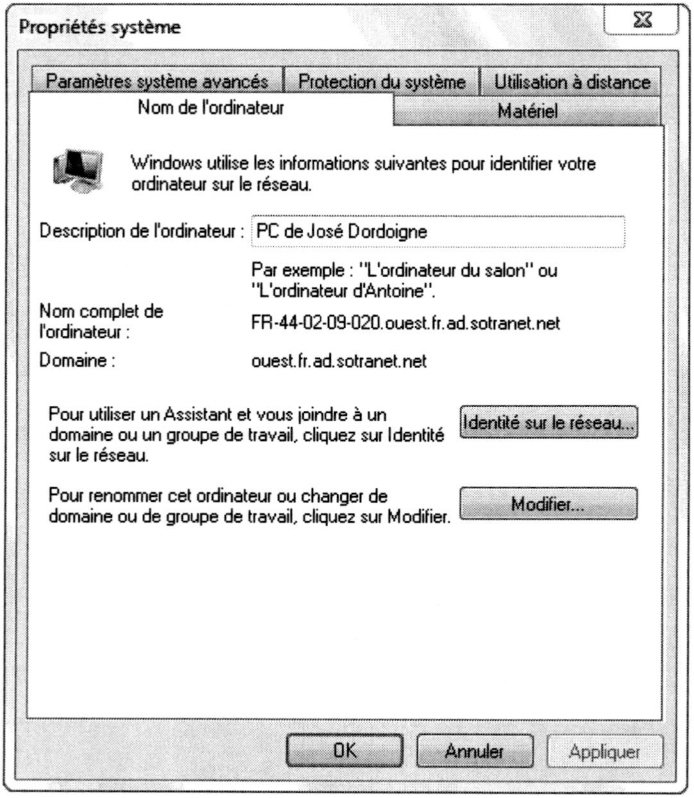

Nom complet de l'ordinateur Windows

Ce nom NetBIOS servira à construire des identifiants pour les applications NetBIOS qui s'exécutent localement sur l'ordinateur. Ces noms seront accessibles sur un ordinateur disposant d'un système d'exploitation Windows exécutant NBT (NetBIOS over TCP/IP).

Par exemple, à partir d'une invite de commandes sur un ordinateur Windows, nous obtenons la liste suivante des noms enregistrés localement et à distance sur un serveur Windows du réseau.

```
C:\>nbtstat -n
Connexion au réseau local:
Adresse IP du nœud : [172.17.207.89] ID d'étendue : []
                Table nom local NetBIOS
       Nom                   Type         Statut
    ---------------------------------------------
    DYONISOS               UNIQUE       Inscrit
    DYONISOS         <20>  UNIQUE       Inscrit
    ECOLE            <00>  Groupe       Inscrit
    ECOLE            <1E>  Groupe       Inscrit
C:\>nbtstat -a 172.17.0.100
Connexion au réseau local:
Adresse IP du nœud : [172.17.207.89] ID d'étendue : []
    Table de noms NetBIOS des ordinateurs distants
       Nom                   Type         État
    ---------------------------------------------
    ULYSSE                 UNIQUE       Inscrit
    ENI-ECOLE        <00>  Groupe       Inscrit
    ULYSSE                 UNIQUE       Inscrit
    ULYSSE                 UNIQUE       Inscrit
    ENI-ECOLE        <1E>  Groupe       Inscrit
    INet~Services    <1C>  Groupe       Inscrit
    IS~ULYSSE        <00>  UNIQUE       Inscrit
    Adresse MAC = 00-50-FC-1F-3C-6F
C:\>
```

Remarque

Voici quelques identifiants NetBIOS courants : NomOrdinateur <03> Service messagerie (instantanée), NomOrdinateur <00> Client pour les réseaux Microsoft et NomOrdinateur <20> Partage de fichiers, d'impression Microsoft.

1.3 TCP/IP

1.3.1 L'historique

Le réseau ARPANET, du nom de l'organisme militaire *Advanced Research Projects Agency* (ARPA), est né en 1969. Il a été créé par le *Department of Defense* (DoD) des USA pour connecter différents sites informatiques et a d'abord relié quatre instituts universitaires. Un certain nombre de centres militaires et de recherche, publics comme privés, participant à cette mise au point y furent progressivement reliés.

Au début des années 70, Bob Kahn, du *Defense ARPA* (DARPA), ex-ARPA, travaille avec Vinton Cerf, chercheur à Stanford Institute, sur de nouveaux protocoles permettant de relier des réseaux. Ainsi naît TCP/IP. En 1976, ARPANET migre sur TCP/IP. En 1978, un second réseau est connecté à ARPANET. Il utilise les lignes téléphoniques et prend le nom d'Internet.

Remarque

Aujourd'hui, ARPANET est la partie de l'Internet utilisée par le DoD en Recherche et développement.

L'intégration des protocoles Internet dans UNIX *Berkeley Software Distribution* (BSD) et la diffusion quasi gratuite aux universités contribua à améliorer le succès de cette suite.

1.3.2 La suite de protocoles

La famille TCP/IP, comportant plusieurs dizaines de protocoles, définit un modèle en quatre couches réseau.

Il s'agit des protocoles de communication et d'application les plus populaires pour connecter des systèmes hétérogènes, indépendamment de la couche physique.

Transmission Control Protocol (TCP) est un protocole de transport qui assure un service fiable, orienté connexion pour un flot d'octets.

Par opposition avec TCP, *User Datagram Protocol* (UDP) est le protocole de transport non orienté connexion. Il est donc très rapide mais surtout peu fiable.

Internet Protocol (IP) fournit un système de livraison de paquets, sans connexion et non fiable. Il gère des adresses logiques, qui décomposent l'identifiant de chaque nœud en un numéro de réseau logique et un numéro de périphérique sur 4 octets (en IP version 4).

Remarque

Le protocole IPv6, ou IP Next Generation (NG), est désormais disponible dans les systèmes d'exploitation récents.

Une des clés du succès des protocoles Internet réside dans le fait que le modèle proposé est indépendant de couches Physique et Liaison de données (couches 1 et 2 du modèle OSI).

1.3.3 Le rapport au modèle OSI

Il est important de se souvenir que le modèle TCP/IP a été proposé dix ans avant le modèle OSI, ce dernier s'étant inspiré fortement de certains protocoles TCP/IP. Il est néanmoins intéressant de situer le modèle OSI qui définit un modèle en 7 couches, par rapport aux protocoles Internet qui fonctionnent sur quatre couches.

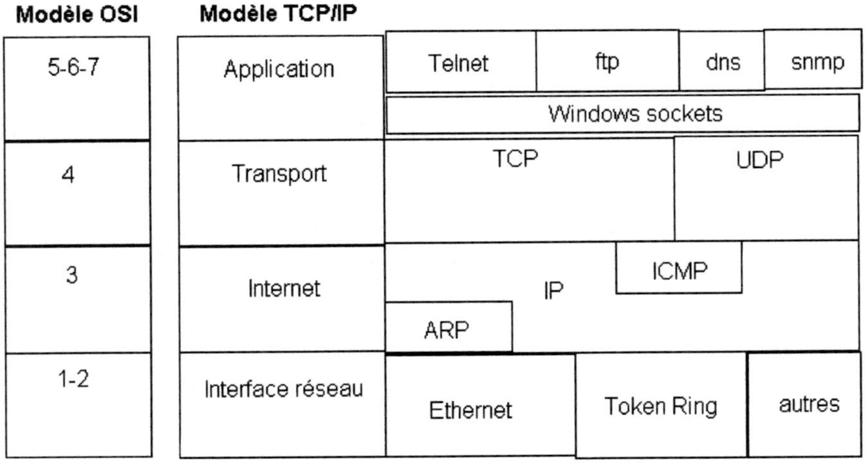

1.3.4 L'adoption en entreprise

Les qualités de la suite de protocoles TCP/IP, telles que la capacité de fonctionnement sur toutes tailles de réseau, son efficacité et son évolutivité, ont séduit les entreprises. Elles ont, dans un premier temps, interconnecté leurs réseaux par Internet, surtout pour des applications de messagerie et web.

Progressivement, elles ont également adopté ces protocoles, standard de fait, non liés à un constructeur ou un éditeur, au sein même des réseaux locaux. Des Intranet ont commencé à voir le jour. Utilisant les mêmes protocoles et principes qu'Internet, dans lequel l'anonymat prime, une authentification en tant qu'employé de l'entreprise est nécessaire pour y accéder.

L'appellation Extranet qualifie la capacité d'accès, par un partenaire, au réseau local de type Intranet. Appliquant toujours les mêmes règles au niveau réseau, l'authentification reconnaît ici quelqu'un d'externe à l'entreprise, dont les privilèges seront moindres.

2. Protocole IP version 4

2.1 Principes

IP assure une livraison des paquets sans connexion et sans garantie. Un de ses inconvénients majeurs est qu'il nécessite la mise en place d'un plan d'adressage explicite. Chaque nœud du réseau doit être identifié par une adresse IP. Celle-ci se décompose en deux parties : un numéro de réseau logique et une adresse d'hôte sur le réseau logique.

Remarque

On pourrait se représenter le numéro de réseau IP comme un numéro de rue et le numéro d'hôte comme une adresse dans cette rue.

Un des aspects intéressants de IP est qu'il peut être configuré pour assurer un type de service. Parmi ceux-ci, on peut citer 'urgent' pour un paquet qui doit être transmis rapidement, 'débit important' lorsqu'une grande quantité d'informations va être transférée, 'haute fiabilité' dans la transmission qui rend compte d'un flux ne pouvant admettre une seule erreur.

2.2 Adressage

2.2.1 L'adresse IPv4

L'utilisation de TCP/IP nécessite que l'administrateur définisse un plan d'adressage, en prévoyant pour chaque nœud actif du réseau une adresse IP.

Une adresse IP de version 4 est représentée avec 4 octets. On utilise pour cela la notation décimale pointée, c'est-à-dire que chaque octet est affiché, séparé par un point : 132.148.67.2

Suivant la valeur du premier octet, il est possible de connaître la classe de l'adresse IP, c'est-à-dire le nombre d'octets utilisés pour le numéro de réseau et ceux restant pour l'hôte.

Remarque

Ceci n'est pas toujours vrai. En effet, il est possible, dans certains cas, d'avoir recours au subnetting, c'est-à-dire d'utiliser une partie des bits de l'hôte propres à une classe donnée, pour coder un numéro de sous-réseau. On parle de supernetting, dans le cas où c'est une partie du numéro de réseau de la classe par défaut, qui est utilisée pour coder des hôtes supplémentaires.

2.2.2 Le masque

Approche directe

On utilise un masque de sous-réseau pour distinguer la partie de l'adresse IP correspondant au réseau, de la partie identifiant le nœud. Si l'on écrit l'adresse IP en binaire, tout bit associé au numéro de réseau va être marqué d'un '1' dans le masque, d'un '0' sinon.

Un octet dont la valeur binaire est 1111 1111 vaut 255 en décimal. Comme l'adresse IP est repérée sur 4 octets (32 bits), des masques simples peuvent être :

- 255.0.0.0
- 255.255.0.0
- 255.255.255.0

Remarque

Nous verrons plus loin qu'un masque ne peut pas prendre pour valeur 255.255.255.255.

Approche calculatoire

La carte réseau ou le routeur exécutant IP effectueront un calcul simple pour trouver le numéro de réseau logique :

RL = IP ET binaire Masque

Remarque

Notez que sur la calculatrice Windows en mode "Programmeur", le ET binaire se traduit par l'opérateur "And".

Ainsi, si A dispose des informations suivantes :

IPA = 131.107.8.1

mA = 255.255.0.0

RLA = IPA ET mA

RLA = 131 ET 255 . 107 ET 255. 8 ET 0. 1 ET 0

D'où RLA = 131.107.0.0

Et le découpage ici s'opère au sens de la classe B, en deux octets pour le numéro de réseau et deux octets pour le numéro d'hôte.

Si maintenant le masque utilisé est 255.255.255.0, le numéro de réseau logique est le suivant :

RLA = 131 ET 255. 107 ET 255. 8 ET 255. 1 ET 0

Soit :

RLA = 131.107.8.0 et la décomposition s'opère en 3 + 1.

2.2.3 Les classes d'adresses

Classes

Pour identifier un hôte de manière unique, trois classes d'adresses sont définies.

En classe A, le premier octet est compris entre 1 et 126. 7 bits sont utilisés pour le numéro de réseau et 24 bits pour identifier l'hôte. Un réseau de classe A peut comporter jusqu'à 16 millions d'hôtes (2^{24}-2 possibilités).

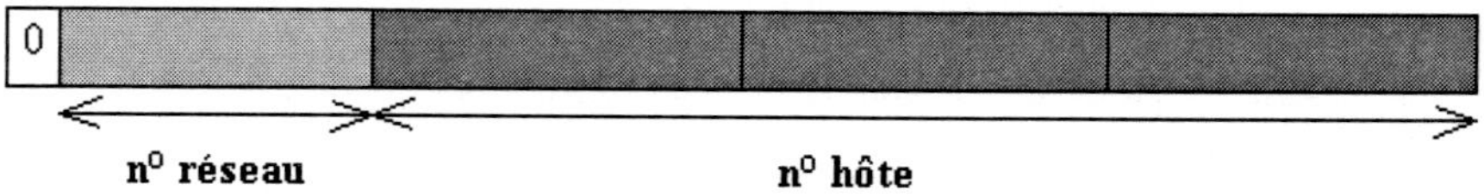

Remarque

Par exemple, 112.2.1.4 est une adresse de classe A. '112' identifie le numéro de réseau et '2.1.4' le numéro d'hôte.

En classe B, le premier octet varie entre 128 et 191. 14 bits permettent de coder un numéro de réseau et 16 bits le numéro d'hôte. On peut dénombrer jusqu'à 65534 postes sur un même réseau (2^{16}-2). Le masque par défaut est 255.255.0.0.

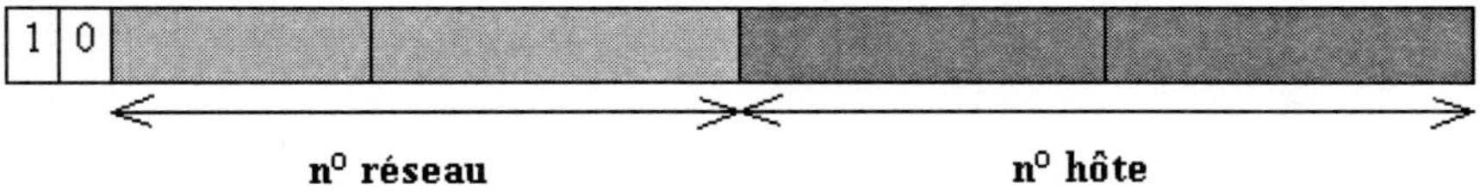

Remarque

132.148.67.2 est en classe B. '132.148' est le numéro de réseau et '67.2' le numéro d'hôte.

La classe C est identifiée par un premier octet variant de 192 à 223. 21 bits sont utilisés pour le réseau et 8 bits pour l'hôte. On dénombre jusqu'à 254 hôtes par réseau en classe C.

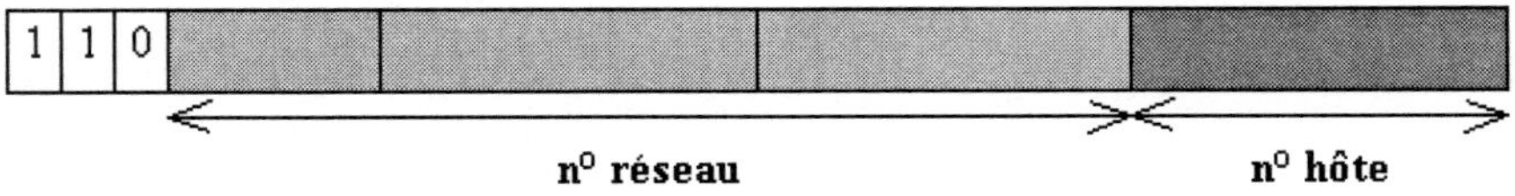

Remarque

193.10.2.117 est en classe C. '192.10.2' est la partie identifiant le réseau et '117' l'hôte.

Adresses particulières

Un numéro de réseau ou un numéro d'hôte, ne peuvent pas avoir tous leurs bits à 0 ou à 1. Ces cas particuliers sont réservés pour des situations précises.

Par exemple, pour une diffusion, tous les bits "hôtes" de l'adresse IP sont mis à '1'.

Par exemple, l'adresse 132.148.255.255 identifie tous les hôtes du réseau 132.148.

Remarque

Il est à noter que sur certains systèmes UNIX, il est possible de configurer une diffusion avec tous les bits à '0', pour rester compatible avec d'autres systèmes.

Le numéro de réseau courant est parfois noté en mettant tous les bits de l'hôte à '0'.

Par exemple, 132.148.0.0 est assimilé au numéro de réseau logique 132.148.

Un hôte du réseau courant est parfois identifié en remplaçant le numéro de réseau par des '0'.

Par exemple, 0.0.67.2 correspond à l'hôte 132.148.67.2 sur le réseau 132.148.0.0.

On peut citer l'adresse de boucle locale 127.0.0.1, qui correspond à la carte réseau elle-même, sans sortir sur le réseau.

2.2.4 Les adresses privées

Un certain nombre d'adresses IP ont été réservées pour une utilisation en Intranet. Ces adresses définies dans la RFC 1918 permettent d'assurer à un serveur proxy (qui partage la connexion Internet de l'entreprise), une différenciation satisfaisante entre le réseau public (Internet) et le réseau privé (Intranet). Ainsi, chaque entreprise connectée à Internet peut utiliser les mêmes adresses IP privées en interne et différencier les accès sur Internet au moyen d'une seule adresse IP publique externe.

Ces adresses IP privées sont :

- 10.0.0.0 à 10.255.255.255
- 172.16.0.0 à 172.31.255.255
- 192.168.0.0 à 192.168.255.255

2.2.5 Les adresses APIPA

L'Adressage IP Privé Automatique ou *Automatic Private IP Addressing* (APIPA) est utilisé par Microsoft pour fournir une adresse IP à un ordinateur qui ne parvient pas à trouver un serveur DHCP. De cette manière, tous les ordinateurs qui sont dans la même situation vont quand même pouvoir communiquer entre eux.

Cette plage d'adresses va de 169.254.0.0 à 169.254.255.255.

Remarque

Les deux derniers octets de l'adresse sont générés, en prenant comme entrée l'adresse MAC, qui sert à initialiser l'algorithme de génération aléatoire. La RFC 3927 décrit les caractéristiques de l'APIPA : http://tools.ietf.org/html/rfc3927

2.3 L'adressage sans classe

2.3.1 Les principes

Avec l'augmentation croissante du nombre d'ordinateurs connectés à Internet, les adresses IP version 4 encore disponibles se font de plus en plus rares. Grâce à la généralisation de l'utilisation de serveurs proxy et des plages d'adresses IP privées (RFC 1918), il a été possible d'ajouter des paquets de milliers d'ordinateurs supplémentaires, simplement en attribuant une adresse IP publique au proxy. De ce fait, la pénurie a été moins dramatique que prévu.

Cependant, la décomposition en classes a généré un gaspillage colossal d'adresses, partiellement stoppé en réattribuant certaines parties de plages.

Par exemple, imaginons qu'une entreprise se soit vue attribuer une plage d'adresses de 60.0.0.0 à 60.255.255.255 et que, dans les faits, seules les plages 60.1 à 60.10 soient effectivement utilisées. Comment faire pour récupérer les adresses 60.11 à 60.255 ?

Il suffit de considérer les adresses IP, non plus comme étant de classe A mais plutôt de classe B. Ainsi, un routeur saura faire la différence entre les adresses de la première tranche et celles de la seconde.

Considérons maintenant que les classes d'adresses n'existent plus et que, par conséquent, le masque utilisé n'est pas nécessairement celui de la classe par défaut.

Par exemple, une entreprise qui veut mettre en ligne des serveurs peut se voir attribuer la plage de 8 adresses suivante : 61.178.203.56 à 61.178.203.63. On lui fournira avec un masque 255.255.255.248 (c'est-à-dire que 5 bits du 4e octet seront utilisés pour les réseaux et 3 bits pour les hôtes). Le préfixe correspondant est 61.178.203.56. Le dernier octet, écrit en binaire, fournit les valeurs suivantes :

56 = 0011 1000

57 = 0011 1001

58 = 0011 1010

59 = 0011 1011

60 = 0011 1100

61 = 0011 1101

62 = 0011 1110

63 = 0011 1111

Les 5 bits de poids fort du dernier octet seront donc associés à une partie qui identifie le numéro de réseau logique.

Un masque 255.255.255.248 s'écrit en binaire 1111 1111.1111 1111.1111 1111.11111000.

11111000 représente l'écriture binaire du dernier octet du masque et vaut 248 (128+64+32+16+8).

2.3.2 La notation CIDR

La notation *Classless Inter-Domain Routing* (CIDR) propose une écriture synthétique du masque de sous-réseau.

Ainsi, si le masque est 255.0.0.0, cela signifie que l'on aura 8 bits à 1 dans l'écriture binaire du masque, et l'on écrira alors /8.

De manière générale, on notera **/n** où n représente le nombre de bits à 1 dans le masque, c'est-à-dire le nombre de bits de l'adresse IP qui serviront à coder une partie du réseau logique.

Remarque

Dans la plupart des cas, les bits à 1 du masque seront les bits de poids fort (les plus à gauche) et on ne mélangera jamais les 1 et les 0 dans le masque !

Ainsi, le masque 255.255.0.0 s'écrira /16 en notation CIDR.

Le masque 255.255.255.0 s'écrira /24.

Sur l'exemple pris précédemment, le masque 255.255.255.248 s'écrira /29 !

Ainsi, l'utilisation d'un adressage sans classe propose une décomposition des adresses IP au moyen de masques /8 à /30.

Remarque

Certains matériels proposent la saisie de l'adresse en notation CIDR.

2.3.3 Le rôle du masque en réseau

Départ d'un datagramme

Dans le chapitre Normalisation des protocoles, nous avons vu qu'une carte réseau vérifie si le destinataire se trouve sur le même réseau logique ou non. Suivant le cas, cette carte réseau fait appel à la passerelle par défaut ou, au contraire, est en mesure de se débrouiller seule.

Appelons A l'émetteur. Il connaît son adresse IP (IPA), son masque (mA) et l'adresse physique de la carte réseau (PHYA).

En tant qu'émettrice du datagramme, cette machine A ne connaît que l'adresse IP de la destination. Dans les explications ci-dessous, le poste destinataire est appelé B, d'adresse IP : IPB.

Pour envisager l'envoi du datagramme, A doit d'abord savoir si le réseau logique de B (RLB) est le même que le sien (RLA). Or, A ne connaît que l'adresse IPB, et non le masque correspondant. Il lui est donc impossible de retrouver RLB directement.

Un moyen doit donc être trouvé par A pour trouver RLB. Pour cela, A utilise son propre masque mA, conjointement avec l'adresse IPB. Il effectue ainsi sa propre interprétation de ce que pourrait être RLB.

Le traitement de niveau 2 ne doit pas non plus être oublié. En effet, A et B peuvent ou non être sur le même réseau.

Remarque

Nous citerons pour les exemples ci-dessous le protocole ARP, qui sera abordé un peu plus loin. Mais il faut déjà savoir qu'ARP permet d'interroger le réseau de diffusion pour retrouver l'adresse de niveau 2 d'un poste et faire le rapport avec son adresse IP. Pour ne pas systématiquement effectuer une telle requête, un cache, permettant la mémorisation d'une liste d'adresses MAC et des adresses IP correspondantes est maintenu.

Théoriquement, quatre cas peuvent être identifiés :

1) A interprète RLB comme étant égal à RLA, A et B sont sur le même réseau de niveau 2.

2) A interprète RLB comme n'étant pas égal à RLA, A et B sont sur le même réseau de niveau 2.

3) A interprète RLB comme étant égal à RLA, A et B ne sont pas sur le même réseau de niveau 2.

4) A interprète RLB comme n'étant pas égal à RLA, A et B ne sont pas sur le même réseau de niveau 2.

Remarque

Nous pouvons remarquer que le troisième cas paraît incohérent. En effet, il peut sembler illogique de prolonger un même réseau IP au-delà de l'espace de diffusion de niveau 2.

Nous allons étudier les interprétations d'adresses avec des exemples simples : le fonctionnement d'une demande « ping ». Ainsi, la communication est nécessairement double, avec le traitement de l'aller (question) et du retour (retour) des datagrammes.

Incidences de masques erronés sur l'aiguillage des datagrammes IP

Pour ce faire, nous allons examiner une communication dans un réseau disposant d'un adressage incorrect ou de masques erronés.

Dans la configuration présentée ci-dessous, nous pouvons remarquer que mA, mB et mC sont différents les uns des autres. De plus, mB et mC ne correspondent pas au masque du routeur (passerelle) mX. Le réseau logique qui peut être déterminé au niveau de la passerelle est 172.16.0.0. Nous remarquons que IPC ne peut correspondre à une adresse dans ce réseau logique. De l'autre côté de notre routeur, RLD est différent de RLE et RLY.

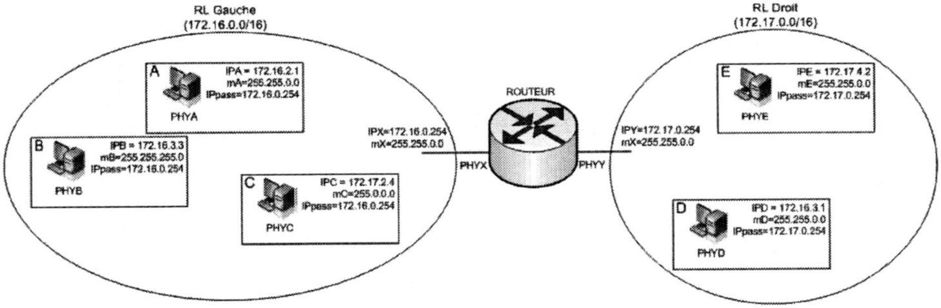

Nous allons exploiter cette architecture pour étudier l'incidence d'un masque erroné dans l'aiguillage des datagrammes. Pour cela, nous allons décomposer les mécanismes sous-jacents liés à la mise en œuvre de la communication.

Envoi de A vers B

Comme nous l'avons vu précédemment, l'émetteur A cherche à comparer son réseau logique avec celui du destinataire B. Les données de chacun sont les suivantes :

IPA= 172.16.2.1 et mA= 255.255.0.0, donc RLA est égal à 172.16.0.0.

IPB=172.16.3.3 et mA= 255.255.0.0, donc RLB "supposé par A" est égal à 172.16.0.0.

Le constat est donc d'une égalité entre RLA et RLB "supposé par A". D'autre part, A et B sont sur le même réseau de niveau 2. Il est donc normal que A et B puissent être considérés comme étant sur le même réseau logique.

Pour construire son datagramme, A recherche au préalable l'adresse de niveau 2 (MAC) de B. S'il ne dispose pas de cette information en mémoire, il diffuse une requête de niveau 2, ARP. Elle sera reçue par l'ensemble des hôtes de la partie gauche du schéma. Le routeur bloque cette diffusion.

Disposant de sa propre adresse physique et de celle de B, A émet une trame de PHYA vers PHYB (niveau 2) et un datagramme de IPA vers IPB (niveau 3).

Les informations sont reçues par le destinataire B.

Envoi de B vers A

La démarche reste la même que précédemment : B cherche à retrouver le réseau logique de A pour le comparer au sien.

IPB= 172.16.3.3 et mB= 255.255.255.0, donc RLB est égal à 172.16.3.0.

IPA=172.16.2.1 et mB= 255.255.255.0, donc RLA supposé par B est égal à 172.16.2.0.

Nous constatons que l'adressage de niveau 3 est différent entre les deux postes, alors qu'ils appartiennent au même réseau de diffusion et semblent appartenir au même sous-réseau IP. Ceci paraît peu logique.

D'autant plus que B, constatant qu'il doit changer de réseau logique pour atteindre A, s'adresse à l'IP de passerelle, patte du routeur du réseau logique.

L'adresse physique PHX correspondant à IPX doit d'abord être connue, par requête ARP ou consultation du cache correspondant de B. La trame est constituée de PHYB vers PHYX, pour diriger l'information vers le routeur. Le datagramme, lui, annonce IPB comme émetteur et IPA comme destinataire.

Arrivée sur le routeur, l'information doit être traitée par lui.

Aiguillage d'un datagramme sur un routeur

Recevant le datagramme, le routeur consulte sa table de routage, à la recherche d'une route correspondant au réseau supposé de A, en appliquant le masque spécifié.

La table de routage ci-dessous est celle d'un ordinateur Linux équipé de deux cartes réseau, simulant notre routeur.

```
[root@linus /root]# netstat -rn
Kernel IP routing table
Destination    Gateway        Genmask         Flags MSS Window irtt Iface
172.17.0.2     0.0.0.0        255.255.255.255 UH      0 0      0 eth0
192.168.6.0    172.16.206.1   255.255.255.0   UG      0 0      0 eth1
192.168.5.0    172.16.205.1   255.255.255.0   UG      0 0      0 eth1
192.168.4.0    172.16.104.1   255.255.255.0   UG      0 0      0 eth1
192.168.3.0    172.16.103.1   255.255.255.0   UG      0 0      0 eth1
192.168.2.0    172.16.102.1   255.255.255.0   UG      0 0      0 eth1
192.168.1.0    172.16.101.1   255.255.255.0   UG      0 0      0 eth1
192.168.16.0   172.16.206.1   255.255.255.0   UG      0 0      0 eth1
192.168.15.0   172.16.205.1   255.255.255.0   UG      0 0      0 eth1
192.168.14.0   172.16.104.1   255.255.255.0   UG      0 0      0 eth1
192.168.13.0   172.16.103.1   255.255.255.0   UG      0 0      0 eth1
192.168.12.0   172.16.102.1   255.255.255.0   UG      0 0      0 eth1
192.168.11.0   172.16.101.1   255.255.255.0   UG      0 0      0 eth1
10.108.2.0     172.17.208.208 255.255.255.0   UG      0 0      0 eth0
192.168.8.0    172.16.208.1   255.255.255.0   UG      0 0      0 eth1
172.16.0.0     0.0.0.0        255.255.0.0     U       0 0      0 eth1
172.17.0.0     0.0.0.0        255.255.0.0     U       0 0      0 eth0
127.0.0.0      0.0.0.0        255.0.0.0       U       0 0      0 lo
[root@linus /root]#
```

Sur le réseau 172.16, plusieurs routes sont déclarées. Elles permettent l'accès à d'autres réseaux logiques.

Par exemple, les réseaux 192.168.5.0/24 et 192.168.15.0/24 sont accessibles à partir du routeur d'adresse IP 172.16.205.1, sur le réseau 172.16.0.0/16.

Remarque

Pour identifier une adresse de destination exacte par rapport à une entrée de la table de routage, on utilise un masque 255.255.255.255, c'est-à-dire que l'adresse IP comparée devra redonner exactement l'adresse IP examinée.

Remarque

Au contraire, une route par défaut sera définie par 0.0.0.0 avec un masque 0.0.0.0. Quelle que soit l'adresse de destination examinée, on retrouvera forcément le résultat 0.0.0.0. Cette route est donc forcément examinée en dernier lieu dans la table et correspond à une sorte d'itinéraire BIS ou "Autres directions" sur un routeur.

Ainsi, le routeur connaît l'existence des réseaux logiques 172.16.0.0/16 (gauche) et 172.17.0.0/16 (droite). Il dispose de ses propres masques, pour les réseaux logiques qu'il connaît.

À réception du datagramme, le routeur compare donc les routes et constate que le réseau logique de A est à gauche. Il reconstruit donc un datagramme, utilisant IPA et PHYA.

L'information arrivera à destination, même si l'adresse logique semblait erronée. Par contre, alors que A et B sont sur le même réseau de niveau 2, ils ne peuvent communiquer directement ensemble et l'information a dû transiter par le routeur.

Envoi de A vers C

Après apposition de son masque sur IPC, A voit C comme étant sur un réseau logique différent du sien. Le routeur est donc adressé. Par contre, contrairement au cas précédent, ce dernier envoie le datagramme sur sa patte droite, dans le réseau logique 172.17.0.0. L'hôte C ne peut répondre à la requête ARP, puisque n'étant pas dans ce réseau logique. L'information ne peut donc être communiquée au destinataire final.

Envoi de A vers D

A interprète l'adresse IPD comme étant sur le même réseau logique que la sienne IPA. Donc, il tente d'adresser directement l'information par une diffusion ARP. Celle-ci ne peut passer le routeur et n'aboutit pas. La communication est stoppée net.

Envoi de A vers E

Ce cas présente une cohérence complète au niveau de l'adressage logique par rapport à l'espace de diffusion. Adressé au routeur, le datagramme arrivera à destination.

2.3.4 La décomposition en sous-réseaux

Contexte

Première hypothèse

Imaginons que vous dépendiez d'une grande entreprise disposant de plusieurs sites, un siège et cinq succursales. Chaque succursale se connecte à Internet en passant par le siège au moyen d'une connexion dédiée. Seul le siège dispose d'une connexion à Internet.

Vous êtes responsable de la mise en œuvre du plan d'adressage au niveau local. Par exemple, l'architecte qui a défini le plan d'adressage national vous impose d'utiliser une seule plage d'adresses privées (au sens de la RFC 1918), qui est 172.16.0.0 - 172.16.255.255.

Or, sur votre site, vous avez un grand nombre de postes en réseau et plusieurs routeurs.

Vous devrez donc nécessairement utiliser ce préfixe imposé pour effectuer une décomposition de cette plage en plusieurs plages distinctes pour chacun de vos réseaux logiques.

Seconde hypothèse

Vous vous êtes vu attribuer une petite plage d'adresses IP publiques pour publier des serveurs sur Internet. Cependant, du fait de l'infrastructure réseau existante, vous devez exploiter cette unique plage d'adresses pour disposer de deux plages, au lieu d'une.

Première solution (approche intuitive)

Si on imagine qu'au niveau de la succursale vous devez disposer de 5 réseaux logiques, vous devrez alors convertir votre unique plage d'adresses en 5 plages d'adresses.

Une première solution simple et évidente est de passer d'un identifiant de réseau logique codé sur 2 octets à un identifiant codé sur 3 octets.

Ainsi, on pourrait avoir :

- RL1 = 172.16.1.0/24, soit comme plage d'adresses 172.16.1.0 à 172.16.1.255.
- RL2 = 172.16.2.0/24, soit comme plage d'adresses 172.16.2.0 à 172.16.2.255.
- RL3 = 172.16.3.0/24, soit comme plage d'adresses 172.16.3.0 à 172.16.3.255.
- RL4 = 172.16.4.0/24, soit comme plage d'adresses 172.16.4.0 à 172.16.4.255.
- RL5 = 172.16.5.0/24, soit comme plage d'adresses 172.16.5.0 à 172.16.5.255.

Ces plages sont théoriques. En effet, il est nécessaire de retirer des adresses utilisables ; celles dont tous les bits de l'hôte sont à 0 ou à 1. Les plages vont donc réellement de 172.16.x.1 à 172.16.x.254.

Un réseau logique 172.16.0.0/16 comprend 65 534 (2^{16} - 2) adresses IP utilisables.

Ces réseaux logiques avec un masque sur 24 bits ne peuvent exploiter chacun que 254 adresses IP, soit pour l'ensemble 5 x 254 = 1270 adresses.

La différence d'adresses utilisables est conséquente. En contrepartie, le masque de classe C simplifie l'approche.

Par contre, à moins d'avoir besoin de 254 réseaux logiques, la perte d'adresses IP est conséquente.

Deuxième solution (la bonne)

Hypothèse de base

À présent, l'objectif est de trouver une décomposition qui optimise le nombre de sous-réseaux voulus. Si on reprend l'exemple précédent, on cherche un codage qui permette de conserver un maximum d'hôtes en fonction du nombre de réseaux logiques.

Étant donné, par exemple un sous-réseau 172.16.0.0 et un nombre de réseaux logiques NbRL= 5. Nous considérons le nombre d'hôtes maximum par réseau logique : NbH = 200.

La question suivante se pose : combien de bits de la partie hôte initialement disponible sont nécessaires pour coder NbRL réseaux logiques ?

Chacun de ces RL sera en fait un sous-réseau, dont le numéro sera composé de celui du réseau logique et de l'identifiant de sous-réseau (IDSR).

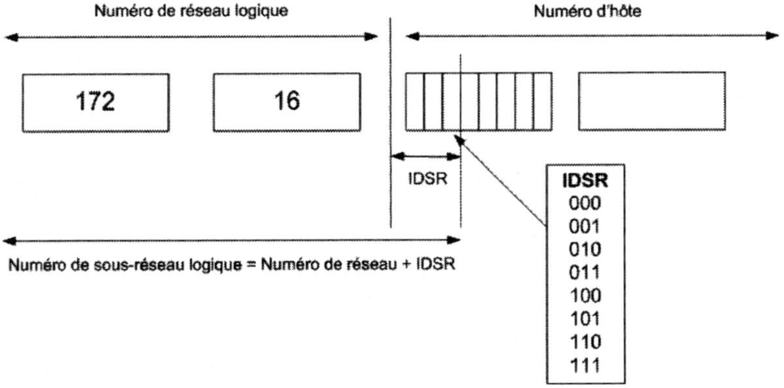

Étape 1 : calcul du nombre de bits pour coder le nombre de réseaux logiques

Le nombre de bits (NbBITS) nécessaires pour coder le nombre de réseaux logiques (NbRL) souhaité doit être retrouvé.

Il faut que NbRL soit inférieur ou égal à 2^{NbBITS}.

Pour simplifier l'approche, un tableau est proposé ci-dessous pour effectuer les calculs.

La première colonne précise le nombre de bits utilisés (NbUtil).

La deuxième exprime le nombre de possibilités de codage sur NbUtil (NbPoss). La première ligne montre deux possibilités, 0 ou 1. Ensuite, la ligne suivante est multipliée par 2.

La troisième colonne NbRetenues contient le nombre d'adresses réellement exploitables en retirant celles qui sont toutes à 0 ou 1. Pour cela, 2 est systématiquement retiré de la précédente.

À noter que depuis la RFC 1878, un identifiant de sous-réseau (IDSR) peut avoir tous ses bits à 0 ou tous ses bits à 1. Cependant, certains matériels non à jour peuvent poser problème dans ce cas. Nous ne les prendrons pas en compte pour notre calcul ici.

mSRbin présente en binaire le masque de sous-réseau logique, à partir du troisième octet. mSRdéc reporte la même information en décimal.

Ce qui donne le tableau suivant :

NbUtil	NbPoss	NbRetenues	mSRbin	mSRdéc
1	2	0	1000 0000	128
2	4	2	1100 0000	192
3	**8**	**6**	**1110 0000**	**224**
4	16	14	1111 0000	240
5	32	30	1111 1000	248
6	64	62	1111 1100	252
7	128	126	1111 1110	254
8	256	254	1111 1111	255
9	512	510	11111 1111. 1000 0000	255.128
10	1024	1022	11111 1111. 1100 0000	255.192
11	2048	2046	11111 1111. 1110 0000	255.224
12	4096	4094	11111 1111. 1111 0000	255.240
13	8192	8190	11111 1111. 1111 1000	255.248

La valeur à trouver NbBits est simplement lue dans le tableau en recherchant dans la colonne NbRetenues la valeur immédiatement supérieure ou égale.

Dans l'exemple, où NbRL = 5, la valeur correspondante est NbRetenue = 6, donc NbUtil = NbBITS = 3, valeur lue sur la même ligne.

Le tableau nous indique que 3 bits sont nécessaires pour coder 5 sous-réseaux logiques.

Étape 2 : obtention du masque CIDR

Le masque en notation CIDR s'obtient en ajoutant à la valeur initiale le nombre de bits trouvés.

Ainsi, /16 + 3 devient /19.

Étape 3 : obtention du masque décimal

À la lecture du tableau, dans la colonne mSRbin et mSRdéc, il est facile de lire l'octet en binaire ou en décimal correspondant au masque.

Ici, le masque reprendra les 16 premiers bits du préfixe initial, auquel on ajoutera l'octet mSRbin, puis un octet à 0.

Le masque obtenu ici est donc 255.255.224.0.

Étape 4 : calcul des IDSR

Pour énumérer les identifiants de sous-réseaux (IDSR), il suffit de compter en binaire de 0 à NbPoss - 1.

Ainsi, dans le cas qui nous intéresse, nous allons travailler sur 3 bits (NbBITS).

L'énumération nous conduit à :

Décimal	binaire sur NbBITS
0	*000*
1	001
2	010
3	011

Décimal	binaire sur NbBITS
4	100
5	101
6	110
7	111

Étape 5 : obtention des numéros de sous-réseaux

Le préfixe sur les 2 premiers octets reste : 172.16.

Le troisième octet débute en binaire à 001. Les deux derniers octets variables, en binaire sont : 001x xxxx.xxxx xxxx.

x représente une valeur 0 ou 1 affectée.

L'identifiant de sous-réseau logique écrit en binaire sera en fait un préfixe codé sur 19 bits :

172	.16	.?	.0
10101100	.0001 0000	.001 x xxxx	.xxxx xxxx

Ainsi, ce troisième octet, en considérant l'identifiant de sous-réseau logique (tous les bits de l'hôte mis à 0), aura comme valeur :

0010 0000, soit 32 en décimal, d'où la valeur 172.16.32 /19 pour RL1.

Il en va de même pour les autres réseaux logiques.

Pour RL2 :

172	.16	.?	.0
10101100	.0001 0000	.010 x xxxx	.xxxx xxx

Ainsi, on obtient comme troisième octet 0100 0000, soit 64 en décimal et donc 172.16.64 /19 pour RL2.

De même :

- RL3 = 172.16.96.0/19
- RL4 = 172.16.128.0/19
- RL5 = 172.16.160.0/19
- RL6 = 172.16.192.0/19 (non demandé ici)

On peut constater que l'identifiant de sous-réseau logique augmente de 32 à chaque fois. Cette valeur est qualifiée d'**incrément**.

Remarque

En fait, cela vient du fait qu'en binaire, lorsque l'on rajoute un 0 à droite on multiplie par 2. Ici, on ajoute 5 zéros. Par conséquent, on multiplie les valeurs numériques décimales de 1 à 6 par 32 (=2^5= 2 x 2 x 2 x 2 x 2).

Étape 6 : expression des plages d'adresses des sous-réseaux

Dans cette ultime étape, il ne nous reste plus qu'à exprimer toutes les possibilités, c'est-à-dire la liste des adresses IP qui seront effectivement attribuées aux hôtes de l'environnement réseau.

Chaque hôte se verra attribuer le même masque, quel que soit le sous-réseau concerné, à savoir ici /19 ou 255.255.224.0 en décimal.

On reprend finalement les numéros de sous-réseaux trouvés, et on va exprimer toutes les possibilités :

- RL1 = 172.16.32.0/19
- RL2 = 172.16.64.0/19
- RL3 = 172.16.96.0/19
- RL4 = 172.16.128.0/19
- RL5 = 172.16.160.0/19

Pour chaque réseau logique, l'écriture des adresses d'hôte est exprimée en binaire. Pour retrouver la plus petite valeur, tous les bits de la partie hôte sont mis à 0. Ils sont positionnés à 1 pour trouver la valeur la plus grande.

Ainsi, pour RL1, on avait :

172	.16	.32	.0
10101100	.0001 0000	.001 x xxxx	.xxxx xxxx

L'adresse où tous les bits de l'hôte sont à 0 donne :

10101100	.0001 0000	.001 0 0000	.0000 0000

soit le numéro de réseau lui-même.

L'adresse où tous les bits de l'hôte sont à 1 donne :

10101100	.0001 0000	.001 1 1111	.1111 1111

D'où la plage d'adresses, plage RL1 : 172.16.32.0 à 172.16.63.255

Il faut à cela retirer les deux adresses où tous les bits de l'hôte sont à 0 et celles dont tous les bits sont à 1, à savoir 172.16.32.0 (il s'agit du réseau logique lui-même) et 172.16.63.255 (diffusion sur le réseau logique).

De la même manière, on en déduit :

- Plage RL2 : 172.16.64.1 à 172.16.95.254
- Plage RL3 : 172.16.96.1 à 172.16.127.254
- Plage RL4 : 172.16.128.1 à 172.16.159.254
- Plage RL5 : 172.16.160.1 à 172.16.191.254

Toutes ces adresses IP seront attribuées avec le masque calculé ci-après, à savoir /19 ou 255.255.224.0.

2.3.5 La factorisation des tables de routage

Dès lors qu'un adressage de sous-réseau est défini, l'opération peut être poursuivie à partir du résultat précédent. Il est ainsi imaginable que la plage de sous-réseau RL4 soit elle-même distribuée pour servir de base à un nouveau plan d'adressage s'appuyant, par exemple sur 172.16.128.0/19 et ainsi de suite. Il est alors facile d'imaginer que certains préfixes IP sont attribués pour l'Europe, qu'un adressage en sous-réseau peut être précisé pour la France, qu'un affinage est effectué sur le Grand Ouest et qu'au final, à Nantes une plage du type 60.189.235.56/29 est proposée.

Le masque peut ainsi varier d'une table de routage à une autre pour finalement être de plus en plus précis.

Remarque

Ceci n'est possible qu'à la condition que les adresses IP aient été attribuées de manière optimale et que les routeurs soient connectés les uns aux autres de manière hiérarchique.

On parle alors dans ce cas de *Variable Length Subnet Mask* (VLSM) ou Masque de sous-réseau à longueur variable.

Étant donné cette attribution intelligente des adresses, il peut être facile de connaître précisément, en fonction d'un préfixe donné, l'origine géographique du destinataire, et donc, par conséquent de construire des tables de routage simplifiées.

Imaginons, par exemple, le cas d'une table de routage comprenant les informations ci-après :

Réseau	Masque	Interface	Passerelle
193.19.32.0	255.255.255.0	197.2.1.254	197.2.1.253
193.19.33.0	255.255.255.0	197.2.1.254	197.2.1.253
193.19.34.0	255.255.255.0	197.2.1.254	197.2.1.253
193.19.35.0	255.255.255.0	197.2.1.254	197.2.1.253
193.19.36.0	255.255.255.0	197.2.1.254	197.2.1.253
193.19.37.0	255.255.255.0	197.2.1.254	197.2.1.253

Réseau	Masque	Interface	Passerelle
193.19.38.0	255.255.255.0	197.2.1.254	197.2.1.253
193.19.39.0	255.255.255.0	197.2.1.254	197.2.1.253

Quelle route pourrait avantageusement remplacer les routes existantes ?

Il suffit dans un tel cas de vérifier que l'interface et la passerelle sont identiques et que l'ensemble des routes peut être factorisé. Dans l'exemple, le préfixe commun à chaque réseau est : 193.19.32, pour un masque sur 21 bits.

Décimal	Écriture binaire du 3ème octet
193.19.**32**.0	**0010 0**000
193.19.**33**.0	**0010 0**001
193.19.**34**.0	**0010 0**010
193.19.**35**.0	**0010 0**011
193.19.**36**.0	**0010 0**100
193.19.**37**.0	**0010 0**101
193.19.**38**.0	**0010 0**110
193.19.**39**.0	**0010 0**111

Ainsi, il est clair que seuls les 3 bits de poids faible du troisième octet varient.

La route équivalente qui remplacera les 8 autres dans ce cas sera finalement :

193.19.32.0	255.255.248.0	197.2.1.254	197.2.1.253

3. Protocole IP version 6

3.1 Introduction

C'est en 1992 que le constat de la pénurie d'adresses ainsi que l'accroissement colossal des tables des routeurs ont permis de démarrer le projet IP Nouvelle Génération (IP NG).

Il s'agissait également de prendre en charge nativement de nombreuses options disponibles avec IPv4, en travaillant sur quatre thèmes principaux : l'autoconfiguration, la mobilité, la prise en charge du multicast et surtout la sécurité (authentification et confidentialité).

En décembre 1995, la RFC 1883 « Internet Protocol Version 6 » est publiée.

Cette RFC est ensuite devenue obsolète et remplacée par la RFC 2460, en décembre 1998 (http://tools.ietf.org/html/rfc2460).

En juin 1998, un réseau expérimental a vu le jour : le **6bone** (dorsale IPv6), pour permettre de tester IPv6 dans des conditions réelles. Ce réseau utilisait les préfixes 3FFE::/16 (RFC 2471). Ce réseau est fermé le 6 juin 2006 (06/06/06 ?!) dès que l'expérimentation a été concluante.

3.2 Principes

IPv6, ou IP *Next Generation* (NG), est la nouvelle version de IP (*Internet Protocol*). Elle doit se substituer au protocole IPv4. Cette migration est progressive mais doit désormais se concrétiser rapidement.

IPv6 maintient les principales fonctionnalités de son prédécesseur, tout en comblant ses lacunes. Ainsi, de nouvelles fonctions ont été ajoutées.

Tout d'abord, l'espace d'adressage a été étendu de 4 octets (32 bits) à 16 octets (128 bits). Cela était dès le début un des objectifs majeurs de cette nouvelle mouture. En effet, il n'était pas prévu que IPv4 ait un tel succès, lié à celui d'Internet.

De plus, IPv6 simplifie les en-têtes de datagrammes, avec seulement 7 champs au lieu de 14. Ainsi, les traitements par les routeurs peuvent être plus rapides et les débits accélérés. Les fonctionnalités de translation d'adresses (NAT - *Network Address Translation*) ne sont plus nécessaires, ce qui simplifie l'architecture réseau.

Au niveau de la sécurisation, IPv6 inclut nativement IPSec (*IP Security*). Ce protocole de sécurisation de bout en bout est présenté plus loin.

Parmi les caractéristiques de cette nouvelle génération, nous pouvons citer :

- Une configuration Plug and Play, grâce aux mécanismes d'autoconfiguration des machines.
- Un routage plus efficace, avec une réduction des tables de routage.
- L'identification des flux pour le service intégré.
- Des mécanismes standard de sécurité.
- La mobilité.
- Un nombre quasi illimité d'adresses IP.
- La compatibilité ascendante maintenue avec IPv4, assurant une transition progressive.

3.3 Structure d'une adresse IP

3.3.1 Catégories d'adresses

En IPv6, il existe trois types d'adresses correspondant à des identifiants 128 bits pour des interfaces ou des groupes d'interfaces :

- unicast
- multicast
- anycast

Une adresse **unicast** fait référence à un identifiant associé à une seule interface, tandis qu'une adresse **multicast** fait référence à un identifiant de groupe dont certaines interfaces sont membres : l'interface se voit alors attribuer l'identifiant multicast.

La notion d'adresse **anycast** désigne l'interface « la plus proche », membre d'un groupe, d'un point de vue de la métrique utilisée (au sens des protocoles de routage).

Remarque

Il n'y a plus de notion d'adresse de diffusion (ou broadcast) comme en IPv4. Les adresses multicast remplacent avantageusement le broadcast en définissant en plus une portée d'application de cette adresse.

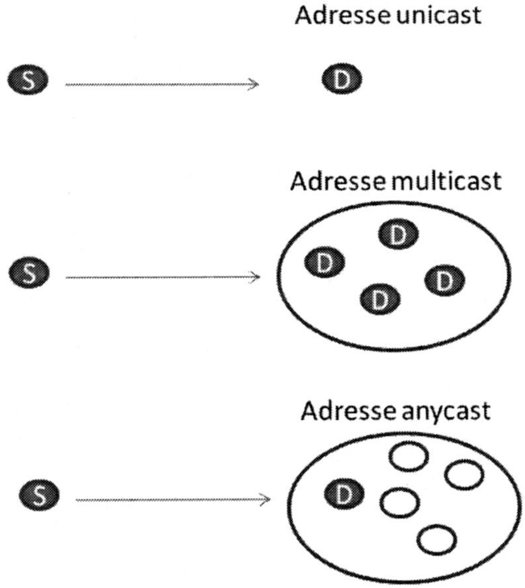

Types d'adresses IPv6

Ainsi, un paquet envoyé à l'intention d'une adresse unicast sera uniquement délivré à l'interface identifiée par cette adresse.

Un paquet envoyé à une adresse multicast sera transmis à toutes les interfaces identifiées avec cette adresse.

Enfin, un paquet envoyé à une adresse anycast sera transmis à seulement l'une des interfaces (la plus proche) identifiées avec cette adresse.

3.3.2 Portée d'une adresse

Une adresse disposera d'une portée plus ou moins importante suivant sa catégorie. Contrairement à IPv4 qui séparait simplement les adresses publiques des adresses privées, avec IPv6, d'une part les adresses vont avoir une visibilité plus ou moins étendue, et d'autre part une même interface disposera de plusieurs adresses IP avec une visibilité différente.

Une adresse unicast ou anycast pourra disposer des portées suivantes :

- Étendue **globale** (portée mondiale, Internet).
- Étendue **locale** (portée locale, nombre limité de sites interconnectés).
- Étendue de **liaison locale** (portée limitée à un sous-réseau non routé).

Une adresse multicast pourra théoriquement être décomposée en se basant sur les niveaux suivant :

- Étendue **globale** (mondiale).
- Étendue **locale à l'organisation** (plusieurs sites d'une même entreprise).
- Étendue **locale au site** (site unique).
- Étendue **locale à l'administrateur** (la plus petite étendue qui peut être configurée administrativement indépendamment de la topologie physique).
- Étendue **locale au sous-réseau** (sous-réseau).
- Étendue de **liaison locale** (voisins connectés sur un même lien).
- Étendue **d'interface locale** (interface).

L'étendue de l'adresse sera soit identifiée par le préfixe de cette adresse, pour les adresses unicast et anycast, soit par le champ **Étendue** présent dans le préfixe d'une adresse multicast.

3.3.3 Adresse unicast

Les adresses unicast peuvent identifier un nœud de manière unique (carte réseau ou interface de routeur).

De manière générale, les adresses IPv6 unicast se présentent de la même manière que les adresses IPv4 sans classe CIDR (*Classless Inter-Domain Routing*).

Adresses IPv6

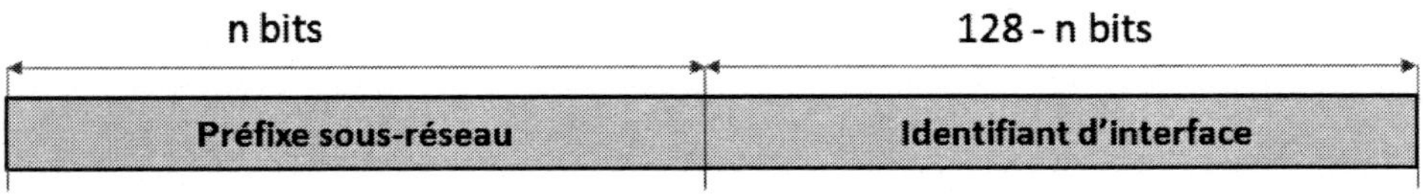

Nous avons vu que ces adresses peuvent avoir une portée globale, de site ou de liaison locale.

Remarque

Il existe aussi des adresses IPv6 comportant des adresses IPv4 encapsulées.

Nous verrons un peu plus loin de quelle manière s'opère le découpage de l'adresse en fonction de sa portée et de sa catégorie.

3.3.4 Formalisme

Il existe plusieurs façons de représenter les adresses IPv6.

La forme la plus usuelle s'écrit **xx : xx : xx : xx : xx : xx : xx : xx**.

où « **xx** » correspond à la représentation hexadécimale d'un mot (2 octets ou 16 bits).

Exemples

FEDC:BA98:7654:3210:FEDC:BA98:7654:3210

2001:0:0:0:8:800:200C:417A

Remarque

Il n'est pas nécessaire d'écrire les zéros successifs d'un même mot. Il doit cependant y avoir au moins un chiffre par champ, sauf en cas d'utilisation de la forme abrégée (voir plus loin).

Étant donné les différentes méthodes d'obtention des adresses, il est fréquent de disposer d'adresses comportant de nombreux zéros successifs. Afin de faciliter l'écriture de ces adresses, une syntaxe spéciale, **la forme abrégée**, permet de compresser et donc de simplifier cette écriture.

L'utilisation de « :: » permet d'indiquer un ou plusieurs groupes de 16 bits de zéros.

Attention, ce double « : » ne doit apparaître qu'une seule fois dans une adresse. Il peut aussi être utilisé pour compresser des zéros de tête ou de queue dans l'adresse.

Le tableau suivant permet de voir les formes abrégées qui peuvent être utilisées :

Exemple d'adresse	Catégorie	Forme abrégée
1080:0:0:0:8:800:200C:417A	une adresse unicast	1080::8:800:200C:417A
FF01:0:0:0:0:0:0:101	une adresse multicast	FF01::101
0:0:0:0:0:0:0:1	l'adresse de boucle locale	::1
0:0:0:0:0:0:0:0	une adresse non spécifiée	::

Il existe une forme alternative et parfois plus pratique si on travaille dans un environnement mixte (IPv4 et v6) :

xx : xx : xx : xx : xx : xx : a . b . c . d où :

- « **xx** » représente les écritures hexadécimales des six mots (12 octets) de poids fort.
- « **a.b.c.d** » représente l'adresse IPv4 en notation décimale pointée (4 octets de poids faible).

Ci-dessous nous proposons des exemples d'écritures :

Exemple d'adresse	Forme abrégée
0:0:0:0:0:0:192.168.1.1	::192.168.1.1
0:0:0:0:0:FFFF:57.146.31.60	::FFFF:57.146.31.60

Enfin, la **représentation des préfixes d'adresses** suit le même principe que la notation CIDR utilisée en IPv4 :

Adresse-IP-v6 / longueur-du-préfixe où :

- « **Adresse-IP-v6** » s'écrit en suivant l'une des conventions présentées précédemment.
- « **longueur-du-préfixe** » est une valeur décimale qui précise combien de bits de poids fort (les plus à gauche) contigus sont associés au préfixe.

Ainsi, le préfixe de 60 bits hexadécimal 200300000000ABC s'écrit :

2003:0000:0000:ABC0:0000:0000:0000:0000/60

2003::ABC0:0:0:0:0/60

2003:0:0:ABC0::/60

Il est également possible d'écrire, comme en IPv4, l'adresse du nœud suivi du préfixe associé au réseau :

2003:0:0:ABC0:123:4567:89AB:CDEF/60

3.3.5 Identifiant EUI-64

Notion d'identifiant

Les identifiants d'interface pour les adresses unicast en IPv6 permettent d'identifier les interfaces sur un lien donné. Cet identifiant doit donc être unique pour un sous-réseau donné et peut l'être aussi, pour une portée plus importante, voire globale (Internet).

Dans certains cas, l'identifiant sera directement obtenu à partir de l'adresse MAC (niveau 2) de l'interface.

Cet identifiant peut être utilisé sur le même nœud à condition d'utiliser des interfaces différentes connectées sur des sous-réseaux différents.

À noter qu'il n'y a pas de relation directe entre l'unicité de l'identifiant d'interface et l'unicité de l'adresses IP. Ainsi, il est possible de créer une adresse unicast globale disposant d'un identifiant d'interface avec une portée non globale, ou de créer une adresse locale de site, avec un identifiant d'interface disposant d'une portée globale.

De plus, toute adresse unicast, exceptées celles qui commencent en binaire par les bits « **000** », doit avoir un identifiant d'interface :

– D'une longueur de 64 bits.

– Construit suivant le format EUI-64 modifié.

L'identifiant d'interface, basé sur le format EUI-64 modifié, a une portée globale, dès lors qu'il est construit à partir de l'adresse MAC. Au contraire, l'identifiant a une portée purement locale lorsqu'aucune information unique ou permanente n'est disponible pour construire l'identifiant d'interface (par exemple : liaison série, terminaisons de tunnels).

Construction d'un identifiant EUI-64 modifié

Observons ci-dessous l'adresse MAC affectée à la carte réseau et l'adresse IPv6 correspondante qui a été auto-attribuée :

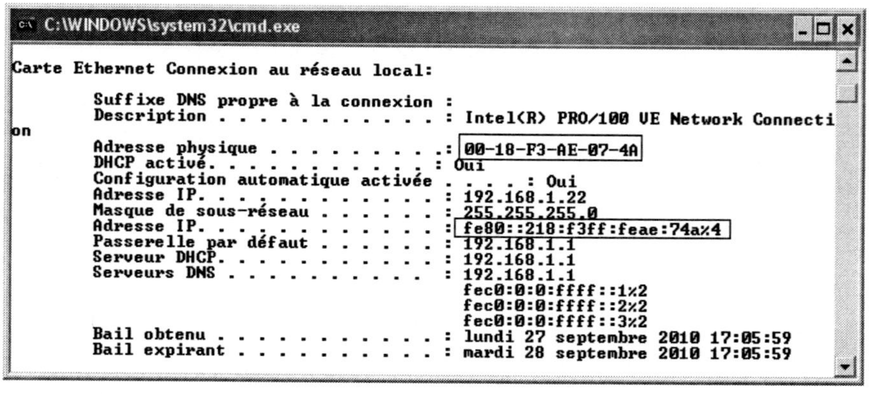

Ici, l'adresse MAC est 00-18-F3-AE-07-4A.

Les trois premiers octets identifient le constructeur ou OUI (*Organizationally Unique Identifier* - http://standards.ieee.org/regauth/oui/oui.txt) et les trois derniers identifient le matériel.

L'adresse auto-attribuée est FE80::218:F3FF:FEAE:74A.

Remarque

Notez le "%4" qui définit un index pour cette interface et qui autorise ainsi l'attribution de cette même adresse sur une autre interface de la même machine, à condition que celle-ci soit connectée sur un autre sous-réseau.

L'identifiant EUI-64 est construit à partir de l'adresse MAC, en insérant les deux octets **"FF FE"** entre l'OUI et la partie basse de l'adresse MAC.

L'identifiant EUI-64 modifié est obtenu en positionnant à "1" le bit u de l'octet de poids fort de l'OUI :

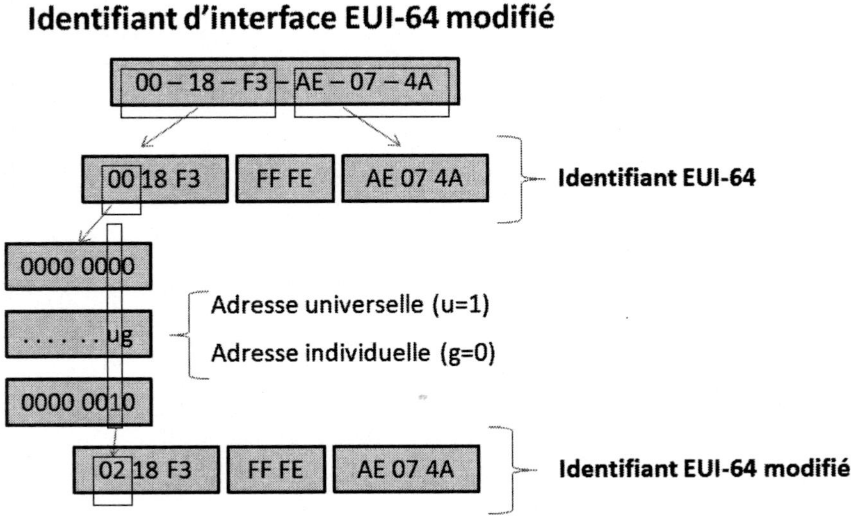

On retrouve alors :

FE80::218:F3FF:FEAE:74A

3.3.6 Adresses réservées

Il existe plusieurs adresses réservées en IPv6.

La boucle locale

L'adresse de boucle locale ou de bouclage est

0000:0000:0000:0000:0000:0000:0000:0001

Elle s'écrit en écriture simplifiée ::1

Remarque

Cette adresse est équivalente à 127.0.0.1 en IPv4.

Remarque

Lorsqu'aucune adresse n'est définie, l'adresse 0000:0000:0000:0000:0000:0000:0000:0000 est utilisée. Elle s'écrit aussi 0:0:0:0:0:0:0:0, ou encore :: (double « : »).

Les adresses de transition IPv4 - IPv6

Pour assurer une transition entre les deux versions, des adresses IPv6 qui s'appuient sur des adresses IPv4 peuvent être utilisées dans certaines circonstances.

Une adresse IPv4 mappée peut être utilisée, lorsqu'il s'agit de communiquer soit en IPv4, soit en IPv6 à partir d'un serveur disposant de la double pile de protocole (IPv4/v6).

Cette adresse peut être représentée en utilisant un mixte des notations IPv6/v4.

Elle s'écrira en notation abrégée :

::FFFF:<adresse-ipv4-notation-décimale-pointée>

Par exemple, ::FFFF:192.168.1.200

On pourra aussi utiliser la notation hexadécimale et écrire l'adresse comme ceci :

::FFFF:C0A8:01C8

Où 192 en base 10 (d) vaut C0 en base 16 (h), soit 192d=C0h, 168d=A8h, 1d=1h et 200d=C8h.

Il s'agit en fait de l'adresse 0000:0000:0000:0000:0000:FFFF:C0A8:01C8.

0000	0000	0000	0000	0000	FFFF	C0A8	01C8

Les adresses IPv4 compatibles servent à encapsuler de l'IPv6 dans de l'IPv4 (au moyen d'un tunnel). Ces adresses s'écrivent en mettant les 96 bits de poids fort à 0 avant de coder l'IPv4 :

::<adresse-ipv4-notation-décimale-pointée>

Exemple : **::192.168.1.200**

Ou **::C0A8:01C8**

Soit

0000	0000	0000	0000	0000	0000	C0A8	01C8

Remarque

À noter que la RFC 4291 rend ces adresses dépréciées. Elles ne doivent plus être utilisées.

3.3.7 Décomposition des plages par l'IETF

Introduction

Les plages d'adresses IPv6 (RFC 4291) ont été décomposées par l'IETF (*Internet Engineering Task Force*) de la manière suivante :

Préfixe IPv6	Attribution	Référence
0000::/8	Réservé	[RFC4291]
0100::/8	Réservé	[RFC4291]
0200::/7	Réservé (ex. NSAP)	[RFC4048]
0400::/6	Réservé (ex. IPX)	[RFC4291]
0800::/5	Réservé	[RFC4291]

Préfixe IPv6	Attribution	Référence
1000::/4	Réservé	[RFC4291]
2000::/3	Unicast globales	[RFC4291]
4000::/3	Réservé	[RFC4291]
6000::/3	Réservé	[RFC4291]
8000::/3	Réservé	[RFC4291]
A000::/3	Réservé	[RFC4291]
C000::/3	Réservé	[RFC4291]
E000::/4	Réservé	[RFC4291]
F000::/5	Réservé	[RFC4291]
F800::/6	Réservé	[RFC4291]
FC00::/7	Unicast locales	[RFC4193]
FE00::/9	Réservé	[RFC4291]
FE80::/10	Unicast de liaison locale	[RFC4291]
FEC0::/10	Déprécié (unicast de site)	[RFC3879]
FF00::/8	Multicast	[RFC4291]

Remarque

Les documents officiels (RFC) sont accessibles à partir de l'URL : http://tools.ietf.org/html/

Ainsi, quand les adresses réservées sont retirées, les catégories restantes sont les suivantes :

- Les adresses unicast globales.
- Les adresses unicast locales.
- Les adresses unicast de liaison locales.
- Les adresses multicast.

Remarque

À noter que les adresses anycast sont extraites de la plage d'adresses « unicast globales ».

Explications complémentaires

Le préfixe IPv6 doit être interprété de la façon suivante :

Par exemple, « **FC00::/7** » signifie que les « 7 » bits de poids fort présents dans les 16 bits « FC00 » sont figés.

– « **F** » est codé sur 4 bits en binaire en « **1111** ».

– « **C** » est codé « **1100** ».

– « **0** » s'écrit « **0000** » en binaire.

Ainsi :

– L'octet écrit « **FC** » en hexadécimal vaut « **1111 1100** » en binaire.

– « **00** » en hexadécimal s'écrit « **0000 0000** » en binaire.

Une fois le préfixe hexadécimal transcrit en binaire, on identifie les n bits de poids fort (les plus à gauche) précisés après le « / » dans l'écriture du préfixe. Ces bits ne doivent pas évoluer et doivent rester figés lorsque les combinaisons possibles sont énumérées.

FC00::/7	1111 110x.	xxxx xxxx

Ainsi, FC00::/7 veut dire que les bits de poids fort pourront s'écrire avec les valeurs « minimum » et « maximum » suivantes :

– **1111 1100.0000 0000**

– et **1111 1101.1111 1111**

Finalement, FC00::/7 exprime toutes les adresses dont les préfixes sont compris entre FC00 et FDFF.

Préfixe IPv6	Préfixe	Binaire	Plage du préfixe
0000::/8	0000 0000.	xxxx xxxx	0000-00FF
0100::/8	0000 0001.	xxxx xxxx	0100-01FF
0200::/7	0000 001x.	xxxx xxxx	0200-03FF
0400::/6	0000 01xx.	xxxx xxxx	0400-07FF

Préfixe IPv6	Préfixe	Binaire	Plage du préfixe
0800::/5	0000 1xxx.	xxxx xxxx	0800-0FFF
1000::/4	0001 xxxx.	xxxx xxxx	1000-1FFF
2000::/3	001x xxxx.	xxxx xxxx	2000-3FFF
4000::/3	010x xxxx.	xxxx xxxx	4000-5FFF
6000::/3	011x xxxx.	xxxx xxxx	6000-7FFF
8000::/3	100x xxxx.	xxxx xxxx	8000-9FFF
A000::/3	101x xxxx.	xxxx xxxx	A000-BFFF
C000::/3	110x xxxx.	xxxx xxxx	C000-DFFF
E000::/4	1110 xxxx.	xxxx xxxx	E000-EFFF
F000::/5	1111 0xxx.	xxxx xxxx	F000-F7FF
F800::/6	1111 10xx.	xxxx xxxx	F800-FBFF
FC00::/7	1111 110x.	xxxx xxxx	FC00-FDFF
FE00::/9	1111 1110.	0xxx xxxx	FE00-FE7F
FE80::/10	1111 1110.	10xx xxxx	FE80-FEBF
FEC0::/10	1111 1110.	11xx xxxx	FEC0-FEFF
FF00::/8	1111 1111.	xxxx xxxx	FF00-FFFF

En résumé, voici les informations qu'il faut retenir pour identifier facilement le type d'une adresse IPv6 :

Catégories d'adresses	Préfixes	Mini	Maxi
Unicast globale	2000::/3	2000	3FFF
Unicast locale	FC00::/7	FC00	FDFF
Unicast de liaison locale	FE80::/10	FE80	FEBF
Multicast	FF00::/8	FF00	FFFF

3.3.8 Découpage des catégories

Unicast globale

Il s'agit de l'équivalent des adresses IP publiques en IPv4.

La catégorie unicast globale est définie de la façon suivante :

2000::/3	001x xxxx.	xxxx xxxx	2000-3FFF

Elle se décompose ainsi :

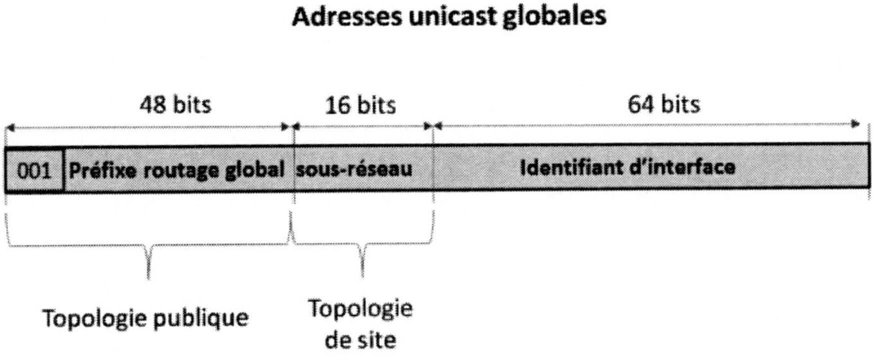

L'identifiant d'interface est construit suivant l'EUI-64 modifié.

Adresse unicast locale

Il s'agit de l'équivalent des adresses IP privées en IPv4 (RFC 1918).

Le préfixe de base qui désigne ce type d'adresses est FC00-FDFF (FC::/7).

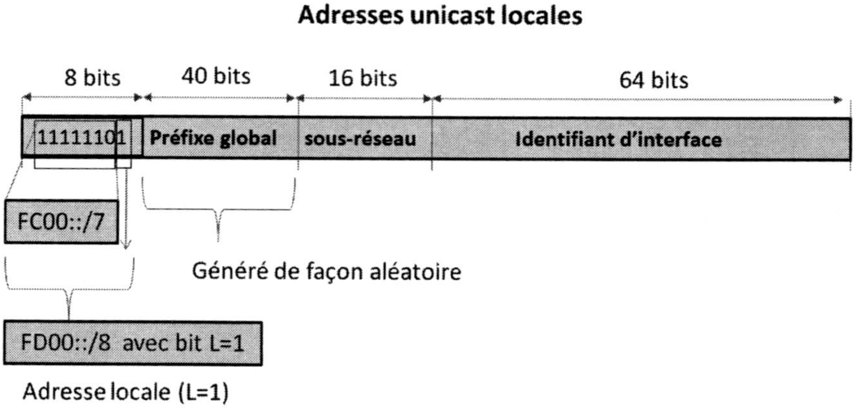

Ces adresses ne sont utilisables que sur un périmètre restreint. Cependant, compte tenu du nombre de combinaisons et de l'algorithme utilisé pour générer aléatoirement le préfixe global, il y a peu de chances qu'à l'interconnexion de deux réseaux privés, il survienne un problème de plage d'adresses déjà existantes.

En effet, l'algorithme utilisé s'appuie sur l'adresse MAC de l'interface ainsi que sur l'heure actuelle pour générer cet identifiant.

Certains sites proposent de générer des identifiants à partir de l'adresse MAC pour illustrer cet algorithme :

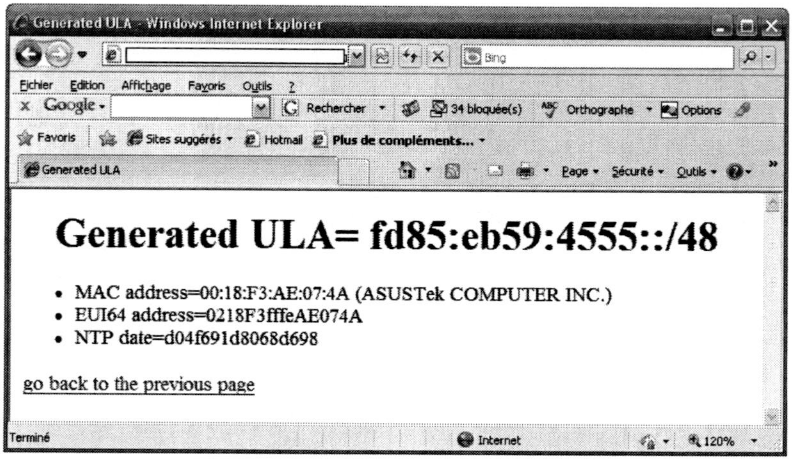

Remarque

ULA fait référence à l'acronyme Unicast Local Address, soit adresse unicast locale.

Unicast de liaison locale

La notion de liaison locale permet à une interface d'avoir une identité lors de l'envoi des trames initiales de découverte du réseau. Cette adresse sera conservée y compris lorsqu'une adresse globale sera attribuée par la suite. Elle permet ainsi de communiquer avec une vraie identité contrairement à IPv4 où l'adresse revêt la valeur 0.0.0.0 tant que les phases initiales d'obtention de paramètres IP n'ont pas été finalisées.

Cette adresse servira principalement à la découverte des voisins ainsi que des routeurs.

Cette adresse ne franchira pas les routeurs et servira uniquement sur le sous-réseau.

La structure de cette adresse est la suivante :

Adresses de liaison locale

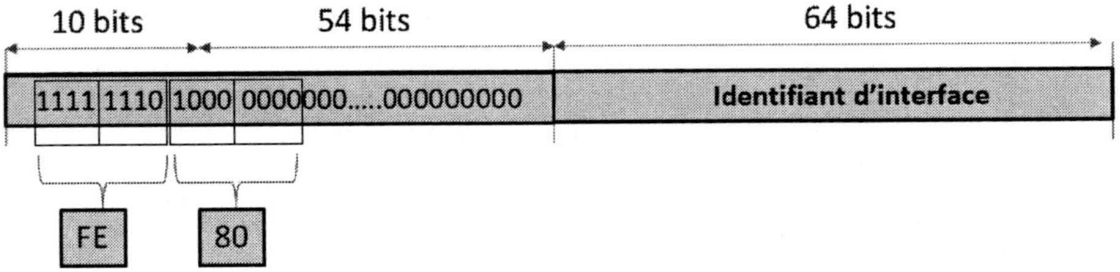

Multicast

L'adresse multicast est définie avec une portée qui lui permet d'avoir une certaine visibilité sur le réseau, et dispose d'un état qui lui permet d'être reconnue comme permanente (officiellement attribuée par l'IANA) ou temporaire.

Le préfixe associé aux adresses multicast est FF::/8 soient les adresses de FF00 à FFFF.

Adresse multicast

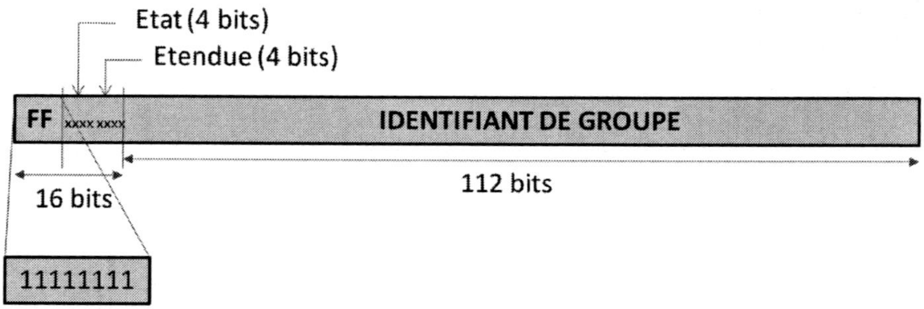

Le champ **Etat** définit un état associé à l'adresse multicast sur 4 bits :

0 R P T

Le bit T ou Transitoire précise si l'adresse est temporaire ou permanente.

Si T=0, l'adresse multicast constitue une adresse bien connue, attribuée de manière permanente par l'IANA. Au contraire, T=1 précise que l'adresse a été attribuée pour une durée (Transitoire) limitée et dans ce cas, cette adresse n'a de sens qu'au niveau de son étendue.

Le bit P, "Préfixe" précise si l'adresse multicast est basée sur le préfixe réseau (P=1) ou non (P=0).

Remarque

P=1 indique que l'adresse est construite à partir du préfixe réseau et dans ce cas, il s'agit d'une adresse attribuée de manière temporaire (T=1).

La principale fonctionnalité du multicast est de permettre de créer des groupes au sein desquels des communications peuvent avoir lieu. On parlera de **point de rendez-vous** pour désigner le routeur ou le serveur auprès duquel le groupe devra s'enregistrer pour ensuite avoir accès à un service (RFC 3956).

Le bit R sert à préciser si l'adresse multicast est construite (R=1) ou non (R=0) à partir de l'adresse réseau d'un point de rendez-vous.

Remarque

Si R=1, P=1 et T=1 alors le préfixe de l'adresse multicast devient FF7::/12.

Remarque

*La RFC 3956 précise le contenu du champ **Identifiant de Groupe** dans ce cas.*

Le champ **Étendue** permet de spécifier la portée de l'adresse multicast :

Étendue	Valeur hexadécimale	Valeur binaire
Interface	1	0001
Liaison	2	0010
Site	5	0101
Organisation	8	1000
Globale	E	1111

Les adresses multicast de FF01:: à FF0F:: sont des adresses bien connues réservées.

Exemples

FF02::2 désigne tous les routeurs de liaison locale.

FF05::1:3 identifie tous les serveurs DHCP du site local.

FF0E::101 correspond à tous les serveurs NTP sur l'Internet (E=Globale).

Remarque

Les adresses bien connues réservées sont disponibles à l'adresse suivante : http://www.iana.org/assignments/ipv6-multicast-addresses/

3.3.9 Autoconfiguration des adresses IPv6

Types

Il existe deux types d'autoconfiguration :

- Avec état.
- Sans état.

Configuration avec état

Dès que l'hôte IPv6 détecte la présence d'un routeur, il va examiner les messages d'annonces envoyés par celui-ci, pour savoir si un service DHCPv6 a été configuré. Si le routeur précise que le service DHCPv6 peut être pris en charge, ou si aucun message d'annonce n'est reçu, l'hôte IPv6 va envoyer un message de sollicitation pour tenter de trouver un serveur DHCPv6. Ce message est envoyé en utilisant une adresse multicast spécifique en utilisant l'étendue de lien local, pour garantir que le message ne soit pas redirigé au-delà du routeur.

Configuration sans état

Il s'agit d'une extension au fonctionnement de DHCPv6. L'hôte IPv6 s'appuie sur les informations reçues par le routeur pour configurer une adresse sur son interface. Il va simplement récupérer les 64 premiers bits de l'adresse source du routeur envoyant une annonce et compléter avec son identifiant d'interface (EUI-64).

Ainsi, dès que les adresses IPv6 des routeurs ont été configurées manuellement, tous les hôtes « sans état » vont s'aligner sur le bon numéro de réseau (celui reçu du routeur).

Remarque

À l'origine, ce type de configuration avait été conçu pour permettre aux téléphones cellulaires, PDA et autres équipements d'obtenir des adresses automatiquement, sans avoir besoin de mettre en œuvre un serveur DHCPv6.

États des adresses auto-attribuées

Les adresses autoconfigurées peuvent prendre l'un ou l'autre des états suivants :

- Tentative.
- Valide (Préférée, Dépréciée).
- Invalide.

Etat d'une adresse temporaire

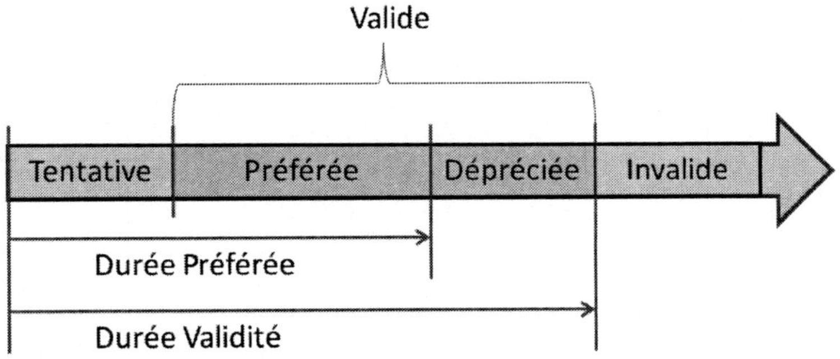

Tentative

L'adresse est en cours de vérification. Ce test va permettre de s'assurer qu'il n'existe pas d'adresses dupliquées. Aucun trafic unicast ne peut être reçu par une adresse « tentative ». En revanche, des messages multicast peuvent être reçus ou envoyés pendant la phase de détection d'adresses dupliquées (algorithme *Duplicate Address Detection* (DAD), basé sur le protocole *Neighbor Discovery Protocol* (NDP)).

Valide

L'adresse peut être utilisée pour la réception ou l'émission de trafic unicast. L'état « Valide » englobe aussi bien les états « Préférée » que « Dépréciée ».

Le message d'annonce du routeur comprend un champ « Durée de validité », correspondant à la somme des durées associées aux états « Tentative », « Préférée » et « Dépréciée ».

Préférée

L'adresse est valide, son unicité a été vérifiée et elle peut être utilisée sans limitation.

La durée de vie préférée envoyée par un message d'annonce d'un routeur définit la somme des durées correspondant aux états « Tentative » et « Préférée ».

Remarque

Par exemple, un routeur Cisco proposera par défaut une durée de validité de 30 jours et une durée de vie préférée de 7 jours.

Dépréciée

L'adresse est valide, son unicité a été vérifiée, mais son utilisation est déconseillée pour les nouvelles communications. Les sessions en cours peuvent cependant continuer à utiliser des adresses dépréciées.

Invalide

Dès lors que la durée de validité est passée, l'adresse passe à l'état « Invalide ». L'adresse ne peut plus être utilisée pour l'émission/réception du trafic unicast.

3.4 Tunnels

3.4.1 Introduction

En IPv6, la notion de tunnel est très importante. Elle va notamment permettre la prise en charge de l'IPv6 sur des réseaux distants y compris lorsque la connectivité IPv6 n'est pas disponible de bout en bout.

En effet, avec IPv6, de nouvelles interfaces de tunneling ont fait leur apparition. On peut trouver les cartes de :

- Tunnel 6to4.
- Tunnel Teredo.
- Tunnel ISATAP (*Intra-Site Automatic Tunnel Addressing Protocol*).

L'illustration suivante fait apparaître les cartes Teredo et ISATAP sur un ordinateur Windows XP sur lequel IPv6 a été activé :

```
C:\WINDOWS\system32\cmd.exe
Microsoft Windows XP [version 5.1.2600]
(C) Copyright 1985-2001 Microsoft Corp.

C:\Documents and Settings\José.PCDUBAS092010>ipconfig /all

Configuration IP de Windows

        Nom de l'hôte . . . . . . . . . . : PCDUBAS092010
        Suffixe DNS principal . . . . . . :
        Type de noud . . . . . . . . . . : Hybride
        Routage IP activé . . . . . . . . : Non
        Proxy WINS activé . . . . . . . . : Non

Carte Ethernet Connexion au réseau local:

        Suffixe DNS propre à la connexion :
        Description . . . . . . . . . . . : Intel(R) PRO/100 VE Network Connecti
on
        Adresse physique . . . . . . . . .: 00-18-F3-AE-07-4A
        DHCP activé. . . . . . . . . . . : Oui
        Configuration automatique activée . . . . : Oui
        Adresse IP. . . . . . . . . . . . : 192.168.1.22
        Masque de sous-réseau . . . . . . : 255.255.255.0
        Adresse IP. . . . . . . . . . . . : fe80::218:f3ff:feae:74a%4
        Passerelle par défaut . . . . . . : 192.168.1.1
        Serveur DHCP. . . . . . . . . . . : 192.168.1.1
        Serveurs DNS . . . . . . . . . .  : 192.168.1.1
                                            fec0:0:0:ffff::1%2
                                            fec0:0:0:ffff::2%2
                                            fec0:0:0:ffff::3%2
        Bail obtenu . . . . . . . . . . . : lundi 27 septembre 2010 17:05:59
        Bail expirant . . . . . . . . . . : mardi 28 septembre 2010 17:05:59

Carte Ethernet Connexion réseau sans fil:

        Statut du média . . . . . . . . . : Média déconnecté
        Description . . . . . . . . . . . : USB Wireless 802.11 b/g Adaptor
        Adresse physique . . . . . . . . .: 00-14-A5-FD-BC-F8

Carte Tunnel Teredo Tunneling Pseudo-Interface :

        Suffixe DNS propre à la connexion :
        Description . . . . . . . . . . . : Teredo Tunneling Pseudo-Interface
        Adresse physique . . . . . . . . .: FF-FF-FF-FF-FF-FF-FF-FF
        DHCP activé. . . . . . . . . . . : Non
        Adresse IP. . . . . . . . . . . . : fe80::ffff:ffff:fffd%5
        Passerelle par défaut . . . . . . :
        NetBIOS sur TCPIP. . . . . . . .  : Désactivé

Carte Tunnel Automatic Tunneling Pseudo-Interface :

        Suffixe DNS propre à la connexion :
        Description . . . . . . . . . . . : Automatic Tunneling Pseudo-Interface

        Adresse physique . . . . . . . . .: C0-A8-01-16
        DHCP activé. . . . . . . . . . . : Non
        Adresse IP. . . . . . . . . . . . : fe80::5efe:192.168.1.22%2
        Passerelle par défaut . . . . . . :
        Serveurs DNS . . . . . . . . . .  : fec0:0:0:ffff::1%2
                                            fec0:0:0:ffff::2%2
                                            fec0:0:0:ffff::3%2
        NetBIOS sur TCPIP. . . . . . . .  : Désactivé

C:\Documents and Settings\José.PCDUBAS092010>_
```

3.4.2 Types de tunnels

Il existe plusieurs types de tunnel possibles pour permettre à des ordinateurs situés chacun sur des sites IPv6, de pouvoir communiquer au travers de réseaux IPv4 :

Notion de tunnel

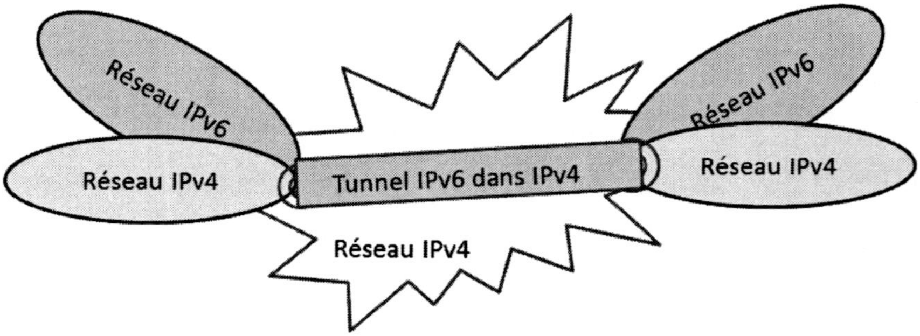

On distingue les tunnels configurés des tunnels automatiques.

Tunnels configurés

Il s'agit de tunnels définis manuellement par l'administrateur réseau. Chaque extrémité est configurée avec l'adresse IP du "bout du tunnel". Ainsi, il est possible de mettre en œuvre un tunnel IPv6 au travers d'un réseau IPv4. Les deux extrémités doivent être en mesure de traiter l'IPv4 et v6 pour faire office de passerelle.

Tunnels automatiques

Il s'agit d'un tunnel ouvert dynamiquement, à la demande. Comme dans le cas des tunnels configurés, l'objectif ici est de permettre d'étendre la connectivité IPv6 en traversant des réseaux IPv4.

Les mécanismes de tunnels automatiques les plus connus sont les suivants :

- Les tunnels Teredo.
- Les tunnels ISATAP.
- Les tunnels 6To4.

Tunnel Teredo

Le tunnel Teredo est décrit dans la RFC 4380 (février 2006).

Il s'agit de faire passer un tunnel IPv6 dans de l'UDP/IPv4 en s'appuyant sur un mécanisme de traduction d'adresse (NAT - *Network Address Translation*).

Ce mécanisme repose sur l'existence d'hôtes spécifiques (serveurs ou routeurs) agissant en tant que Serveur ou Relais Teredo :

Tunnel Teredo

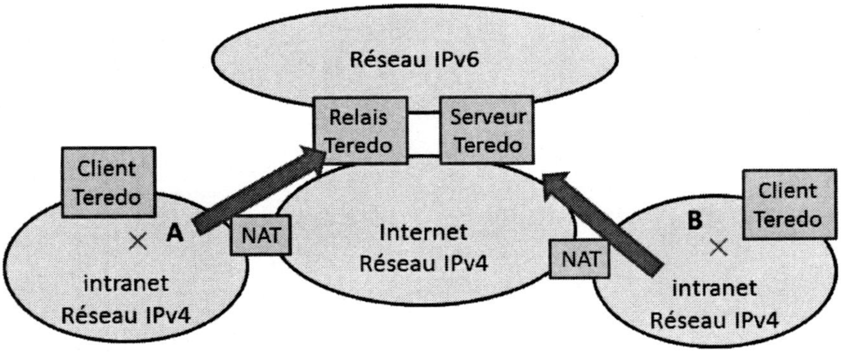

Dans cet exemple, A et B sont situés sur des réseaux privés et accessibles par le biais d'une translation d'adresse.

Soit A1, l'interface publique sur laquelle est associé l'accès à A.

Il en est de même pour B1 qui permet d'accéder à B.

Un port spécifique est défini pour A1 et B1 pour l'accès à un port similaire sur A et B.

Remarque

La difficulté de cette configuration réside surtout dans la complexité de l'adresse obtenue et surtout de son manque de lisibilité.

Sur le principe, l'idée est intéressante.

L'adresse IP du serveur (S) est directement incluse dans la partie réseau des adresses de A et B.

L'adresse IP publique ainsi que le port utilisé pour le mappage sur l'interface publique, sont également intégrés dans l'adresse générée.

Cependant, cela manque véritablement de lisibilité : il faut établir la correspondance des adresses IPv4 en hexadécimal et il est nécessaire de réaliser un Ou Exclusif (XOR) pour obtenir la valeur cible.

Tunnel Teredo

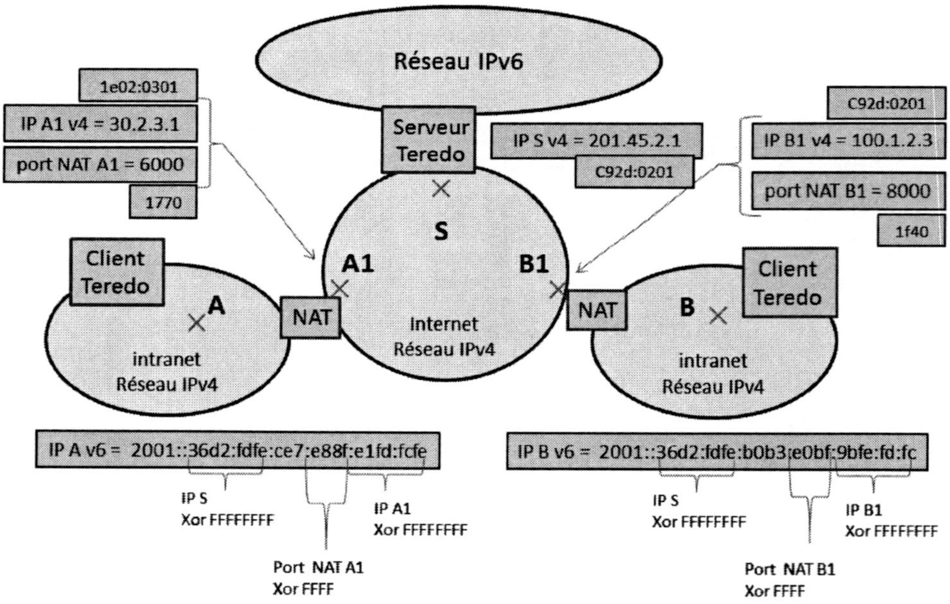

Tunnel ISATAP

Il est basé sur la RFC 5214 (mars 2008).

Cela permet aux nœuds disposant des deux piles de protocoles (IPv4/IPv6) de "voir" le réseau IPv4 comme une couche liaison pour IPv6.

Le numéro de réseau utilisé peut être soit un préfixe global, soit celui correspondant à une adresse de liaison locale : **FE80::/64**

Les identifiants d'interface sont autogénérés en utilisant une construction EUI-64 modifiée avec un seul octet "FE" au lieu des "FF FE". En effet, l'adresse IPv4 utilise déjà 4 octets.

La partie "gauche" de l'identifiant d'interface s'appuie sur l'identifiant IANA "00-00-5E".

Pour une adresse IP privée, le bit u sera positionné à 0 (par défaut) :

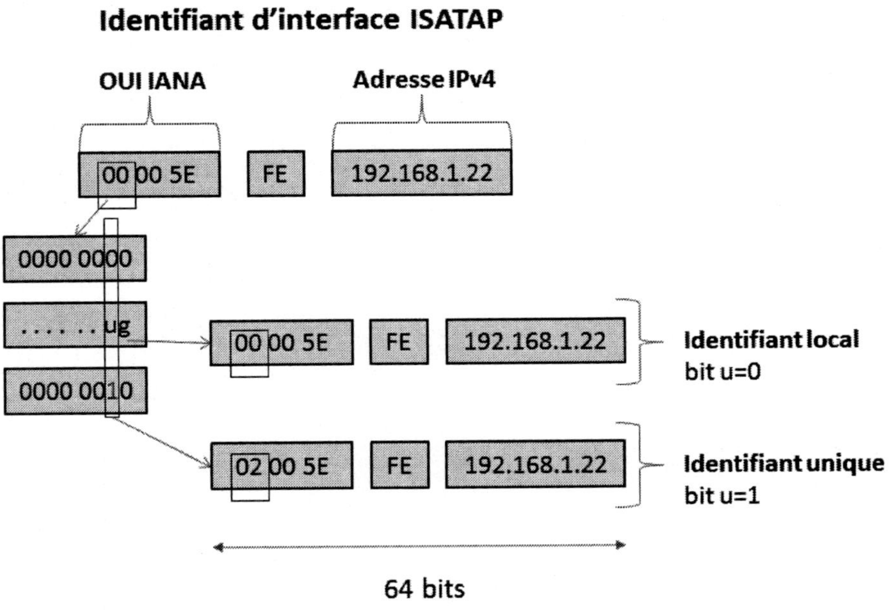

Notez la notation mixte IPv6/IPv4 induite :

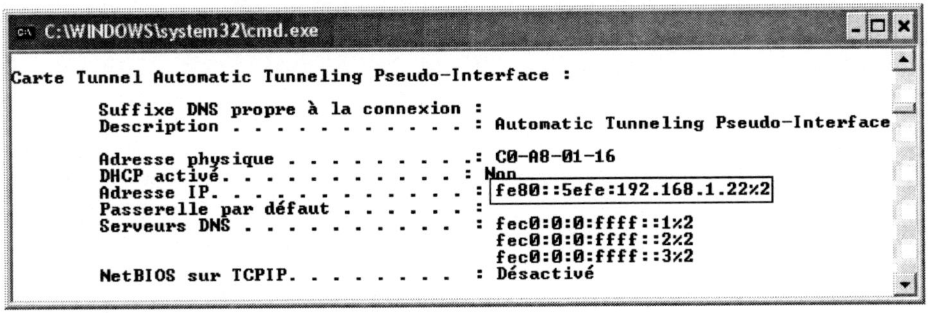

Remarque

ISATAP est disponible sous Windows XP, Windows Vista, Windows 7, Linux (à partir du noyau 2.6.25) ainsi qu'à partir de certaines versions de l'IOS de Cisco (12.3T).

Il existe deux types de configuration pour un nœud ISATAP :

- Client
- Serveur

Le nœud ISATAP client va faire une requête auprès d'une adresse IPv4 cible (nœud ISATAP serveur), pour obtenir une adresse IPv6 et ainsi former le tunnel. Le nœud serveur pourra être un OS de type serveur ou encore un routeur.

Remarque

Attention, contrairement aux autres tunnels, ISATAP ne prend pas en charge le fonctionnement NAT. Il faut nécessairement passer par des routeurs.

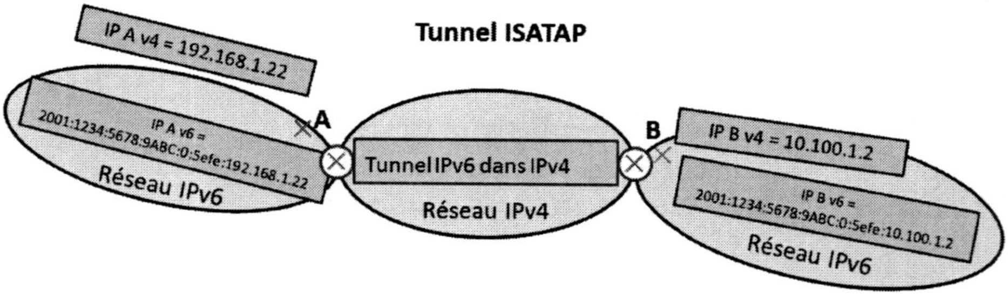

Tunnel 6to4

Ce type de tunnel est défini dans la RFC 3056.

Il s'appuie sur une plage d'adresses réservées par l'IANA : **2002::/16**

Les interfaces de tunnel ont simplement besoin d'une adresse source car les adresses de destination sont automatiquement obtenues à partir de la destination d'un paquet : l'adresse IPv4 de sortie du tunnel est utilisée pour construire le numéro de réseau de destination. Lorsque plusieurs réseaux sont routés, un suffixe complémentaire est utilisé pour les différencier :

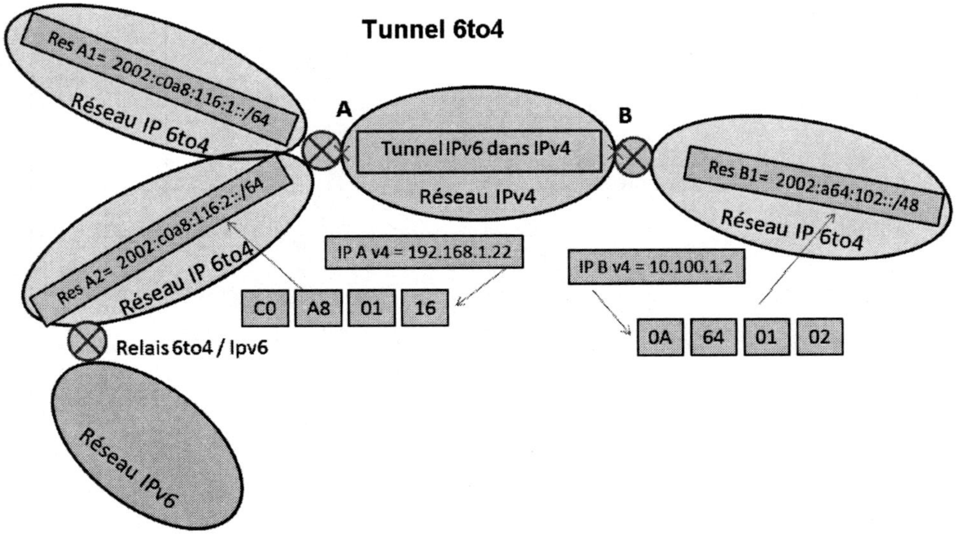

Ce type de tunnel ne permet de mettre en relation que des réseaux 6to4. Si l'on souhaite raccorder également des réseaux IPv6, il est alors nécessaire d'utiliser un relais spécifique (6to4/IPv6).

3.5 Organismes d'attribution d'adresses

Il existe cinq organismes répartis dans le monde permettant de prendre en charge l'enregistrement pour Internet (notamment les noms de domaines DNS et les adresses IPv4 et v6). On parlera de *Regional Internet Registry* (RIR). Leur rôle est de fournir une prise en charge globale de l'Internet au travers :

- D'une allocation de ressources Internet.
- De services d'enregistrement.
- D'activités de coordination.

Ces cinq organismes sont :

- ARIN (*American Registry for Internet Numbers*).
- RIPE NCC (*Réseaux IP Européens Network Coordination Centre*).
- LACNIC (*Latin American and Caribbean Internet Address Registry*).
- AFRINIC (*African Network Information Centre*).
- APNIC (*Asia Pacific Network Information Centre*).

Le site www.iana.org répertorie ces informations :

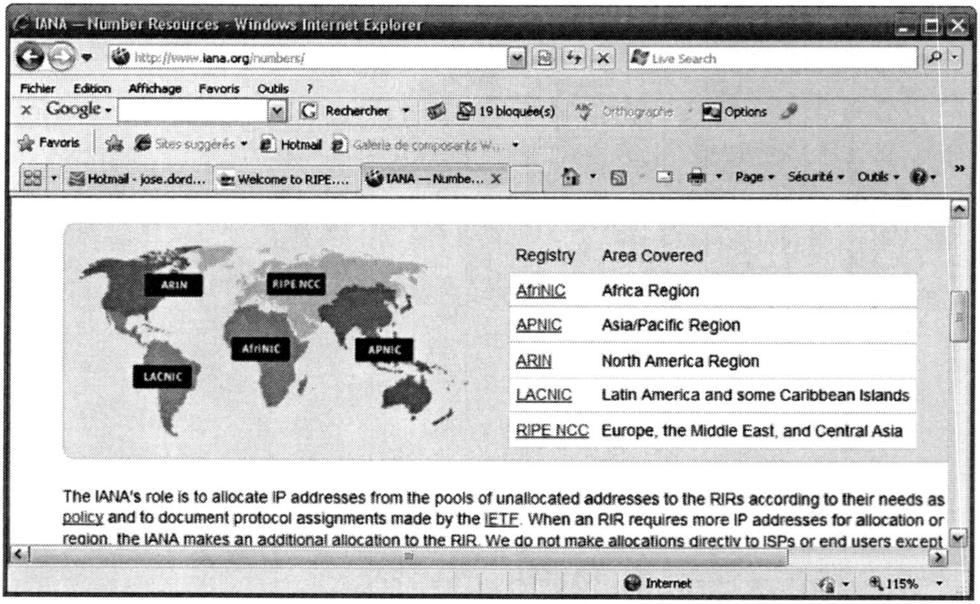

En complément, il existe des organismes au niveau de chaque pays, les NIR (*National Internet Registries*) et éventuellement encore une délégation plus localisée, le LIR (*Local Internet Registry*), telle qu'un FAI (Fournisseur d'Accès Internet).

3.6 En-tête IPv6

Cet en-tête est simplifié par rapport à celui d'IPv4.

Les 32 premiers bits de l'en-tête de datagramme sont composés comme suit :

- Un numéro de version sur 4 bits.
- Un octet pour définir la classe de trafic (priorité).
- Le reste définissant un label de flux (*Flow Label*) pour le marquage de paquets spéciaux.

Les 32 bits suivants définissent :

- La longueur utile des données, sur 16 bits.
- Le type de l'en-tête suivant immédiatement celui IPv6 (*Next Header*).
- La limite de saut (*Hop Limit*), précisant la durée de vie du datagramme sur 8 bits.

Les champs suivants composent l'adresse source et l'adresse de destination, chacun sur 128 bits.

En-tête IPv6

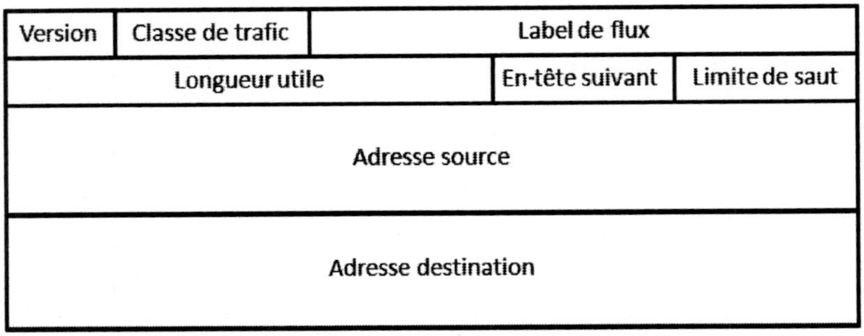

Ces champs de taille fixe facilitent un traitement plus rapide et l'alignement sur 64 bits. Il n'y a plus, par rapport à IPv4, de traitement de type checksum.

La notion de TTL (*Time To Live*) se retrouve dans celle de limite de saut. Elle permet quand même qu'un paquet soit supprimé, si la destination n'est pas trouvée après être passé par un certain nombre d'éléments actifs.

D'autres en-têtes peuvent être insérés après celui de IPv6. L'information *Next Header* est destinée à préciser ceux-ci. Ainsi, les paquets de type spéciaux sont repérés.

Les types peuvent être :

- *Routing Header*, pour le chemin de routage.
- *Fragment Header*, en cas de fragmentation des paquets.
- *Authentication Header*, pour la sécurité.
- *Hop-by-hop Options Header*, transport d'informations acheminées à chaque nœud.
- *Privacy Header*, pour le chiffrement.
- *End-to-end Options Headers*, si les données doivent être examinées par le destinataire.

Le champ **Next Header** du dernier en-tête contient : TCP.

4. Autres protocoles de couche Internet

4.1 Internet Control Message Protocol (ICMP)

ICMP est une sorte de sous-couche de IP, qui fonctionne de pair avec ce protocole. Son but est d'offrir des capacités de contrôle et d'interprétation des erreurs. En effet, IP est sans connexion et ne détecte pas les anomalies dans l'inter-réseau.

Le protocole ICMP est donc utilisé par les hôtes IP pour spécifier un certain nombre d'événements importants à TCP, tels que :

- Découverte des routeurs.
- Mesure des temps de transit (PING - *Packet Internet Groper*).
- Redirection des trames...

Les données du datagramme IP sont constituées de l'en-tête et des données ICMP. Dans l'en-tête IP, le numéro de service est mis à 1.

Le message ICMP lui-même est repéré par son type et son code. Différents messages sont répertoriés. Parmi ceux-ci, nous pouvons citer :

Time Exceeded

Ce message indique que le temps nécessaire pour atteindre le destinataire est dépassé. Il peut être envoyé dans le cas où un paquet s'est perdu, si son TTL (en IPv4) a atteint 0.

Dans ce cas, le Type est positionné à 11 et le code à 0 ou 1.

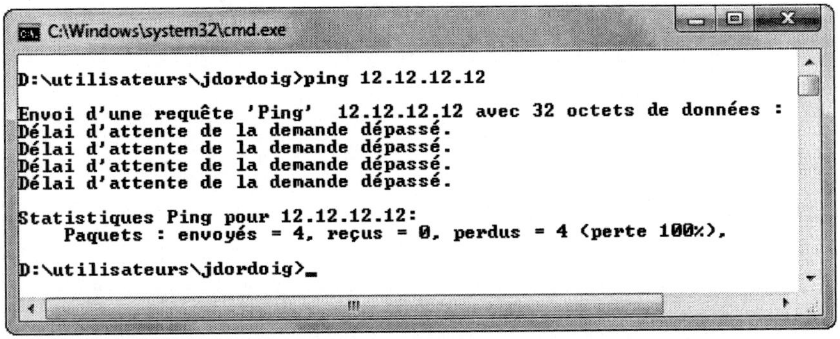

Exemple de message "Time Exceeded" ou "Délai d'attente de la demande dépassé"

Destination Unreachable

Ce message est caractéristique d'une impossibilité d'acheminer le paquet à destination. Cela indique, par exemple, un problème de route pour atteindre un sous-réseau.

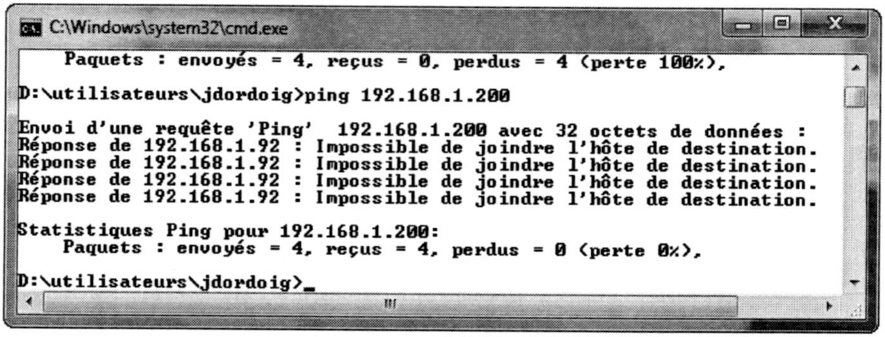

Exemple de message "Destination Unreachable" ou "Impossible de joindre l'hôte de destination"

Redirect

Ce message indique à l'émetteur qu'un meilleur chemin existe vers la destination.

Echo Request et Echo Reply

Ces deux messages permettent de tester si un nœud peut communiquer avec un autre (demande d'écho et réponse à l'écho).

La commande ping les utilise.

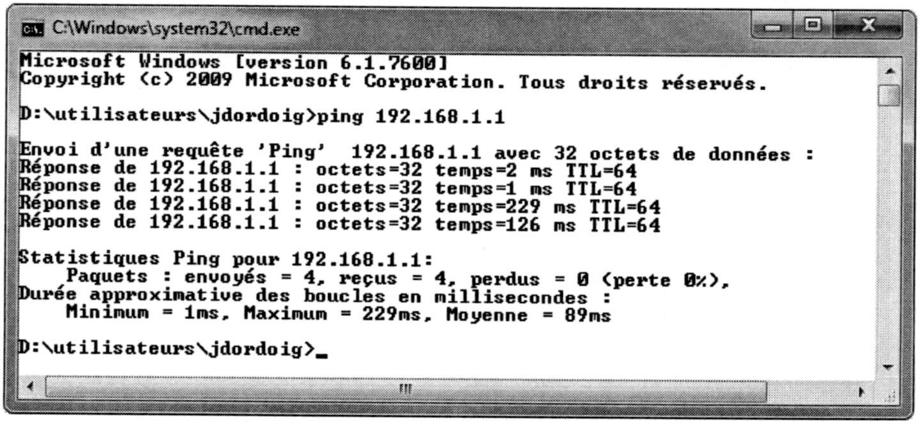

Le type et le code de Echo Request sont à 0. La réponse positive est indiquée par un message de type 8, le code restant à 0.

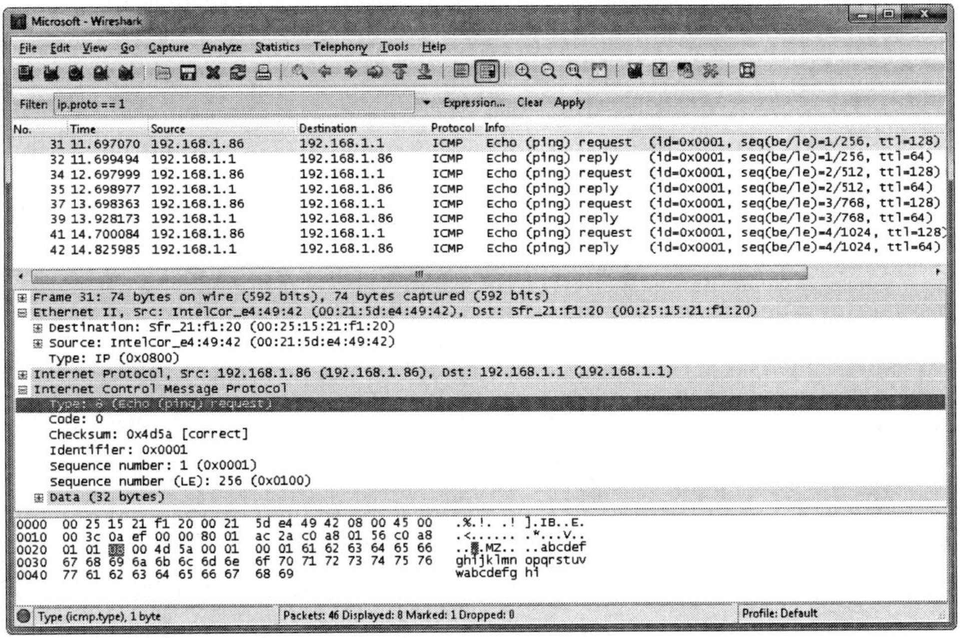

Remarque

Cette trame a été générée à partir d'une commande ping 192.168.1.1 répétée quatre fois depuis un ordinateur dont l'adresse IP est 192.168.1.86.

4.2 Internet Group Management Protocol (IGMP)

Ce protocole de la couche Réseau permet à une station de joindre ou de quitter un groupe de multidiffusion (multicast).

L'en-tête IGMP est encapsulé dans un paquet IP. Elle ne comprend que peu d'informations. Parmi celles-ci, un type détermine les différentes actions d'identification auprès d'un groupe, de rapport d'appartenance et de retrait. L'adresse du groupe à qui s'adressent ces informations y est également contenue.

4.3 Address Resolution Protocol (ARP) et Reverse Address Resolution Protocol (RARP)

Le but du protocole ARP est de déterminer l'adresse MAC (adresse physique) d'un nœud à partir de son adresse IP (adresse logique), en IPv4.

Une diffusion est donc émise, pour retrouver l'information. Nous en avons parlé précédemment, ARP gère une table de correspondance (cache) pour mémoriser les relations. Cette résolution est nécessaire pour pouvoir adresser la trame au bon périphérique sur le réseau IP local.

ARP s'adapte aux protocoles de couches basses utilisés, les messages étant incorporés dans ces trames.

RARP (*Reverse ARP*) est donc une résolution inverse.

Ci-dessous, nous observons le résumé de captures de trames ARP. L'ordinateur dont l'adresse MAC est 00:1F:A7:82:C3:89 recherche celui dont l'adresse IP est 192.168.1.29. Observez que les trois premiers octets de l'adresse MAC (OUI) sont remplacés par le nom du constructeur SONYCOMPUTERS :

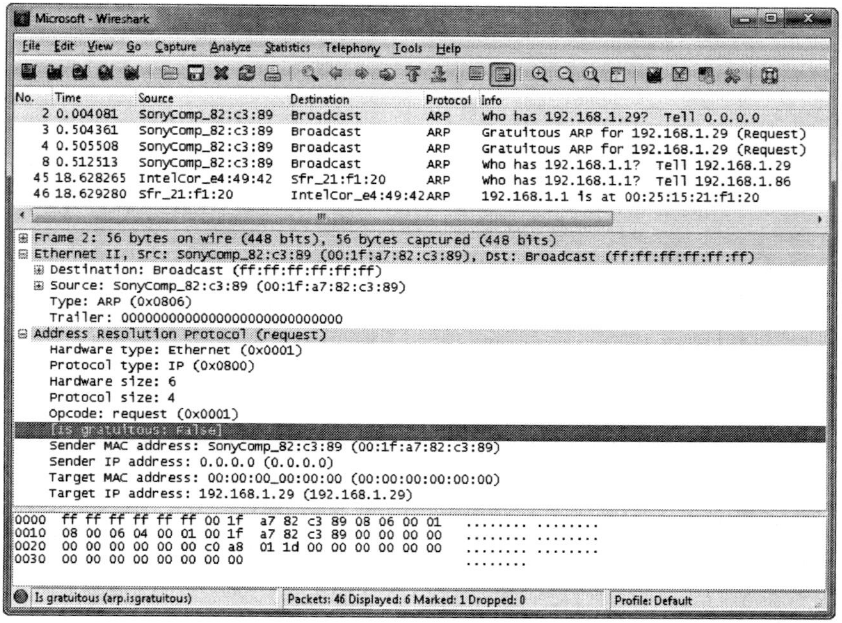

Remarque

Attention, contrairement aux autres protocoles cités, ARP n'est pas un protocole qui s'appuie sur IP. Bien au contraire, il le remplace ! Il est directement encapsulé dans la couche physique (par exemple Ethernet).

4.4 IP Security (IPSec)

La suite IPSec est conçue pour assurer plusieurs types de sécurisation :

- Confidentialité et protection contre l'analyse du trafic, par le chiffrement.
- Authenticité des données et contrôle d'accès, par une authentification mutuelle des deux extrémités de la communication, la signature, ainsi que des calculs d'intégrité.
- Protection contre l'injection de paquets, l'anti-rejeu.

Remarque

Le rejeu (replay) est une technique, utilisable par un intrus, qui consiste à renvoyer des paquets capturés lors d'une communication réseau légitime. Le serveur reçoit ainsi à répétition la même information. Il doit systématiquement la retraiter et peut mal interpréter ces paquets tous identiques. Pour éviter cette relecture, une fonction d'anti-rejeu ajoute un numéro de séquence aux informations. Ainsi le serveur est capable de distinguer des paquets déjà reçus, et évitera leur traitement.

IPSec distingue deux niveaux de protection, à travers deux protocoles :

- *Authentication Header* (AH), qui ne prend en charge que l'authentification, le contrôle d'intégrité et l'anti-rejeu.
- *Encapsulating Security Payload* (ESP), qui ajoute la fonction de confidentialité.

AH et ESP peuvent être utilisés ensemble ou séparément, en fonction du niveau de protection souhaité.

Le premier niveau, ou mode transport, protège une communication spécifique entre deux entités. Ainsi, par exemple, les paquets de communication d'une application, correspondant à un port TCP donné, peuvent être sécurisés, sans que cela n'influe sur l'ensemble des trafics.

Le mode tunnel est utilisé pour protéger l'ensemble des communications entre deux entités.

4.5 Liste des numéros de protocoles de couche Internet

Ces numéros de protocole peuvent être en partie visualisés dans le fichier "protocol" situé dans le même dossier que le fichier "services" sous Windows et "protocols" et "services" sous Linux.

Voici l'essentiel des numéros à connaître :

N° protocole IP	**Nom du protocole**
0	*Internet Protocol* (IP)
1	*Internet Control Message Protocol* (ICMP), utilisé par ping notamment
6	*Transmission Control Protocol* (TCP)
17	*User Datagram Protocol* (UDP)
47	*Generic Routing Encapsulation* (GRE), utilisé par PPTP
50	*Encapsulating Security Payload* (ESP), utilisé par IPSec
51	*Authentication Header* (AH), utilisé par IPSec

5. Voix sur IP (VoIP)

5.1 Principes

Les réseaux informatiques ne se contentent plus de transporter de la donnée textuelle. Désormais les sons, photos et vidéos sont numérisés et transmis comme donnée informatique au sens large, dans des paquets IP.

L'application de transport des communications orales numérisées, voix sur IP (VoIP - *Voice over IP*) trouve désormais sa place au sein de l'entreprise comme pour les communications entre particuliers.

Remarque

Plus précisément, les applications de téléphonie exploitant la suite TCP/IP portent désormais l'appellation ToIP (Telephony over IP).

La fusion entre les deux réseaux, téléphonique et informatique, devient complète au profit de ce dernier, s'il présente les qualités suffisantes pour cela. En effet, la transmission d'une conversation téléphonique ne souffre d'aucune coupure ni ralentissement qui puisse rendre les paroles incompréhensibles. Une qualité de service (QoS - *Quality of Service*) doit donc être mise en œuvre pour rendre ces types de paquets prioritaires et un débit suffisant doit être disponible.

Avec l'amélioration de qualité des réseaux locaux et distants et l'adoption de la qualité de service, ces capacités sont désormais courantes.

5.2 Quelques définitions importantes

Avant de décrire plus en détail la VoIP, rappelons un certain nombre de termes issus de la téléphonie analogique.

Standard téléphonique

Ce terme ambigu peut désigner indifféremment, l'opératrice qui va décrocher, le combiné multifonction à partir duquel l'opératrice va réaliser les opérations, le numéro principal de l'entreprise appelée, ou encore l'aiguillage, au sens de la commutation, pour l'accès au poste de la personne souhaitée.

De nombreuses fonctionnalités sont disponibles au travers de ce standard téléphonique. Celles-ci sont variables et dépendent du degré de sophistication des équipements utilisés.

Standard téléphonique

Parmi les principales fonctionnalités demandées à un standard, on va trouver la gestion d'un numéro unique, celui correspondant à la société, qui va ensuite pouvoir être redistribué vers les différents postes des employés.

On trouvera également :

- La gestion de l'attente téléphonique.
- La prise en charge de la messagerie vocale.
- L'identification de l'appelant.
- La gestion de la numérotation abrégée.
- La sélection directe à l'arrivée (SDA).
- La gestion de statistiques et de données de refacturation (le cas échéant).

Lorsque le standard téléphonique revêt un sens de commutateur, on parlera de PABX ou d'IPBX (voir ci-dessous), ou l'objectif principal encouru est la mise en relation directe de l'appelant et de l'appelé, au sein d'une même entreprise, ou depuis une entreprise vers l'extérieur.

En téléphonie analogique, le **PABX** ou *Private Automatic Branch eXchange* est un commutateur téléphonique privé, qui permet de mettre en relation les postes téléphoniques d'un réseau interne à une entreprise avec ceux du réseau téléphonique public (lignes externes).

Un IPBX ou PBX-IP est un serveur d'application qui assure la même fonction que le PABX mais dans un environnement de VoIP.

Aujourd'hui, certains IPBX peuvent également assurer une fonction de PABX.

Exemple de IPBX - PABX : standard téléphonique Aastra/Ericsson

5.3 Avantages

Le premier avantage de la voix sur IP est d'autoriser la mutualisation des deux réseaux, téléphonique et informatique, au sein de l'entreprise. Une rationalisation des coûts importante peut être envisagée.

De plus, si la ToIP est utilisée dans les communications téléphoniques externes, la mobilisation d'une ligne en commutation de circuit n'est plus nécessaire. Comme la transmission peut avoir lieu par le réseau Internet à commutation de paquet, elle est donc juste soumise à un abonnement forfaitaire, dépendant des débits montant et descendant alloués. Les coûts ne sont plus proportionnels au double critère, durée et distance de communication.

En termes applicatifs, le développement de logiciels utilisant la voix (messagerie unifiée, visioconférence...) s'en trouve facilité.

Ainsi, l'environnement lié à la téléphonie a beaucoup changé. Plusieurs technologies se côtoient et doivent ainsi coexister :

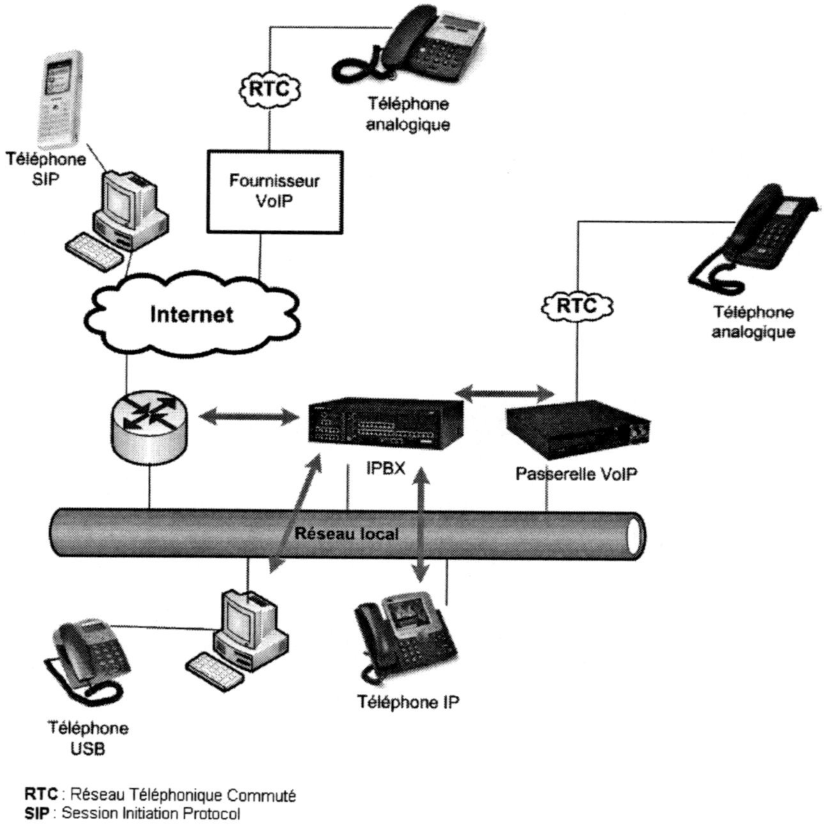

Intégration de la téléphonie sur IP dans un réseau d'entreprise

Remarque

De très nombreux fournisseurs VoIP sont disponibles sur Internet. La liste de ces fournisseurs est accessible à partir de l'URL : http://www.voipproviderslist.com/

Remarque

Dans certaines configurations, les postes de travail sont directement connectés au téléphone IP qui agit en tant que commutateur de niveau 2.

Pour terminer, le transport de la voix sur IP exploite des standards ouverts et interopérables. La pérennité de ce système paraît donc garantie. Par contre, il est indispensable de ne pas oublier de sécuriser ce transport de données. Certaines communications ne devraient pas être piratées et doivent donc être chiffrées, comme toute donnée informatique confidentielle.

5.4 Fonctionnement

5.4.1 Le protocole H323

La série de protocoles H32x de l'Union Internationale des Télécommunications (UIT) est destinée à standardiser les différentes fonctions de visioconférence, alliant audio, vidéo et transfert de fichiers. C'est en 1996 que naît la voix sur IP, à travers H323, capable de s'appuyer sur différents protocoles de communication, codecs audio et codecs vidéo.

Son usage est indépendant de la taille du réseau. Son exploitation est possible sur les réseaux locaux, dans lesquels la bande passante est importante, comme sur Internet, caractérisé par des débits moindres et des délais de transit nettement plus importants.

5.4.2 Les éléments terminaux

Les deux correspondants en communication téléphonique peuvent exploiter différents terminaux dont tient compte la norme H323.

Les terminaux privilégiés sont numériques, comme un PC ou un téléphone conçu pour la voix sur IP. Chacun est repéré par son adresse IP. Si un des correspondant utilise un téléphone analogique, la communication doit être prise en charge par une passerelle.

Par exemple, si deux correspondants utilisent un PC pour communiquer, il suffit au logiciel de téléphonie prenant en charge le protocole H323 d'adresser les paquets, grâce à l'adresse IP de chaque poste. L'ensemble du trafic transite par le réseau local ou l'Internet. Le principe est le même si les postes téléphoniques sont numériques, comme pour une communication en voix sur IP dans l'entreprise. Bien sûr, dans ce cas, une adresse de type numéro de téléphone est associée à celle IP.

Par contre, si l'un des correspondants voire les deux utilisent un téléphone classique, une passerelle doit faire le lien entre le transport informatique et téléphonique. Elle assure, de plus, l'interconnexion entre les deux types de réseaux.

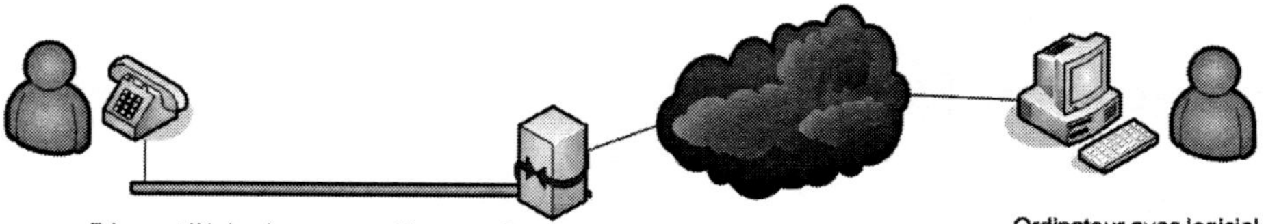

5.4.3 Les applications

Beaucoup de fournisseurs d'accès à Internet, à travers leur offre triple play, proposent la téléphonie personnelle en VoIP (ou ToIP). Ils doivent, pour cela, mettre en œuvre leur propre passerelle, afin d'interconnecter l'abonné avec le réseau téléphonique d'Orange. Cet abonné dégroupé peut ainsi être joint par un numéro de téléphone standard, en toute transparence. De même, lorsqu'il cherche à joindre un correspondant, il lui suffit de composer le numéro de celui-ci.

Remarque

Chez l'abonné, un boîtier interconnecté avec la prise téléphonique contient un logiciel de numérisation de la voix, afin de la transporter ensuite à l'intérieur de paquets IP. L'opération inverse est, bien sûr possible, afin de reconstituer la voix analogique, compréhensible par le téléphone.

Les applications de VoIP/ToIP en entreprise sont beaucoup plus complexes. Non seulement, elles regroupent sur le réseau informatique local les deux types de communication, mais elles proposent de nombreuses fonctionnalités complémentaires (boîtes vocales, annuaires...). On parle désormais de messagerie unifiée. Le transport des communications téléphoniques externes à travers Internet est à distinguer, car il n'est pas systématiquement mis en œuvre.

Des applications de téléphonie en VoIP peuvent être installées sur les ordinateurs. Elles permettent une communication non payante à travers l'Internet. Actuellement, le logiciel le plus prisé assurant une telle fonction se nomme Skype. Le service de passerelle, pour joindre un correspondant utilisant un poste téléphonique classique est, lui, payant.

6. Protocoles de transport TCP et UDP

6.1 Transmission Control Protocol (TCP)

Ce protocole est orienté connexion. Tout d'abord, une session est ouverte entre le client et le serveur.

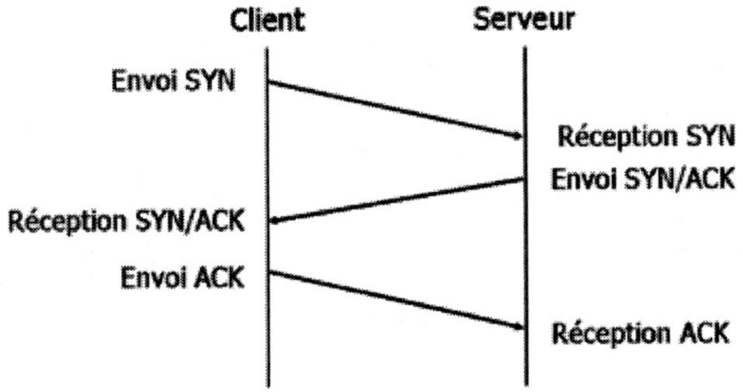

Établissement d'une session TCP

Après l'ouverture de session, TCP complète les manques de IP en assurant une fiabilisation du service. Pour cela, un accusé de réception (ACK - *Acknowledgement*) répond systématiquement aux paquets.

TCP permet de s'assurer de la bonne arrivée de toutes les informations. En contrepartie, cette fonction peut ralentir la communication.

Remarque

Pour accélérer quelque peu le système et faire en sorte que l'émetteur n'attende pas de recevoir l'accusé de réception pour envoyer l'information suivante, une notion de fenêtre glissante est utilisée. L'émetteur envoie une rafale d'informations et traite les accusés de réception au fur et à mesure, tout en continuant l'envoi.

Après communication, la connexion est terminée normalement par un dialogue entre le client et son serveur, avec une annonce de fin d'envoi (END) et l'accusé de réception correspondant, pour chaque correspondant. Une déconnexion brutale peut être annoncée par l'un ou l'autre par un simple signal de réinitialisation (RST - *Reset*).

6.2 User Datagram Protocol (UDP)

Contrairement à TCP, UDP n'assure pas de connexion et reporte le processus de fiabilisation à la couche supérieure (applicative). Il fonctionne en mode non connecté, ce qui permet de gagner en débit pour les transmissions gourmandes, telles que vidéos et sons.

7. Couche applicative TCP/IP

7.1 Services de messagerie

7.1.1 Simple Mail Transfer Protocol (SMTP)

SMTP est un protocole de transfert simple utilisé en messagerie électronique. Il repose sur TCP et IP et n'intègre aucune interface utilisateur.

Le but de SMTP est de transmettre des messages (e-mail) jusqu'à la boîte aux lettres du destinataire.

Ce protocole utilise des hôtes distincts et nommés selon leur fonction :

- MUA (*Mail User Agent*), client de messagerie.
- MTA (*Mail Transfer Agent*), relais du courrier.
- MDA (*Mail Delivery Agent*), service de remise du courrier dans les boîtes aux lettres des destinataires.

Remarque

Ce protocole utilise le port TCP 25 côté serveur. La RFC 5321 décrit le fonctionnement de ce protocole.

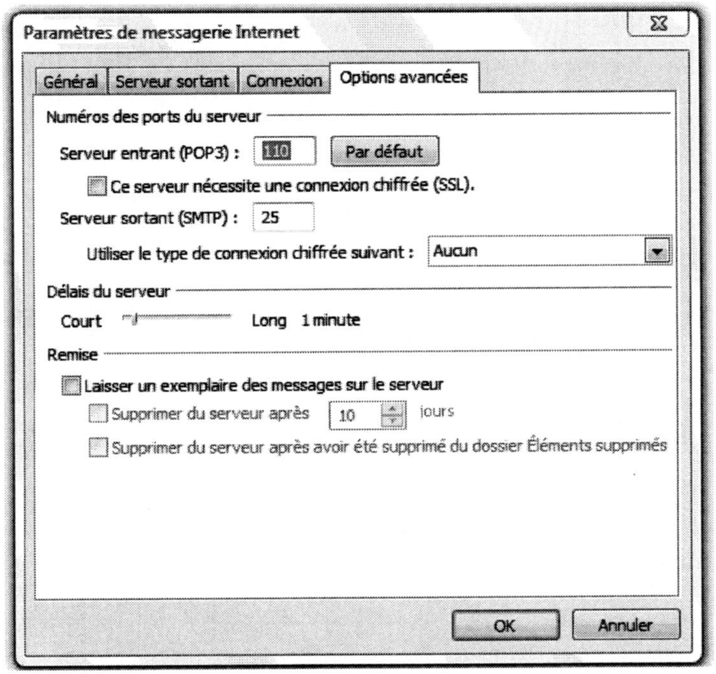

Pour l'envoi d'un message par SMTP, un émetteur et un destinataire doivent être repérés. Pour cela, ils possèdent tous deux une adresse formée d'une référence de boîte, à gauche du signe @, et d'un nom de domaine, à droite de celui-ci.

Le message lui-même est scindé en trois parties :

- Une enveloppe, utilisée par les agents de transfert pour l'acheminement.
- Un en-tête, comprenant les adresses et objet.
- Un corps, contenu du message.

7.1.2 Post Office Protocol 3 (POP3)

Contrairement à SMTP, qui joue le rôle de relais ou de transport, POP est spécifiquement dédié à la publication et à l'accès à distance à un serveur de messagerie.

Le serveur POP communique avec l'agent utilisateur (*User Agent*), par exemple Mozilla Thunderbird, à travers une connexion synchrone. Le serveur transfère alors vers le client les messages, puis les supprime à la demande du client.

Normalement, le serveur ne conserve que les messages qui n'ont pas encore été transférés vers le client.

Remarque

POP 3 est défini dans la RFC 1939 et utilise le port TCP 110 et 995 en mode sécurisé.

Avec POP, le client doit établir une connexion préalable auprès du serveur en utilisant les commandes *user* et *pass*. C'est, bien sûr, le client de messagerie qui s'en charge. La session sera fermée à l'aide d'une commande *quit*. Une fois la connexion établie, le serveur verrouille la boîte aux lettres de l'utilisateur et entre en phase de transaction.

Par défaut, le nom et le mot de passe circulent en clair sur le réseau avec POP. Certains serveurs POP implémentent l'algorithme MD5 (*Message Digest 5*, RFC 1321) pour protéger le mot de passe envoyé.

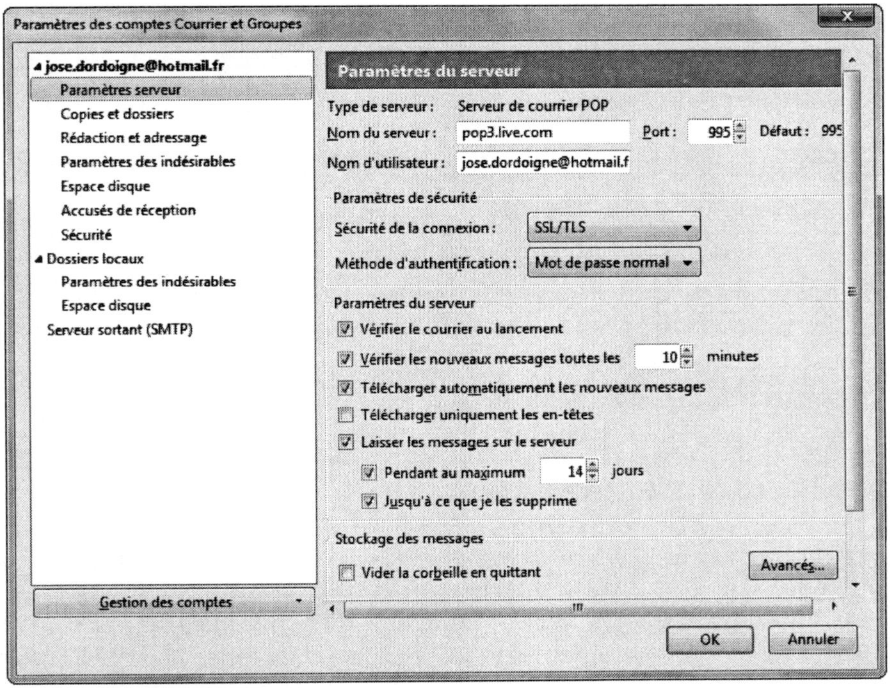

Configuration POP pour Mozilla Thunderbird

7.1.3 Internet Message Access Protocol (IMAP)

IMAP permet aux messages électroniques (*e-mails*) d'être stockés et conservés sur le serveur de messagerie, plutôt que d'être rapatriés systématiquement sur le poste client.

Le client IMAP se contente, en fait, d'afficher à distance les en-têtes des messages et permet de choisir ceux qui seront effectivement téléchargés en local.

IMAP présentait un très gros avantage sur POP3 et était présenté comme son successeur désigné. D'ailleurs, on parlait parfois de IMAP4 pour indiquer ce fait. Le mode de fonctionnement de IMAP aurait pu être d'un avantage crucial si les rapatriements de messages avaient continué de passer par des lignes analogiques lentes, facturées au temps passé.

L'essor des liens hauts débits permanents a été un premier coup de frein à l'usage de IMAP, par rapport à POP3. En plus, la généralisation de la consultation des messages directement sur les sites web (*webmail*) a annulé les avantages des fonctionnalités complémentaires intéressantes.

Cependant, depuis quelques années, IMAP refait une percée et est d'ailleurs proposé par la plupart des opérateurs et dans de très nombreux outils collaboratifs.

De nombreuses commandes sont disponibles en IMAP. Elles permettent de gérer les boîtes aux lettres, les messages, d'effectuer des recherches, des transferts sélectifs... Il est aussi possible, avec IMAP, de mettre en œuvre un partage de boîte aux lettres entre plusieurs personnes.

7.2 Services de transfert de fichier

7.2.1 HyperText Transfer Protocol (HTTP)

HTTP est, avant tout, un protocole de transfert de fichiers. *HyperText Markup Language* (HTML) est utilisé pour leur mise en forme et affichage. Les fichiers transmis au client sont donc interprétés par un logiciel navigateur (*browser*).

Le protocole HTTP est servi par un serveur web, qui stocke les informations sous forme de pages de texte (HTML), des images, des vidéos, des sons... Chaque entité correspond à un fichier, au sein d'une arborescence.

La version en cours de finalisation de HTML est la version 5 qui a pris naissance en 2006. La dernière version en date, la 4.01, datait de 1999.

Cependant, la plupart des navigateurs Internet, dans leur version récente, prennent en chargent les nouveautés proposées par cette version du protocole (Internet Explorer, Chrome, Firefox, Safari ou Opera).

Remarque

L'URL http://html5test.com/ permet de tester les fonctionnalités HTML5 supportées par votre navigateur.

HTML5 provient de la collaboration entre le W3C (*World Wide Web Consortium*) qui a surtout travaillé sur XHTML 2.0 et de WHATWG (*Web Hypertext Application Technology Working Group*) qui s'est surtout concentré sur les formulaires et applications web.

Un certain nombre de règles ont été énoncées pour cette nouvelle version :

- Les nouvelles fonctionnalités doivent s'appuyer sur HTML, CSS (*Cascading Style Sheets* ou feuilles de style cascadées), DOM (*Document Object Model*) et JavaScript.
- Il est nécessaire de réduire au maximum l'utilisation de composants externes (ex. plugin Flash).
- Les erreurs doivent être parfaitement maîtrisées.
- De nombreux tags complémentaires remplacent le script.
- HTML5 doit être indépendant des périphériques.
- Le processus de développement doit être accessible au public.

En HTML5, il n'y a qu'une seule déclaration <!DOCTYPE>.

Ainsi, un document HTML5 minimum va ressembler à ceci :

```
<!DOCTYPE html>
<html>
<head>
<title>Titre du document</title>
</head>

<body>
Le contenu du document...
</body>

</html>
```

Parmi les nouvelles fonctionnalités intéressantes du HTML5, on va trouver :

- L'élément `<canvas>` pour le dessin 2D.
- Les éléments `<audio>` et `<video>` pour les fonctionnalités multimédias.
- La prise en charge du stockage local.
- Des nouveaux éléments définissant des nouveaux contenus tels que `<article>`, `<section>`, `<nav>` ou `<footer>`.

Remarque

`<nav>` permet de définir des liens de navigation. `<footer>` est la signature ou le bas de page d'un document.

– Des nouveaux formulaires tels que *calendar*, *date*, *time*, *email*, *search* ou *url*.

Pour joindre ces informations, des URL (*Uniform Resource Locator*) sont utilisées. Une URL précise d'abord le protocole (http://) puis l'alias du serveur web et enfin la référence de l'entité.

Appel d'une URL dans un navigateur

Par exemple, l'URL http://www.eni.fr/ouvrages/reseau.htm, appelée par un navigateur pourrait, servie par le serveur www.eni.fr, présenter la page « reseau.htm » issue du sous-répertoire « ouvrages ».

Pour formuler les communications entre clients et serveurs, le protocole HTTP utilise des commandes appelées méthodes, sur le port TCP 80. Elles offrent différentes fonctions, comme l'appel des pages (*GET*), l'envoi de formulaires (*POST*)...

Le protocole actuellement utilisé est HTTP 1.1.

Par défaut, le texte transmis entre un client et un serveur est en clair. Il est donc parfaitement lisible par n'importe qui pouvant intercepter la conversation. Pour pallier ce défaut, une version sécurisée du protocole, HTTPS (TCP 443), chiffre le dialogue, rendant les informations confidentielles.

Remarque

Le protocole HTTPS est également connu sous l'appellation SSL (Secure Socket Layer). Sa version standardisée, exploitable avec d'autres protocoles est TLS (Transport Layer Security). Cette appellation montre une volonté plus générale de chiffrer la communication.

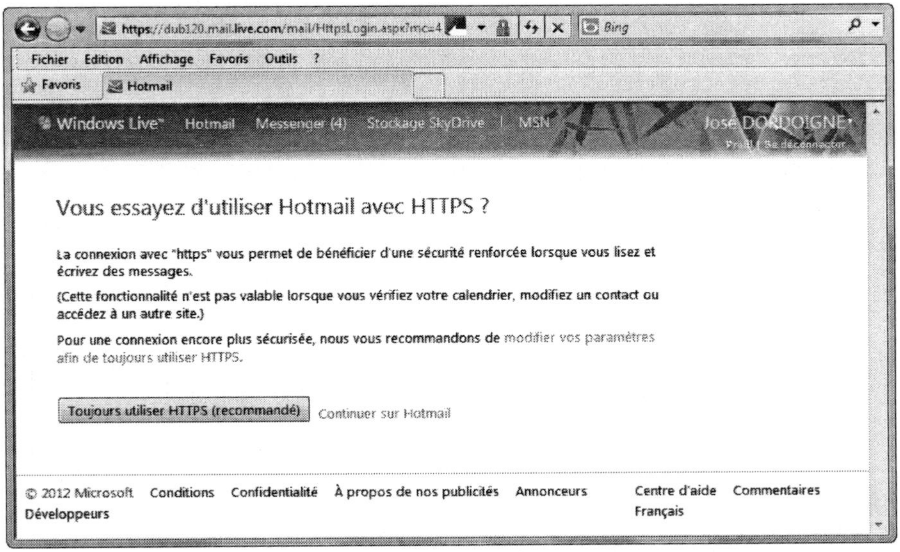

Avertissement par IE9 de connexion à un site sécurisé (dialogue SSL)

7.2.2 File Transfer Protocol (FTP) et Trivial FTP (TFTP)

FTP est un protocole de transfert de fichiers basé sur un mode fiable et reposant sur TCP. Le principal avantage de FTP est de pouvoir être utilisé entre systèmes d'exploitation différents, avec des systèmes de fichiers hétérogènes.

Le protocole FTP propose deux types d'accès. Le premier est une connexion anonyme, avec l'identifiant par défaut *anonymous* ou *ftp*. Ce mode est similaire à une connexion HTTP « classique ». Par contre, on peut concevoir que le téléchargement de fichiers, dans un sens ou un autre, peut être protégé. Il est donc possible de demander l'authentification d'un compte utilisateur connu.

Demande d'authentification et message précisant l'interdiction d'usage d'anonymous

L'utilisateur pourra alors, moyennant l'utilisation de commandes propres à FTP, déplacer des fichiers d'un répertoire à l'autre (suivant les autorisations dont l'utilisateur dispose sur chaque système).

Il existe deux types de clients FTP. Le premier est graphique et prend le plus souvent la forme d'un navigateur, qui offre de telles fonctions, comme Internet Explorer ou Firefox.

Pour les puristes, le client en ligne de commande est disponible dans les systèmes d'exploitation tels Windows ou Linux comme le montre l'illustration suivante :

```
C:\Windows\system32\cmd.exe

D:\utilisateurs\jdordoig\temp>ftp 192.168.1.86
Connecté à 192.168.1.86.
220 Microsoft FTP Service
Utilisateur (192.168.1.86:(none)) : jdordoig
331 Password required for jdordoig.
Mot de passe :
230 User logged in.
ftp> ls
200 PORT command successful.
125 Data connection already open; Transfer starting.
documents internes
DonnÚes
Outils
perso
travail en cours
veille-techno
_archive
226 Transfer complete.
ftp : 87 octets reçus en 0,00 secondes à 87000,00 Ko/s.
ftp> help
Les commandes peuvent être abrégées. Ces commandes sont :

!               delete          literal         prompt          send
?               debug           ls              put             status
append          dir             mdelete         pwd             trace
ascii           disconnect      mdir            quit            type
bell            get             mget            quote           user
binary          glob            mkdir           recv            verbose
bye             hash            mls             remotehelp
cd              help            mput            rename
close           lcd             open            rmdir
ftp> cd Outils/mpp-reader
250 CWD command successful.
ftp> ls
200 PORT command successful.
125 Data connection already open; Transfer starting.
SPVSetup30.zip
SPV_TRIAL_XTND_4_1_0_6610.msi
226 Transfer complete.
ftp : 47 octets reçus en 0,00 secondes à 47000,00 Ko/s.
ftp> get SPVSetup30.zip
200 PORT command successful.
125 Data connection already open; Transfer starting.
226 Transfer complete.
ftp : 31078762 octets reçus en 0,18 secondes à 176583,88 Ko/s.
ftp> !dir
 Le volume dans le lecteur D s'appelle Datas
 Le numéro de série du volume est 7E2B-6D8E

 Répertoire de D:\utilisateurs\jdordoig\temp

10/11/2010  23:07    <REP>          .
10/11/2010  23:07    <REP>          ..
10/11/2010  23:07        31 078 762 SPVSetup30.zip
               1 fichier(s)       31 078 762 octets
               2 Rép(s)  23 229 128 704 octets libres
ftp> quit
221 Goodbye.

D:\utilisateurs\jdordoig\temp>_
```

Exemple de l'environnement interactif FTP

Le protocole FTP est particulier, car il utilise deux connexions séparées pour son usage :

– Un canal de commande/contrôle, sur le port 21 (côté serveur).

– Un canal de données, sur le port 20 (côté serveur).

De plus, deux modes sont proposés. Le premier, dit actif, ressemble à un dialogue de type client/serveur, mais avec l'utilisation de 2 canaux (commande et données). On peut voir sur le schéma ci-dessous un tel fonctionnement.

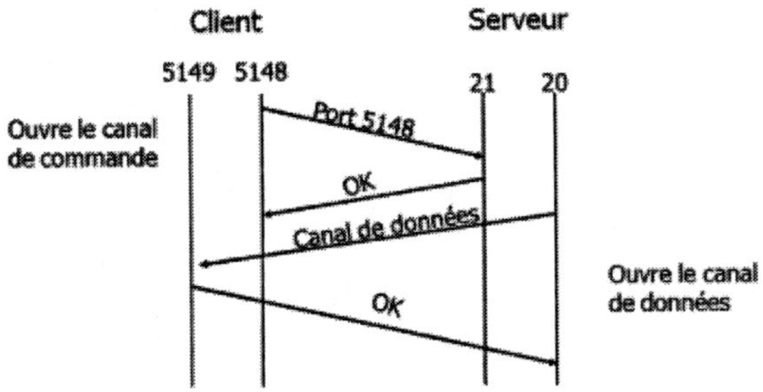

Le second mode, passif, est conçu pour le transfert de fichiers entre serveur. Dans ce cas, le canal de données n'est pas sur le port 20, mais sur un port aléatoire.

Trivial FTP (TFTP) permet de télécharger plus rapidement les informations mais sans garantir leur intégrité. Son absence de fiabilité repose sur le fait que c'est le protocole UDP qui est utilisé en lieu et place de TCP pour le transport. Ce protocole gagne à être utilisé, par exemple, sur des réseaux locaux de conception récente que l'on peut considérer d'avance comme fiables.

On utilisera également TFTP pour réaliser des sauvegardes des configurations des commutateurs ou routeurs. Par exemple, pour sauvegarder la configuration courante d'un routeur Cisco Routeur1, sur un serveur TFTP, dont l'adresse IP est 10.1.2.100, on utilisera la commande suivante :

```
Routeur1#copy running-config tftp:
Address or name of remote host []? 10.1.2.100
Destination filename [routeur1-confg]? Sauvegarde_de_mon_routeur
!!
1030 bytes copied in 2.489 secs (395 bytes/sec)
Routeur1#
```

De même pour restaurer cette sauvegarde sur un autre routeur, Routeur2, on pourra utiliser une commande semblable :

```
Router2#copy tftp: running-config
Address or name of remote host []? 10.1.2.100
Source filename []? Sauvegarde_de_mon_routeur
Destination filename [startup-config]?
Accessing tftp://10.1.2.100/Sauvegarde_de_mon_routeur...
Loading Sauvegarde_de_mon_routeur from 10.1.2.100 (via FastEthernet0/0):
 !
[OK - 1030 bytes]
1030 bytes copied in 9.612 secs (107 bytes/sec)
Routeur2#
```

7.2.3 Network File System (NFS)

Développé par Sun vers 1985, NFS est un système de fichiers distribué en environnement hétérogène. Il permet aux utilisateurs d'ordinateurs et de systèmes d'exploitation différents, d'accéder à un système de fichiers distant, sans avoir à apprendre de nouvelles commandes spécifiques.

NFS a été le premier partage de fichiers à être véritablement opérationnel et constituait le complément indispensable de l'environnement de stations de travail fourni par Sun. La popularité de son système d'exploitation Solaris a permis de contribuer au succès de NFS.

Plusieurs versions de NFS ont été créées au fil du temps :

NFSv2 et v3 s'appuient sur les appels de procédures distantes ou RPC (*Remote Procedure Call*) et sont définis respectivement dans les RFC 1094 et 1813.

La version 2 est la plus ancienne et est largement prise en charge.

La version 3 améliore quelque peu la gestion des erreurs et permet de traiter des blocs de tailles variables, mais elle n'est pas pleinement compatible avec la v2.

La version 4, quant à elle, n'utilise plus les RPC qui sont basés sur des ports aléatoires et qui posent des problèmes au niveau sécurité lorsque des pare-feu sont utilisés entre clients et serveurs.

Cette dernière version, définie dans la RFC 3530, prend également en charge Kerberos pour l'authentification et permet de gérer des listes de contrôle d'accès (ACL ou *Access Control List*) pour permettre de définir des autorisations en se basant sur des groupes d'utilisateurs.

Malgré son ancienneté, ce protocole de gestion de fichiers en réseau est toujours bien présent dans les entreprises, en particulier au côté de CIFS (*Common Internet File System* ou système de fichiers Microsoft).

NFS est proposé sur les NAS (*Network Attached Storage*). Il apparaît en tant que rôle de service sous Windows Server 2008 et 2012. Un client NFS est également disponible sous Windows 7 en tant que composant optionnel qui peut être activé.

7.3 Services d'administration et de gestion réseau

7.3.1 Domain Name System (DNS)

Introduction

L'objectif du système de nom de domaine est de proposer une résolution à base de noms hiérarchiques et distribués pour les hôtes IP connectés au réseau.

Le système de nom de domaine existe depuis 1983, année de sa conception par Paul Mockapetris (RFC 882 et 883) ; il a remplacé historiquement la gestion d'un fichier hosts qui était utilisé au départ sur Internet et maintenu par le *Network Information Center* du *Stanford Research Institute* (SRI).

La norme correspondant à DNS sera finalement publiée en 1987 (RFC 1034 et 1035).

Initialement le système permettait seulement de résoudre des noms en adresses IP, ainsi que des adresses IP en noms.

Remarque

La résolution d'adresse en nom est une fonctionnalité qui est utilisée comme une vérification d'identité et est mise en œuvre sous UNIX, par exemple pour vérifier le nom d'un serveur à sauvegarder dont l'adresse IP est connue ou vérifier des hôtes dans un environnement NFS (Network File System).

Le système a progressivement évolué pour agir en tant que véritable service de localisation de ressources ; ainsi, aujourd'hui, un ordinateur peut interroger le service DNS pour trouver un serveur de messagerie correspondant à un domaine spécifique (enregistrement MX ou *Mail eXchanger*), trouver un serveur Kerberos, un serveur proxy Internet, un serveur LDAP (*Lightweight Directory Access Protocol*), un serveur SIP (*Session Initiation Protocol*) ou encore localiser un serveur de licences Microsoft. Le *SRV Record* ou enregistrement de service permet ainsi de définir n'importe quel type de service basé sur UDP ou TCP.

DNS prend maintenant en charge IPv6 comme IPv4 pour identifier les objets au sein de l'arborescence logique.

Modèle logique

Le modèle logique est indépendant de l'implémentation physique et permet une mise en œuvre complètement distribuée au moyen de délégations et de redirections.

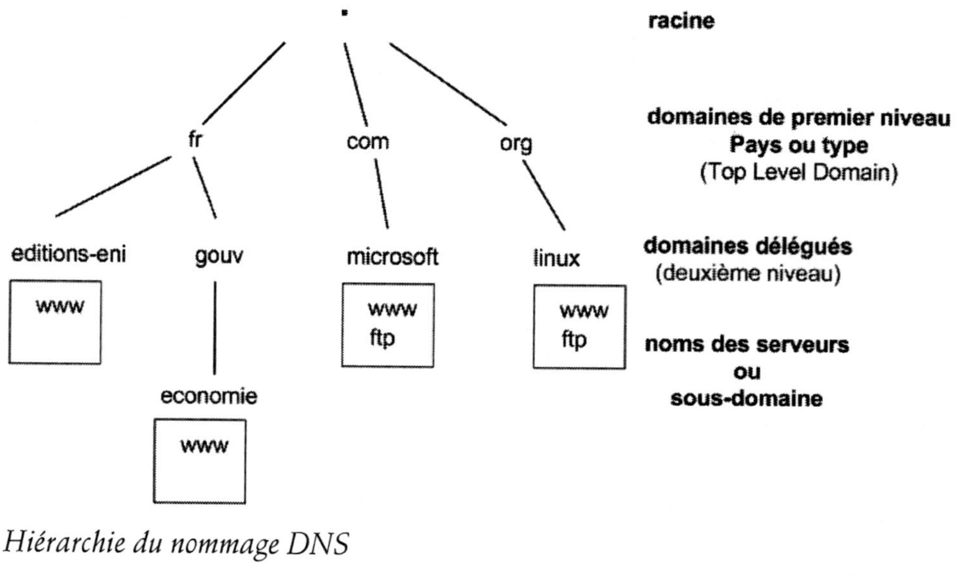

Hiérarchie du nommage DNS

Remarque

Le détail des délégations réalisées au niveau du domaine racine et en faveur des domaines de premier niveau (Top Level Domain ou TLD) est disponible à http://www.iana.org/domains/root/db/.

Ainsi, le nom *www.economie.gouv.fr* correspond à un alias DNS lui-même résolu en adresse IP ; ici, il s'agit de 207.123.33.126.

```
Microsoft Windows [version 6.1.7601]
Copyright (c) 2009 Microsoft Corporation. Tous droits réservés.

D:\utilisateurs\jdordoig>nslookup -
Serveur par défaut :   neufbox
Address:  192.168.1.1

> www.economie.gouv.fr
Serveur :   neufbox
Address:  192.168.1.1

Réponse ne faisant pas autorité :
Nom :    www.economie.gouv.fr.c.footprint.net
Addresses:  207.123.33.126
          205.128.90.126
          207.123.34.126
Aliases:  www.economie.gouv.fr
```

Remarque

Un alias DNS est un nom qui renvoie vers un nom. Au niveau DNS, il sera défini comme un CNAME ou CANONICAL NAME.

Fonctionnement

Par exemple, pour un particulier, l'ordinateur obtient une adresse IP par le biais d'une box Internet. Parmi les informations reçues, une adresse IP de DNS est fournie. Cette adresse IP est en fait l'adresse IP interne de la box qui va agir en tant que proxy DNS (c'est-à-dire qu'elle va être client DNS à la place du client). La box dispose également d'une adresse IP externe publique qui connaît au moins deux adresses IP de serveurs DNS du fournisseur d'accès Internet (FAI).

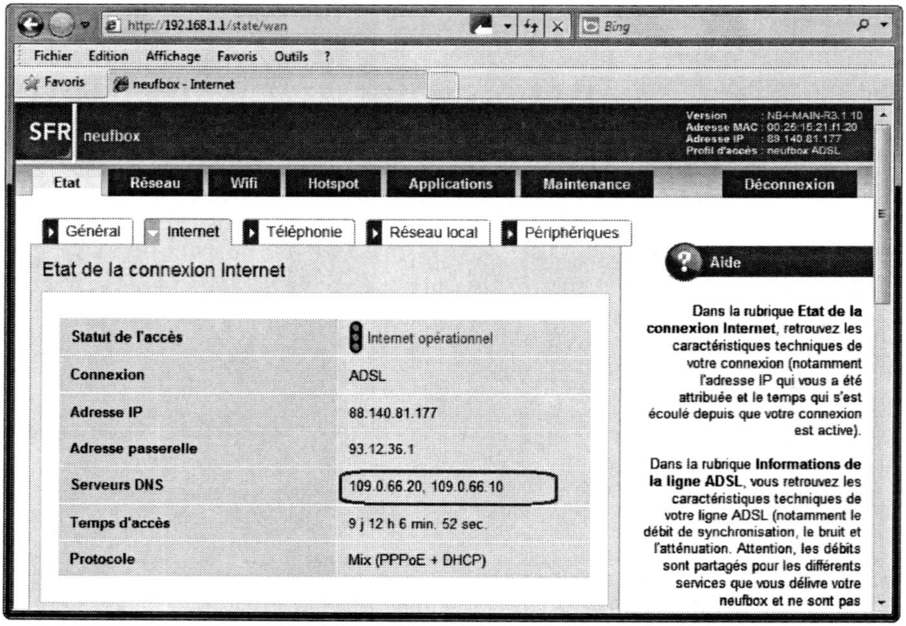

Propriété de l'adresse IP publique externe d'une box Internet

Ainsi, lorsque l'ordinateur privé demande à résoudre un nom DNS (1), tel que www.economie.gouv.fr, cette requête est envoyée par la box au serveur du FAI (2).

Le serveur DNS du FAI agit ensuite seul pour interroger un des 13 serveurs racines Internet (3), à la recherche des serveurs DNS qui gèrent la zone **fr**. Le serveur racine qui a connaissance du serveur qui gère la zone fr va renvoyer l'adresse IP du serveur DNS correspondant.

Le serveur du FAI va ensuite interroger le serveur qui gère la zone **fr** (4) pour trouver celui qui gère la zone **gouv.fr** (5).

Et ainsi de suite, jusqu'à ce qu'il récupère l'adresse IP du serveur DNS qui gère la zone **economie.gouv.fr**.

Remarque

En fait, tous les serveurs disposent d'un cache et il se peut qu'un enregistrement ne faisant pas autorité (c'est-à-dire ne gérant pas la zone cible) ait été trouvé avant d'atteindre le serveur faisant autorité.

Une fois que le serveur DNS du FAI a obtenu l'information demandée (ici l'adresse IP de www.economie.gouv.fr), il la met en cache, puis la transmet à la box Internet (7).

La box renvoie finalement l'adresse au client DNS du réseau local (8).

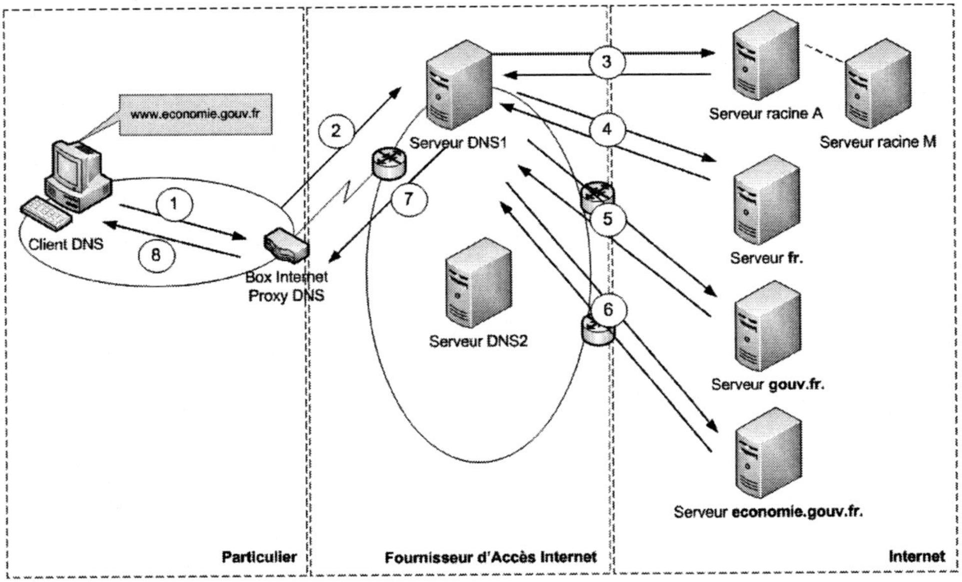

Mécanisme de résolution DNS

Il existe deux types de requêtes : récursives et itératives.

Les échanges [(1), (8)] et [(2), (7)] correspondent à des requêtes récursives.

Les échanges (3), (4), (5) et (6) correspondent à des requêtes itératives.

Remarque

Les serveurs racine qui connaissent l'ensemble des suffixes existants au niveau mondial sont disponibles à l'URL : http://www.iana.org/domains/root/servers

Modèle physique

Étant donné les arborescences logiques DNS, il faut ensuite définir l'implémentation physique de la solution.

Il s'agit en particulier de définir le nombre de serveurs physiques qui seront utilisés, le nombre de zones ou fichiers de zones qui seront mis en œuvre, la relation entre les différents serveurs mis en jeu.

Une zone correspond à un point d'ancrage d'une partie de l'arborescence logique qui sera matérialisée par un fichier stocké sur un serveur.

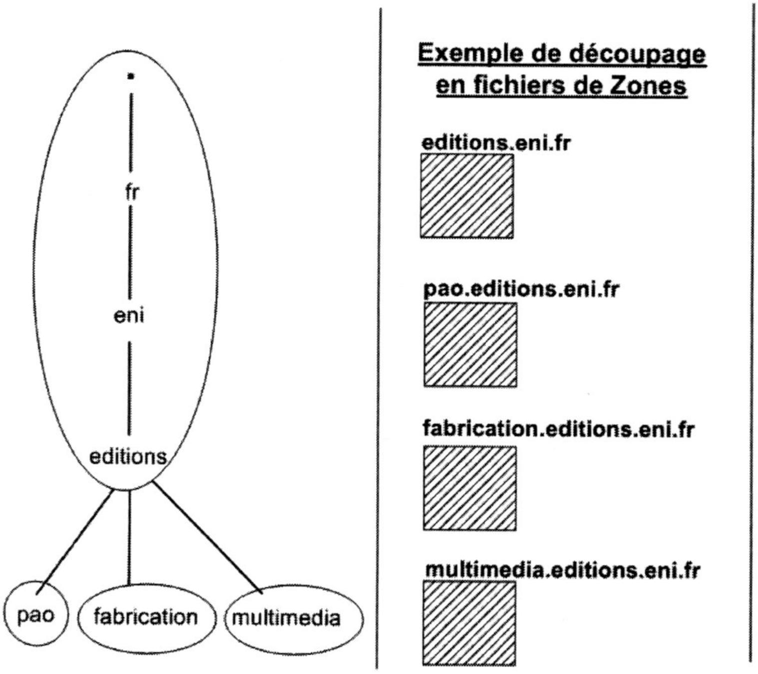

Exemple 1 : découpage en zones DNS

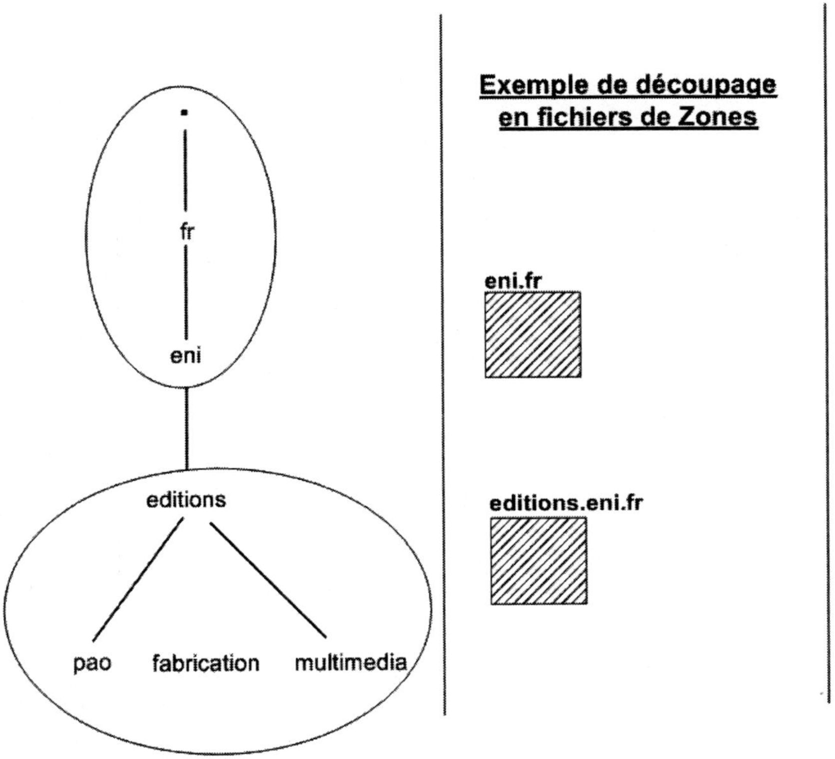

Exemple 2 : découpage en zones DNS

Serveur de noms

Il existe plusieurs types de serveurs de noms. Le type dépend de la source à partir de laquelle le serveur obtient ses informations de zone. Ainsi, on parlera de **serveur DNS principal** pour identifier un serveur qui gère une zone en modification. On qualifiera de **serveur secondaire** pour identifier un serveur qui gère une zone en lecture seule (copie d'une zone principale ou secondaire).

Un serveur disposera généralement à la fois de zones principales et de zones secondaires.

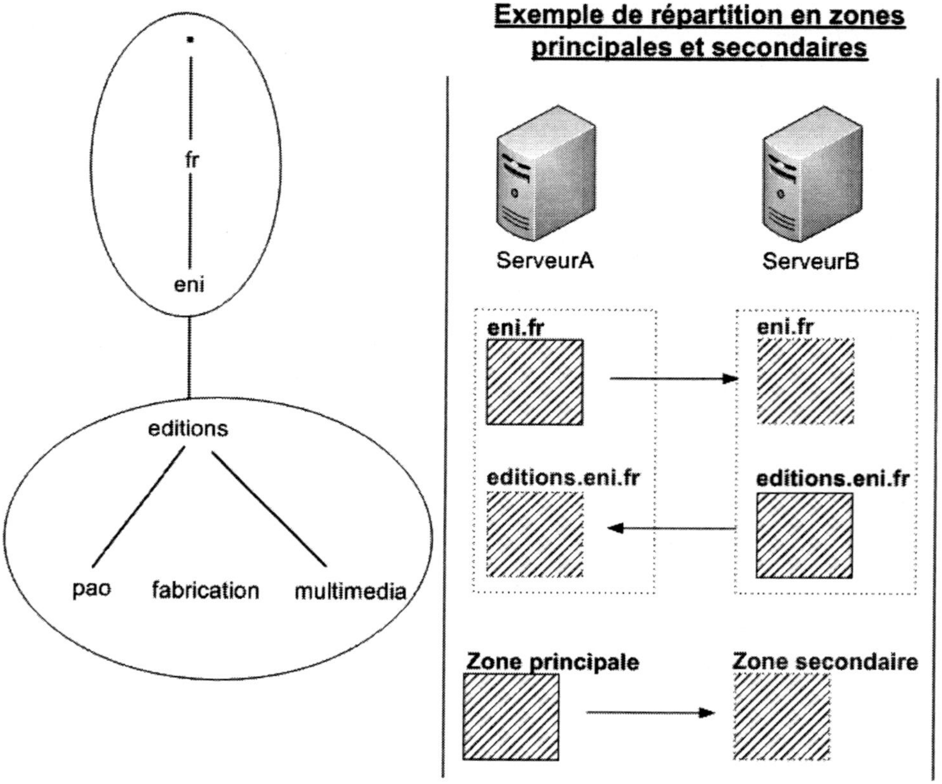

Gestion des zones principales et secondaires

Par exemple, dans le schéma précédent, le ServeurA héberge la zone **eni.fr** en tant que zone principale. Une réplication appelée **transfert de zone** a lieu vers le ServeurB pour cette zone. Inversement, le ServeurB héberge la zone **editions.eni.fr** en tant que zone principale. Une copie de cette zone est dupliquée sur le ServeurA en tant que zone secondaire.

Généralement, un serveur héberge aussi plusieurs zones directes ainsi que plusieurs zones indirectes (appelées zones inverses).

Les zones inverses sont des zones spéciales qui disposent d'un suffixe particulier prédéfini **in-addr.arpa**. Ces zones permettent la résolution des adresses IP en noms.

Par exemple, pour un réseau privé, on définira des zones 10.in-addr.arpa, 172.in-addr.arpa et 192.in-addr.arpa.

Espace de noms privé et public

On parle d'espaces de noms pour désigner les types de nommage utilisés. Ainsi, au sein d'une entreprise, les périphériques et les serveurs et mêmes les postes de travail se verront attribuer des noms hiérarchiques suivant un espace de nom privé. Idéalement, on utilisera un suffixe qui n'existe pas sur Internet, par exemple ***.local**.

Au contraire, pour référencer des serveurs qui devront être accessibles directement depuis Internet, on s'appuiera sur des suffixes officiels, dès lors que les noms auront été réservés sur Internet (exemple *.fr, *.eu).

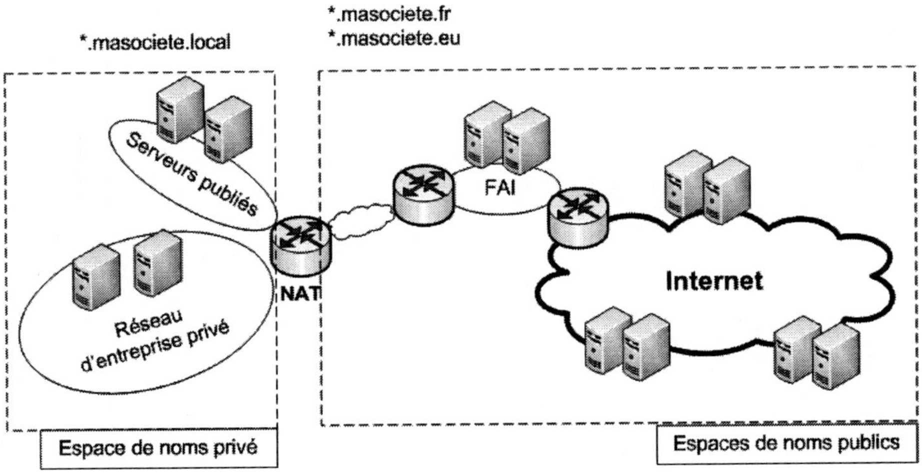

Espaces de noms publics et privé

Architecture type

De manière générale, la fonction de résolution DNS doit être disponible à **proximité** des clients en termes de temps de réponse. Tout serveur DNS intègre une fonction de cache centralisé pour les clients. Les clients disposent eux-mêmes d'une mise en cache locale.

Généralement, un client reçoit au moins deux adresses IP de serveurs DNS (pour garantir une tolérance de panne).

La configuration DNS est idéalement définie pour les clients au moyen d'un serveur DHCP (*Dynamic Host Configuration Protocol*).

Pour les serveurs, le paramétrage DNS s'effectue plutôt manuellement, à moins que des réservations DHCP aient été réalisées pour les serveurs dans le système DHCP.

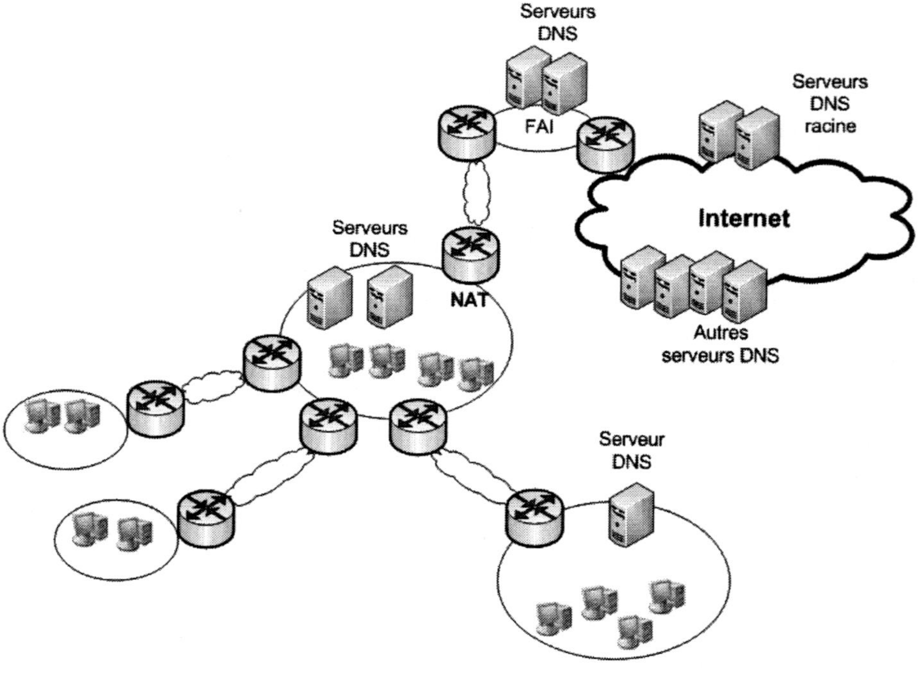

Architecture DNS

Implémentations

Les principales mises en œuvre de DNS sont le logiciel BIND de l'ISC (*Berkeley Internet Name Domain* de l'*Internet Systems Consortium* accessible à https://www.isc.org/software/bind) et le service DNS de Microsoft fourni avec les systèmes d'exploitation serveur.

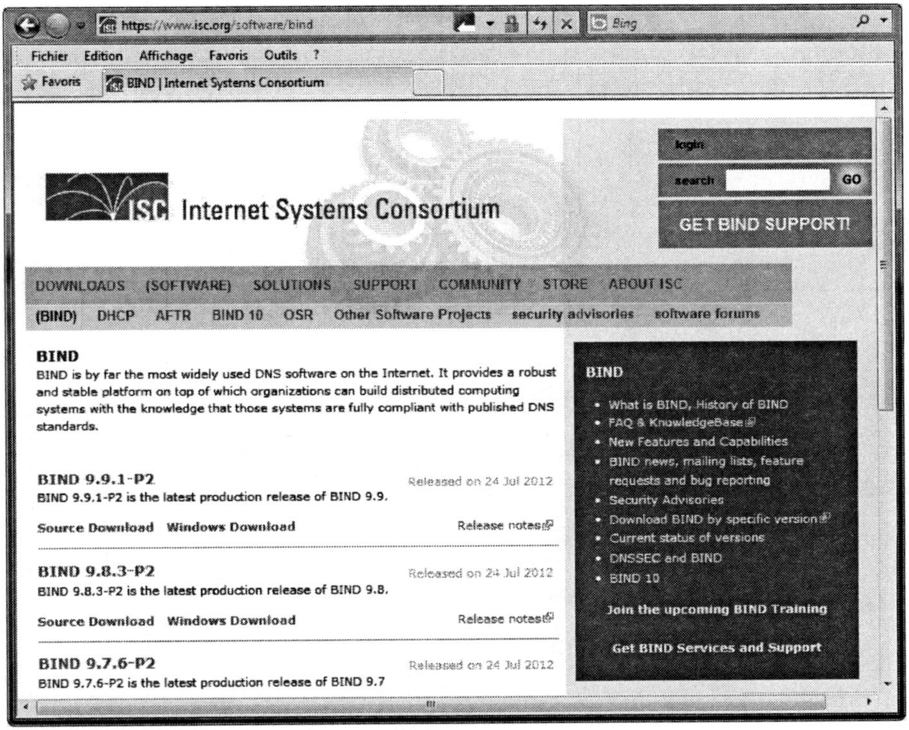

Page de téléchargement BIND ISC

7.3.2 Dynamic Host Configuration Protocol v.4 (DHCPv4)

Introduction

Historiquement, le service DHCP apparaît en 1993 comme une extension du protocole BOOTP créé en 1985. L'objectif de BOOTP est d'amorcer une station sans disque. La configuration déployée est personnalisable en se basant sur l'adresse MAC de la machine et en lui associant une adresse IP (on parle ainsi de *Reverse Address Resolution Protocol*).

En effet, le protocole TCP/IP qui s'est imposé depuis de nombreuses années a un inconvénient majeur : il nécessite de définir pour chacun des périphériques au minimum une adresse IP, un masque, une passerelle, ainsi que d'éventuels paramètres complémentaires.

Le service DHCP va ainsi permettre de définir de manière centralisée une configuration TCP/IP complète pour l'ensemble des périphériques réseau (paramètres dynamiques ou statiques i.e. réservés).

Différentes RFC définissent BOOTP et DHCP :

- RFC 951 : BOOTP
- RFC 1497 : options BOOTP *vendor extensions*
- RFC 1541 : définition du protocole DHCP
- RFC 1542 : interaction entre BOOTP et DHCP
- RFC 2131 : DHCP
- RFC 2132 : complément aux options DHCP et BOOTP vendor extensions

Remarque

Vous pouvez consulter ces RFC sur http://www.ietf.org/rfc/.

Fonctionnement sur un petit réseau

Un périphérique, un poste de travail, un téléphone IP, un lecteur code barre Wi-Fi, une imprimante avec une réservation centrale, va exécuter un composant client DHCP qui va lui permettre de communiquer avec un serveur pour obtenir un ensemble de paramètres TCP/IP.

Remarque

On utilise de plus en plus souvent une réservation d'adresse IP en l'associant à une adresse MAC. Ce mécanisme permet de disposer d'adresses IP fixes tout en conservant une souplesse de gestion en définissant les ordinateurs en tant que clients DHCP.

En général, le périphérique est configuré par défaut pour utiliser un serveur DHCP.

Par exemple sous Windows 7 :

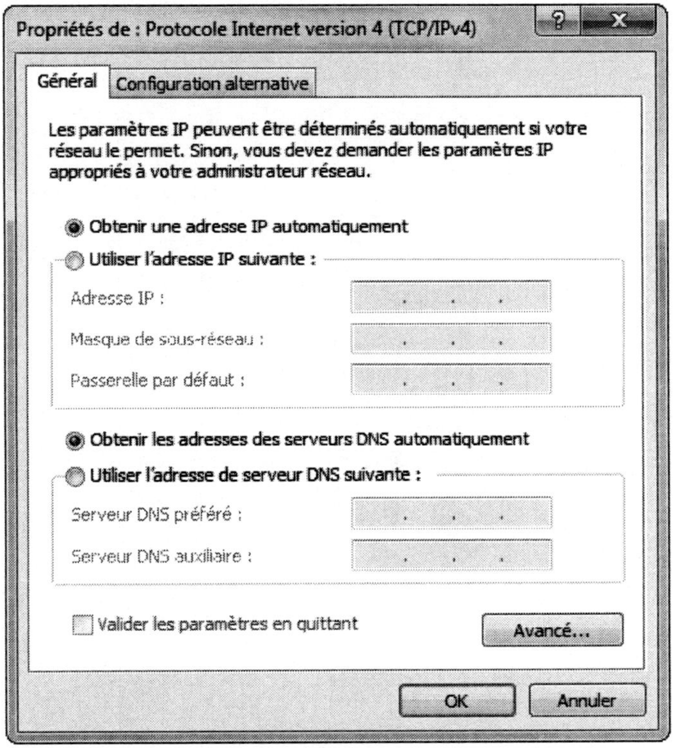

Configuration DHCP sous Windows 7

Ou sous Linux :

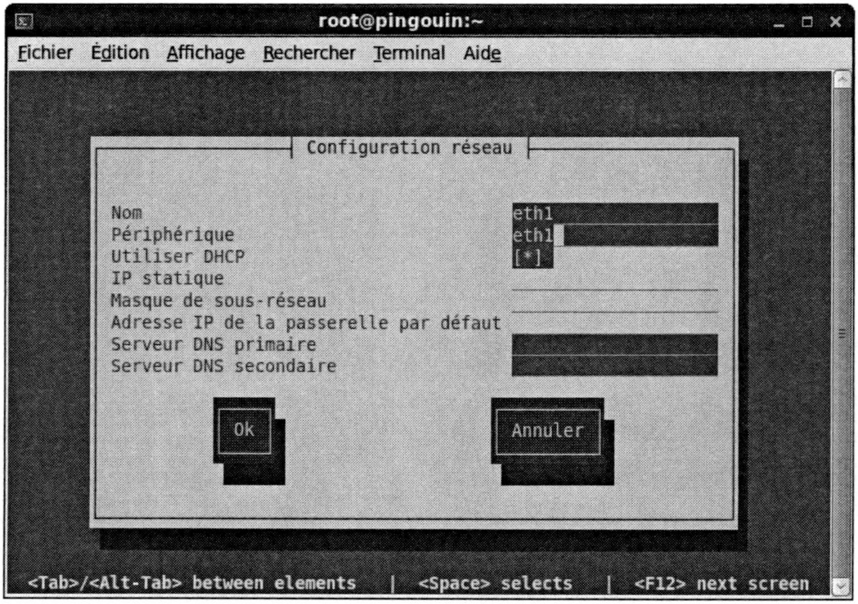

Configuration DHCP sous CentOS 6.3

Au démarrage, la première fois, la communication qui va permettre d'obtenir le paramétrage se déroule en plusieurs étapes :

- (1) DHCP DISCOVER : la découverte du réseau.
- (2) DHCP OFFER : la proposition de paramètres par un ou plusieurs serveurs.
- (3) DHCP REQUEST : la réponse favorable du client à l'une des propositions.
- (4) DHCP ACK : l'accusé de réception par le serveur de la prise en compte de la demande du client.

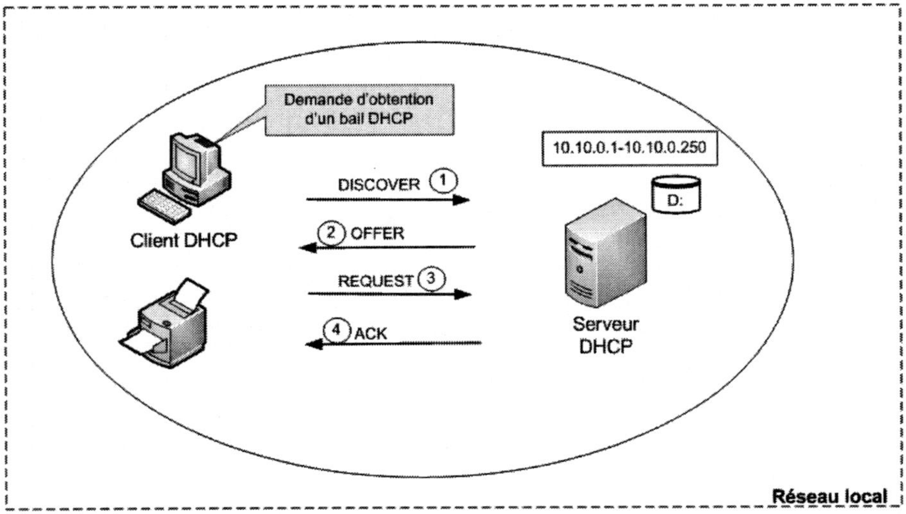

Fonctionnement de DHCP

DHCP DISCOVER

Le protocole TCP/IP s'initialise avec une version limitée (adresse IP non définie : 0.0.0.0).

Il diffuse au niveau 2 à destination de tous les ordinateurs (FF.FF.FF.FF.FF.FF) une demande pour obtenir un bail DHCP. Étant donné qu'il s'agit d'un protocole basé sur UDP, l'adresse IP doit être mentionnée pour la destination. Elle sera définie à 255.255.255.255 (tout le monde).

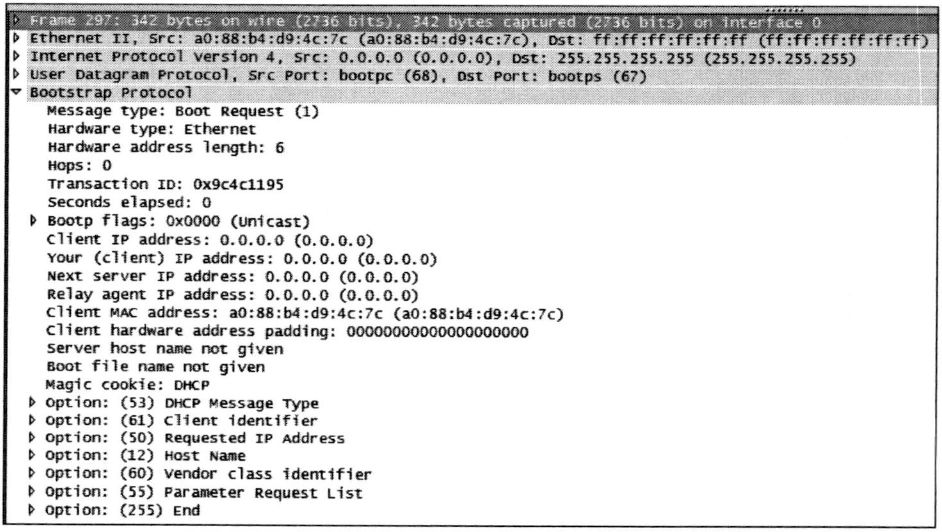

Analyse d'une trame DHCP DISCOVER

Couche	Source (client)	Destination (tout le monde)
UDP	68	67
IP	0.0.0.0	255.255.255.255
Ethernet	a0:88:b4:d9:4c:7c	ff:ff:ff:ff:ff:ff

Si au bout d'une seconde le client n'a pas reçu de réponse, il diffuse une nouvelle demande au bout de 9, 13 et 16 secondes.

Après ces tentatives, une nouvelle demande sera réalisée toutes les cinq minutes.

DHCP OFFER

Un certain nombre de périphériques faisant office de serveur DHCP (serveur, routeur, box Internet) répondent au client.

Ils diffusent une offre comportant les informations suivantes : l'adresse MAC du client, une adresse IP, un masque de sous-réseau, une durée de bail, son adresse IP.

Couche	Source (serveur)	Destination (client)
UDP	67	68
IP	192.168.1.1	192.168.1.92
Ethernet	00:25:15:21:f1:20	a0:88:b4:d9:4c:7c

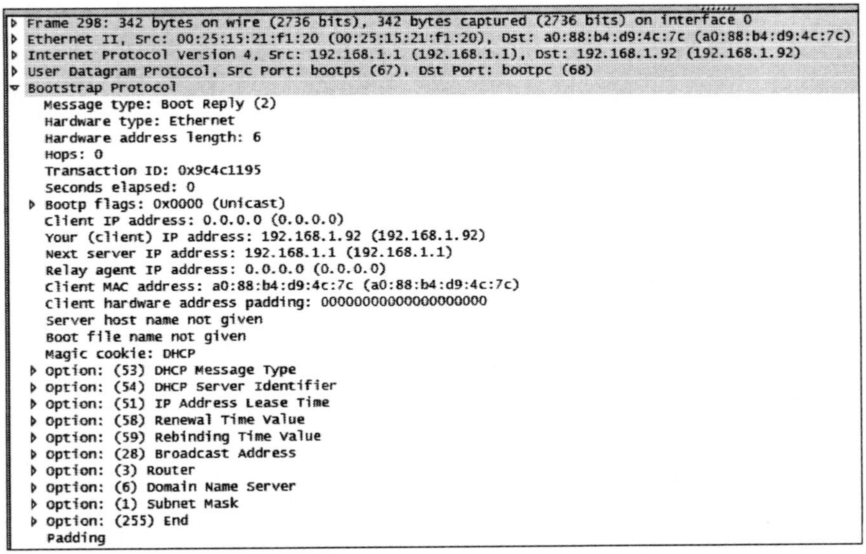

Analyse d'une trame DHCP OFFER

Le client sélectionne une offre (en général la première reçue).

À noter que d'après la RFC, le serveur tente d'abord un unicast (pour prendre en charge un éventuel relais DHCP) avant une diffusion.

DHCP REQUEST

Cette réponse permet au client de prévenir tous les serveurs qu'un bail a été choisi. Les informations concernant le bail sont disponibles dans les options à la fin de la trame.

Les autres serveurs éventuels vont ainsi pouvoir retirer leur offre et rendre à nouveau disponible l'adresse qui avait été préréservée.

Couche	Source (client)	Destination (tout le monde)
UDP	68	67
IP	0.0.0.0	255.255.255.255
Ethernet	a0:88:b4:d9:4c:7c	ff:ff:ff:ff:ff:ff

```
▷ Frame 299: 393 bytes on wire (3144 bits), 393 bytes captured (3144 bits) on interface 0
▷ Ethernet II, Src: a0:88:b4:d9:4c:7c (a0:88:b4:d9:4c:7c), Dst: ff:ff:ff:ff:ff:ff (ff:ff:ff:ff:ff:ff)
▷ Internet Protocol Version 4, Src: 0.0.0.0 (0.0.0.0), Dst: 255.255.255.255 (255.255.255.255)
▷ User Datagram Protocol, Src Port: bootpc (68), Dst Port: bootps (67)
▽ Bootstrap Protocol
    Message type: Boot Request (1)
    Hardware type: Ethernet
    Hardware address length: 6
    Hops: 0
    Transaction ID: 0x9c4c1195
    Seconds elapsed: 0
  ▷ Bootp flags: 0x0000 (Unicast)
    Client IP address: 0.0.0.0 (0.0.0.0)
    Your (client) IP address: 0.0.0.0 (0.0.0.0)
    Next server IP address: 0.0.0.0 (0.0.0.0)
    Relay agent IP address: 0.0.0.0 (0.0.0.0)
    Client MAC address: a0:88:b4:d9:4c:7c (a0:88:b4:d9:4c:7c)
    Client hardware address padding: 00000000000000000000
    Server host name not given
    Boot file name not given
    Magic cookie: DHCP
  ▷ Option: (53) DHCP Message Type
  ▷ Option: (61) Client identifier
  ▷ Option: (50) Requested IP Address
  ▷ Option: (54) DHCP Server Identifier
  ▷ Option: (12) Host Name
  ▷ Option: (81) Client Fully Qualified Domain Name
  ▷ Option: (60) Vendor class identifier
  ▷ Option: (55) Parameter Request List
  ▷ Option: (255) End
```

Analyse d'une trame DHCP REQUEST

DHCP ACK

Le serveur dont l'offre a été retenue envoie une trame adressée directement au client comme accusé de réception. D'autres options sont ajoutées à la trame (options 003 Router, 006 Domain Name Server, 001 Subnet Mask).

Couche	Source (serveur)	Destination (client)
UDP	67	68
IP	192.168.1.1	192.168.1.92
Ethernet	00:25:15:21:f1:20	a0:88:b4:d9:4c:7c

```
▷ Frame 300: 354 bytes on wire (2832 bits), 354 bytes captured (2832 bits) on interface 0
▷ Ethernet II, Src: 00:25:15:21:f1:20 (00:25:15:21:f1:20), Dst: a0:88:b4:d9:4c:7c (a0:88:b4:d9:4c:7c)
▷ Internet Protocol Version 4, Src: 192.168.1.1 (192.168.1.1), Dst: 192.168.1.92 (192.168.1.92)
▷ User Datagram Protocol, Src Port: bootps (67), Dst Port: bootpc (68)
▽ Bootstrap Protocol
    Message type: Boot Reply (2)
    Hardware type: Ethernet
    Hardware address length: 6
    Hops: 0
    Transaction ID: 0x9c4c1195
    Seconds elapsed: 0
  ▷ Bootp flags: 0x0000 (Unicast)
    Client IP address: 0.0.0.0 (0.0.0.0)
    Your (client) IP address: 192.168.1.92 (192.168.1.92)
    Next server IP address: 192.168.1.1 (192.168.1.1)
    Relay agent IP address: 0.0.0.0 (0.0.0.0)
    Client MAC address: a0:88:b4:d9:4c:7c (a0:88:b4:d9:4c:7c)
    Client hardware address padding: 00000000000000000000
    Server host name not given
    Boot file name not given
    Magic cookie: DHCP
  ▷ Option: (53) DHCP Message Type
  ▷ Option: (54) DHCP Server Identifier
  ▷ Option: (51) IP Address Lease Time
  ▷ Option: (58) Renewal Time Value
  ▷ Option: (59) Rebinding Time Value
  ▷ Option: (28) Broadcast Address
  ▷ Option: (81) Client Fully Qualified Domain Name
  ▷ Option: (3) Router
  ▷ Option: (6) Domain Name Server
  ▷ Option: (1) Subnet Mask
  ▷ Option: (255) End
```

Analyse d'une trame DHCP ACK

À noter que dans certaines implémentations de DHCP, le ACK peut être réalisé avec une diffusion.

Fonctionnement sur un grand réseau

Dans un environnement plus important, l'architecture est un peu plus complexe. D'une part, les sous-réseaux IP sont généralement associés à une décomposition en VLAN. Ainsi, on va affecter un VLAN par type de périphériques (poste de travail, serveur, pistolet codes barres) ou par utilisation (réseau principal, sauvegarde, administration des serveurs).

D'autre part, les clients étant généralement sur des sous-réseaux distincts des serveurs DHCP, il convient de mettre en œuvre un mécanisme permettant de relayer les trames DHCP à destination du ou des serveurs DHCP désignés. En effet, les trames de diffusion sont arrêtées par les routeurs.

Remarque

La commande généralement associée sur les routeurs est "ip helper-address". Elle permet de désigner explicitement un ou plusieurs serveurs DHCP vers lequel une diffusion DHCP captée sur le réseau local, sera transmise.

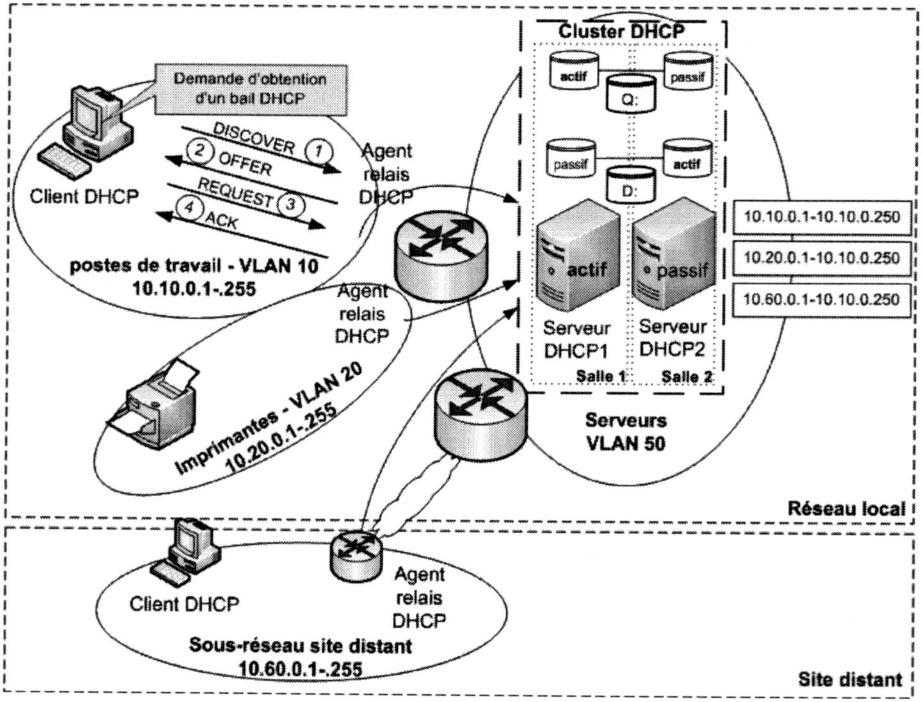

Fonctionnement DHCP dans un environnement routé

Dans un environnement conséquent, le cœur de réseau est en général constitué d'un commutateur multiniveau où tous les VLAN sont connus. Chacune des interfaces correspondant à la passerelle par défaut du sous-réseau connaît l'existence du serveur vers lequel elle va rediriger les diffusions DHCP.

Cluster DHCP

Le serveur DHCP pourra s'appuyer sur un cluster qui va proposer à la fois une redondance pour le service, en même temps qu'une redondance pour les données :

- Un disque D : contient la configuration du serveur DHCP dont le service s'exécute sur l'un des deux serveurs. Le service DHCP de l'autre serveur étant en *standby*.
- Le disque Q correspond au quorum. Il stocke les informations de la configuration courante du cluster. En cas de problème, le serveur qui parvient à voir le quorum prend le relais.

Les ressources de type disque sont répliquées en tâche de fond en mode synchrone, pour permettre une reprise en cas de défaillance d'un disque ou de la perte d'une salle.

L'adresse IP qui référence le service DHCP est en fait une adresse IP virtuelle, correspondant à une ressource du cluster. Cette ressource s'exécute effectivement sur l'un des deux nœuds du cluster.

DHCP Failover

Cette fonctionnalité permet d’assurer une continuité du service DHCP sans nécessiter de cluster de basculement. En effet, Windows Server 2012 ou ISC DHCP propose cette fonctionnalité. Les serveurs sont ainsi capables de s’échanger leurs informations.

Agent relais DHCP

L'utilisation d'agents relais introduit un fonctionnement complémentaire.

Lorsque la passerelle reçoit une trame DHCP provenant d'un client de son sous-réseau, le routeur transmet la trame adressée directement au serveur DHCP. Si l'adresse IP source identifiée est 0.0.0.0, le routeur la remplace par sa propre adresse IP de passerelle. En effet, le serveur DHCP doit pouvoir identifier la bonne étendue DHCP pour affecter une adresse IP valide au client.

Le serveur DHCP reçoit alors la demande et examine l'adresse IP source pour associer une plage d'adresse IP adaptée.

Il sélectionne finalement une adresse IP disponible pour envoyer une offre directement à la passerelle. La passerelle va finalement retransmettre l'offre au sous-réseau local (à destination du poste demandeur au niveau 2 et de tout le monde au niveau 3).

Ensuite, le message DHCP REQUEST est relayé par le routeur vers le serveur DHCP.

Le serveur répond finalement un DHCP ACK au client.

Renouvellement du bail

Le client obtient les paramètres TCP/IP pour une certaine durée limitée : le bail.

Ce bail doit être renouvelé régulièrement pour permettre au client de continuer à utiliser ses paramètres.

Le renouvellement se produit au bout de la moitié de l'expiration du bail. Si la demande n'aboutit pas, une nouvelle tentative est réalisée au bout des 7/8ème de la durée.

Remarque

Ce mécanisme de renouvellement évite de générer du trafic de diffusion inutile.

Lorsqu'un poste redémarre, la procédure complète est généralement rejouée ; cela permet de prendre en compte les déplacements des ordinateurs portables.

Le serveur peut également demander au client de libérer son adresse en lui adressant un DHCP NACK.

Architecture type

Une architecture type met en œuvre généralement un serveur centralisé pour l'ensemble du réseau. Généralement, pour prendre en compte les possibles interruptions des connexions distantes, les baux sont configurés pour une durée suffisamment longue.

Il est également possible de centraliser complètement la gestion des adresses IP fixes en définissant des réservations explicites pour les éléments concernés (imprimantes, serveurs).

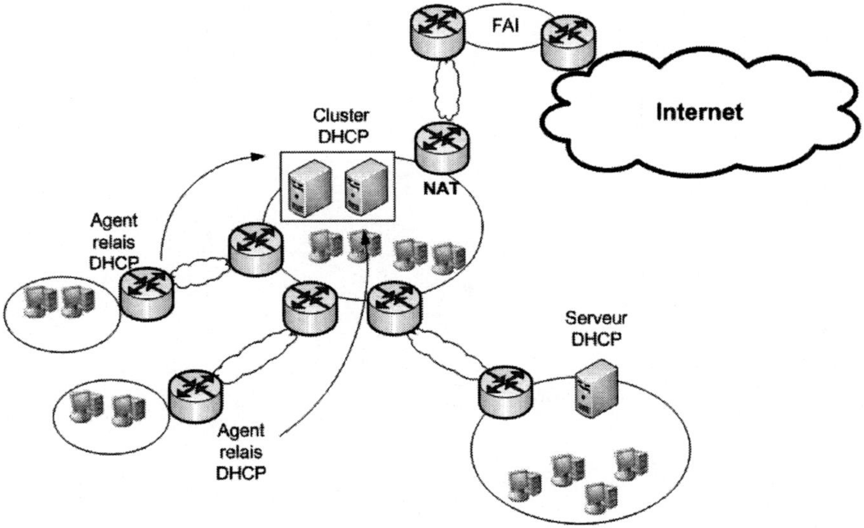

Architecture DHCP standard

Implémentations

Parmi les mises en œuvre, on trouve celles intégrées avec les systèmes d'exploitation serveur :

- Microsoft DHCP
- Internet Systems Consortium DHCP : http://www.isc.org/dhcp

On trouve aussi d'autres implémentations :

- Alcatel-Lucent VitalQIP (DNS/DHCP) : http://www.alcatel-lucent.com/vitalqip
- Cisco Network Registrar (DNS/DHCP) : http://www.cisco.com/

7.3.3 Telnet

Telnet est un protocole d'émulation de terminal. Une session est établie entre un poste de travail (client Telnet) et une machine distante (serveur Telnet). Toute commande saisie sur le client est transmise et exécutée sur le serveur Telnet. L'écho du processus distant est redirigé vers le poste de travail, qui voit le compte rendu de la commande. Telnet nécessite donc de connaître les commandes du système d'exploitation distant.

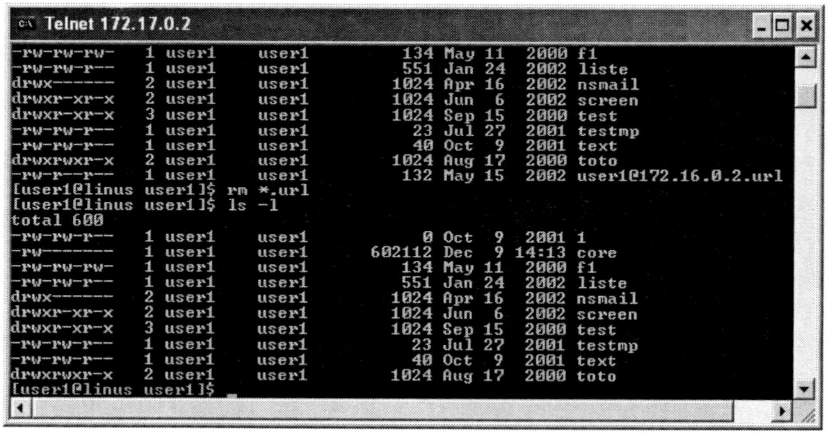

Remarque

Ce service utilise le port TCP 23.

Les serveurs (Windows, Linux...) ou autres composants administrables à distance (commutateurs, routeurs...) peuvent disposer d'un service Telnet.

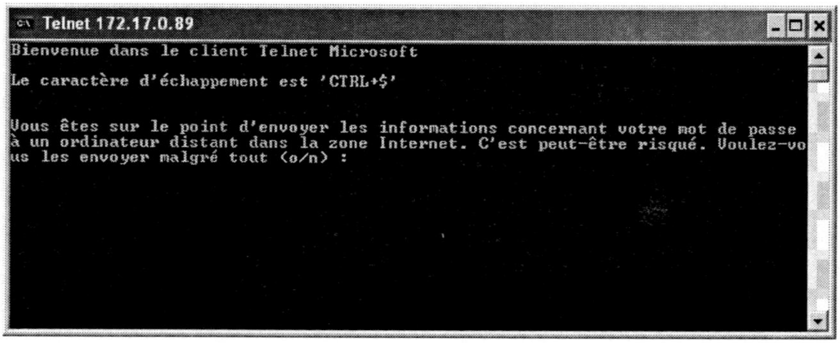

Remarque

Pour des raisons de sécurité, ce service est souvent désactivé par défaut. En effet, de conception ancienne, il n'est pas sécurisé. Par exemple, le mot de passe lui est communiqué en clair. Le protocole SSH (Secure Shell), équivalent, est bien plus fiable à ce niveau.

7.3.4 Network Time Protocol (NTP)

Introduction

Le protocole NTP ou protocole de synchronisation des horloges des ordinateurs en réseau, a été proposé en 1985 par le professeur David Mills de l'université du Delaware.

Plusieurs versions se sont succédé :

- v1, en 1988, RFC 1059.
- v2, en 1989, RFC 1119.
- v3, en 1992, RFC 1305.
- v4, en 2010, RFC 5905.

Hiérarchie NTP

Au plus haut niveau de l'organisation, on trouve des horloges atomiques servant de références au niveau mondial.

Ces horloges pourront alors être interrogées, soit par des récepteurs récupérant l'heure atomique par différent biais (satellite, radio, câble), soit par des serveurs ainsi positionnés au premier niveau dans la hiérarchie. On parlera de **strate 1** (ou stratum 1) pour désigner ces **serveurs primaires**.

Les serveurs de temps du niveau inférieur seront qualifiés de **strate 2** et s'adresseront aux serveurs de strate 1. À partir du niveau strate 2, on parlera de **serveurs secondaires**.

La norme prévoit jusqu'à 16 strates maximum.

En général, les clients se situent aux niveaux 3 ou 4.

Au niveau mondial, la hiérarchie sera définie au niveau des continents, puis des pays.

Ainsi, au niveau mondial, le nom **pool.ntp.org** identifie un pool de serveurs.

Au niveau des continents, les noms suivants sont définis :

Continent	Nom
Asie	asia.pool.ntp.org
Europe	europe.pool.ntp.org
Amérique du Nord	north-america.pool.ntp.org
Océanie	oceania.pool.ntp.org
Amérique du Sud	south-america.pool.ntp.org

Ensuite, suivant chaque pays, des serveurs NTP sont disponibles.

Remarque

La liste des serveurs NTP français strate 2 est disponible à l'URL suivante : http://www.cru.fr/services/ntp/serveurs_francais

Fonctionnement dans un domaine Microsoft

Lorsque les ordinateurs sont connectés à un environnement de domaine Active Directory Microsoft (annuaire LDAP), le mécanisme de synchronisation NTP est assuré de manière native, sans avoir besoin de configurer les ordinateurs de manière individuelle.

Remarque

En effet, lorsque l'authentification Kerberos est utilisée, il est indispensable que les ordinateurs soient correctement synchronisés, car des autorisations d'accès sont données au travers de jetons valables pour une durée donnée, et basés sur les horloges des ordinateurs.

Les postes de travail synchronisent leur horloge au moment de l'ouverture de session auprès du serveur (appelé contrôleur de domaine) qui valide leur demande.

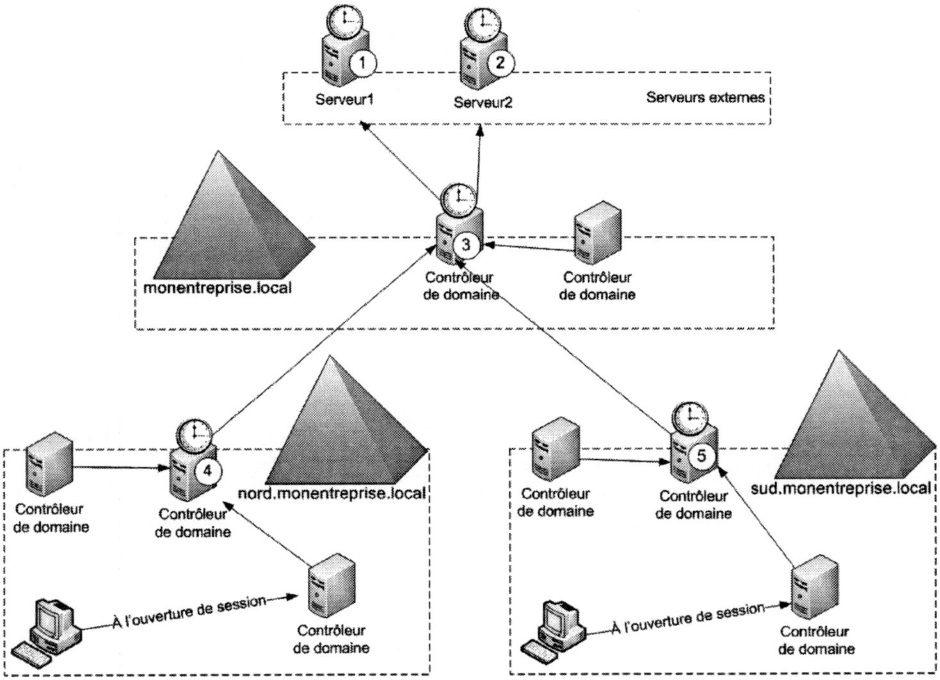

Synchronisation des ordinateurs au sein d'un domaine Active Directory Microsoft

Les contrôleurs de domaine vont à leur tour se synchroniser sur le serveur qui détient un rôle particulier permettant notamment de servir de référence temporelle : serveurs (4) et (5).

Ensuite, le domaine peut être organisé sur plusieurs niveaux : on parlera de domaines enfants et de domaine racine.

Les contrôleurs de domaine source de temps des domaines enfants (nord et sud) vont à leur tour se synchroniser sur le contrôleur de domaine racine détenant le rôle servant de référence temporelle (3).

Ensuite, le serveur de référence interne doit également être synchronisé sur une source de temps externe : serveurs (1) et (2).

7.3.5 Simple Network Management Protocol (SNMP)

Introduction

Étant donné la complexité d'un environnement informatique réseau, il est nécessaire de pouvoir superviser l'ensemble voire gérer de manière centralisée, qu'il s'agisse des composants matériels, commutateurs, routeurs, ou des composants applicatifs, bases de données, serveurs web, services réseau.

Ce défi extrêmement ambitieux est possible à condition d'utiliser des protocoles normalisés tels que SNMP.

Les enjeux sont importants pour une entreprise, mais les coûts associés à une telle solution sont souvent élevés. Ils doivent être mis en rapport avec les risques de perte d'activité et les coûts générés par une indisponibilité de service.

SNMP ou *Simple Network Management Protocol* est un protocole élémentaire qui assure le transport entre les équipements supervisés et administrés et la console de supervision et/ou d'administration.

Le protocole SNMP est basé sur UDP et utilise les ports 161 et 162.

Il a évolué et propose aujourd'hui une version 3 qui est plus sécurisée que les versions précédentes dont le mot de passe était simplement le nom de communauté, échangé en clair dans les trames réseaux.

Différentes RFC ont été publiées au fur et à mesure de l'évolution des versions de SNMP. Les principales RFC sont : RFC 1155 (SNMPv1), RFC 1901 (SNMPv2) et RFC 3411 (SNMPv3).

Fonctionnement

Dans un environnement SNMP, des services embarqués sur les équipements supervisés sont disponibles. On les appellera les agents SNMP. Ils permettent d'interagir avec le superviseur SNMP pour répondre aux requêtes de demande d'information (accès en lecture) ou aux requêtes de mise à jour de configuration (accès en écriture).

Le cloisonnement SNMP existe au travers de communautés qui permettent de définir un espace de travail commun ; par exemple, la communauté par défaut "*private*" va permettre d'autoriser des accès en écriture sur les agents, tandis que la communauté par défaut "public" autorisera un accès en lecture.

Un autre mécanisme inhérent à SNMP est l'alerte SNMP ou "*trap*" qui permet de programmer un agent pour envoyer un message dans le cas de dépassement d'un seuil : bande passante WAN saturée, service arrivant à saturation, liaison WAN tombée, mémoire, espace disque saturés pour un serveur donné.

En général, le superviseur permet de présenter graphiquement un état de l'environnement basé sur des codes de couleur permettant d'identifier très rapidement une anomalie.

Ce mécanisme de supervision est généralement couplé à un mécanisme de découverte automatique de l'environnement.

En plus de la collecte des informations, on trouvera également un mécanisme de *polling* qui permet de tester la présence des adresses IP "sensibles" de l'infrastructure (routeurs, serveurs en particulier).

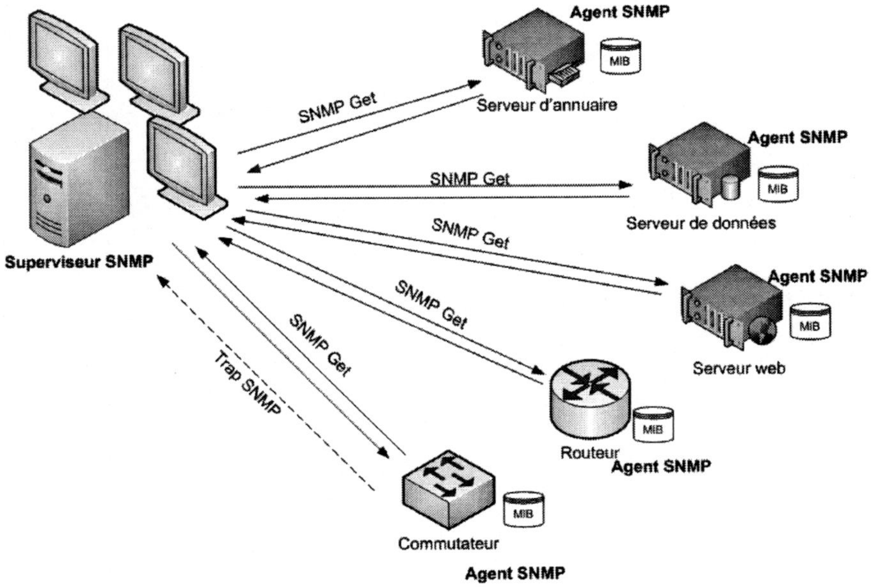

Communications SNMP Superviseur - agents

Organisation des données SNMP

Les agents SNMP disposent de paramètres de configuration, de statistiques de performances, d'informations matérielles ou logicielles, qui sont organisés au sein d'une base de données hiérarchique appelée MIB (*Management Information Base*). La dernière version connue est la MIB II.

Certains sites proposent des outils permettant de parcourir les MIB pour rechercher des compteurs bien spécifiques :

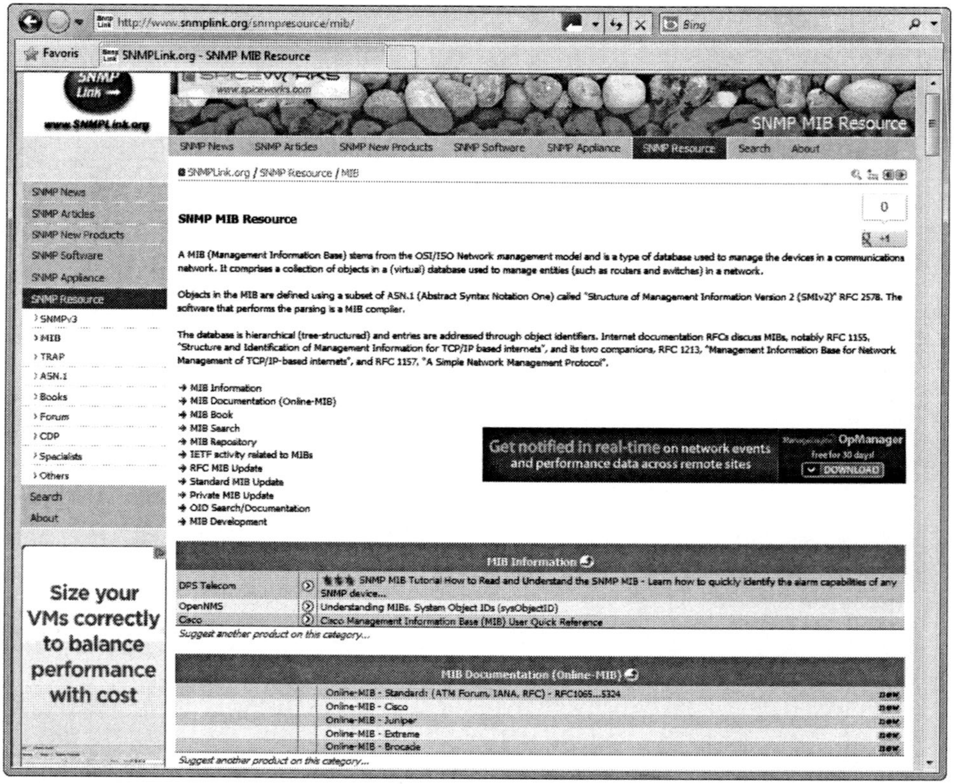

Obtention d'informations sur SNMP en général : www.snmplink.org

Il est ainsi possible d'identifier clairement les compteurs disponibles :

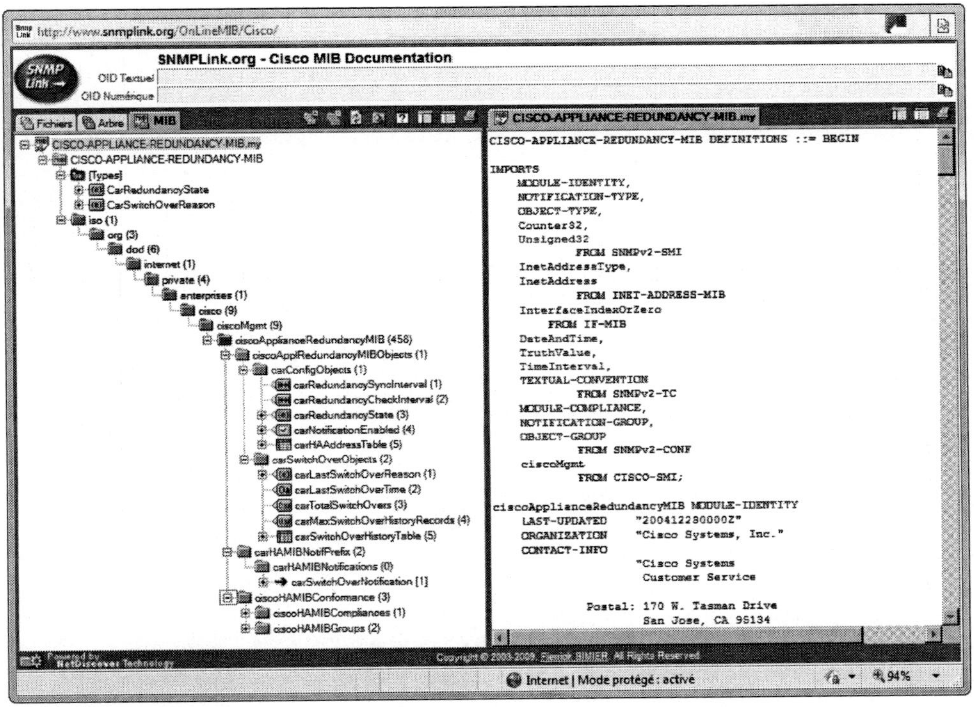

Obtention des informations détaillées d'une MIB

Implémentation

HPOV

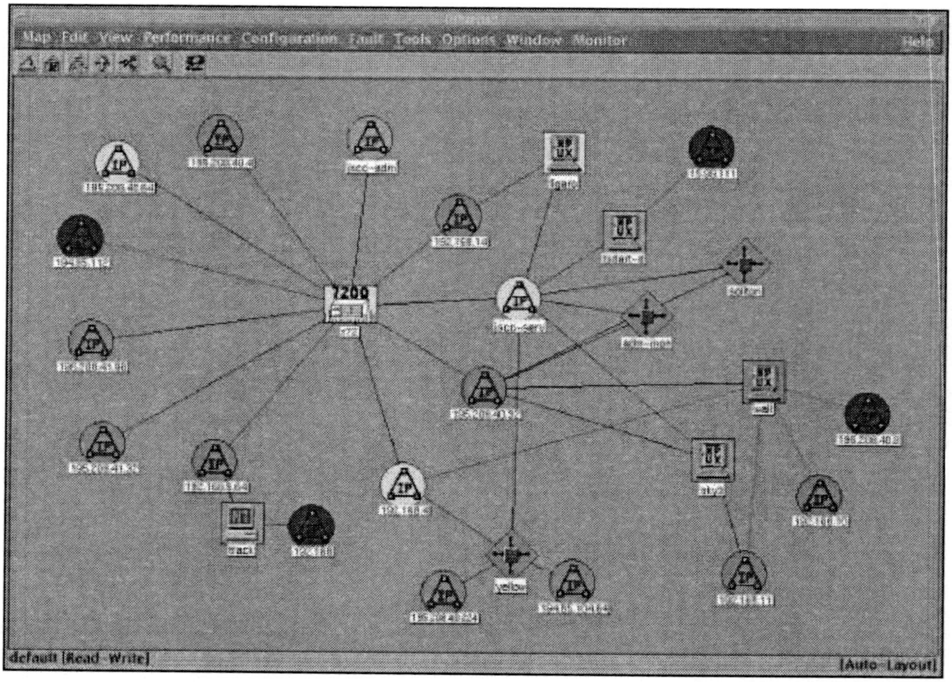

Cartographie HP OpenView

Nagios

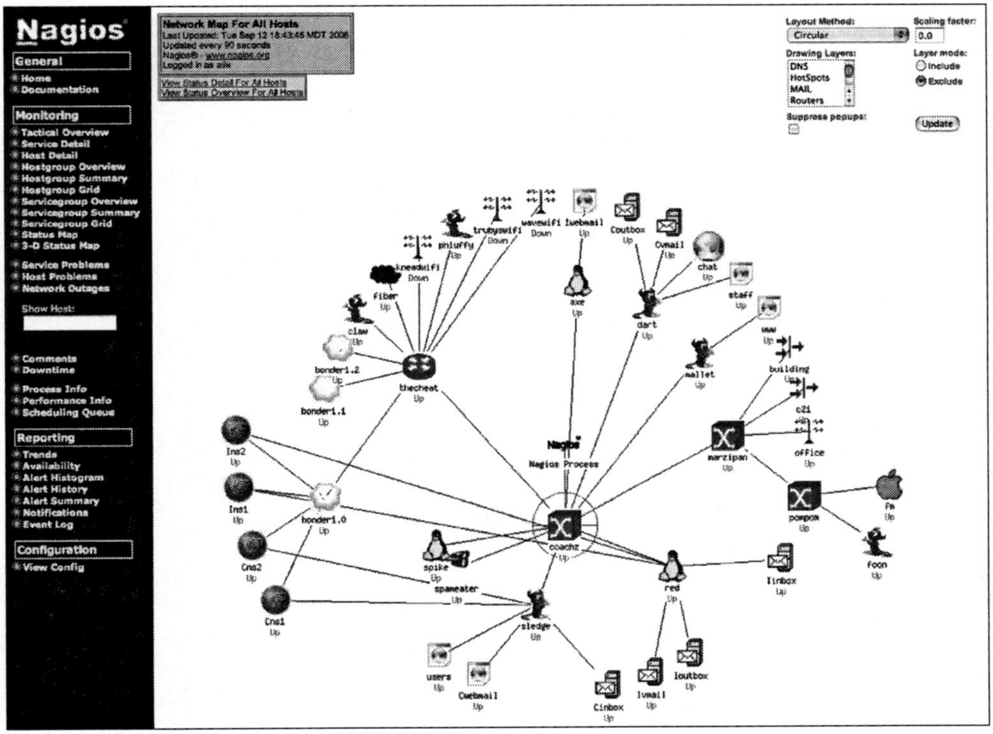

Nagios

MRTG/PRTG (Multi Router Traffic Grapher/Paessler Router Traffic Grapher)

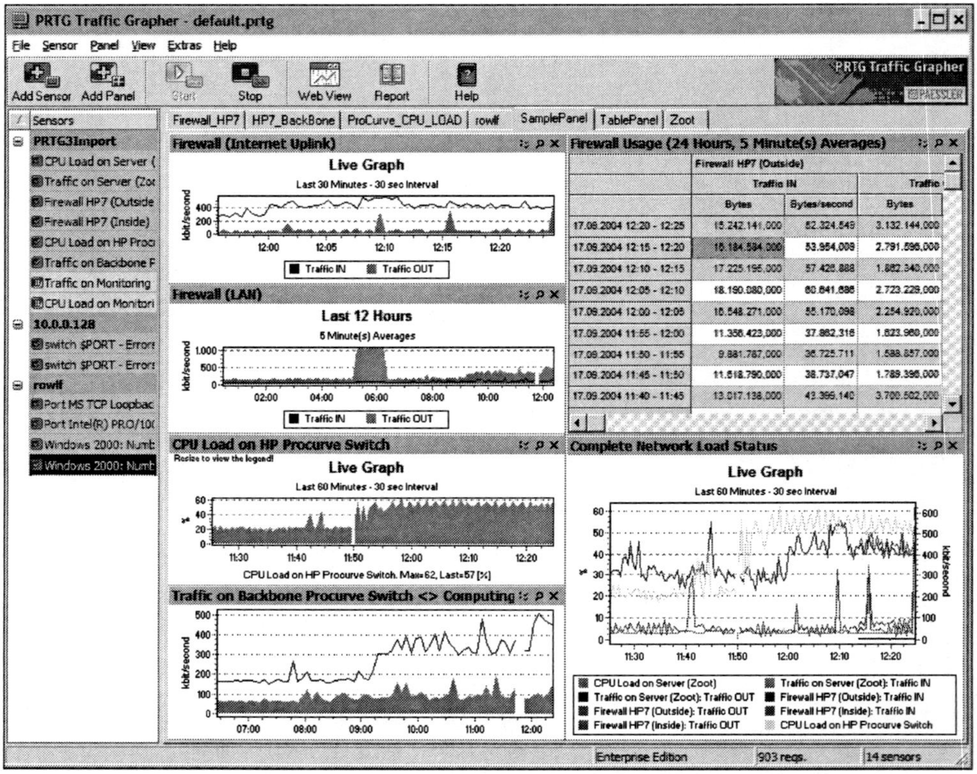

PRTG Traffic Grapher

D'autres outils tels que Net Inspector permettent également de réaliser une cartographie pour suivre en temps réel l'état de l'environnement :

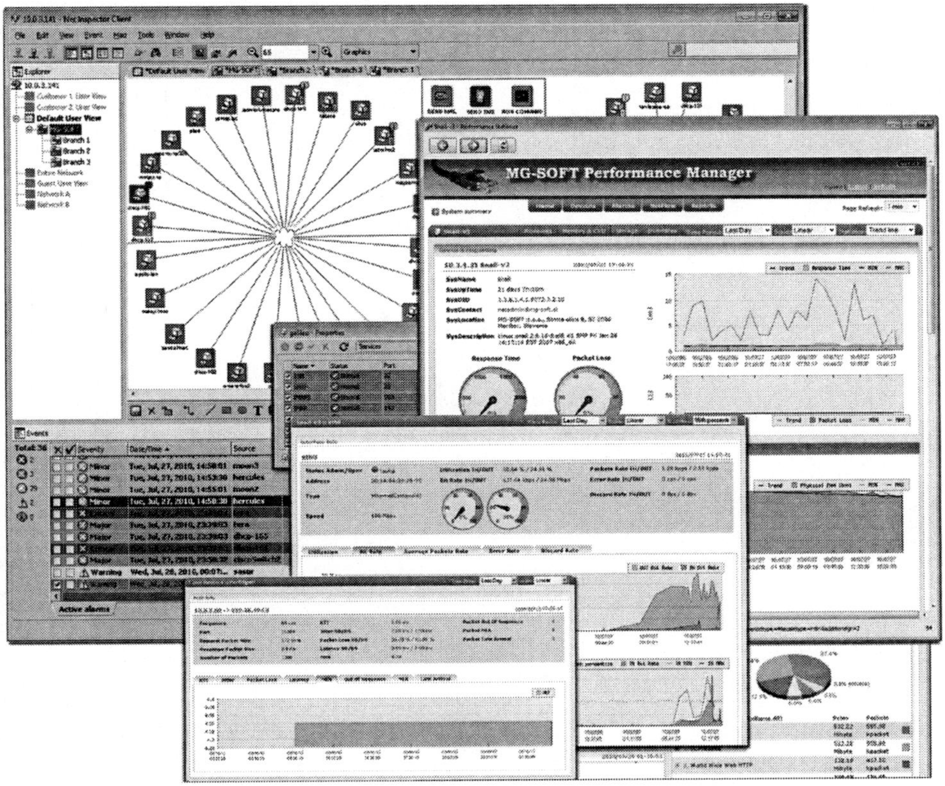

MG-SOFT Net Inspector

Chapitre 9
Principes de sécurisation d'un réseau

1. Compréhension du besoin en sécurité

La connaissance des failles potentielles et des nécessités de protection de son réseau sont des atouts indispensables. Cette prise de conscience est récente. Beaucoup des protocoles utilisés n'ont pas été conçus à l'origine pour être sécurisés. On peut citer, par exemple, la plupart de ceux de la suite TCP/IP.

Les interconnexions entre les systèmes se sont multipliées, particulièrement à travers le réseau public Internet. Là encore, de nombreuses failles sont apparues. Nous ne pouvons pas penser éliminer tout risque, mais il peut être réduit en le connaissant et en adoptant des solutions adéquates.

1.1 Garanties exigées

La sécurité réseau s'appuie sur quatre thèmes clés :

- L'authentification, permettant de s'assurer de l'identité pour connaître l'origine des opérations.
- La confidentialité, qui a pour but d'éviter toute divulgation d'informations.
- L'intégrité, pour interdire ou connaître les modifications et se préserver des pertes d'informations.
- La disponibilité, qui permet d'assurer un service en toutes circonstances.

La notion de non-répudiation peut être ajoutée à ces quatre thèmes. Elle a pour but de s'assurer, en toutes circonstances, de l'origine d'une communication ou d'un transfert d'informations. Pour cela, elle reprend un concept familier de notre vie quotidienne, la signature, ici sous forme électronique.

1.2 Dangers encourus

1.2.1 La circulation des données

Dans beaucoup de réseaux, l'essentiel, voire la totalité, des communications transportées, transite en clair. Les contenus sont donc lisibles par n'importe qui.

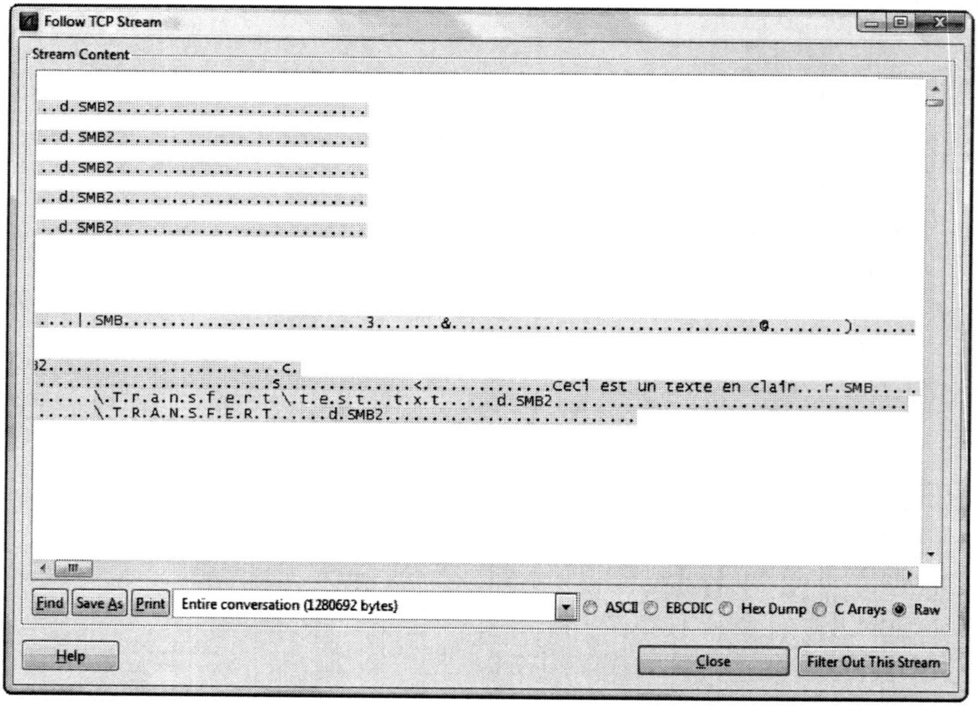

Extrait de la reconstitution de trame réseau

L'analyse de trame ci-dessus correspond à une demande d'ouverture d'un fichier stocké sur un serveur, à partir d'un poste de travail. Nous pouvons voir que son contenu, "Ceci est un texte en clair", a été reconstitué lors de la communication réseau.

1.2.2 Les protocoles Réseau et Transport

Les protocoles de communication réseau, faillibles, peuvent être la cible d'attaques portant sur leurs spécificités, c'est-à-dire leurs en-têtes.

De nombreuses méthodes sont connues pour cela. Beaucoup ont exploité les différentes couches d'un modèle comme TCP/IP, dont les deux niveaux Réseau et Transport, qui cumulent les faiblesses.

Par exemple, sur *Internet Protocol* (IP), l'adressage logique peut être usurpé. Les opérations de fragmentation/défragmentation peuvent également être exploitées.

Internet Control Message Protocol (ICMP), et l'usage des commandes "ping", a été la source de nombreuses attaques.

La poignée de main (3-way handshake) d'établissement de connexion du protocole *Transmission Control Protocol* (TCP) peut être exploitée pour détourner des communications.

Ce ne sont que quelques exploitations, il en existe de nombreuses autres. Heureusement, l'expérience a permis de rendre plus fiables ces protocoles. En effet, les logiciels qui pilotent cette pile tiennent compte désormais de l'historique des nombreuses attaques tentées.

Ce n'est pas pour autant que ces couches sont à l'abri de tentatives nouvelles, mais les risques tendent à sérieusement se réduire.

1.2.3 Les protocoles applicatifs standard

Les dangers récents visent les couches hautes. Des protocoles applicatifs standard de la suite TCP/IP, comme *HyperText Transfer Protocol* (HTTP), *Simple Mail Transfer Protocol* (SMTP), *File Transfer Protocol* (FTP), *Domain Name System* (DNS), sont particulièrement visés. Ils sont, en effet, d'usage tellement courant, qu'y trouver un défaut mettant en cause la sécurité est devenu très payant.

Ces protocoles applicatifs présentent, comme ceux de niveau inférieur, des failles, dont beaucoup sont dues à leur conception, plutôt ancienne. Là encore, c'est leur interprétation logicielle qui entraîne les principaux problèmes.

Par exemple, l'exploitation, désormais très avancée, des pages web dynamiques et des logiciels additionnels complémentaires, implique des programmations toujours plus complexes des interpréteurs que sont les navigateurs web. Régulièrement, de nouvelles failles sont découvertes et doivent être corrigées.

L'usage des pièces jointes dans la messagerie a permis un nouveau vecteur de propagation des virus, devenus vers.

1.2.4 Les protocoles de couches basses

Au niveau le plus bas, la sécurisation ne doit pas être en reste, quelle que soit la taille du réseau. Au niveau local, l'usage de commutateurs, pour l'interconnexion d'ordinateurs à Ethernet, va plutôt dans le sens d'une sécurisation de ce protocole. Wi-Fi doit également être sécurisé.

Si la communication dépasse le cadre de l'entreprise, pallier les dangers potentiels doit être une priorité.

1.2.5 Le risque au niveau logiciel

Les équipements sur le réseau sont devenus complexes. Les commutateurs, comme les routeurs, doivent offrir des fonctions très importantes. Ils sont pilotés par de véritables systèmes d'exploitation qui, comme toute application informatique réseau, contiennent des défauts potentiellement exploitables pour des attaques.

Il est nécessaire de protéger leurs moyens d'administration et les comptes associés.

Ces systèmes d'exploitation doivent donc être mis à jour, comme ceux des serveurs et postes de travail.

2. Outils et types d'attaques

Hormis la pénétration d'un système, les attaques par déni de service (DoS - *Denial of Service*) sont très prisées. Elles visent à solliciter tellement un service réseau qu'il ne répond plus aux demandes légitimes, voire s'arrête. Pour encore plus d'efficacité, des milliers de machines peuvent attaquer simultanément. On parle de déni de service distribué (DDoS - *Distributed Denial of Service*).

2.1 Ingénierie sociale

Cette technique, appelée en anglais *social engineering*, consiste à manipuler des personnes pour contourner les dispositifs de sécurité. Considérant que l'être humain est le maillon faible d'un Système d'Information, l'ignorance ou la crédulité sont exploitées.

L'escroquerie par *phishing* (hameçonnage), issu des mots anglais *phreaking* (piratage de lignes téléphoniques) et *fishing* (pêche), en est une variante très efficace. Cette arnaque complète l'envoi de mail par une usurpation de charte graphique de site web. Elle incite un individu à transmettre des données confidentielles, bancaires par exemple. Un message électronique est d'abord envoyé. Il contient un lien redirigeant vers un faux site aux couleurs de l'entité usurpée. Très souvent, l'objectif poursuivi est l'obtention d'un numéro de carte bleue.

Le site Secuser.com reprend les principales alertes de *phishing* existantes :

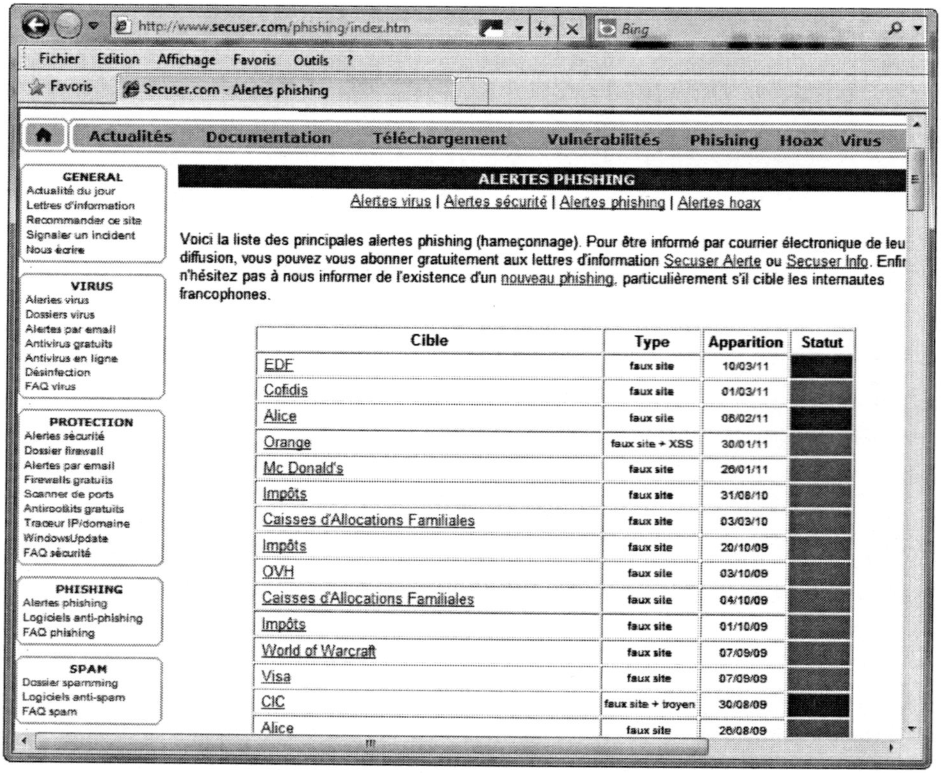

Alertes phishing sur Secuser.com

2.2 Écoute réseau

Dans le monde des logiciels libres, de nombreuses applications existent. Parmi celles-ci, Wireshark est venu remplacer le célèbre Ethereal. Capable de reconstituer une session TCP, il est gratuit et sous licence GPL. L'écoute réseau, ou *sniffing*, est avant tout une affaire de connaisseurs, car les outils ne remplacent pas des capacités d'interprétation.

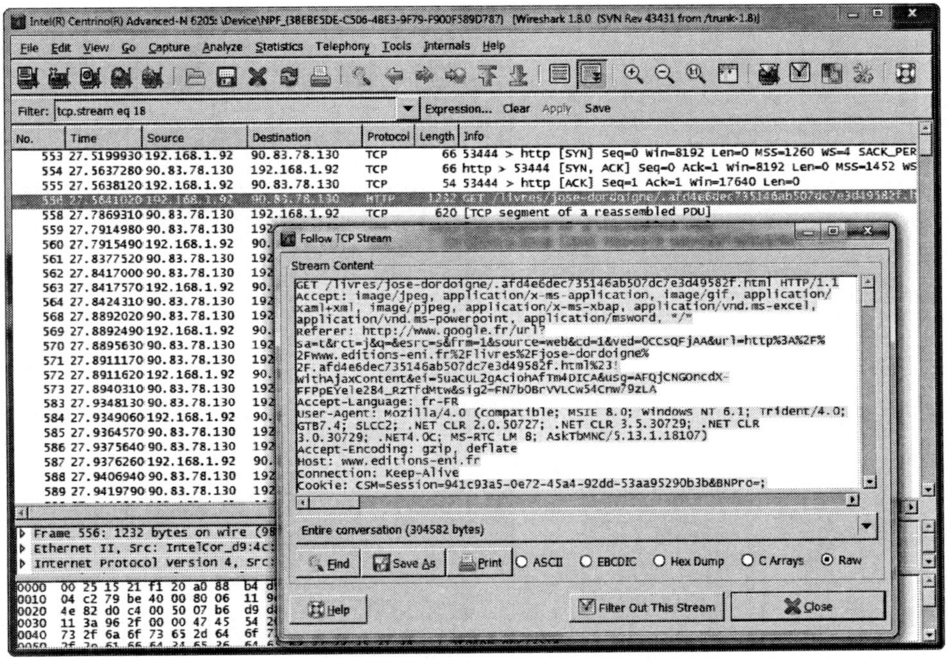

Exemple de suivi d'une session TCP

2.3 Analyse des ports

Dans un réseau de type TCP/IP, un service serveur écoute sur un port, TCP ou UDP, qui lui est propre. À chacun correspond un numéro, entre 0 et 65 535. La première série, jusqu'à 1024, comprend les ports bien connus (*well known ports*) des applicatifs standard comme :

- 80 pour HTTP.
- 25 pour SMTP.
- 53 pour DNS.
- 21 pour FTP...

L'analyse de ports consiste à les balayer successivement. On parle de "scan". Lorsqu'un port en écoute est sollicité, il répond. Parfois, il renvoie beaucoup d'informations, comme dans la copie d'écran ci-dessous. Ce serveur Windows 2003, de test heureusement, cumule, entre autres, les services d'annuaire Active Directory, donc LDAP, et les fonctions de serveur HTTP et SMTP de *Internet Informations Services* (IIS). Le scanner de port utilisé est gratuit et extrêmement simple d'emploi.

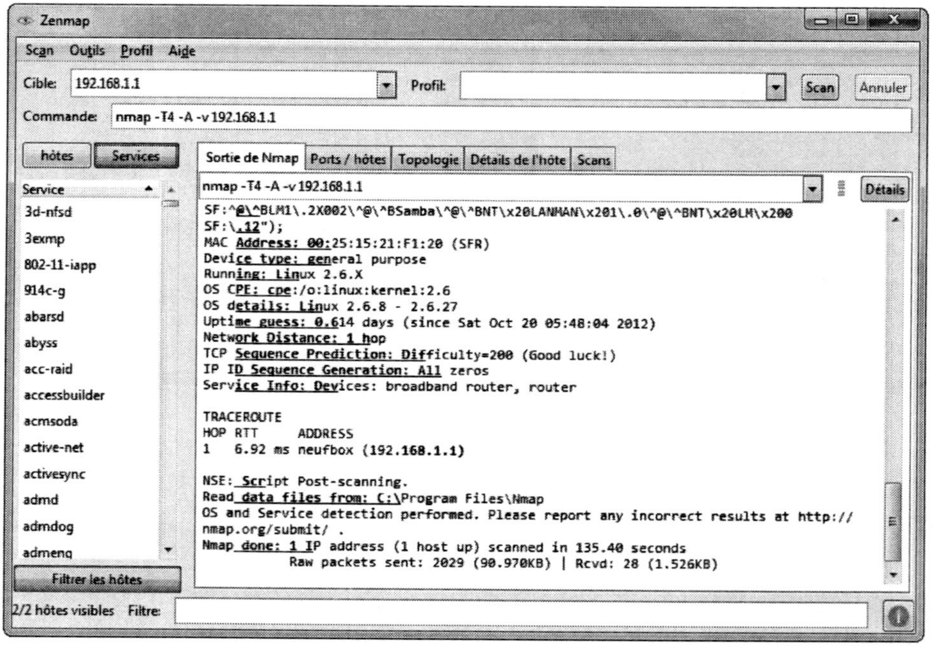

Exemple d'analyse avec Nmap

De nombreux logiciels non payants sont disponibles sur Internet, tels que Nmap (*Network mapper*) ou SuperScan. Ils proposent différentes techniques de balayage, plus ou moins discrètes, qui permettent de rendre l'écoute moins active.

2.4 Codes malveillants

De tels logiciels peuvent être composés de deux fonctions distinctes :

- Une possibilité de reproduction.
- Une capacité d'attaque, avec une charge nocive.

Souvent désignés sous le terme générique de virus, on peut en réalité les différencier. Cette appellation est clairement définie dans la RFC 1135, qui peut être retrouvée à l'adresse http://www.ietf.org/rfc/rfc1135.txt.

Un virus est un bloc de code qui est introduit dans un hôte pour s'y propager, mais nécessite l'exécution de celui-ci pour s'activer. On le différencie du ver (*worm*), qui se propage par la messagerie ou les failles réseaux. Le ver ne contient pas obligatoirement de charge nocive. La bombe logique, à déclenchement conditionnel, par exemple une date, est une troisième variation sur ce thème.

De nombreuses attaques sont provoquées par ces codes malveillants. Les principales invasions sont d'ailleurs médiatisées, signe de l'importance de leur impact.

Les codes malveillants disposent de deux moyens importants de propagation. Le premier est de continuer d'utiliser la crédulité des utilisateurs, par l'ingénierie sociale. En effet, beaucoup ne résisteront pas à l'intitulé alléchant d'une pièce jointe reçue d'un émetteur pourtant inconnu.

Le deuxième vecteur de transmission courant est l'exploitation de vulnérabilités des applications. Les systèmes d'exploitation ne sont pas les seuls touchés. Les navigateurs web, Internet Explorer et Mozilla Firefox en tête, sont également très vulnérables.

2.5 Programmes furtifs

Le cheval de Troie (*Trojan horse*), ou Troyen, pourrait entrer dans la catégorie des codes malveillants. Mais il n'en contient pas les deux fonctions. Par contre, un ver peut l'installer sur un ordinateur.

Une fois installé, ce programme reste dissimulé. Il peut simplement ouvrir un port réseau, pour être utilisé comme serveur. Le pirate a ainsi pris possession de la machine.

Par exemple, on peut citer Optix, qui est un cheval de Troie. Il permet à une personne malveillante de télécharger et d'exécuter des fichiers sur l'ordinateur de sa victime.

Une fois que ce programme a été installé, en faisant croire qu'il s'agit d'un antivirus, ou en le proposant dans un package plus complet afin qu'il passe inaperçu, le programme se copie dans le dossier Windows et modifie la base de registre pour s'exécuter automatiquement au démarrage de l'ordinateur.

Une fois démarré, il ouvre un port et attend qu'un utilisateur distant le sollicite pour réaliser des opérations de transfert de fichier ou d'exécution à distance au moyen de l'outil suivant :

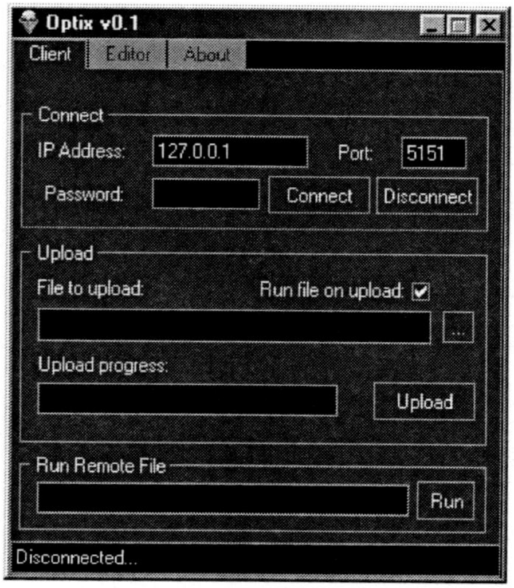

Exemple d'interface pour piloter un cheval de Troie

Les logiciels espions, ou *spywares*, sont une sous-catégorie du cheval de Troie. Ils peuvent être :

- À vocation commerciale, collectant des données pour cibler des bannières publicitaires.
- Mouchards, par lesquelles l'information collectée est discrètement renvoyée.

Dans cette dernière catégorie de logiciels espions, les programmes *keyloggers* sont chargés de renvoyer les informations saisies au clavier, comme des mots de passe ou numéros confidentiels.

Les *bots*, diminutif de robots, sont des logiciels qui permettent de contrôler une machine distante. Elles deviennent ainsi des "zombies" et peuvent être utilisées pour lancer une attaque programmée, ou servir de relais pour les attaques par spam. Un *bot* permet également de ne déclencher un mouchard que pour une durée précise, ou d'exécuter un cheval de Troie serveur à la demande.

Dans tous les cas, ces logiciels travaillent à l'insu de l'utilisateur, mais également des informaticiens de l'entreprise.

3. Notions de sécurisation sur le réseau local

3.1 Services de la sécurité

Répondant aux demandes de garanties nécessaires en termes de sécurité d'un Système d'Information (SSI), ces services doivent tenir compte des connaissances et analyses effectuées.

Les différents services de sécurité à maintenir sont donc :

- Contrôle d'accès au système.
- Gestion des habilitations.
- Intégrité.
- Non-répudiation.

- Authentification.
- Confidentialité.

Ces protections s'appliquent à l'information comme aux systèmes supports. Il est indispensable qu'aucune ne soit forcée, ni oubliée. Nous traiterons spécifiquement les deux principales à maintenir sur un réseau, l'authentification et la confidentialité.

3.1.1 Le contrôle d'accès au système

Il s'agit ici, avant tout, de protéger physiquement les matériels. Il est nécessaire de verrouiller les salles serveurs, mais également désormais les bureaux. En effet, quantité de matériels mobiles contenant des informations importantes peuvent être subtilisés.

Les systèmes d'exploitation et autres logiciels doivent être sécurisés, par paramétrages et installations régulières des correctifs de failles logiciels.

Les réseaux peuvent être isolés les uns par rapport et les communications doivent être filtrées.

Des logiciels antivirus doivent également être installés et maintenus. Des outils de détection d'intrusion (IDS - *Intrusion Detection System*) peuvent compléter les protections nécessaires.

3.1.2 La gestion des habilitations

Les logiciels, particulièrement les systèmes d'exploitation, utilisent leur propre système d'habilitation dans les accès aux fichiers ou aux données. Par exemple, Microsoft Windows exploite les permissions NTFS, du nom du système de fichier. Les systèmes UNIX/Linux ont une gestion basée sur les accès en lecture (*read*), en écriture (*write*) et en exécution (*execute*). Des failles dans les distributions de ces permissions peuvent apparaître rapidement, si une politique appropriée n'est pas mise en œuvre.

De plus, des droits non liés aux données elles-mêmes, mais aux actions possibles sur les applications sont, bien souvent, à gérer en complément.

Pour faciliter la gestion des habilitations, les utilisateurs sont enregistrés dans des bases de comptes ou des annuaires centralisés. Les droits et permissions sont ainsi associés à un compte, ou à un groupe auquel appartient celui-ci. L'utilisateur doit ensuite justifier de son identité, en se faisant reconnaître vis-à-vis d'un compte connu.

3.1.3 L'intégrité

Lors des transferts, vérifier l'intégrité, c'est s'assurer qu'aucune modification n'a eu lieu entre l'émetteur et le destinataire (homme ou machine). Elle peut être un très bon complément à la confidentialité.

Le CRC demeure donc faillible, et peut être retravaillé discrètement par un pirate. Il convient tout de même très bien pour pallier les problèmes de transmission. Des mécanismes de hachage, calculant une empreinte numérique, demeurent plus fiables.

Une fonction de hachage utilise un algorithme de cryptographie générant un texte de longueur fixe, quelle que soit la taille de celui d'entrée. Le résultat de ce calcul est appelé condensé, empreinte ou haché. Cette fonction est dite à sens unique, puisqu'il n'est en aucune façon possible de retrouver le texte d'origine à partir de l'empreinte, qui est communiquée au destinataire. Celui-ci peut effectuer le même calcul à partir du contenu de la trame envoyée. Il suffit d'une seule modification pour ne pas retrouver le même résultat et considérer que le contenu est altéré. Les deux principaux algorithmes utilisés sont :

- *Message Digest 5* (MD5), générant des empreintes de 128 bits.
- *Secure Hash Algorithm 1* (SHA ou SHA1), produisant des résultats sur 160 bits.

Le service d'intégrité, en termes de stockage et d'administration des systèmes, peut être fourni par la journalisation et les audits.

3.1.4 La non-répudiation

La signature électronique (qui n'est pas l'authentification) apporte ce service. Sa reconnaissance, et donc sa validation, implique la confiance d'un tiers. En plus, elle allie, à cette validation d'identité, un calcul d'intégrité par hachage.

La signature électronique peut être utilisée sur des sites web (validation de provenance des informations), dans les messages électroniques, à l'intérieur de fichier...

3.2 Authentification

Ce service de sécurité est particulièrement important quand un matériel est connecté à un réseau, donc quand il donne accès à d'autres machines. Il inclut, en fait, deux fonctions. La première est l'identification, c'est-à-dire la reconnaissance de l'identité. La seconde, l'authentification, prouve l'identité déclarée.

Quatre formes de vérification peuvent être exploitées :

- "Ce que je connais", comme un mot de passe.
- "Ce que je possède", tel un support physique.
- "Ce que je suis", examinant une caractéristique humaine.
- "Ce que je sais faire", comme une signature manuscrite.

Dans l'authentification informatique, ce dernier cas nécessite un écran tactile. Nous ne le traiterons pas dans la suite.

Quand la portée d'un réseau va au-delà des bâtiments contrôlés, à travers Internet ou par les ondes hertziennes, une réflexion particulière sur le choix du moyen d'authentification est importante. Des solutions, plus élaborées que le mot de passe habituel, sont disponibles, à moindre coût, qui réduisent les risques d'usurpation de l'identité.

3.2.1 L'identification

Le principal moyen d'identification prend la forme d'un *login*. Saisi par l'utilisateur, son existence est contrôlée dans une base de données ou un fichier.

L'informatique permet, comme dans la vie courante, l'usage d'une sorte de carte d'identité, le certificat électronique. Il doit être reconnu par tous les systèmes, et donc son format est standard. Le format actuel est X509, dans sa version 3. À la demande d'une extrémité de la communication, l'autre lui présente son certificat, afin de justifier de son identité.

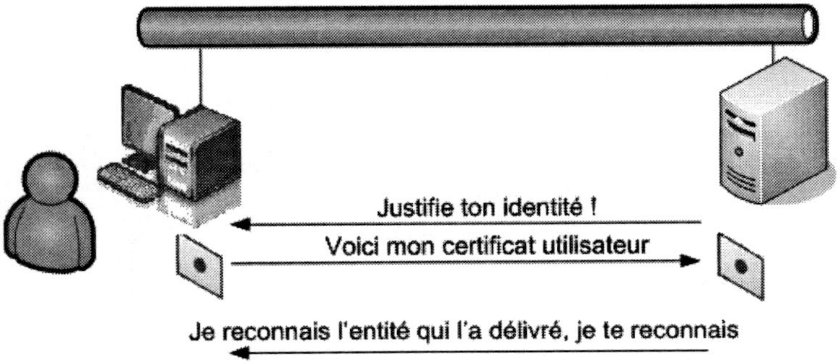

Un certificat électronique est délivré par une entité, l'autorité de certification (CA - *Certificate Authority*), ou l'une de ses délégations. Elle doit être connue de l'ordinateur demandant vérification. Elle est tiers de confiance.

Si l'autorité de certification n'est pas reconnue, un message explicite à l'intérieur même du navigateur est affiché par les navigateurs de nouvelle génération. En cas de non-reconnaissance de l'autorité de certification, cette page remplace la boîte de dialogue connue depuis quelque temps.

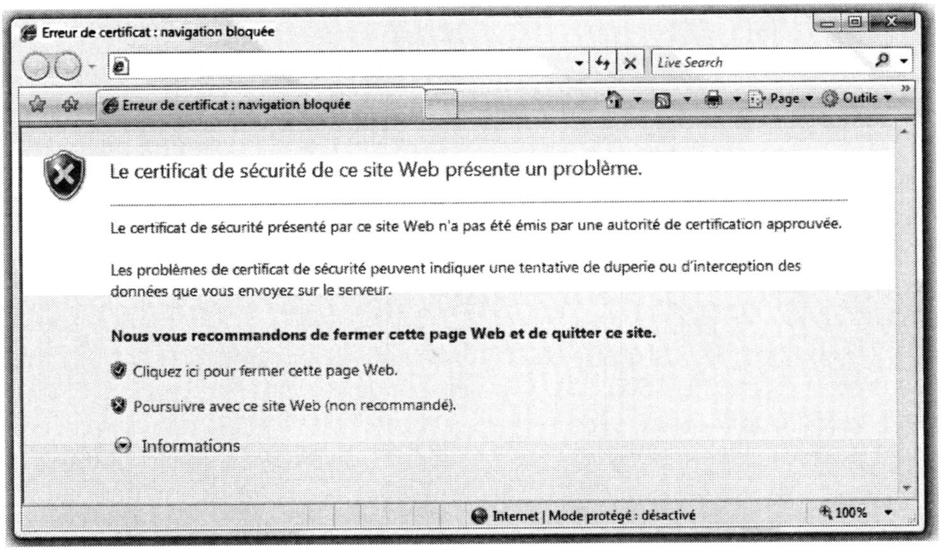

Certificat non reconnu sur IE7

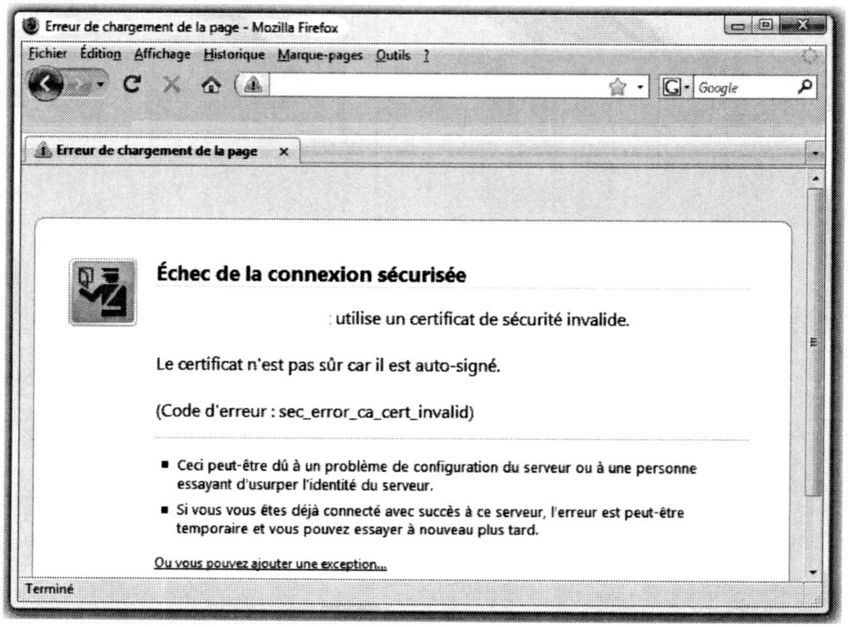

Certificat non reconnu sur Firefox 3

Une entreprise peut mettre en œuvre ses propres serveurs de délivrance et de gestion des certificats. Un tel système est qualifié d'infrastructure de gestion des clés (PKI - *Public Key Infrastructure*), car, et nous le verrons plus loin, la gestion des identités n'est qu'un de ses buts.

Pour éviter le déploiement et l'administration d'une telle infrastructure, les certificats peuvent être achetés auprès de sociétés spécialisées. Elles sont reconnues et validées au niveau mondial.

L'identité justifiée par le certificat doit être reconnue. Pour cela, il faut, avant tout, que l'autorité de délivrance soit connue du système qui la vérifie. Sur les systèmes Windows, par exemple, elles sont listées dans les propriétés de l'Internet Explorer, onglet **Contenu**. Si une infrastructure de gestion des clés a été déployée pour l'entreprise, il est nécessaire de la faire reconnaître sur tous les postes et serveurs concernés.

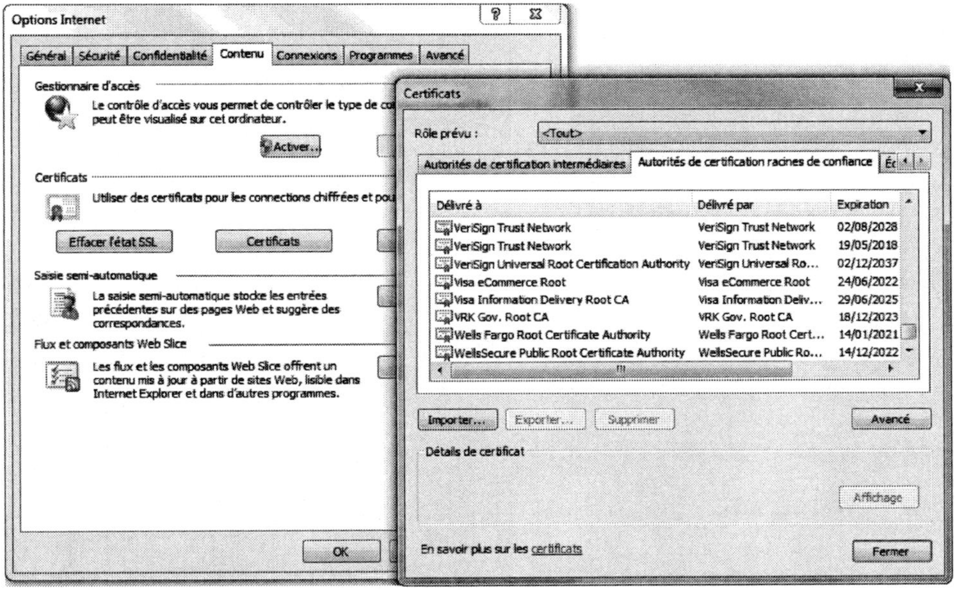

Racines de confiance sous IE8

Les certificats électroniques peuvent justifier de l'identité d'un utilisateur ou d'un serveur. Ils ont également de nombreuses autres applications.

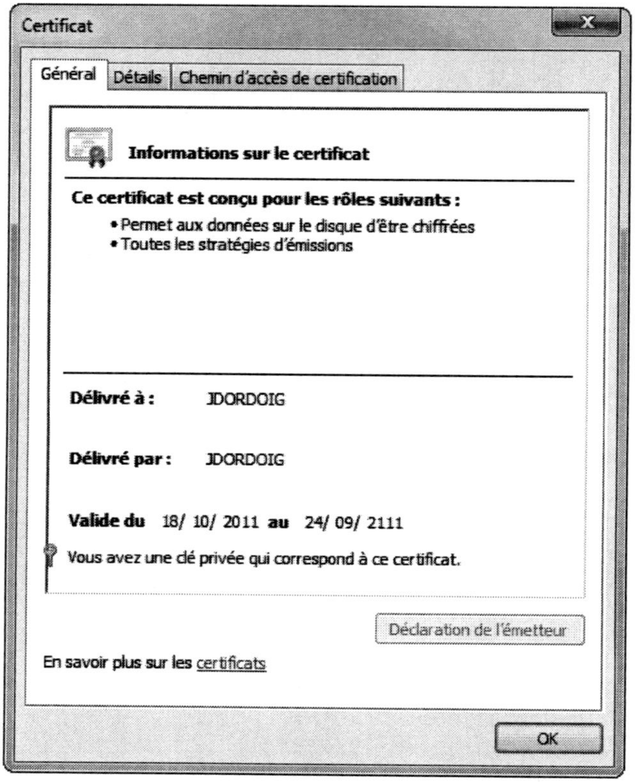

3.2.2 L'authentification par mot de passe

Le mot de passe représente actuellement le moyen le plus courant d'authentification.

La première catégorie en est le mot de passe statique. Il s'agit d'une simple suite de caractères alphanumériques et spéciaux, choisis par un être humain, pour une durée illimitée ou non. Pour vérifier sa saisie, il est stocké dans un fichier ou une base de données, sur l'ordinateur ou un serveur. Un tel mot de passe peut être la cible d'attaques diverses, par ingénierie sociale, dictionnaire ou force brute, pour tenter de le retrouver.

L'usage de mots de passe dynamiques réduit la faiblesse d'une telle authentification. Parmi les techniques utilisées, la plus courante allie la connaissance du code d'authentification à un support physique. Chaque mot de passe, appelé également jeton (*Token*), a un usage unique (OTP - *One-Time Password*). Il est proposé à l'utilisateur par un générateur, la carte à jeton, qui le calcule aléatoirement. Un facteur temporel est inclus pour le rendre unique. Un composant logiciel correspondant est nécessaire sur le serveur qui validera ce mot de passe. La plus célèbre solution de ce type est le RSA SecurID, dont un modèle de carte à jeton est présenté ci-dessous :

Une telle solution est un peu plus complexe à mettre en œuvre que la précédente. De plus, elle nécessite la synchronisation régulière de la carte à jeton avec le serveur. Elle est très difficile à mettre en défaut, tant que le composant physique n'est pas perdu ou volé. L'accès à ce dernier peut être protégé par un code.

3.2.3 L'authentification avec support physique

Nous avons vu que les solutions à mot de passe dynamique peuvent faire appel à un support physique. Mais un tel matériel peut être utilisé seul dans une solution d'authentification. Dans ce cas, la reconnaissance de l'objet, à distance ou par insertion dans un lecteur, est nécessaire. Ce moyen est réputé plus sûr que l'usage d'un mot de passe statique. Il peut être plus simple qu'une solution à mot de passe dynamique.

Le support physique peut être une carte à puce. Son accessibilité logique nécessite complémentairement la connaissance d'un code *Personal Identification Number* (PIN). Elle est devenue courante avec les cartes bleues, vitales ou *Subscriber Identity Module* (SIM) de téléphonie mobile.

Une carte à puce nécessite un lecteur spécifique. Elle propose une capacité mémoire et peut ainsi contenir des mots de passe, voire le certificat d'identité de son possesseur.

Un deuxième support peut être une clé USB spéciale. Contrairement à la solution précédente, un connecteur, permettant de lire son contenu, est présent sur tous les ordinateurs modernes. Ce moyen propose également une capacité mémoire pour le stockage d'informations personnelles. Son accès peut être protégé par un code, voire par une reconnaissance d'empreinte digitale.

3.2.4 L'authentification par caractéristique humaine

Une empreinte digitale est une caractéristique biométrique. Elle permet de vérifier directement l'identité de la personne et ne nécessite pas de secret complémentaire, code PIN ou mot de passe. Il s'agit du moyen le plus simple pour l'utilisateur et il est très sécurisé. En effet, l'utilisateur porte toujours son identifiant avec lui et il est difficile de lui voler !

En contrepartie, l'accès à la biométrie est un peu plus complexe, nécessitant des matériels plus onéreux. L'empreinte digitale est la plus simple, très souvent préférée à des solutions comme la reconnaissance vocale ou le test de l'iris de l'œil.

La vérification de l'unicité des caractéristiques d'un doigt est désormais très accessible, par l'exploitation de lecteurs spécifiques ou incorporés au clavier, à l'ordinateur portable ou au périphérique mobile.

Par contre, cette authentification ne permet pas une disponibilité permanente de certaines informations, qui sont stockées dans les cartes à puce et clés USB.

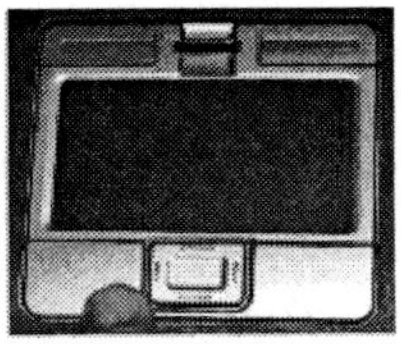

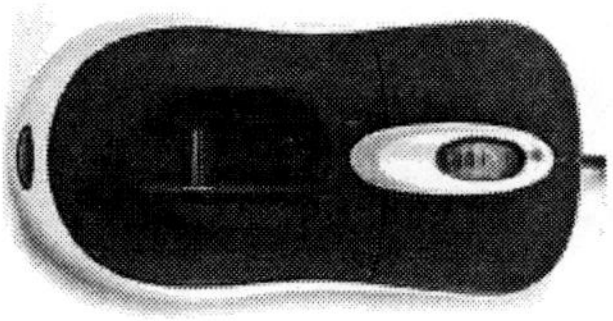

Remarque

Les périphériques autorisent désormais rarement la lecture de l'empreinte digitale par simple apposition du doigt. En effet, l'empreinte ainsi marquée sur le lecteur pourrait être récupérée. Ainsi, comme nous le voyons sur les photos ci-dessus, les dispositifs nécessitent un glissement du doigt sur un scanner.

3.3 Confidentialité

Rendre secret un message est la première des utilisations des systèmes de cryptographie. Pour cela, une transformation, appelée chiffrement, est réalisée sur l'information confidentielle, le texte en clair. Le résultat est un texte chiffré, ou cryptogramme. Le texte original est retrouvé normalement par une opération de déchiffrement.

Remarque

L'expression cryptage est souvent utilisée au lieu du terme chiffrement.

En informatique, des fonctions mathématiques, les algorithmes cryptographiques, génèrent des clés, qui peuvent servir aux calculs de chiffrement et/ou de déchiffrement.

Effectuer un décryptage, c'est tenter de retrouver le texte en clair à partir d'un cryptogramme, sans connaître la clé de déchiffrement. Une telle action est cataloguée comme cryptanalyse.

La nécessité de confidentialité des échanges est encore plus importante sur les réseaux ouverts. Si le paquet ne doit pas être lu entre l'émetteur et le destinataire, il est nécessaire de le chiffrer, afin qu'il ne circule pas en clair. Cela peut être effectué sur les couches basses, moyennes ou hautes du modèle réseau.

En termes de stockage, si une information est considérée confidentielle, le fichier qui la contient doit être chiffré. Une telle action de chiffrement est particulièrement recommandée sur des périphériques portables et mobiles.

Deux familles de systèmes cryptographiques sont utilisées pour rendre confidentielles des communications réseaux. Elles mettent en œuvre :

- Des clés symétriques, utilisées à la fois pour le chiffrement et le déchiffrement.
- Des clés asymétriques (privées/publiques), utilisées chacune pour une seule des deux tâches.

3.3.1 Le chiffrement à clés symétriques

Cette méthode est la plus ancienne. Une seule et unique clé, générée par un algorithme, est utilisée. Elle est nécessaire pour l'opération de chiffrement comme celle de déchiffrement.

Cette clé, qui doit rester secrète, doit pourtant circuler entre l'émetteur et le destinataire. Il s'agit là du principal problème d'usage de ce système.

La fiabilité des échanges de messages chiffrés par clé symétrique, dépend de deux facteurs :

- La taille des clés.
- Leur fréquence de renouvellement.

Un juste compromis est nécessaire entre la longueur de clé et la puissance de calcul demandée. En effet, si la clé est trop petite, elle peut être facilement retrouvée et les paquets perdront leur confidentialité. Si elle est trop importante, les calculs de chiffrement/déchiffrement peuvent demander une capacité processeur incompatible avec les besoins de nombreuses communications simultanées ou d'exploitation de périphériques peu puissants (PDA, smartphone...).

Une clé, dite statique, est saisie manuellement sur les matériels émetteur et destinataire. On peut concevoir que, dans ce cas, le renouvellement de la clé est rare. Ceci augmente les chances, pour un pirate, de la retrouver. L'usage de méthodes exploitant des clés dynamiques, c'est-à-dire renouvelées régulièrement, est préférable.

Les algorithmes de chiffrement symétriques les plus utilisés sont :

- *Rivest's Cipher* n°4 (RC4), utilisant des clés de tailles différentes, couramment jusqu'à 256 bits.
- *Data Encryption Standard* (DES), dont les clés mesurent 56 bits.
- Triple DES, variante de l'algorithme précédent, chiffrant successivement avec 3 clés DES, dont 2 différentes.
- *Advanced Encryption Standard* (AES), le plus récent, avec des clés atteignant 256 bits.

3.3.2 Le chiffrement à clés asymétriques

Complémentaires de la technique à clé symétrique, celle-ci utilise deux clés distinctes :

- La première est qualifiée de privée, possession exclusive de son propriétaire.
- La seconde est publique, et circule.

Ces deux clés sont mathématiquement liées. Ce que fait l'une, seule la seconde peut le défaire. Par contre, il n'est pas possible de retrouver l'une avec l'autre. Si un chiffrement est réalisé avec la clé publique, seule la clé privée correspondante, qui reste protégée en permanence, peut déchiffrer le message.

Cette méthode asymétrique implique de ne pas devoir générer systématiquement une nouvelle paire de clés. Cela entraînerait des complications d'administration et de gestion de celles-ci. Une durée de vie plus longue est donc privilégiée, ce qui impose des clés de taille plus conséquente que précédemment.

L'utilisation de chiffrements asymétriques nécessite généralement la mise en œuvre d'une infrastructure de gestion de clés (PKI - *Public Key Infrastructure*), comme celle qui est utilisée pour l'identification. En effet, il est nécessaire d'identifier le possesseur de la clé publique qui circule. Ainsi, ses caractéristiques sont ajoutées au certificat, qui présente également la clé publique à utiliser.

Dans la copie d'écran ci-dessous, nous voyons qu'à l'éditeur est associée une clé publique.

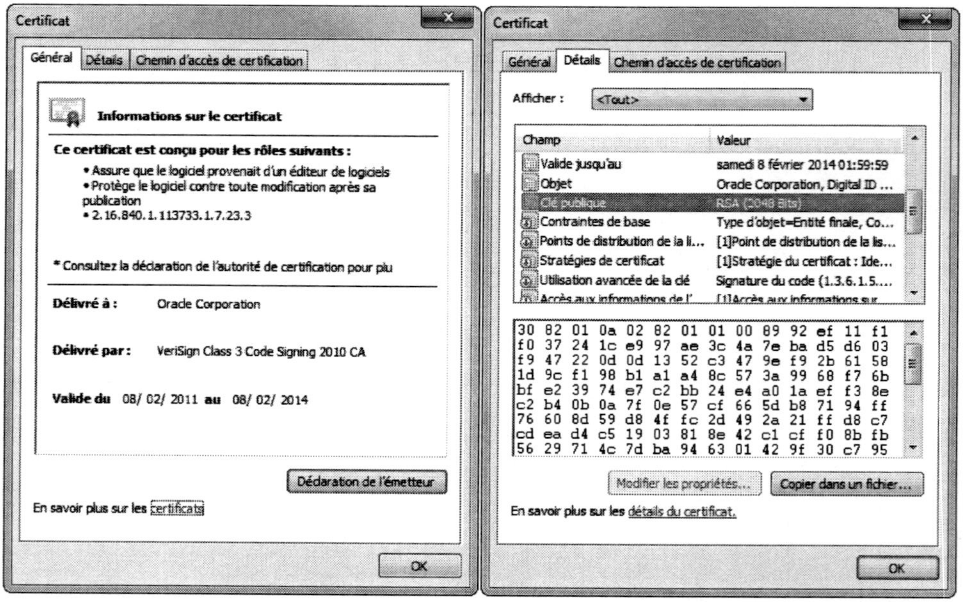

Les clés privées sont stockées dans une partie du certificat qui ne circule pas.

Remarque

Les certificats électroniques fournissent également dans leur partie publique l'algorithme de hachage utilisé, pour vérifier l'intégrité des paquets délivrés.

L'algorithme de chiffrement asymétrique le plus utilisé est Rivest, Shamir, Adelman (RSA), du nom des trois concepteurs. Il est concurrencé par le Diffie-Hellman. Les clés utilisées ont couramment des tailles de 1024 ou 2048 bits, voire plus.

Pour les communications réseau, le chiffrement de tous les messages avec de telles clés impliqueraient des puissances de calcul très importantes. C'est donc plutôt la clé symétrique de chiffrement qui est protégée, lors de son transport, par un système asymétrique. À partir du moment où chaque entité possède une clé, un tunnel de chiffrement peut être mis en œuvre. En effet, la communication deviendra incompréhensible pour tout autre système.

Secure Socket Layer (SSL), dont la version 3 est standardisée comme *Transport Layer Security* (TLS), fonctionne ainsi. Ce protocole de sécurisation des transactions est utilisé, par exemple, dans les communications web prises en charge par *HyperText Transfer Protocol Over TLS* (HTTPS). La mise en place d'une telle sécurité se déroule comme suit.

Le serveur web fournit d'abord son certificat, qui doit être reconnu par le client. Ce dernier génère une clé de chiffrement symétrique, elle-même chiffrée avec la clé publique fournie avec le certificat. Cette information est ensuite renvoyée au serveur, qui peut retrouver la clé symétrique, grâce à la sienne privée. Ensuite, toute la communication est chiffrée, à l'intérieur d'un tunnel sécurisé.

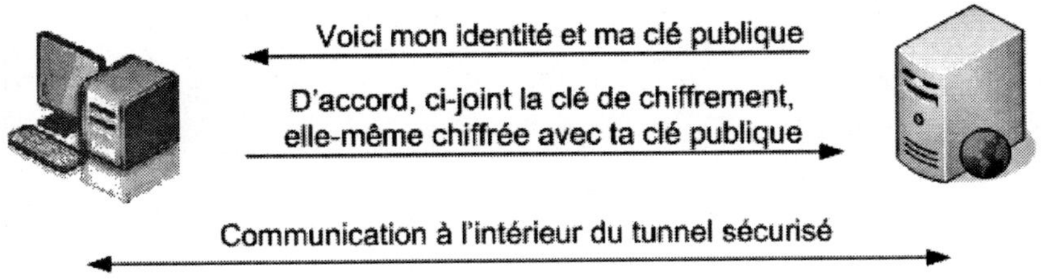

3.4 Protection des données utilisateur

Un des problèmes majeurs en sécurité est la protection des données sensibles de l'entreprise. Ces données étant détenues par les utilisateurs.

Bien souvent, l'entreprise n'a pas d'autre choix que de permettre aux utilisateurs de travailler localement avec ces données sur des périphériques mobiles tels que des ordinateurs portables.

La plupart du temps, la première protection du poste est uniquement basée sur un mot de passe administrateur que nul ne connaît.

Malheureusement, si l'accès administrateur est bien souvent impossible suite à un démarrage normal du poste, il n'en va plus de même lorsque l'on utilise un autre système de type "Live CD" pour démarrer l'ordinateur. Et c'est là que l'on prend conscience d'une sécurité très minime des données de l'ordinateur.

Remarque

Un "Live CD" est un système d'exploitation disponible sur un support amovible qui démarre complètement sans rien installer sur le disque de l'ordinateur.

Ainsi, si on démarre un poste équipé de Windows 7 formaté en NTFS, à l'aide d'une version Knoppix de Linux, on accède très facilement au contenu du disque Windows :

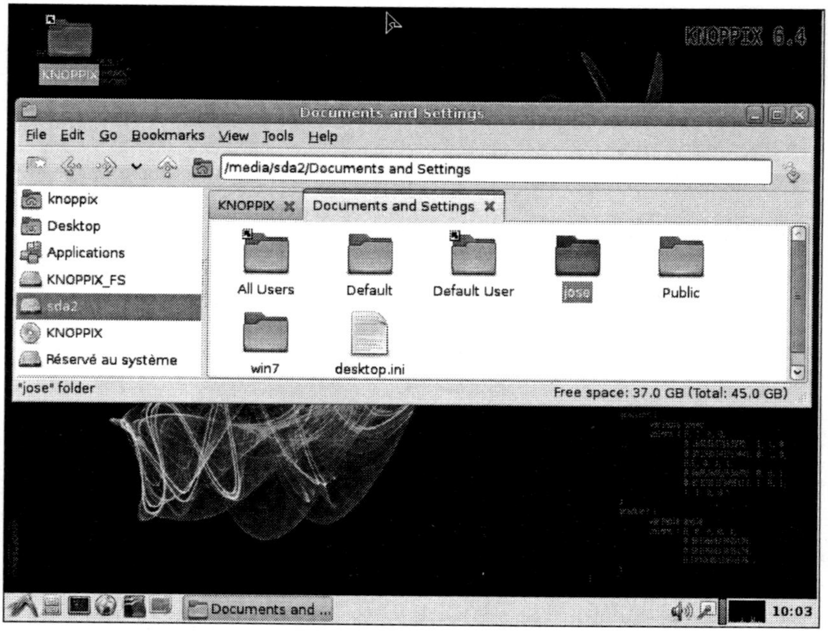

Accès à une partition Windows à partir d'un Live CD Linux

Remarque

Des informations complémentaires sur Knoppix sont disponibles à l'URL : http://www.knoppix-fr.org/

Remarque

Attention, il ne s'agit pas ici de juger tel ou tel système d'exploitation. Il est extrêmement simple de casser un mot de passe root sur un système UNIX/Linux normalement sécurisé. La condition nécessaire est cependant d'accéder physiquement à la machine. C'est pour cette raison qu'une salle serveur doit être protégée comme un coffre-fort.

Il est donc aisé d'imaginer un vol de données, à partir du moment où votre portable a été volé.

Il existe également d'autres "Live CD" qui proposent d'aller plus loin dans la démarche et en particulier de créer un nouvel accès administrateur.

Voyons ce que propose Microsoft de son côté.

3.4.1 Protection de l'amorçage du disque

Accès administrateur à un ordinateur

Microsoft propose MDOP (*Microsoft Desktop Optimization Pack*), une boîte à outils pour les entreprises qui ont souscrit à une location de leurs licences poste de travail : ce pack d'optimisation du poste de travail intègre plusieurs outils et permet également d'accéder à des fonctionnalités sous licences complémentaires.

Remarque

Davantage d'informations sur le Microsoft Desktop Optimization Pack sont disponibles sur http://technet.microsoft.com/fr-fr/windows/microsoft-desktop-optimization-pack.aspx

Vous pouvez ainsi créer des disques autonomes permettant de réparer des problèmes rencontrés sur des postes de travail.

Dès lors que vous avez démarré avec le CD correspondant au système d'exploitation utilisé, plusieurs choix sont proposés :

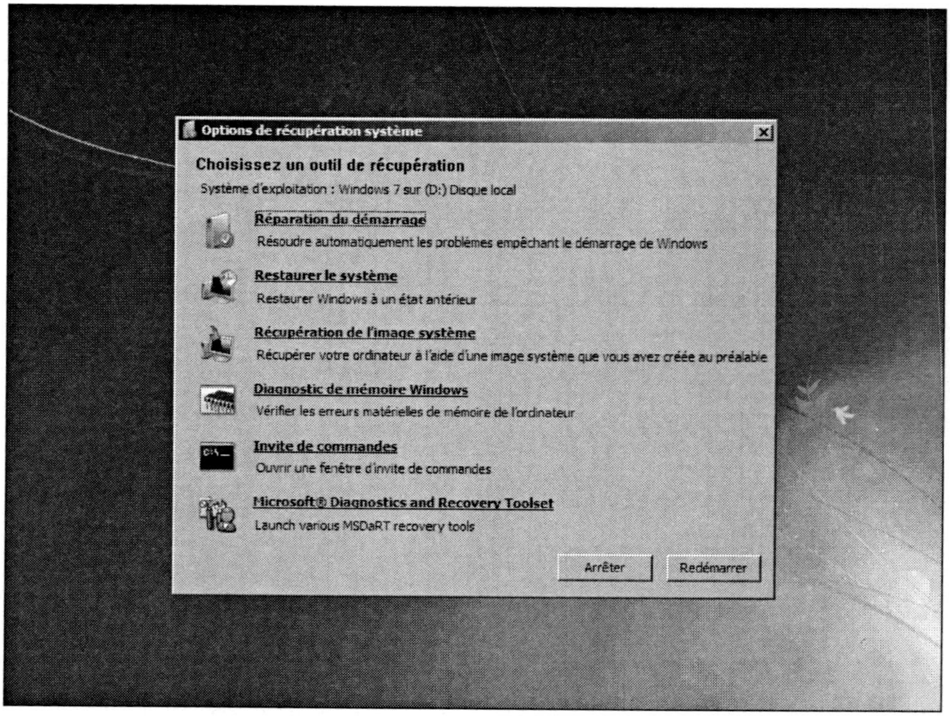

Accès aux différents outils de réparation

Parmi ces outils, on trouve en particulier **MSDaRT** ou **Microsoft Diagnostics and Recovery Toolset** qui intègre **Emergency Repair Disk Commander**.

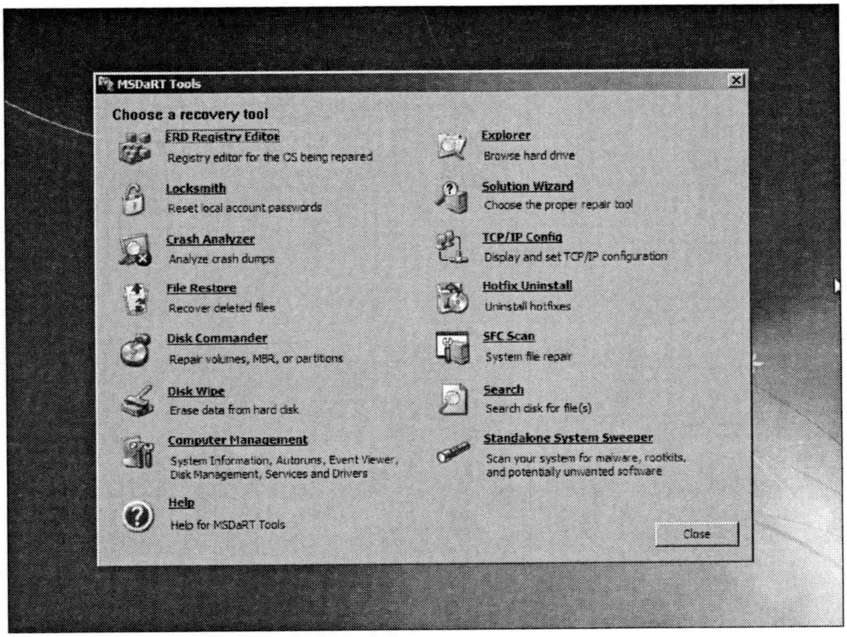

Outils proposés par Microsoft DaRT

De très nombreux outils intéressants sont fournis parmi lesquels **Locksmith** qui permet de créer un nouveau mot de passe administrateur.

Exécution de Locksmith

Des outils Linux permettent également de réaliser une réinitialisation du mot de passe administrateur local. L'ergonomie n'est cependant pas toujours au rendez-vous.

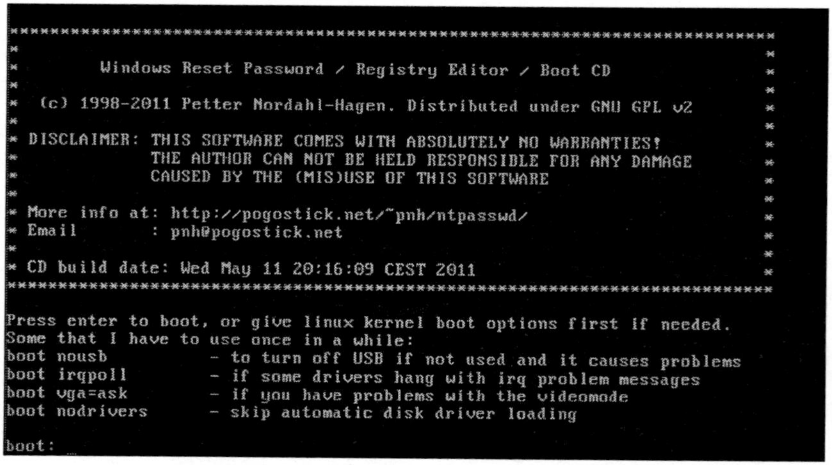

Exemple d'outil Linux pour réinitialiser un mot de passe Windows

Il suffit alors de choisir les options proposées par défaut pour remettre à zéro un mot de passe administrateur :

Remise à zéro d'un mot de passe Administrateur

On le comprend bien à présent, notre système d'exploitation, en l'état actuel, est vulnérable.

Heureusement, il existe des solutions pour renforcer cette sécurité.

Tout d'abord, la possibilité d'amorcer l'ordinateur sur un périphérique amovible est une faille de sécurité évidente.

Il convient donc de protéger par mot de passe le BIOS de l'ordinateur pour empêcher toute modification d'amorçage et configurer uniquement un démarrage à partir du disque dur local.

Certaines entreprises bloquent l'utilisation des périphériques USB, ou n'autorisent que certains périphériques bien spécifiques homologués.

On voit donc qu'il est possible d'agir à plusieurs niveaux :

- Sécurisation de l'accès au BIOS.
- Contrôle de l'accès ou de l'utilisation des périphériques amovibles.
- Contrôle du démarrage de l'ordinateur.
- Protection des données, voire protection des partitions contenant les données pour les rendre inexploitables si l'on démarre depuis un autre système.

3.4.2 Chiffrement des disques locaux

À présent, examinons les solutions disponibles pour protéger les données sensibles de l'entreprise.

Chiffrement natif Windows

La majorité des postes de travail exécutent aujourd'hui Windows. Depuis Windows Vista et suivant l'édition proposée (Intégrale et Entreprise seulement), il est possible d'activer le chiffrement de lecteur Bitlocker (*Bitlocker Drive Encryption*) si l'ordinateur dispose d'une puce TPM (*Trusted Platform Module* ou module de plateforme de confiance).

Ce qui va permettre de chiffrer l'intégralité du disque système et également les disques de données (local ou amovible).

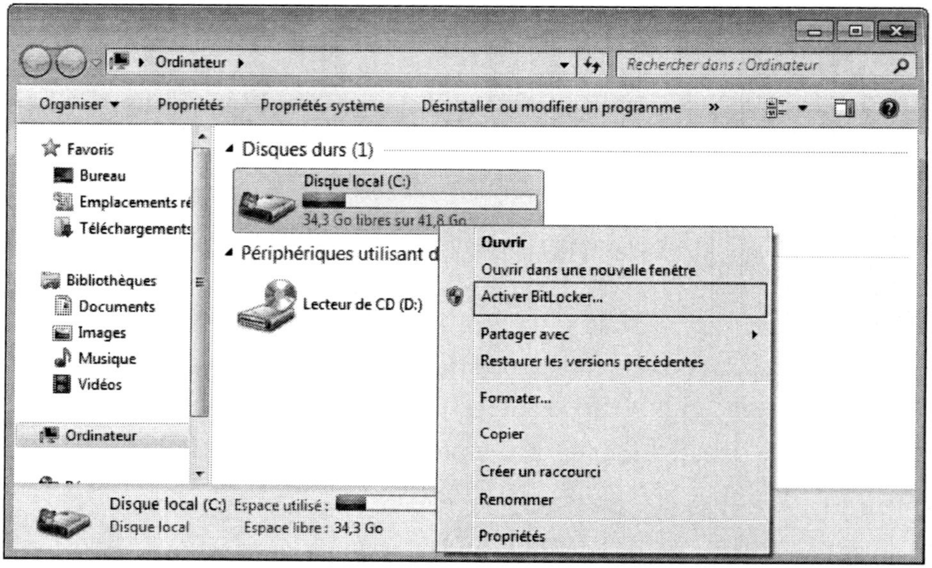

Activation de Bitlocker sur la partition Système sous Windows 7

Bitlocker permet de chiffrer l'intégralité d'un disque, assurant ainsi une protection pour le système et les données qui y sont stockées. Il garantit également l'intégrité du système.

Une fois la protection activée, tout fichier enregistré est automatiquement chiffré. En mode de fonctionnement normal, les fichiers sont déchiffrés à la volée de manière transparente. De plus, si le système est modifié, le poste se verrouille automatiquement.

Chiffrement à l'aide d'une solution tierce

Il existe plusieurs solutions permettant de prendre en charge le chiffrement disque.

En particulier, TrueCrypt est disponible en open source et est particulièrement reconnue.

Remarque

Davantage d'informations sont disponibles sur le site : http://www.truecrypt.org/

Par exemple, pour activer le chiffrement d'une partition système, après avoir installé TrueCrypt et créé la structure initiale de stockage des clés (le container), nous allons procéder comme suit :

Chiffrement d'un disque de données avec TrueCrypt

Plusieurs options sont alors disponibles. Nous choisissons d'activer le chiffrement en même temps que le formatage de la partition, celle-ci étant vierge.

Remarque

Nous aurions pu également activer le chiffrement en tâche de fond de manière à conserver les données existantes sur la partition de données.

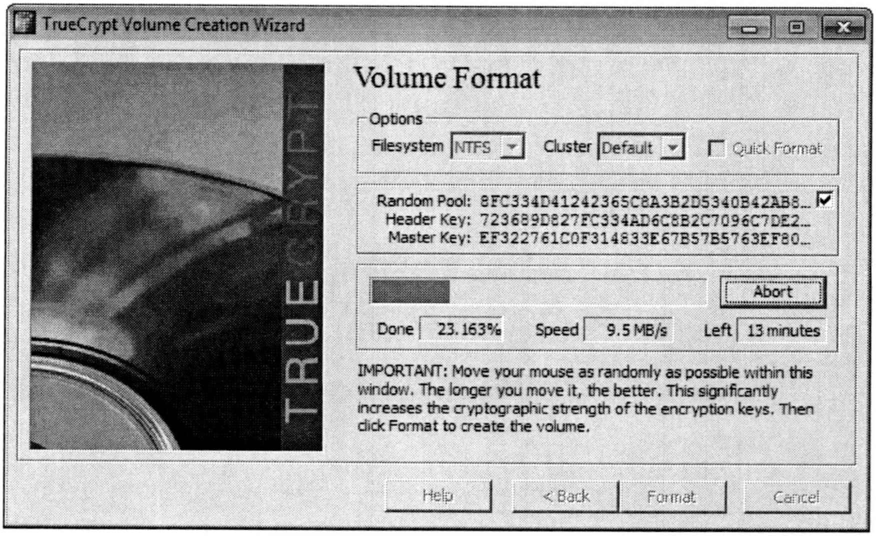

Formatage d'une nouvelle partition avec activation du chiffrement TrueCrypt

Remarque

Une fois cette partition chiffrée, celle-ci doit ensuite être montée par TrueCrypt pour pouvoir être utilisée.

3.4.3 Chiffrement des disques USB

Le chiffrement des disques USB peut être pris en charge par la technologie *Bitlocker To Go* ou "chiffrement Bitlocker à emporter".

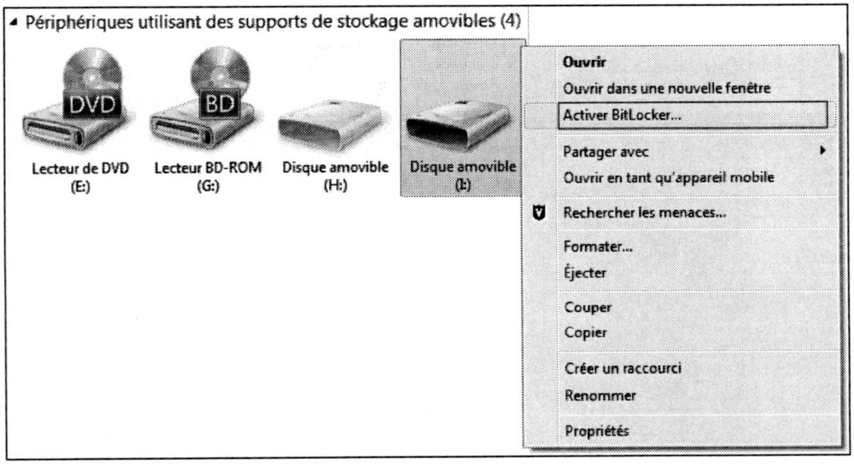

Chiffrement d'un disque USB externe sous Windows 7

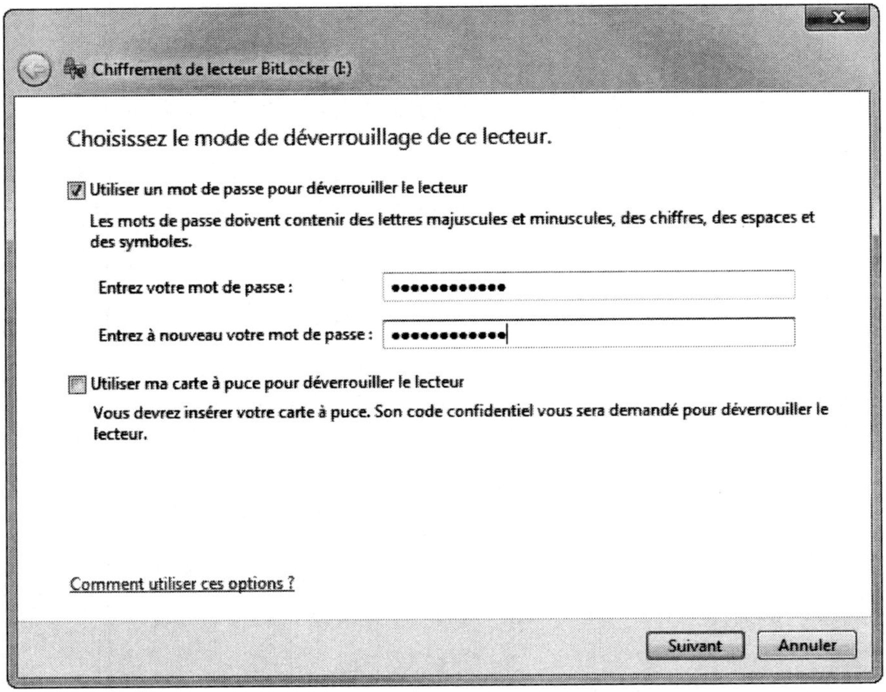

Définition d'un mot de passe pour le chiffrement Bitlocker

Le chiffrement est alors exécuté en tâche de fond pour la totalité du disque :

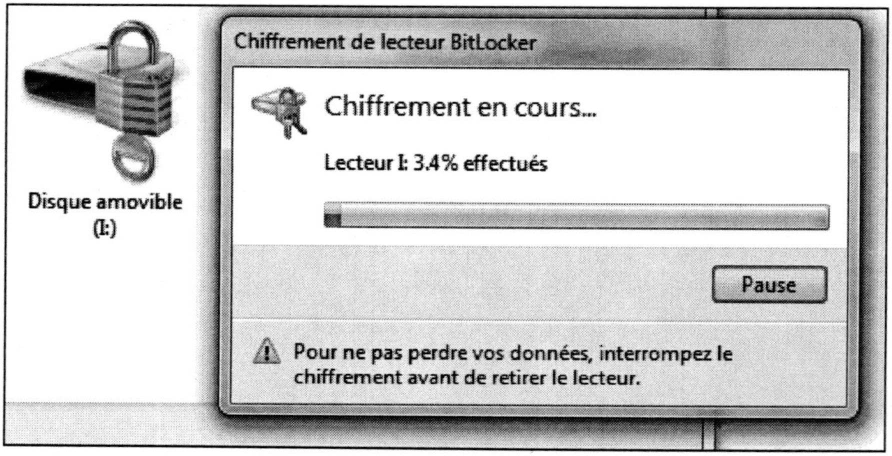

Chiffrement d'un disque avec Bitlocker To Go

4. Sécurisation de l'interconnexion de réseaux

Il est devenu très rare que le réseau local de l'entreprise soit isolé. Son interconnexion avec Internet, ou tout autre réseau, est devenue chose courante. Il est donc nécessaire de protéger les entrées et sorties sur le réseau interne privé. Différents équipements peuvent être mis en place pour réaliser cette sécurisation.

4.1 Routeur filtrant

Les mécanismes de filtrage qui peuvent être associés à l'équipement routeur autorisent des analyses de la couche 3 (Réseau) du modèle OSI.

L'examen des paquets entrants ou sortants porte ainsi, par exemple, sur l'entête IP, ce qui permet des actions comme :

- Le blocage d'adresses IP (source et destination).
- L'interdiction de transmission de protocoles de couche Réseau ou Transport utilisés (UDP, TCP ou ICMP)...

Certains équipements comprennent les en-têtes de couche 4 (Transport). Ils peuvent ainsi, entre autres, exercer un filtrage au niveau des ports TCP ou UDP et même aller jusqu'à l'analyse des données applicatives (couche 7).

4.2 Translateur d'adresse

Dans des entreprises de grande taille, différents réseaux interconnectés peuvent utiliser les mêmes adresses IP. Pour que la communication soit possible entre nœuds des deux côtés, il est nécessaire de modifier les références de l'émetteur du paquet, afin qu'il n'y ait pas de conflit et que la transmission soit fiable.

Des équipements de translation d'adresse (NAT - *Network Address Translation*) sont chargés d'apporter cette fonctionnalité. Ils permettent le changement d'une adresse IP par une autre.

Trois types de translation d'adresse sont possibles :

- La translation de port (PAT - *Port Address Translation*), joue sur une allocation dynamique des ports TCP ou UDP, en conservant l'adresse IP d'origine.
- La conversion dynamique d'adresse change à la volée l'adresse IP, par rapport à une externe disponible dans une liste.
- La conversion statique d'adresse, effectue également un changement d'adresse IP, mais une table est maintenue, permettant à une adresse IP interne de toujours être remplacée par la même adresse IP externe.

On peut remarquer que la conversion dynamique d'adresse permet de disposer de moins d'adresses externes que d'adresses internes, ce qui n'est pas le cas de la version statique.

Une translation de l'adresse IP peut également être réalisée en sortie du réseau local. Elle permet de masquer l'adresse interne privée. Un tel fonctionnement est prévu de longue date et la RFC 1918 définit les plages d'adresses exploitables dans les réseaux privés. Les trois espaces réservés sont :

- 10.0.0.0, avec un masque sur 8 bits (255.0.0.0).
- 172.16.0.0, avec un masque sur 12 bits (de 172.16.255.254 à 172.31.255.254).
- 192.168.0.0, dont le masque est sur 16 bits (255.255.0.0).

Remarque

Nous pouvons remarquer que seule la première plage d'adresses respecte la notion de classe initiale, en l'occurrence ici A.

Toutes les autres adresses sont qualifiées de publiques et peuvent être utilisées sur le réseau Internet.

Ainsi, par exemple, un poste de travail du réseau local effectuant une demande de site web sur Internet, verra son adresse IP d'émetteur translatée vers une adresse publique en sortie du LAN.

4.3 Pare-feu

Un équipement de pare-feu (firewall) rend indépendant les différents réseaux auxquels il est connecté. Contrairement au routeur, il ne se contente pas de transmettre la demande. Ainsi, un pare-feu segmente les flux en prenant en charge lui-même les demandes. Il établit pour cela deux connexions et peut exercer une action d'authentification.

Remarque

Une telle segmentation permet également le changement de l'adresse du demandeur, comme un mécanisme de translation d'adresse.

La première génération de ces équipements autorise différents examens sur les en-têtes de paquets, actions similaires à ceux des routeurs filtrants. Le pare-feu à table d'état (*statefull inspection*), plus récent, conserve en mémoire une table des connexions établies. Ainsi, les communications entre clients, autorisés après authentification, continuent sans rupture.

La nouvelle génération de pare-feu, dite applicative, devient capable d'analyser certains corps de paquets, tels que ceux des protocoles SMTP, HTTP... Un tel niveau d'analyse permet de pallier aux nouvelles formes d'attaques, qui profitent de failles sur ces applicatifs standard.

Le pare-feu d'infrastructure est même régulièrement complété par un pare-feu personnel, installé sur les postes de travail. Ce dernier est ainsi protégé d'attaques qui pourraient provenir de l'intérieur même du réseau local.

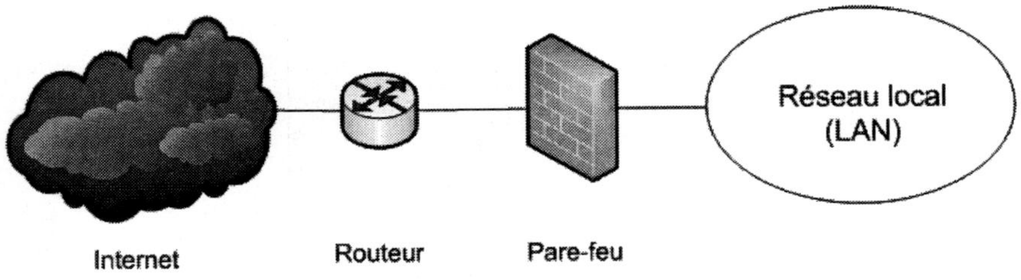

4.4 Proxy

Le serveur mandataire, ou proxy, est particulièrement utilisé dans le cadre de trafics *Hyper Text Transfer Protocol* (HTTP), voire *File Transfer Protocol* (FTP) entre le réseau LAN et l'Internet. On peut considérer qu'il complète l'équipement pare-feu.

Interceptant une demande vers l'extérieur, le proxy la fait en son propre nom, puis stocke les données renvoyées. Ensuite, il les retransmet au demandeur initial. L'intérêt du proxy est double. Tout d'abord, il camoufle les adresses IP internes, puisque la demande n'est pas prolongée jusqu'à l'Internet. Ensuite, il autorise des filtrages, par exemple pour interdire l'accès à certains sites web.

Un troisième avantage du proxy est sa capacité à gérer une mémoire cache. Ainsi, il est possible d'éviter de redemander un fichier ou un site sur Internet. Au niveau Web, une telle fonction est à relativiser. En effet, un site dynamique change tellement régulièrement qu'on peut souvent considérer qu'il est rechargé à chaque demande.

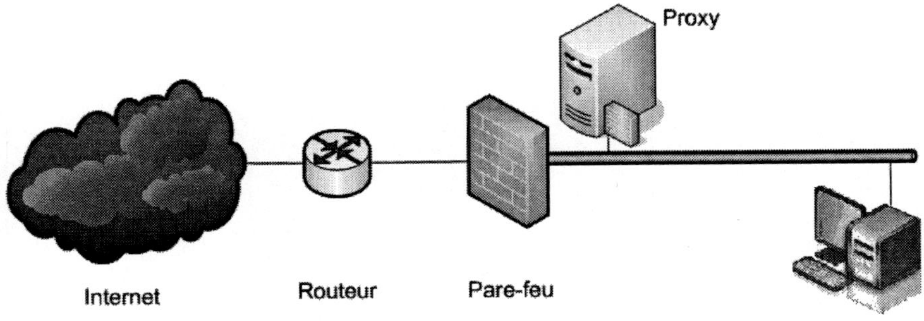

Un équipement de serveur mandataire inverse (*reverse proxy*) intercepte une demande, par exemple de site web, provenant de l'extérieur, vers un serveur interne. Il permet ainsi d'éviter que de telles requêtes arrivent sur un serveur plus sensible.

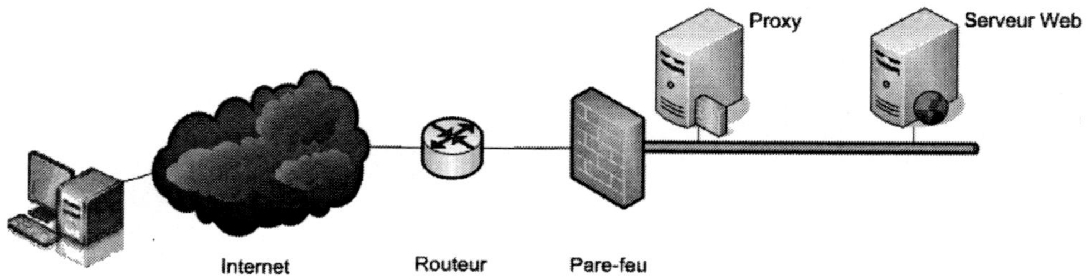

4.5 Zone démilitarisée

L'interconnexion entre le réseau public Internet et le LAN utilise très souvent une zone publique tampon, hébergée dans l'entreprise. Ce sas est nommé zone démilitarisé ou *DeMilitarized Zone* (DMZ). Elle héberge différents serveurs accessibles depuis l'Internet, tels que :

- Le serveur proxy.
- Le serveur web hébergeant le site de l'entreprise.
- Le relais de messagerie, chargé de réaliser un tri des messages...

La frontière de cette DMZ est concrétisée par au moins un pare-feu. Dans des infrastructures de petite taille, il est souvent unique. Dans ce cas, il est qualifié de tri résident.

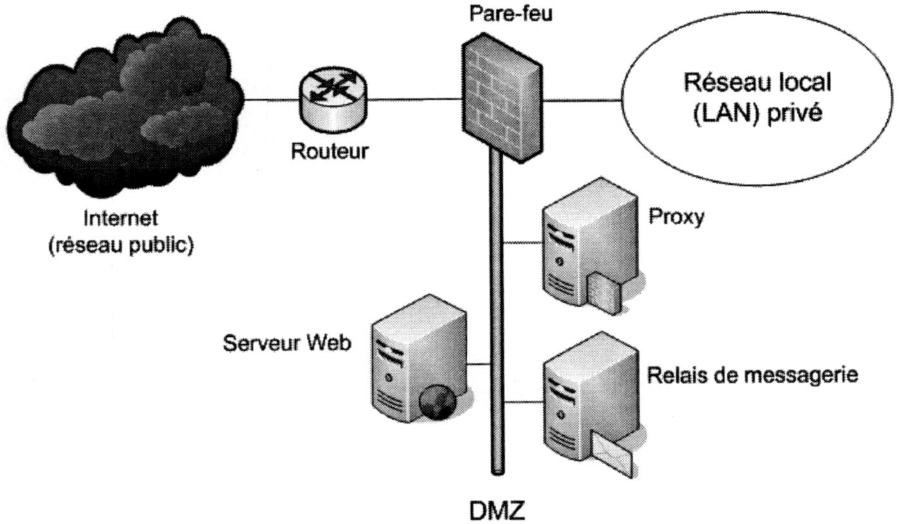

Des infrastructures de plus grande taille hébergent une DMZ protégée par deux pare-feu dos à dos. Ils sont configurés dans ce cas de manière complémentaire et sont généralement de marques différentes, pour ne pas présenter les mêmes failles.

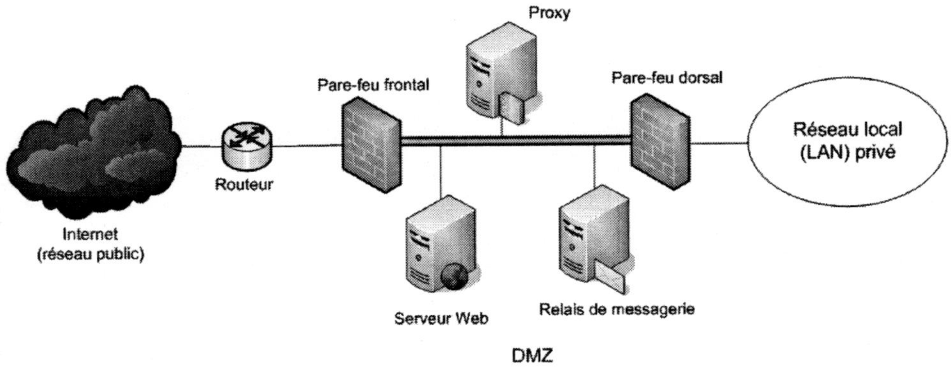

Chapitre 10
Dépannage du réseau

1. Méthode d'approche

La résolution d'un problème touchant le réseau nécessite rigueur et méthodologie. Il faut, pour cela, chercher à répondre à des questions clés en respectant une certaine progression.

Par exemple, essayer de résoudre le problème sans rechercher sa cause conduit bien souvent à l'échec.

Il est préférable de se poser d'abord des questions concernant le déclenchement de l'incident :

- Est-ce que cela a déjà fonctionné ?
- Quand était-ce ?
- Quelle modification a été apportée depuis le dernier fonctionnement ?

Il est important de ne retenir à ce moment que les faits. S'arrêter sur les impressions des utilisateurs ou sur des idées préconçues n'est pas efficace.

Une méthodologie peut être d'avancer progressivement, en suivant les étapes suivantes :

1) Établir les symptômes.

2) Identifier l'ampleur du problème.

3) Définir ce qui a changé.

4) Choisir la cause la plus probable.

5) Mettre en œuvre une solution.

6) Tester la solution.

7) Reconnaître les effets probables de la solution.

8) Documenter la solution.

2. Exemples de diagnostic de couches basses

Il faut toujours veiller à ce que les câbles ne soient pas exposés à des sources électriques ou électromagnétiques perturbantes. Par exemple, un câble réseau qui passe dans une goulotte partagée avec des câbles électriques peut poser des problèmes de fonctionnement. De la même manière, un câble qui passe trop près d'un néon peut subir des perturbations électromagnétiques (tubes fluorescents). Un problème peut également avoir lieu si le câblage passe à proximité de moteurs, par exemple, ceux d'un ascenseur. Dans ces divers cas, il est possible d'utiliser du câble blindé (STP), voire de protéger le passage du câble en l'entourant d'une gaine métallique.

Différents matériels permettent de tester les interfaces filaires du réseau.

2.1 Matériels

2.1.1 Le testeur de câbles

Il permet de s'assurer du bon fonctionnement d'un câble : absence de coupure, mesure de l'atténuation, de la résistance ou d'autres caractéristiques. Il fournit ainsi des informations détaillées sur les propriétés mécaniques et électriques d'un câble. Plus le support physique utilisé est long, plus le risque de dysfonctionnement est grand. Par exemple, mettre en exploitation un câble de paires torsadées de 150 mètres augmente considérablement un tel risque.

Remarque

Il existe aujourd'hui des testeurs de câbles évolués qui permettent même d'obtenir des informations sur les collisions survenues ou d'autres éléments importants liés aux dégradations des performances du réseau.

Ces testeurs (Ohmmètre) permettent notamment de s'assurer que l'impédance des différents composants est correcte. Par exemple, une valeur infinie entre les deux extrémités d'un câble en paires torsadées indique que le fil est sectionné.

2.1.2 Le réflectomètre

Le réflectomètre permet de mesurer la distance qui sépare ce dernier d'une coupure du réseau. Il est possible de sélectionner le type de câblage utilisé : coaxial ou fibre. Le signal rebondissant lorsque le câble est sectionné, il est facile de déterminer le temps aller et retour pour en déduire la distance jusqu'à la coupure.

De manière à garantir un bon fonctionnement du réflectomètre, il est nécessaire de le connecter à une extrémité d'un segment. Pour ne pas perturber les tests, les éventuels pont et répéteurs doivent être éteints. Dans la plupart des cas, il est même conseillé d'arrêter complètement le fonctionnement réseau, à moins d'être certain que le réflectomètre puisse travailler réseau allumé.

2.1.3 Le voltmètre

Il est également possible d'utiliser un voltmètre pour identifier un câble coupé ou court-circuité. Cet instrument de mesure permet d'appliquer une tension à travers un câble pour identifier le problème.

2.2 Analyse de trames

Un outil d'analyse de trames (*sniffer*) permet d'effectuer un suivi de l'activité réseau et fournit ainsi un moyen d'optimiser les performances. Un outil détaillé est en mesure d'identifier précisément le protocole le plus bavard sur le réseau, l'ordinateur qui échange le plus d'informations, ou le protocole qui effectue le plus de diffusions. Cet outil n'a pas, en revanche, la vocation de déterminer si un câble est sectionné ou court-circuité.

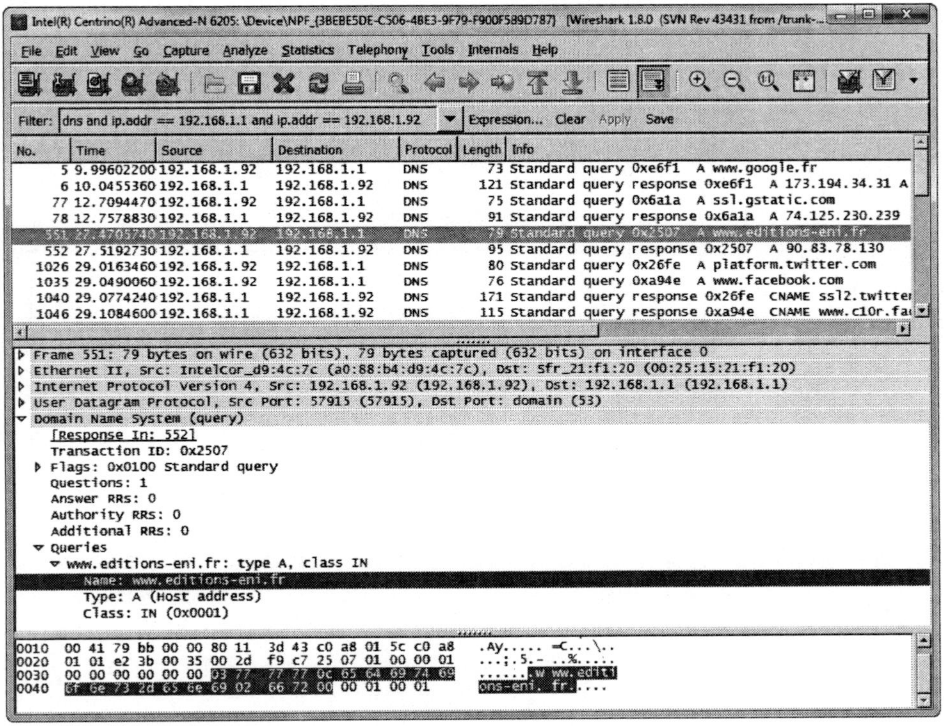

Il peut également être configuré de manière à alerter, le cas échéant, si un protocole dépasse des limites imposées, fixées.

Une interface graphique vous propose en général un tableau de bord, avec les différents éléments à suivre.

2.3 Autres problèmes avec Ethernet

Comme sur les autres réseaux, les problèmes peuvent venir des cartes réseau (matériel, connecteur et paramètres logiciels) ou des câbles.

2.3.1 L'unicité d'adresse MAC

Chaque carte réseau doit disposer, sur un même réseau logique, d'une adresse MAC distincte. Ceci, en principe, ne doit pas poser de problèmes puisque, par définition, en Ethernet, ce sont les adresses IEEE pré-attribuées qui sont utilisées.

Remarque

Cela peut cependant se produire malencontreusement dans de très rares cas ! Comme nous l'avons vu précédemment, les systèmes d'exploitation autorisent les changements d'adresse MAC. Certaines cartes le permettent directement.

2.3.2 La configuration physique de la carte réseau

Lorsqu'il n'est pas possible de faire fonctionner correctement la carte, la première chose à faire est de vérifier que la configuration enregistrée en dur (dans l'E2PROM) est la même que celle spécifiée dans l'environnement d'utilisation (système d'exploitation).

Remarque

N'oubliez pas que la plupart des systèmes d'exploitation actuels sont bien souvent capables de détecter la carte réseau, sans pour autant connaître précisément sa configuration !

La seconde étape consiste à vérifier qu'il n'existe pas de conflit entre les différents périphériques configurés sur le poste. Un tel cas est désormais très rare, avec les détections de type Plug and Play et les résolutions automatiques de problème.

2.3.3 Les paramètres de communication

Le mauvais fonctionnement de certaines cartes produit des paquets dont la longueur est supérieure à la valeur maximale autorisée (1538 octets en Ethernet). Ces paquets peuvent être détectés sur un équipement actif (par exemple si un voyant nommé Jabber est allumé) ou par un analyseur de trames.

2.4 IPX et Ethernet

Les problèmes les plus courants rencontrés avec IPX sont l'incompatibilité entre les types de trames utilisés qui peuvent être les suivants :

- Ethernet 802.2.
- Ethernet 802.3.
- Ethernet II.
- ou encore Ethernet SNAP.

Ces types de trames introduisent des différences mineures mais sont incompatibles. Par conséquent, deux postes qui souhaitent communiquer sur un réseau Ethernet en IPX, doivent nécessairement utiliser un même type de trame. Microsoft et Novell recommandent d'utiliser à présent le type de trame 802.2.

Remarque

Ce type de trame est installé automatiquement à partir de la version 3.12 sur les serveurs Novell Netware.

La plupart du temps, le type de trame est détecté automatiquement et il n'y a rien à faire. En effet, le protocole RIP IPX permet de déterminer les informations dont le type de trame, nécessaires pour pouvoir dialoguer avec le reste du réseau. Le problème survient lorsque plusieurs types de trame circulent simultanément sur le réseau, et que le client est configuré pour en utiliser un par défaut.

2.5 Autres problèmes avec Token Ring

Différents éléments peuvent être à l'origine des problèmes rencontrés dans un environnement Token Ring : une carte en conflit avec d'autres ressources, les adresses spécifiées, la vitesse spécifiée, les types de câbles utilisés.

2.5.1 Le conflit de configuration

La première chose à vérifier est que la configuration utilisée par la carte n'entre pas en conflit avec d'autres périphériques installés sur la station.

Observez les statistiques dressées par la carte pour déterminer si des erreurs internes se sont produites. Des erreurs internes sont caractéristiques d'un mauvais fonctionnement du périphérique et indiquent qu'il doit être remplacé.

2.5.2 La configuration de la carte Token Ring

Le pilote de périphérique fourni avec la carte doit permettre d'intervenir sur quatre paramètres essentiels pour une carte Token Ring : la vitesse de l'anneau, l'adresse de la carte, la mémoire partagée utilisée, la libération anticipée du jeton (en 16 Mbps seulement).

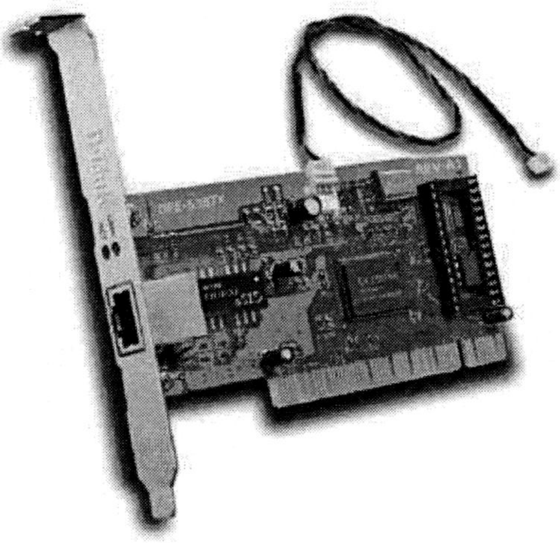

Vitesse de l'anneau

Toutes les cartes doivent fonctionner à la même vitesse (4 ou 16 Mbps).

Attention, une carte Token Ring fonctionnant à une vitesse différente de l'anneau va générer une reconfiguration complète de l'anneau.

Adresse de la carte

Les adresses Token Ring sont codées en ROM mais certaines cartes autorisent leur modification. Comme pour Ethernet, deux cartes ne peuvent avoir la même adresse physique. Celle-ci peut être modifiée.

Mémoire partagée

L'adresse de mémoire partagée utilisée par la carte doit être précisée.

Libération anticipée du jeton

Sur un anneau Token Ring à 16 Mbps, le jeton peut être libéré juste après la trame de données émise. Cette fonctionnalité similaire à FDDI permet d'accroître les débits réels dans l'anneau.

2.5.3 La connexion aux équipements

Il est nécessaire de disposer de la documentation du câblage (architectures physiques et logiques) et des équipements (modes d'emploi, mots de passe, configurations).

2.6 Autres problèmes avec FDDI

Les problèmes que l'on peut rencontrer avec FDDI sont, en général, liés aux connecteurs, au câblage et aux délais de communication.

Des connecteurs sales, des grains de poussière, peuvent entraîner un dysfonctionnement dans l'échange des données sur fibre. Il est alors nécessaire d'utiliser un linge propre avec un peu d'alcool.

D'autres problèmes peuvent survenir si un connecteur est défectueux ou si un câble est sectionné.

L'utilisation du bon modèle de fibre est indispensable. La fibre multimode peut être utilisée sur des segments allant jusqu'à deux kilomètres. Pour des distances plus importantes, il est recommandé d'utiliser de la fibre monomode. Suivant le type de fibre utilisée, vous pouvez obtenir des débits plus ou moins élevés. Ainsi, avec une fibre dont le cœur est en plastique, les distances maximales sont de 50 mètres. Avec un cœur en verre les distances sont considérablement étendues.

Une coupure peut être détectée en utilisant un réflectomètre optique (très cher !).

3. Utilisation des outils TCP/IP adaptés

3.1 Principes

La suite de protocoles TCP/IP fournit de nombreux outils permettant de tester le bon fonctionnement du réseau ou d'un mécanisme spécifique : résolution de nom, accès à un ordinateur...

Il est important de connaître et de s'habituer à ces outils.

3.2 Exemples d'utilisation des outils

3.2.1 arp

Le protocole ARP maintient localement sur l'ordinateur une table de correspondances entre les adresses IP (logiques) et MAC (physiques). La commande "arp" permet de manipuler cette table, contenue en mémoire vive.

Lorsqu'un destinataire ne peut être atteint à travers le réseau, il peut être intéressant de visualiser le cache ARP de l'ordinateur distant pour voir s'il dispose dans son cache, de l'adresse MAC de sa passerelle par défaut. Dans ce cas, cela peut vouloir dire que l'aller fonctionne mais pas le retour. Effectivement, à l'arrivée, le routeur disposant d'une interface sur le même réseau de niveau 2 que le destinataire, va générer une requête ARP pour obtenir l'adresse MAC de ce dernier. Celui-ci, recevant la demande ARP, va en profiter pour mettre dans son cache l'adresse MAC de l'ordinateur à l'origine de la requête ARP (le routeur), de manière à anticiper le retour.

ARP peut aussi être utilisé pour identifier un conflit d'adresse IP et vérifier l'adresse MAC du destinataire du même réseau de niveau 2.

Vous pouvez utiliser l'outil ARP pour ajouter une entrée statique (mappage adresse IP avec une adresse MAC) afin d'atteindre un périphérique réseau ne disposant pas d'adresse IP (imprimante) dont l'adresse MAC est connue. Vous pourrez, pour ce faire, effectuer une réservation ARP avec l'option s.

Remarque

Sous UNIX/Linux il est possible de créer un fichier comportant les mappages entre les adresses MAC et les adresses IP (/etc/ethers) afin de minimiser le trafic lié aux très nombreuses diffusions ARP. Conjointement à cela, et pour ajouter une sécurité, ARP peut être désactivé sur chaque poste de telle sorte que personne ne réponde à une requête ARP sollicitée par un ordinateur inconnu dont l'adresse MAC n'est pas référencée.

Ci-dessous est présenté un cache ARP d'un ordinateur Windows disposant de quatre cartes réseau.

Notez que chaque réseau de niveau 2 dispose de son propre cache ARP.

```
C:\>arp -a
Interface : 172.16.0.100 on Interface 0x2
  Adresse Internet      Adresse physique      Type
  172.16.0.200          00-50-da-b8-22-9d     dynamique
  172.16.101.1          00-60-97-37-12-3b     dynamique
  172.16.103.1          00-50-da-d6-3e-e8     dynamique
  172.16.104.1          00-10-4b-b6-5b-27     dynamique
  172.16.205.1          00-50-04-ec-ae-4c     dynamique
  172.16.206.254        00-50-da-84-cb-62     dynamique
  172.16.208.1          00-50-da-36-33-91     dynamique
```

```
Interface : 172.20.0.100 on Interface 0x3
  Adresse Internet      Adresse physique      Type
  172.20.0.3            00-50-fc-4b-06-9c     dynamique
  172.20.0.57           00-60-97-c5-a8-ad     dynamique

Interface : 195.101.229.57 on Interface 0x1000005
  Adresse Internet      Adresse physique      Type
  195.101.229.60        00-20-6f-0d-75-c8     dynamique

Interface : 172.17.0.100 on Interface 0x1000006
  Adresse Internet      Adresse physique      Type
  172.17.0.3            00-50-fc-0b-39-f1     dynamique
  172.17.0.4            00-50-fc-54-0e-28     dynamique
  172.17.64.48          00-50-56-50-00-7f     dynamique
  172.17.71.1           00-50-fc-1f-7a-3a     dynamique
  172.17.207.89         00-50-fc-20-3a-39     dynamique

C:\>
```

Ci-dessous est présenté le cache ARP d'un ordinateur Linux disposant de deux interfaces :

```
[root@linus /root]# arp -a
? (172.17.64.1) at 00:50:04:EC:AB:B8 [ether] on eth0
? (172.16.103.1) at 00:50:DA:D6:3E:E8 [ether] on eth1
? (172.16.102.1) at 00:50:FC:0B:39:F0 [ether] on eth1
? (172.16.208.1) at 00:50:DA:36:33:91 [ether] on eth1
? (172.17.1.146) at 00:10:5A:D8:3E:05 [ether] on eth0
? (172.17.0.218) at 00:50:FC:0B:3A:00 [ether] on eth0
? (172.16.1.253) at 00:04:00:A8:E0:B7 [ether] on eth1
routeur104 (172.16.104.1) at 00:10:4B:B6:5B:27 [ether] on eth1
jojo.eni.fr (172.17.207.89) at 00:50:FC:20:3A:39 [ether] on eth0
? (172.17.3.6) at 00:50:FC:24:37:F3 [ether] on eth0
routeur205 (172.16.205.1) at 00:50:04:EC:AE:4C [ether] on eth1
? (172.16.206.254) at 00:50:DA:84:CB:62 [ether] on eth1
[root@linus /root]#
```

3.2.2 ping

La commande ping exploite le protocole ICMP. Elle permet de vérifier la bonne connectivité du réseau, par envoi de requêtes "echo request". La réponse normale attendue est "echo reply".

Il est important, lorsqu'un tel test est effectué à destination d'un hôte situé derrière un routeur, que la passerelle par défaut soit connue. Le destinataire doit également connaître sa passerelle, pour renvoyer correctement la réponse. L'échec d'un ping est souvent lié à une mauvaise configuration de passerelle ou à des routes mal définies sur les routeurs.

Attention, lorsque des routeurs filtrants ou des pare-feu sont positionnés sur le chemin, le paquet ICMP echo request, ICMP echo reply peut très bien être bloqué. Pour vérifier que ce n'est pas le cas, il faut essayer une connexion à un service s'exécutant sur l'ordinateur distant même si le ping ne fonctionne pas !

Dans ce cas, un pare-feu ou routeur filtrant ne va laisser passer que certains types ICMP dont le code est connu, pour empêcher les pirates d'obtenir trop d'informations sur l'adressage du réseau. Ainsi, le ICMP echo request (ping aller simple), correspond au code 8 et au type 0, tandis que le retour ping, ICMP echo reply correspond au code 0 et type 0.

Remarque

La RFC 792 contient les types et codes ICMP, ainsi que les messages associés et leur rôle.

La commande tracert/traceroute aide au diagnostic dans le cas où un tel test ne fonctionne pas.

Par exemple

Voici un affichage depuis un poste Windows :

```
C:\>ping 195.101.229.60
Envoi d'une requête 'ping' sur 195.101.229.60 avec
32 octets de données :
Réponse de 195.101.229.60 : octets=32 temps<10 ms TTL=255
Réponse de 195.101.229.60 : octets=32 temps<10 ms TTL=255
Réponse de 195.101.229.60 : octets=32 temps<10 ms TTL=255
Réponse de 195.101.229.60 : octets=32 temps<10 ms TTL=255
```

```
Statistiques Ping pour 195.101.229.60:
    Paquets : envoyés = 4, reçus = 4, perdus = 0 (perte 0%),
Durée approximative des boucles en millisecondes :
    minimum = 0ms, maximum = 0ms, moyenne = 0ms
C:\>
```

Cette commande peut aussi être utilisée pour obtenir la liste des hôtes IP d'un réseau de niveau 2 donné, en ayant recours à une diffusion, comme ci-dessous sous Linux.

```
[root@linus /root]# ping 172.16.255.255
PING 172.16.255.255 (172.16.255.255): 56 data bytes
64 bytes from 172.16.0.2: icmp_seq=0 ttl=255 time=0.3 ms
64 bytes from 172.16.1.253: icmp_seq=0 ttl=255 time=98.7 ms
(DUP!)
64 bytes from 172.16.0.2: icmp_seq=1 ttl=255 time=0.1 ms
64 bytes from 172.16.1.253: icmp_seq=1 ttl=255 time=1.0 ms
(DUP!)
--- 172.16.255.255 ping statistics ---
2 packets transmitted, 2 packets received, +2 duplicates, 0%
packet loss
round-trip min/avg/max = 0.1/6.0/98.7 ms
```

3.2.3 tracert/traceroute

Cette commande permet de suivre le cheminement complet du datagramme IP jusqu'au destinataire et ainsi d'identifier jusqu'où le datagramme arrive.

Remarque

traceroute est une implémentation UNIX/Linux, tandis que tracert est utilisé par les systèmes d'exploitation Microsoft.

Cette commande tente d'atteindre l'adresse IP demandée ou le nom, en se limitant initialement à un routeur traversé la première fois, puis 2, 3, et ainsi de suite jusqu'à ce que le datagramme atteigne le destinataire.

Ci-dessous nous avons effectué un tracert jusqu'à un routeur filtrant qui bloque ce type de trame d'où le message obtenu en boucle à la fin.

```
C:\Windows\system32\cmd.exe

D:\utilisateurs\jdordoig>tracert www.eni.fr

Détermination de l'itinéraire vers www.eni.fr [90.83.78.130]
avec un maximum de 30 sauts :

  1     1 ms    <1 ms     1 ms  neufbox [192.168.1.1]
  2     *      253 ms    37 ms  1.36.12.93.rev.sfr.net [93.12.36.1]
  3    39 ms    36 ms    42 ms  85.14.189.14
  4     *       50 ms    40 ms  90.127.66.86.rev.sfr.net [86.66.127.90]
  5    45 ms    39 ms    42 ms  153.66.0.109.rev.sfr.net [109.0.66.153]
  6    39 ms    46 ms    38 ms  46.149.17.93.rev.sfr.net [93.17.149.46]
  7    41 ms    40 ms    44 ms  ae41-0.ntsta202.Paris.francetelecom.net [193.251
.126.58]
  8    47 ms    45 ms    46 ms  ae43-0.ncnan202.Nantes.francetelecom.net [193.25
2.99.157]
  9    48 ms    44 ms    45 ms  te2-3.nmnan702.Nantes.francetelecom.net [193.253
.92.101]
 10    47 ms    47 ms    47 ms  81.253.234.38
 11     *        *        *     Délai d'attente de la demande dépassé.
 12    45 ms    45 ms    45 ms  90.81.183.154
 13     *        *        *     Délai d'attente de la demande dépassé.
 14     *        *        *     Délai d'attente de la demande dépassé.
 15     *        *        *     Délai d'attente de la demande dépassé.
 16     *        *     ^C
D:\utilisateurs\jdordoig>
```

3.2.4 ipconfig/ifconfig

Cette commande dans ses différentes versions permet d'afficher, de définir ou renouveler une configuration IP, pour un ordinateur disposant d'une adresse IP fixe ou dynamique (client DHCP). Elle permet, entre autres, de connaître l'adresse MAC d'un hôte ainsi que certaines options définies suivant le système d'exploitation.

La commande en ligne ipconfig est utilisée par Windows. Sous les systèmes UNIX et Linux, la commande est ifconfig.

Ces diverses commandes ne fonctionnent pas tout à fait de la même manière. Ainsi seule ifconfig permet aussi de définir une adresse IP, réactiver, ou désactiver une interface, tandis que les versions Microsoft permettent d'afficher la configuration voire de demander à renouveler ou à libérer un bail dans le cas d'un client DHCP.

Ainsi, ipconfig permettra de vérifier tous les paramètres effectivement disponibles : IP, masque, IP de passerelle, IP DNS 1, IP DNS 2, nom de domaine, adresse MAC, nom de serveur DHCP (le cas échéant), type de nœud NetBIOS...

Ifconfig fournira moins de détails sur les options TCP/IP mais davantage sur le fonctionnement du réseau physique : *Maximum Transfer Unit* (MTU), interface activée (U pour UP) ou désactivée (pas de Up affiché !), adresse IP de diffusion, prise en charge du multicast, nombre de paquets envoyés, reçus, IRQ et adresses utilisées par la carte réseau...

Ci-dessous sont présentées la version longue d'une commande exécutée sur un serveur Windows, puis la version sans le /all.

```
C:\>ipconfig /all
Configuration IP de Windows 2000
        Nom de l'hôte . . . . . . . . . . : Ulysse
        Suffixe DNS principal . . . . . . : eni-ecole.local
        Type de noeud. . . . . . . . . . : Diffuser
        Routage IP activé . . . . . . . . : Oui
        Proxy WINS activé . . . . . . . . : Non
        Liste de recherche de suffixe DNS : eni-ecole.local
                                            eni.local
Ethernet carte 172.16. - eni public :
        Suffixe DNS spéc. à la connexion. : eni.local
      Description . . . . . . . . . . : Carte Realtek RTL8139(A)
PCI Fast
```

```
Ethernet #3
        Adresse physique. . . . . . . . . : 00-50-FC-0B-9A-80
        DHCP activé . . . . . . . . . . . : Non
        Adresse IP. . . . . . . . . . . . : 172.16.0.100
        Masque de sous-réseau . . . . . . : 255.255.0.0
        Passerelle par défaut . . . . . . :
        Serveurs DNS. . . . . . . . . . . :

Ethernet carte 172.17. - eni privé :
        Suffixe DNS spéc. à la connexion. : eni.local
      Description . . . . . . . . . . : Carte Realtek RTL8139(A)
PCI Fast
Ethernet #2
        Adresse physique. . . . . . . . . : 00-50-FC-1F-3C-6F
        DHCP activé . . . . . . . . . . . : Non
        Adresse IP. . . . . . . . . . . . : 172.17.0.100
        Masque de sous-réseau . . . . . . : 255.255.0.0
        Passerelle par défaut . . . . . . :
        Serveurs DNS. . . . . . . . . . . : 172.17.0.3
                                            172.17.0.4
```

```
C:\>ipconfig
Configuration IP de Windows 2000
Ethernet carte 172.16. - eni public :
        Suffixe DNS spéc. à la connexion. : eni.local
        Adresse IP. . . . . . . . . . . . : 172.16.0.100
        Masque de sous-réseau . . . . . . : 255.255.0.0
        Passerelle par défaut . . . . . . :
Ethernet carte 172.17. - eni privé :
        Suffixe DNS spéc. à la connexion. : eni.local
        Adresse IP. . . . . . . . . . . . : 172.17.0.100
        Masque de sous-réseau . . . . . . : 255.255.0.0
        Passerelle par défaut . . . . . . :
```

Ci-après, voici un exemple d'affichage obtenu sur un système Linux disposant de deux cartes réseau.

```
[root@linus /root]# ifconfig
eth0     Link encap:Ethernet  HWaddr 00:80:C8:D4:98:01
         inet addr:172.17.0.2  Bcast:172.17.255.255  Mask:255.255.0.0
         UP BROADCAST RUNNING MULTICAST  MTU:1500  Metric:1
         RX packets:16868111 errors:0 dropped:0 overruns:0 frame:0
         TX packets:22140084 errors:0 dropped:0 overruns:0 carrier:0
         collisions:0 txqueuelen:100
         Interrupt:11 Base address:0x6600
eth1     Link encap:Ethernet  HWaddr 00:50:FC:24:D8:6E
         inet addr:172.16.0.2  Bcast:172.16.255.255  Mask:255.255.0.0
         UP BROADCAST RUNNING MULTICAST  MTU:1500  Metric:1
         RX packets:38581402 errors:0 dropped:0 overruns:0 frame:0
         TX packets:60438451 errors:0 dropped:0 overruns:0 carrier:0
         collisions:0 txqueuelen:100
         Interrupt:9 Base address:0x6500
lo       Link encap:Local Loopback
         inet addr:127.0.0.1  Mask:255.0.0.0
         UP LOOPBACK RUNNING  MTU:3924  Metric:1
         RX packets:12903 errors:0 dropped:0 overruns:0 frame:0
         TX packets:12903 errors:0 dropped:0 overruns:0 carrier:0
         collisions:0 txqueuelen:0

[root@linus /root]#
```

3.2.5 netstat

Cette commande permet, d'une part, de visualiser les ports ouverts sur un ordinateur, d'autre part de visualiser la table de routage de l'ordinateur local ou même des statistiques de fonctionnement du réseau.

Ci-dessous est représenté un affichage sur un ordinateur Windows.

```
C:\>netstat -an
Connexions actives
  Proto  Adresse locale         Adresse distante       Etat
  TCP    0.0.0.0:23             0.0.0.0:0              LISTENING
  TCP    0.0.0.0:135            0.0.0.0:0              LISTENING
  TCP    0.0.0.0:445            0.0.0.0:0              LISTENING
  TCP    0.0.0.0:1025           0.0.0.0:0              LISTENING
  TCP    0.0.0.0:3911           0.0.0.0:0              LISTENING
  TCP    0.0.0.0:4512           0.0.0.0:0              LISTENING
  TCP    0.0.0.0:4610           0.0.0.0:0              LISTENING
  TCP    0.0.0.0:5000           0.0.0.0:0              LISTENING
  TCP    0.0.0.0:12345          0.0.0.0:0              LISTENING
  TCP    127.0.0.1:1029         0.0.0.0:0              LISTENING
  TCP    127.0.0.1:1031         0.0.0.0:0              LISTENING
  TCP    127.0.0.1:1766         0.0.0.0:0              LISTENING
  TCP    127.0.0.1:3532         0.0.0.0:0              LISTENING
  TCP    127.0.0.1:3910         0.0.0.0:0              LISTENING
  TCP    127.0.0.1:3928         0.0.0.0:0              LISTENING
  TCP    127.0.0.1:4563         0.0.0.0:0              LISTENING
  TCP    127.0.0.1:4564         0.0.0.0:0              LISTENING
  TCP    127.0.0.1:4565         0.0.0.0:0              LISTENING
  TCP    127.0.0.1:4566         0.0.0.0:0              LISTENING
  TCP    127.0.0.1:4608         0.0.0.0:0              LISTENING
  TCP    172.17.0.89:1337       0.0.0.0:0              LISTENING
  TCP    172.17.0.89:1619       0.0.0.0:0              LISTENING
  TCP    172.17.0.89:1878       0.0.0.0:0              LISTENING
  TCP    172.17.207.89:139      0.0.0.0:0              LISTENING
  TCP    172.17.207.89:2411     0.0.0.0:0              LISTENING
  TCP    172.17.207.89:2904     0.0.0.0:0              LISTENING
  TCP    172.17.207.89:2964     0.0.0.0:0              LISTENING
  TCP    172.17.207.89:3299     0.0.0.0:0              LISTENING
  TCP    172.17.207.89:3514     0.0.0.0:0              LISTENING
  TCP    172.17.207.89:3799     0.0.0.0:0              LISTENING
  TCP    172.17.207.89:3905     0.0.0.0:0              LISTENING
  TCP    172.17.207.89:3905     172.17.0.2:139         ESTABLISHED
  TCP    172.17.207.89:3911     172.17.0.100:34703     ESTABLISHED
```

```
  TCP    172.17.207.89:4610     172.17.0.100:3389      ESTABLISHED
  UDP    0.0.0.0:135            *:*
  UDP    0.0.0.0:445            *:*
  UDP    0.0.0.0:500            *:*
  UDP    0.0.0.0:1030           *:*
  UDP    0.0.0.0:1033           *:*
  UDP    0.0.0.0:1054           *:*
  UDP    0.0.0.0:3912           *:*
  UDP    0.0.0.0:4611           *:*
  UDP    127.0.0.1:123          *:*
  UDP    127.0.0.1:1900         *:*
  UDP    127.0.0.1:2234         *:*
  UDP    127.0.0.1:3929         *:*
  UDP    172.17.207.89:123      *:*
  UDP    172.17.207.89:137      *:*
  UDP    172.17.207.89:138      *:*
  UDP    172.17.207.89:1900     *:*
```

Ci-dessous est représenté un extrait de la table de routage d'un serveur Windows.

```
C:\>netstat -rn
Table de routage
===========================================================================
Liste d'Interfaces
0x1 ........................... MS TCP Loopback interface
0x2 ...00 50 fc 0b 9a 80 ...... NDIS 5.0 driver
                                  (Microsoft's Packet Scheduler)
0x3 ...00 80 c8 ec 81 e5 ...... VIA PCI 10/100Mb Fast Ethernet
Adapter (Microsoft's Packet Scheduler)
0x1000005 ...00 50 fc 0b af 96 ...... NDIS 5.0 driver
                                  (Microsoft's Packet Scheduler)


===========================================================================
Itinéraires actifs :
Destination réseau  Masque réseau Adr. passerelle dr. interface Métrique
      127.0.0.0          255.0.0.0        127.0.0.1     127.0.0.1       1
     172.16.0.0        255.255.0.0     172.16.0.100  172.16.0.100       1
   172.16.0.100    255.255.255.255        127.0.0.1     127.0.0.1       1
 172.16.255.255    255.255.255.255     172.16.0.100  172.16.0.100       1
     172.17.0.0        255.255.0.0     172.17.0.100  172.17.0.100       1
   172.17.0.100    255.255.255.255        127.0.0.1     127.0.0.1       1
  72.17.255.255    255.255.255.255     172.17.0.100  172.17.0.100       1
     172.20.0.0        255.255.0.0     172.20.0.100  172.20.0.100       1
   172.20.0.100    255.255.255.255        127.0.0.1     127.0.0.1       1
 172.20.255.255    255.255.255.255     172.20.0.100  172.20.0.100       1
```

```
     192.168.1.0      255.255.255.0     172.16.101.1  172.16.0.100       1
     192.168.2.0      255.255.255.0     172.16.102.1  172.16.0.100       1
     192.168.3.0      255.255.255.0     172.16.103.1  172.16.0.100       1
     192.168.4.0      255.255.255.0     172.16.104.1  172.16.0.100       1
     192.168.5.0      255.255.255.0     172.16.205.1  172.16.0.100       1
     192.168.6.0      255.255.255.0     172.16.206.1  172.16.0.100       1
     192.168.7.0      255.255.255.0     172.16.207.1  172.16.0.100       1
     192.168.8.0      255.255.255.0     172.16.208.1  172.16.0.100       1
    192.168.11.0      255.255.255.0     172.16.101.1  172.16.0.100       1
    192.168.12.0      255.255.255.0     172.16.102.1  172.16.0.100       1
    192.168.13.0      255.255.255.0     172.16.103.1  172.16.0.100       1
    192.168.14.0      255.255.255.0     172.16.104.1  172.16.0.100       1
    192.168.15.0      255.255.255.0     172.16.205.1  172.16.0.100       1
    192.168.16.0      255.255.255.0     172.16.206.1  172.16.0.100       1
    192.168.17.0      255.255.255.0     172.16.207.1  172.16.0.100       1
    192.168.18.0      255.255.255.0     172.16.208.1  172.16.0.100       1
       224.0.0.0          224.0.0.0     172.16.0.100  172.16.0.100       1
       224.0.0.0          224.0.0.0     172.17.0.100  172.17.0.100       1
       224.0.0.0          224.0.0.0     172.20.0.100  172.20.0.100       1
255.255.255.255    255.255.255.255     172.16.0.100  172.16.0.100       1

Passerelle par défaut :
===========================================================================
Itinéraires persistants :
  Adresse réseau    Masque réseau  Adresse passerelle   Métrique
    192.168.11.0    255.255.255.0        172.16.101.1          1
     192.168.1.0    255.255.255.0        172.16.101.1          1
     192.168.2.0    255.255.255.0        172.16.102.1          1
    192.168.12.0    255.255.255.0        172.16.102.1          1
     192.168.3.0    255.255.255.0        172.16.103.1          1
    192.168.13.0    255.255.255.0        172.16.103.1          1
     192.168.4.0    255.255.255.0        172.16.104.1          1
    192.168.14.0    255.255.255.0        172.16.104.1          1
     192.168.5.0    255.255.255.0        172.16.205.1          1
    192.168.15.0    255.255.255.0        172.16.205.1          1
     192.168.6.0    255.255.255.0        172.16.206.1          1
    192.168.16.0    255.255.255.0        172.16.206.1          1
     192.168.7.0    255.255.255.0        172.16.207.1          1
    192.168.17.0    255.255.255.0        172.16.207.1          1
     192.168.8.0    255.255.255.0        172.16.208.1          1
    192.168.18.0    255.255.255.0        172.16.208.1          1
   192.168.206.0    255.255.255.0      172.16.206.254          1
```

3.2.6 nbtstat

Cet outil purement NBT permet, sur un système d'exploitation Microsoft, de visualiser les applications NetBIOS démarrées ou encore de voir le cache local des noms NetBIOS résolus en adresses IP.

Il est aisé de vérifier que l'ordinateur a correctement démarré ses services NetBIOS à l'aide de cette commande.

Par exemple, ci-dessous, la commande nbtstat -n permet d'afficher les applications NetBIOS démarrées sur un ordinateur Windows Server multidomicilié (disposant de plusieurs interfaces) :

```
C:\>nbtstat -n

172.16. - eni public:
Adresse IP du noeud : [172.16.0.100] ID d'étendue : []

             Table nom local NetBIOS
    Nom                    Type         Statut
    -----------------------------------------
    ULYSSE          <00>  UNIQUE       Inscrit
    ENI-ECOLE             GROUP        Inscrit
    ULYSSE                UNIQUE       Inscrit
    ULYSSE          <20>  UNIQUE       Inscrit
    ENI-ECOLE       <1E>  GROUP        Inscrit
    INet~Services         GROUP        Inscrit
    IS~ULYSSE......<00>   UNIQUE       Inscrit

172.20. - DMZ privée:
Adresse IP du noeud : [172.20.0.100] ID d'étendue : []
   Aucun nom dans le cache

172.17. - eni privé:
Adresse IP du noeud : [172.17.0.100] ID d'étendue : []

             Table nom local NetBIOS
    Nom                    Type         Statut
    -----------------------------------------
    ULYSSE          <00>  UNIQUE       Inscrit
    ENI-ECOLE       <00>  GROUP        Inscrit
    ULYSSE          <03>  UNIQUE       Inscrit
    ULYSSE          <20>  UNIQUE       Inscrit
```

```
    ENI-ECOLE       <1E>  GROUP        Inscrit
    INet~Services   <1C>  GROUP        Inscrit
    IS~ULYSSE.......<00>  UNIQUE       Inscrit

C:\>
```

Il est aussi possible (toujours avec l'option -n) de vérifier qu'un serveur est effectivement contrôleur de domaine (Nom de domaine). Notez que cette opération peut s'effectuer à distance avec -a ou -A.

Cette commande est aussi intéressante pour identifier les noms NetBIOS d'ordinateurs dupliqués sur le réseau.

Sur cet exemple, la commande nbtstat -c permet de voir la liste des noms NetBIOS qui ont été résolus en adresses IP :

```
C:\>nbtstat -c

172.16. - eni public:
Adresse IP du noeud : [172.16.0.100] ID d'étendue : []

                  Table de nom de cache distant NetBIOS

    Nom                   Type        Adresse d'hôte   Vie [sec]
    ------------------------------------------------------------
    DEMETER          <20>  UNIQUE        172.16.0.200         422

172.20. - DMZ privée:
Adresse IP du noeud : [172.20.0.100] ID d'étendue : []

    Aucun nom dans le cache
172.17. - eni privé:
Adresse IP du noeud : [172.17.0.100] ID d'étendue : []

                  Table de nom de cache distant NetBIOS

    Nom                   Type        Adresse d'hôte   Vie [sec]
    ------------------------------------------------------------
    CD1              <20>  UNIQUE          172.17.0.4         440
    HERMES           <20>  UNIQUE          172.17.0.3         340

C:\>
```

3.2.7 nslookup

nslookup permet de tester le bon fonctionnement de la résolution de noms DNS.

Après appel de l'outil, de nombreuses interrogations sont possibles. L'illustration ci-dessous les présente pour un système Windows.

```
C:\Windows\system32\cmd.exe - nslookup -

D:\utilisateurs\jdordoig>nslookup -
Serveur par dúfaut :   neufbox
Address:  192.168.1.1

> www.google.fr
Serveur :   neufbox
Address:  192.168.1.1

Réponse ne faisant pas autorité :
Nom :    www.google.fr
Addresses:  2a00:1450:4007:803::1018
          173.194.34.31
          173.194.34.24
          173.194.34.23

> set type=CNAME
> www.google.fr
Serveur :   neufbox
Address:  192.168.1.1

google.fr
        primary name server = ns1.google.com
        responsible mail addr = dns-admin.google.com
        serial  = 1500847
        refresh = 900 (15 mins)
        retry   = 900 (15 mins)
        expire  = 1800 (30 mins)
        default TTL = 60 (1 min)
> set type=NS
> google.fr
Serveur :   neufbox
Address:  192.168.1.1

Réponse ne faisant pas autorité :
google.fr       nameserver = ns2.google.com
google.fr       nameserver = ns4.google.com
google.fr       nameserver = ns3.google.com
google.fr       nameserver = ns1.google.com

ns1.google.com  internet address = 216.239.32.10
ns4.google.com  internet address = 216.239.38.10
ns3.google.com  internet address = 216.239.36.10
ns2.google.com  internet address = 216.239.34.10
>
```

Par exemple, pour vérifier que le poste de travail est bien capable de résoudre des noms DNS (et donc qu'il peut atteindre le serveur DNS adéquat), il suffit d'indiquer le nom du domaine, voire d'un poste de travail. Si le serveur DNS de référence ne peut donner directement la réponse, il indique l'adresse IP du serveur faisant autorité. Il est également possible d'interroger un DNS pour connaître le ou les serveurs de messagerie enregistrés (type=MX).

Cet outil nslookup est très avancé et sa maîtrise nécessite un peu plus de connaissance que les précédents.

Remarque

La pile de protocoles TCP/IP des systèmes d'exploitation Windows utilise un cache DNS, qui permet de ne pas systématiquement interroger un serveur de noms. Le contenu de ce cache peut être affiché par la commande « ipconfig /displaydns ». Très utile au quotidien, il peut s'avérer pénalisant dans le cadre d'un dépannage. En effet, si un nom n'a pu être résolu, l'information reste un moment dans le cache, même si cela a été corrigé. Il est nécessaire dans ce cas, de réinitialiser l'information par la commande « ipconfig /flushdns ».

Cette commande fonctionne en mode interactif, comme présenté ci-après, ou en mode ligne de commande. Dans ce dernier cas, toute l'opération est saisie sur une seule ligne.

```
C:\>nslookup
Serveur par défaut : hermes.eni-ecole.local
Address:  172.17.0.3

> ls eni-ecole.local
[hermes.eni-ecole.local]
 eni-ecole.local.          A     172.20.0.3
 eni-ecole.local.          A     172.17.0.3
 eni-ecole.local.          A     172.17.0.4
 eni-ecole.local.          NS    server = cd1.eni-ecole.local
 eni-ecole.local.          NS    server = hermes.eni-ecole.local
 2000test                  A     172.17.71.4
 gc._msdcs                 A     172.17.0.4
 gc._msdcs                 A     172.17.0.3
 gc._msdcs                 A     172.20.0.3
 ADW2KSRV                  A     172.17.35.31
 adxppro                   A     172.17.35.35
 bmartin                   A     172.17.1.159
 brunom                    A     172.17.159.1
```

```
 cd1                          A      172.17.0.4
 demeter                      A      172.17.0.200
 dyonisos                     A      172.17.0.89
 eliane2                      A      172.17.202.1
 erickpro                     A      172.17.71.3
 ericxp                       A      172.17.71.1
 gilles                       A      172.17.201.10
 gilles2                      A      172.17.201.3
 hermes                       A      172.20.0.3
 hermes                       A      172.17.0.3
 jerome                       A      172.17.1.146
 linus                        A      172.17.0.2
 lotus                        NS     server = ptmail01.lotus.
eni-ecole.local
 ptmail01.lotus               A      172.17.35.31
 ptmail01                     A      172.17.35.31
 sandrine2                    A      172.17.202.2
 sophie3                      A      172.17.1.18
 srv-h                        A      172.17.64.12
 stephane                     A      172.17.104.205
 ulysse                       A      172.17.0.100
 vero-xp                      A      172.17.3.6
 xp-pro-vm-eric               A      172.17.71.100
>

C:\>nslookup www.microsoft.com
Serveur :  hermes.eni-ecole.local
Address:  172.17.0.3

Réponse ne faisant pas autorité :
Nom :    www.microsoft.akadns.net
Address:  207.46.134.155
Aliases:  www.microsoft.com

C:\>
```

4. Outils d'analyse des couches hautes

4.1 Analyse de requêtes applicatives

Pour l'analyse applicative, l'outil le plus intéressant reste l'analyseur de trames tel que Wireshark.

Par exemple pour capturer des trames FTP :

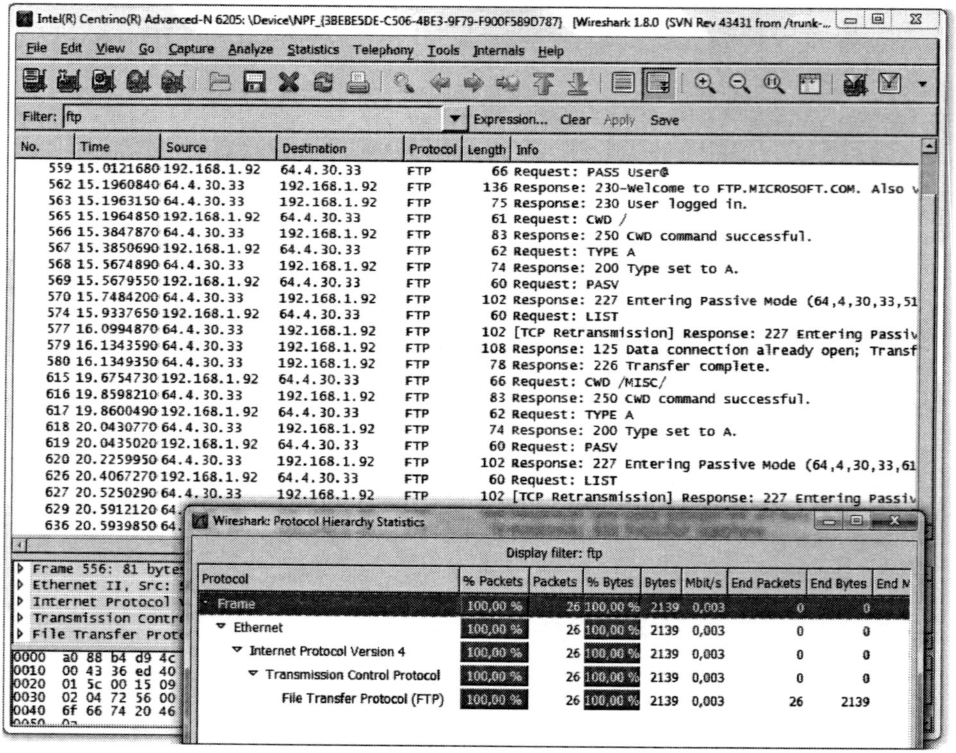

Analyse de trames FTP

Ou encore pour analyser des requêtes DNS :

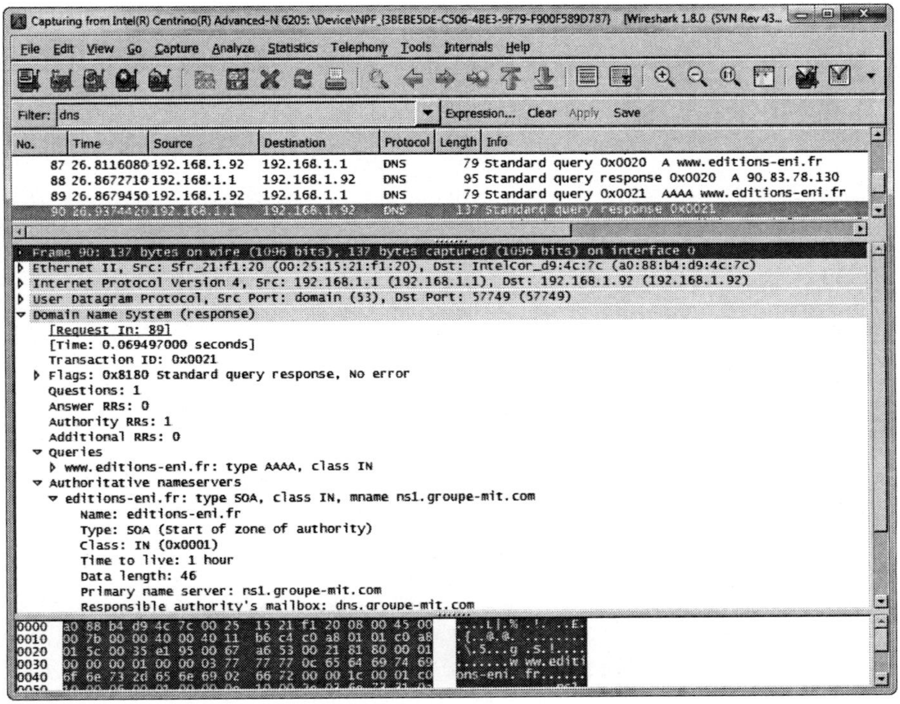

Exemple d'analyse d'une réponse DNS

4.2 Analyse de requêtes web

Il existe cependant un outil plus spécifiquement lié à un environnement web.

Il en va ainsi de **Fiddler**, qui signifie littéralement violoniste, qui permet d'analyser précisément les trames échangées par un navigateur avec des serveurs web.

Il s'agit d'un débogueur HTTP qui agit en tant que proxy. Il fonctionne de manière automatique avec Internet Explorer, mais peut également fonctionner après configuration avec d'autres navigateurs.

Il utilise l'adresse IP de boucle locale en IPv4 (127.0.0.1) sur le port 8888.

Chaque requête web qui est routée via le proxy apparaît sous la forme d'une ligne spécifique dans la partie *Web Sessions*.

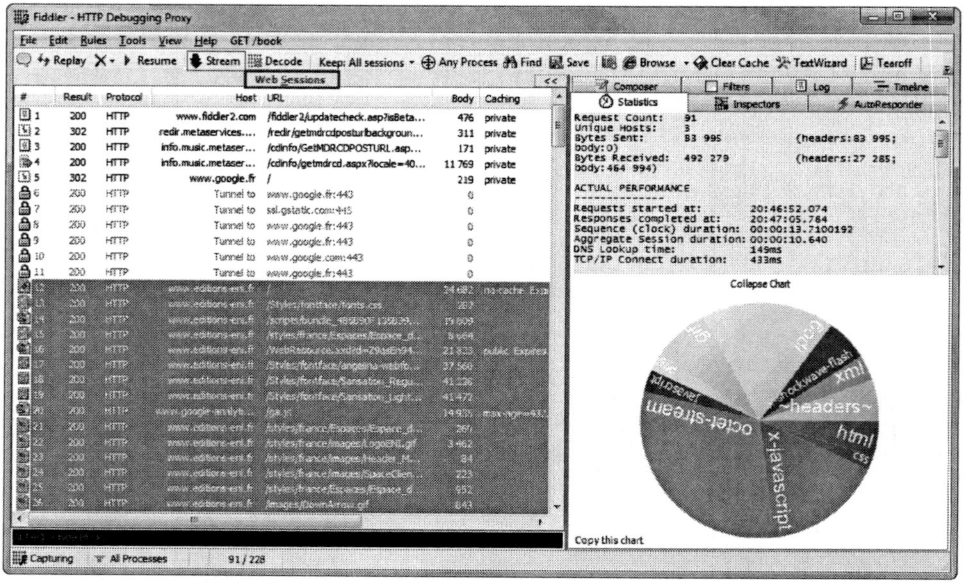

Analyse de trames avec Fiddler2

Il est possible d'utiliser JavaScript pour analyser voire modifier des requêtes HTTP.

Remarque

Il s'agit en particulier d'un des rares outils disponibles pour analyser des requêtes AJAX.

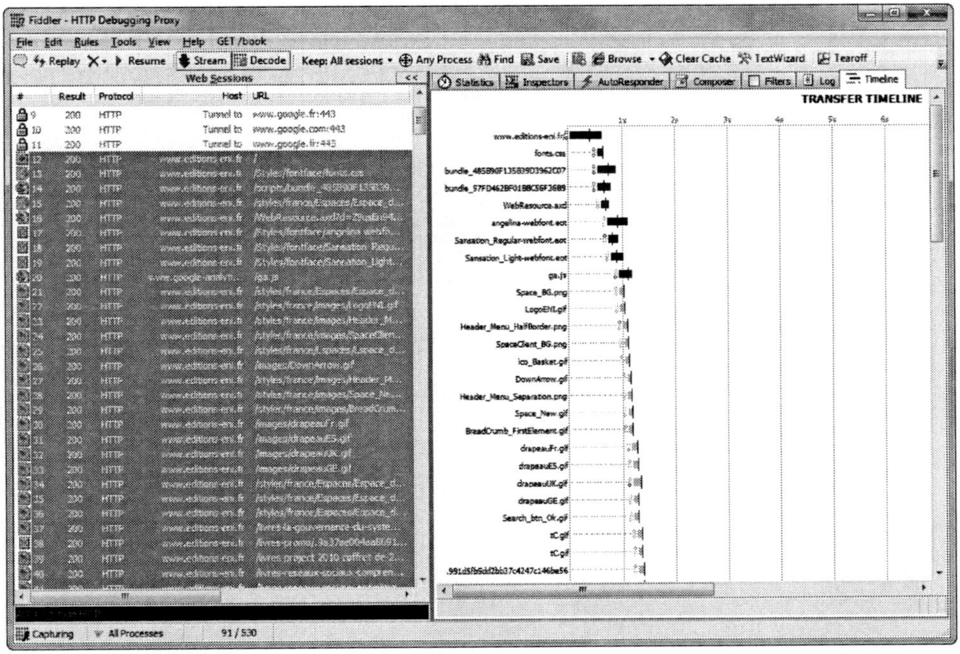

Décomposition de l'affichage d'un site web

Il permet de rejouer une séquence complète de trames capturées, de créer des points d'arrêt pour réaliser des exécutions pas à pas, d'obtenir instantanément des statistiques, d'effectuer des recherches complètes d'un mot clé dans un flux HTTP.

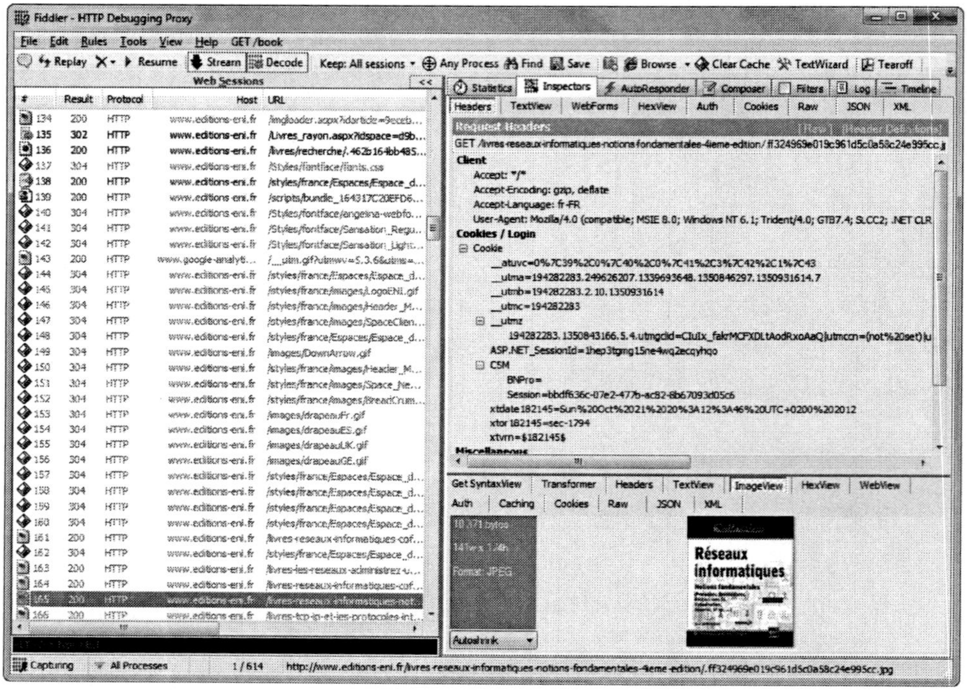

Affichage des cookies, recherche des images

Remarque

Fiddler est disponible gratuitement à partir de l'URL http://www.fiddler2.com/. Il n'est disponible que pour Windows et nécessite le framework .NET.

Remarque

Des vidéos en anglais présentent également quelques-unes des possibilités offertes par Fiddler :
http://www.fiddlertool.com/Fiddler/help/video/default.asp

Annexes

1. Conversion du décimal (base 10) vers le binaire (base 2)

1.1 Vocabulaire utilisé

En informatique, tout est numérique ! Les informations sont représentées sous la forme de 0 ou de 1, de vrai ou de faux, de condensateur chargé ou non.

Il s'agit d'une représentation à deux états.

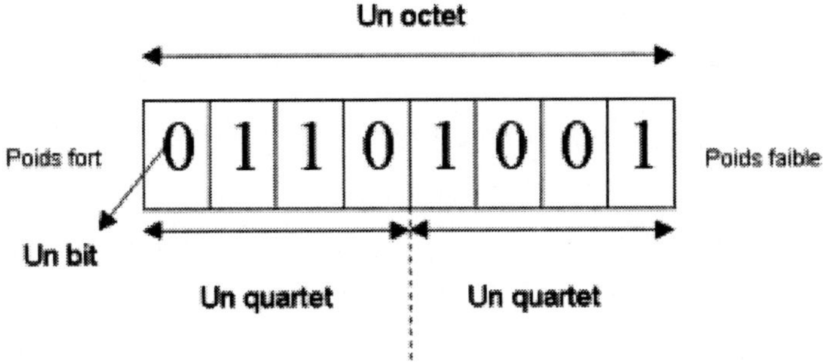

Les informations sont regroupées dans des octets ; un octet comporte 8 bits.

Un bit représentant deux états, ou deux possibilités, deux bits en permettent 4 (2x2).

Ainsi, un octet permet de représenter 256 combinaisons possibles.

Suivant les systèmes utilisés, il est possible de coder les informations distinctes de 0 à 255 ou de signe -127 à +128 (avec le 0 cela correspond bien à 256 possibilités).

1.2 Conversion à partir de la base 10

Soit une valeur que nous souhaitons convertir en binaire, par exemple 2003.

Écrivez tout d'abord la liste des puissances de 2 en commençant à 1, ou plutôt, ce qui revient au même, effectuez une succession de multiplications par 2, en commençant à la valeur 1, jusqu'à obtenir un nombre supérieur à 2003.

On obtient :

1, 2, 4, 8, 16, 32, 64, 128, 256, 512, 1024, 2048

Vous pouvez remarquer que parmi les nombres trouvés, la somme d'un certain nombre d'entre eux permet d'obtenir exactement 2003 !!

Autrement dit, en ne prenant qu'une fois certains des nombres trouvés (les puissances de 2) inférieurs à 2003, on est capable d'obtenir précisément 2003.

Remarque

Un conseil, il faut toujours partir du plus grand pour aller vers le plus petit !

Il suffit alors d'identifier ceux que l'on va utiliser et, à chaque fois, de soustraire pour voir quelle valeur il nous reste à décomposer.

Ainsi, 2003 va utiliser 1024 et il reste 979 (2003-1024).

979 se décompose en 512 + 467

467 = 256 + 211

211 = 128 + 83

83 = 64 + 19

19 = 16 + 3

3 = 2 + 1

Ainsi, 2003 = 1024 + 512 + 256 +128 + 64 + 16 + 2 + 1.

Écrivons notre liste en sens inverse, en précisant si oui ou non, on a utilisé la valeur pour trouver la somme recherchée :

2048	1024	512	256	128	64	32	16	8	4	2	1
NON	OUI	OUI	OUI	OUI	OUI	NON	OUI	NON	NON	OUI	OUI
2048	1024	512	256	128	64	*32*	16	*8*	*4*	2	1

On positionne un '0' lorsqu'on ne le prend pas et un '1' sinon !

On obtient finalement 011111010011.

Et voilà !

2. Conversion du binaire (base 2) vers le décimal (base 10)

2.1 Conversion depuis le binaire

Supposons un nombre écrit en binaire, par exemple 101011011001.

Il va falloir placer dans des cases, en partant de la droite, les différentes valeurs 1 et 0 proposées, en valorisant les cases de la droite vers la gauche à l'aide de puissances de 2.

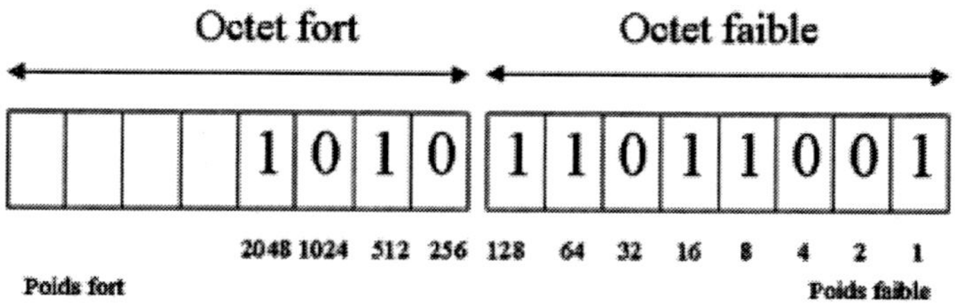

Conversion binaire vers décimal

Il suffit alors simplement d'additionner les valeurs correspondant aux cases qui contiennent un 1.

En l'occurrence, ici, on trouve :

2048 + 512 + 128 + 64 + 16 + 8 + 1 = 2777 !

C'est plutôt simple, non ?

Dans tous les cas, il reste encore la calculatrice en mode Programmeur sous Windows.

Ainsi, une fois sélectionnée l'option binaire (Bin), vous n'avez plus qu'à saisir la succession de '0' et '1' :

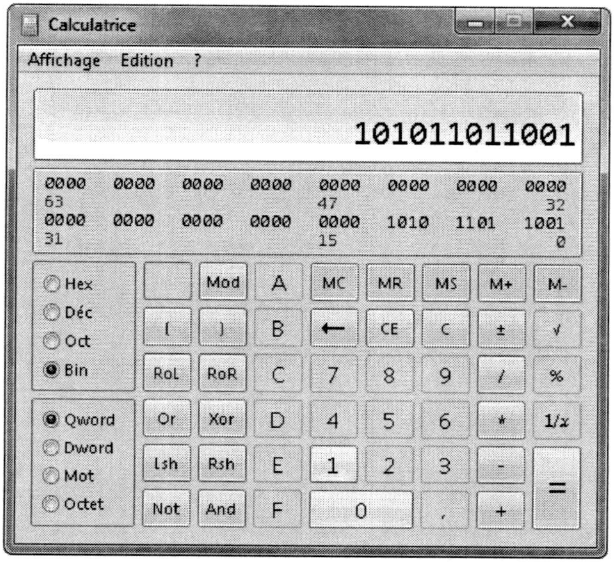

Il reste alors à sélectionner **Déc** pour obtenir la conversion souhaitée.

3. Conversion de l'hexadécimal (base 16) vers le décimal (base 10)

Avec les adresses IPv6, l'hexadécimal fait son grand retour parmi nous. Même si les octets sont rarement découpés au sens de la décomposition en sous-réseau, il peut être intéressant d'opérer soi-même les conversions.

Remarque

La calculatrice en mode Programmeur pourra toujours vous aider dans tous les cas.

Une approche simple pour comprendre l'hexadécimal est de se rapprocher de l'écriture binaire de l'octet.

Hexadécimal signifie littéralement "6" (hexa) et "10" (décimal).

Un symbole hexadécimal est représenté par des chiffres (0 à 9) et des lettres (A à F).

Ainsi, pour compter de 0 à 15, on va énumérer 0,1,2,3,4,5,6,7,8,9,A,B,C,D,E,F.

Où **A** vaut **10**, **B** vaut **11** et ainsi de suite jusqu'à **F** qui vaut **15**.

À chaque fois que l'on ajoute un symbole '0' à droite d'un nombre, on va multiplier par la base (16).

Ainsi, **A** signifie **10** en base 10, **A0** correspond à 160 et **A00** à **2560** (10 x 16 x 16).

Prenons un exemple pour convertir AC73 en décimal.

A correspond à **10**, **C** à **12**.

3 est positionné comme l'unité (16 puissance 0 = 16^0= 1).

7 doit être multiplié par la base (16 puissance 1 = 16).

C doit être multiplié deux fois par la base (16^2).

A sera multiplié trois fois par la base (16^3).

On obtient :

Poids	16x16x16	16x16	16	1
Symbole hexa	**A**	**C**	**7**	**3**
Valeur décimale du symbole	10	12	7	3
Valeur correspondante	40960	3072	112	3

La valeur hexadécimale AC73 vaut donc 44147 en décimal.

AC73(16) = 44147(10)

4. Conversion de l'hexadécimal (base 16) vers le binaire (base 2)

Pour passer de l'hexadécimal au binaire, il suffit de remarquer qu'en prenant un quartet (regroupement de 4 bits), on obtient un symbole hexa.

Ainsi, pour transcrire en binaire **FE 87**, il faut traiter chacun des symboles séparément et agréger le résultat obtenu.

Si on compte en binaire et que l'on souhaite obtenir la traduction hexadécimale, on obtient les valeurs suivantes :

0000 0

0001 1

0010 2

0011 3

0100 4

0101 5

0110 6

0111 7

1000 8

1001 9

1010 A

1011 B

1100 C

1101 D

1110 E

1111 F

Donc, FE 87 s'écrira en binaire 1111 1110 1000 0111.

À l'inverse il sera aussi simple de traduire une valeur binaire en hexadécimal, en identifiant les quartets.

Par exemple, le nombre 100101011010110 devra tout d'abord être décomposé en quartet en lisant les valeurs binaire de droite à gauche et en complétant au besoin la partie "poids fort" pour obtenir un quartet complet :

100 1010 1101 0110 sera complété en 0100 1010 1101 0110.

Puis 0100 devient 4,

1010 devient 10 donc "A",

1101 devient 13 donc "D",

0110 devient 6.

La traduction est donc 4A D6.

5. Glossaire

ADSL
Asymmetric Digital Subscriber Line
Technologie qui permet, sur une connexion téléphonique classique en cuivre, d'ajouter aux extrémités des équipements (chez l'abonné et au niveau du central téléphonique), pour permettre des débits asymétriques de l'ordre de 512 Kbps à 1 Mbps en flux descendant (download) et 256 Kbps en flux montant (upload).

AFP
Apple Filing Protocol, anciennement *AppleTalk Filing Protocol*
Protocole historique d'accès aux fichiers dans un environnement Apple. Depuis Mac OS X, il est possible également d'utiliser CIFS ou FTP.

AFRINIC
African Network Information Centre
Un des cinq RIR chargés d'attribuer les ressources Internet.

AH
Authentication Header
Protocole utilisé par IPSec qui permet de signer des trames, c'est-à-dire d'attester de leur intégrité et donc de leur authenticité (non modification).

ANSI
American National Standards Institute
Organisme américain à l'origine de nombreuses normes informatiques et réseaux.

APIPA
Automatic Private IP Addressing.
Mécanisme d'attribution automatique d'adresses dans la plage 169.254.*.* pour des clients DHCP Microsoft qui ne parviennent pas à obtenir d'adresses IP.

APNIC
Asia Pacific Network Information Centre
Un des cinq RIR chargés d'attribuer les ressources Internet.

ARIN
American Registry for Internet Numbers
Un des cinq RIR chargés d'attribuer les ressources Internet.

ARP *Address Resolution Protocol*
Protocole utilisé en TCP/IP pour résoudre une adresse IP en adresse physique.

ARPANET *Advanced Research Project Agency NETwork*
Premier réseau à commutation de paquets, à l'origine d'Internet développé par le département de la défense américaine.

ASFI *Accès Sans Fil à Internet*
Expression française qualifiant les Hot Spots, proposant un accès à Internet par la technologie Wi-Fi.

ATM *Asynchronous Transfer Mode*
L'ATM, ou TTA (*Technique de Transfert Asynchrone*), est une forme de commutation de cellules offrant des débits très élevés.

AUI *Access Unit Interface*
Connecteur DB15 utilisé pour connecter une carte 10 base 5 à un émetteur-récepteur externe.

BGP *Border Gateway Protocol*
Protocole extérieur d'échange de tables de routage entre systèmes autonomes.

Bluetooth Technologie de réseau sans fil basé sur la puce du même nom.

BL *Boucle Locale*
Il s'agit de la partie du *Réseau Téléphonique Commuté* (RTC) située entre l'abonné et les commutateurs France Télécom.

BLR *Boucle Local Radio*
Technologie qui substitue des ondes radios aux câbles de téléphones et qui ne peut être utilisée que dans les derniers kilomètres de l'installation.

BNC *British Naval Connector*
Type de connecteur utilisé en 10 base 2 pour connecter un câble coaxial fin à une carte réseau Ethernet.

BPDU *Bridge Protocol Data Unit*
Trames échangées qui permettent de gérer la topologie et l'algorithme du Spanning Tree (neutralisation des boucles de niveau 2 dans un réseau Ethernet).

BSD *Berkeley Software Development*
Éditeur de logiciels à l'origine de la version d'UNIX qui fournissait les sources TCP/IP gratuitement aux universités et qui a contribué, grâce à cette diffusion, au développement de TCP/IP.

CCITT *Comité Consultatif International Télégraphique et Téléphonique*
Cet organisme est remplacé par l'UIT.

CDDI *Copper Distributed Data Interface*
Cette norme similaire à FDDI s'appuie sur de la paire torsadée comme support de transmission.

CHAP *Challenge Handshake Authentication Protocol*
Protocole d'authentification utilisé par PPP, autorisant le cryptage des mots de passe.

CIDR *Classless Inter Domain Routing*
Ensemble de spécifications qui permet de définir un adressage IP hiérarchique dans un environnement d'interconnexion également hiérarchique. L'objectif est d'optimiser l'attribution des plages d'adresses IP disponibles en jouant sur un masque à longueur variable.

CIFS *Common Internet File System*
Système de fichiers Microsoft basé sur le protocole SMB (*Session Message Block*).

CODEC *COdeur DECodeur*
Composant permettant de numériser une source analogique en un signal numérique.

CRC *Cyclic Redundancy Code*
Code de contrôle d'erreurs, calculé et transmis avec la trame, pour disposer d'un premier niveau de détection d'erreur.

CSMA/CA *Carrier Sense Multiple Access/Collision Avoidance*
Méthode d'accès au support utilisée dans les réseaux AppleTalk. Elle est basée sur l'évitement des collisions en réservant le canal avant de transmettre les données.

CSMA/CD *Carrier Sense Multiple Access/Collision Detection*
Méthode d'accès au support utilisée dans les réseaux Ethernet. Elle est basée sur la détection des collisions sans réservation du canal pour transmettre les données.

DAD *Duplicate Address Detection*
Protocole utilisé en IPv6 pour l'auto-attribution d'adresse de lien local.

DCE *Data Communications Equipment*
Voir ETCD.

DDoS *Distributed Denial of Service*
Déni de service distribué, correspond à une attaque reposant sur une saturation d'un service réseau cible (ex. HTTP ou DNS) à partir de multiples ordinateurs sources. Le résultat est que le service réseau ne peut plus répondre pendant une durée qui peut être importante.

DES *Data Encryption Standard*
Algorithme de chiffrement des données.

DHCP *Dynamic Host Configuration Protocol*
Service qui permet d'attribuer dynamiquement des paramètres TCP/IP aux clients qui en font la demande.

DMA *Direct Memory Access*
Ce mécanisme d'accès direct à la mémoire permet de mettre en œuvre des transferts d'informations en tâche de fond en utilisant le bus de l'ordinateur, sans mobiliser le microprocesseur.

DMZ *DeMilitarized Zone*
Correspond en informatique à un sous-réseau encadré de pare-feu, situé généralement entre le réseau local et l'Internet. Cet emplacement héberge les serveurs qui seront accessibles depuis Internet en passant par le pare-feu externe généralement au travers d'un mécanisme de translation d'adresses ou de port.

DNS *Domain Name System*
Service disponible dans un environnement TCP/IP permettant de résoudre des noms du type www.eni.fr en adresse IP.

DoS *Deny of Service ou Denial of Service*
Forme courante d'attaque, le refus de service, qui consiste à saturer une ressource d'un serveur pour neutraliser son bon fonctionnement : il peut s'agir, par exemple, de saturer les connexions TCP disponibles, le processeur, l'espace disque ou même encore le réseau sur lequel est connecté le serveur.

DSLAM *Digital Subscriber Line Access Multiplexer*
Ou multiplexeur d'accès à une ligne d'abonné numérique, met en relation les données provenant de la boucle locale de l'abonné et le réseau ATM ou Ethernet vers le FAI. Le multiplexage permet d'extraire des données telles que Internet, télévision ou voix sur IP.

DTE *Data Terminal Equipment*
Voir ETTD.

ESP *Encapsulating Security Payload*
Protocole utilisé par IPSec pour chiffrer le contenu des données encapsulées (le Payload).

ETCD *Equipement Terminal de Circuit de Données*
Composant intermédiaire dans un échange entre ETTD.

ETTD *Equipement Terminal de Traitement de Données*
Composant final dans un échange utilisant des ETCD.

Ext2 et **Ext3** Systèmes de fichiers sécurisés couramment utilisés par les systèmes d'exploitation Linux. Ext 3 est une version journalisée de Ext2.

FAI *Fournisseur d'Accès Internet*
Opérateur fournissant l'accès Internet (*Internet Service Provider*, ISP).

FAT *File Allocation Table*
La table d'allocation de fichiers est la structure utilisée dans certains cas, dans les environnements OS/2, MsDOS, Windows 95 et Windows NT. Elle s'appuie, en interne, sur un chaînage des informations et n'introduit pas d'index interne permettant d'optimiser les accès.

FC *Fibre Channel*
Désigne un ensemble de protocoles relatifs à l'interconnexion de SAN.

FCoE *Fibre Channel over Ethernet*
Désigne l'adaptation du protocole FC pour les SAN encapsulé dans de l'Ethernet.

FDDI *Fiber Distributed Data Interface*
Norme à jeton passant à 100 Mbps, basée sur une topologie logique en double anneau sur fibre optique.

FTP *File Transfer Protocol*
Protocole de transfert de fichiers en mode fiable, utilisé dans un environnement TCP/IP.

GPRS *General Packet Radio Service*
Système de transfert de données par le système de téléphonie cellulaire, parfois qualifié de génération 2.5.

GRE *Generic Routing Encapsulation*
Protocole utilisé par PPTP qui permet d'encapsuler les données dans PPP pour exploiter la fonctionnalité de chiffrement de ce dernier.

GSM *Global System Mobile*
Le GSM est le premier système de téléphonie mobile cellulaire numérique.

HACMP *High Availability Cluster MultiProcessing solution Cluster*
Solution à haute disponibilité proposée par IBM sous AIX.

HBA *Host Bus Adapter*
Identifie une interface d'accès à un réseau Fibre Channel (carte réseau).

HDLC *High level Data Link Control*
Sous-couche mise en œuvre dans la couche Liaison, qui offre plusieurs niveaux de services. Il est notamment mis en œuvre dans des connexions WAN en point à point.

HDSL *High bit-rate Digital Subscriber Line*
Ligne numérique d'abonné à haut débit proposant un débit symétrique (download et upload) à 2 Mbps sur environ 3,6 kilomètres.

HSDPA *High Speed Downlink Packet Access*
Nouvelle génération de téléphonie basée sur UMTS. Plus rapide, elle est qualifiée de 3G+.

HSRP *Hot Standby Router Protocol*
Protocole propriétaire Cisco qui permet de gérer une adresse IP de passerelle virtuelle en y associant deux adresses IP physiques en mode actif/passif.

HTML *HyperText Markup Language*
Langage de mise en forme de données utilisé pour effectuer des présentations en mode graphique à travers un navigateur Internet.

HTTP *HyperText Transfer Protocol*
Protocole de transfert de fichiers permettant d'acheminer tous types d'information.

HTTPS *HTTP Secure*
Version HTTP utilisant SSL pour chiffrer les échanges de données entre un client et un serveur sur le Web.

IaaS *Infrastructure as a Service*
Concept utilisé dans le jargon du cloud computing pour identifier une infrastructure dynamique adaptable à la demande.

ICA *Independent Computing Architecture*
Protocole utilisé par Citrix pour les clients légers, qui permet de travailler à distance et en mode graphique sur une connexion à faible débit (seulement 15 à 20 kbps par connexion sont nécessaires), tout en proposant une compression et un chiffrement des données échangés.

ICMP *Internet Control Message Protocol*
Protocole rudimentaire qui permet de rendre des services à la famille de protocoles TCP/IP, notamment pour prévenir de la perte d'un paquet.

IDS *Intrusion Detection System*
Systèmes, matériels ou logiciels, qui, positionnés sur le réseau, servent à la remontée d'informations anormales.

IEEE *Institute of Electrical and Electronics Engineers*
Organisme de normalisation à l'origine de normes réseaux importantes concernant les couches basses.

IETF *Internet Engineering Task Force*
Le but de cet organisme est l'amélioration du réseau Internet.

IMAP *Internet Message Access Protocol*
Protocole évolué qui permet de gérer à distance le courrier électronique. Il permet de ne télécharger que les en-têtes de manière à supprimer sans avoir à les télécharger, des messages volumineux indésirables, contrairement à POP.

IPBX *IP Branch eXchanger*
Il s’agit généralement d’un serveur d’application qui assure la même fonction qu’un PABX dans un environnement de voix sur IP (VoIP).

IPNG *Internet Protocol Next Generation*
Nouvelle génération de IP, c'est-à-dire la version 6 (IPv6).

IPSec *IP Security*
Protocole qui permet de mettre en œuvre un chiffrement des échanges soit en mode transport, soit en mode tunnel (dans un VPN L2TP).

IPX *Internetwork Packet Exchange*
Protocole de couches Réseau et Transport, routable et non fiable, utilisé dans un environnement Novell.

IrDA *Infra Red Data Association*
Ensemble de spécifications qui permettent de réaliser la connectivité de matériels infra-rouge.

IRDP *ICMP Router Discovery Protocol*
Protocole de découverte de passerelles qui s'appuie sur des messages ICMP (*Internet Control Message Protocol*).

ISATAP *Intra-Site Automatic Tunnel Addressing Protocol*
Protocole permettant la mise en œuvre automatique d'un tunnel IPv6, entre deux sites interconnectés en IPv4.

ISO Organisme de normalisation mondialement reconnu, à l'origine de très nombreuses normes.

ISP *Internet Service Provider*
Organisme fournisseur d'accès à Internet, passerelle entre les clients.

L2TP *Layer 2 Tunneling Protocol*
Protocole complexe permettant de mettre en œuvre un VPN (*Virtual Private Network*) en configurant précisément les fonctionnalités (signature des trames avec AH, chiffrement des données avec ESP, complexité de la clé de chiffrement utilisée, renouvellement de la clé de session...).

LACNIC *Latin American and Caribbean Internet Address Registry*
Un des cinq RIR chargés d'attribuer les ressources Internet.

LAN *Local Area Network*
Réseau à l'étendue géographique limitée.

LIR *Local Internet Registry*
Identifie un organisme local chargé de gérer l'attribution des ressources Internet au niveau local d'un pays.

LLC *Logical Link Control*
Sous-couche de la couche Liaison du modèle OSI, introduite par l'IEEE offrant différents types de services.

LPD *Line Printer Daemon*
Service d'impression spécifiquement TCP/IP, disponible sur diverses plates-formes.

LUN *Logical Unit Number*
Identifiant logique utilisé pour désigner une unité de stockage.

MAC *Medium Access Control*
Sous-couche de la couche Liaison du modèle OSI, introduite par l'IEEE. Elle gère l'accès au support physique et intègre donc la méthode d'accès au support, ainsi que l'adressage physique.

MAN *Metropolitan Area Network*
Réseau dont l'étendue géographique est relativement importante, à l'échelle d'une ville.

MAU ou **MSAU** *MultiStation Access Unit*
Désigne un concentrateur Token Ring.

MFP *Multi Function Printer*
Terme anglais pour désigner une imprimante multifonctions (imprimante, copieur, scanner, éventuellement fax).

MIB *Management Information Base*
Structure de données mise en place par un agent SNMP pour mettre à disposition des informations spécifiques d'un composant distribué, matériel ou logiciel.

MODEM *MOdulateur DEModulateur*
Exemple d'ETCD, ou d'équipement intermédiaire, permettant de transmettre des données numériques sous la forme d'un signal analogique.

MPLS *Multi-Protocol Label Switching*
Cette norme de l'IETF est destinée au transport efficace des communications sur des réseaux de grande envergure.

MTU *Maximum Transfer Unit*
Longueur maximale d'une trame sur un réseau de niveau 2. Cette information est importante puisqu'elle est utilisée par IP pour savoir si un datagramme doit être fragmenté ou non au passage sur un routeur.

NAS *Network Attached Storage*
Ce système est dédié au stockage des données sur un réseau.

NAT *Network Address Translation*
Mécanisme qui permet de traduire systématiquement les datagrammes en modifiant les en-têtes IP, voire TCP et UDP pour protéger les postes de l'intranet.

NCP *Netware Core Protocol*
Protocole aux multiples fonctions dont celle de fournir un accès à des fichiers et imprimantes pour des clients Novell.

NDIS *Network Device Interface Specification*
Spécification Microsoft/3Com utilisée dans les systèmes d'exploitation réseaux Microsoft, pour les pilotes de cartes réseau et les protocoles des couches moyennes.

NDP *Neighbor Discovery Protocol*
Protocole réalisant un certain nombre d'opérations en IPv6, parmi lesquelles notamment la détection des adresses dupliquées (DAD).

NetBEUI *NetBIOS Extended User Interface*
Il s'agit de deux couches des niveaux Réseau et Transport au sens de l'OSI, permettant de disposer de couches moyennes interchangeables pour NETBIOS (couche session).

NetBIOS *Network Basic Input/Output System*
Interface de programmation d'applications réseau disponible pour des applications client/serveur sur n'importe quel protocole de couches moyennes.

NetBT ou **NBT** *NetBIOS over TCP/IP*
Version de NetBIOS reposant sur TCP/IP.

NFS *Network File System*
Service de fichiers en réseau sous TCP/IP, permettant de voir une arborescence distante comme s'il s'agissait d'un sous-répertoire de l'arborescence locale.

NIR *National Internet Registry*
Identifie un organisme national chargé de gérer l'attribution des ressources Internet au niveau du pays.

NLB *Network Load Balancing* ou clusteur d'équilibre de charge réseau.
Solution qui consiste à mettre en œuvre un équilibre de charge réseau via un composant logiciel qui vient s'ajouter au pilote de carte réseau. Cette fonctionnalité est disponible uniquement sur certains systèmes d'exploitation tels que Windows 2000 Advanced Server.

NNTP *Network News Transfer Protocol*
Protocole qui permet un accès à des échanges de mails centralisés qui sont souvent appelés forums de discussions.

NTFS *New Technology File System*
Système de fichiers 64 bits, transactionnel, sécurisé, proposé avec Windows NT.

NTP *Network Time Protocol*
Protocole utilisé pour synchroniser une horloge d'un ordinateur par rapport à celle d'un serveur sur Internet.

ODI *Open Data Interface*
Spécification écrite par Novell/Apple pour les pilotes de cartes et protocoles réseau, dans un environnement Novell.

OSF *Open Software Foundation*
Cette fondation permet de fusionner l'expérience de différents fournisseurs. Elle est notamment à l'origine de OSF/Motif, une interface graphique utilisateur.

OSI *Open System Interconnection*
Modèle en sept couches de référence de l'ISO.

OSPF *Open Shortest Path First*
Algorithme de routage dynamique pris en charge par IP.

PaaS *Plateform as a Service*
Concept utilisé dans le jargon du cloud computing pour identifier une plateforme de développement adaptable à la demande.

PABX *Private Automatic Branch eXchange*
Commutateur téléphonique privé qui permet de mettre en relation les postes téléphoniques d'un réseau interne à une entreprise avec ceux du réseau téléphonique public (lignes externes).

PAD *Packet Assembler/Disassembler*
Commutateur fournissant un accès direct à X.25.

PAN *Personal Area Network*
Réseau de petite étendue, centré sur l'utilisateur.

PAP *Password Authentication Protocol*
Protocole utilisé notamment par PPP qui permet d'effectuer une authentification simple à l'aide d'un nom d'utilisateur et d'un mot de passe qui circule en clair (non protégé).

PING *Packet INternet Groper*
Outil de test de connectivité couramment employé sous TCP/IP pour identifier un problème d'adressage ou de configuration IP.

PNA *Program Neighborhood Agent*
Correspond au client Citrix permettant de gérer la virtualisation de session et d'application.

POP *Post Office Protocol*
Protocole couramment utilisé qui permet l'accès à un serveur de courrier pour télécharger le contenu de sa boîte aux lettres. Dans certains cas, il peut être avantageusement remplacé par IMAP.

PPP *Point to Point Protocol*
Protocole WAN travaillant sur les deux premières couches du modèle OSI, couramment utilisé pour se connecter à Internet.

PPPoE *Point to Point Protocol over Ethernet*
Protocole de connexion Point à Point spécifiquement développé pour l'ADSL. Il permet d'éviter que tous les abonnés se voient sur le même support physique.

PPTP *Point to Point Tunneling Protocol*
Protocole permettant à travers une communication IP multipoint, de gérer une communication privée protégée.

RADIUS *Remote Authentication Dial In User Service*
Ensemble de fonctionnalités regroupées dans un service permettant de réaliser principalement trois types d'activité : l'authentification, l'autorisation, la journalisation (*Accounting*). Historiquement, RADIUS a été conçu pour permettre aux FAI d'authentifier les accès modem de leurs clients.

RAID *Redundant Array of Inexpensive Disks*
Fonctionnalité qui permet d'introduire une tolérance de panne à travers une redondance de stockage d'informations.

RARP *Reverse Address Resolution Protocol*
Protocole qui permet à un ordinateur d'obtenir une configuration IP de base en fonction de son adresse physique.

RDP *Remote Desktop Protocol*
Protocole de Bureau à distance utilisé par Microsoft pour le client-serveur de Présentation.

RDS *Remote Desktop Services*
Littéralement "Services de bureau à distance" pour les systèmes d'exploitation Microsoft à partir de la version Server 2008.

RFC — *Request For Comments*
Document de référence définissant une norme pour les protocoles de la famille TCP/IP.

RIP — *Routing Internet Protocol*
Protocole de routage dynamique existant pour IPX et IP.

RIPE NCC — *Réseau IP Européens Network Coordination Center*
Un des cinq RIR chargés d'attribuer les ressources Internet.

RIR — *Regional Internet Registry*
Identifie l'un des cinq organismes mondiaux chargés d'attribuer les ressources Internet.

RLE — *Réseau local d'entreprise*
Réseau local, LAN, à l'échelle d'un site géographique peu étendu.

RNIS — *Réseau Numérique à Intégration de Services*
Réseau tout numérique offrant un support fiable de transmission.

RPC — *Remote Procedure Call*
Les appels de procédures distantes sont utilisés pour permettre une communication entre des composants clients et serveurs dans un réseau.

RPV — *Réseau Privé Virtuel*
Voir VPN.

RTC — *Réseau Téléphonique Commuté*
Téléphone public, basé sur une commutation physique.

RTSP ou **RTSPS** — *Real Time Streaming Protocol (Secured)*
Protocole de streaming standard utilisé pour le téléchargement d'applications virtualisées.

SaaS *Software as a Service*
Concept utilisé dans le jargon du cloud computing pour identifier une application en tant que service. L'application doit ainsi pouvoir être mise à disposition très simplement ou être disponible en mode location via un site externe.

SAN *Storage Area Network*
Réseau dédié au stockage de données, relié au réseau de l'entreprise.

SAS *Serial-Attached SCSI*
Correspond à un type d'interface SCSI et en constitue une évolution.

SATA *Serial Advanced Technology Attachment*
Norme utilisée dans les disques durs. Elle offre des avantages intéressants (débits plus élevés, branchement à chaud) par rapport à la norme précédente (ATA rebaptisée Parallel-ATA ou P-ATA à la sortie de SATA).

SER Système d'Exploitation Réseau ou *Network Operating System* (NOS)

SHDSL *Single-pair HDSL (High bit-rate Digital Subscriber Line)*
Ligne numérique d'abonné à haut débit proposant un débit garanti entre 144 Kbps et 2,3 Mbps.

SIP *Session Initiation Protocol*
Protocole utilisé pour mettre en œuvre la présence de sessions de communication dans certaines applications.

SMB *Server Message Block*
Protocole de services de fichiers et d'impression utilisé surtout dans les réseaux Microsoft.

SMTP *Simple Mail Transfer Protocol*
Protocole élémentaire utilisé pour le transfert de fichiers sortant.

SNMP *Simple Network Management Protocol*
Protocole élémentaire permettant de suivre, voire d'administrer à distance des composants matériels et logiciels au travers d'une base d'information (MIB).

SPX *Sequenced Packet eXchange*
Protocole de couche Transport permettant d'assurer un mode connecté (fiable) utilisé dans un environnement Novell.

SQL *Structured Query Language*
Langage de requêtes très répandu, normalisé par l'ANSI en 92.

SSD *Solid State Drive*
Type de périphérique de mémoire de masse basé sur de la mémoire flash, qui ne dispose pas de composants mobiles.

SSL *Secure Socket Layer*
Couche logicielle permettant de filtrer les échanges entre applications Windows socket.

STP *Shielded Twisted Pair*
Paire torsadée blindée.

TCP/IP *Transmission Control Protocol/Internet Protocol*
Famille de protocoles mondialement connue, indépendante de la couche Physique utilisée.

Telnet Protocole qui permet de simuler la connexion d'un terminal à travers le réseau. L'objectif est de pouvoir administrer un serveur à distance, en mode caractères.

TFTP *Trivial File Transfer Protocol*
Protocole de transfert de fichiers qui privilégie la rapidité au détriment de la fiabilité (très peu utilisé).

TKIP *Temporal Key Integrity Protocol*
Protocole de sécurité utilisé dans un réseau Wi-Fi qui permet de rendre plus difficiles les attaques.

TLS — *Transport Layer Security*
Successeur de SSL pour la sécurisation de niveau applicatif.

TSE — *Terminal Server Edition*
Ensemble clé en main proposé par Microsoft qui permet de disposer d'un accès distant à un ordinateur en mode graphique. Cette solution repose sur le protocole RDP (*Remote Desktop Protocol*).

TTL — *Time To Live*
Exprime une durée de vie.

UDP — *User Datagram Protocol*
Protocole de la couche Transport de la pile TCP/IP proposant un mode non fiable.

UIT — *Union Internationale des Télécommunications*
Ce comité est le successeur du CCIT, pour l'étude et la normalisation de protocoles touchant à la télécommunication.

UMTS — *Universal Mobile Telecommunications System*
Troisième génération (3G) de téléphonie mobile numérique, exploitée pour l'instant pour la transmission de données.

UNC — *Universal Naming Convention*
Chemin réseau permettant d'identifier une ressource dans un réseau basé sur NetBIOS.

UPS — *Uninterruptible Power Supply*
Onduleur, c'est-à-dire un équipement disposant d'une batterie sur lequel est relié un ou plusieurs serveurs, capable de suppléer à une déficience momentanée de l'alimentation principale.

URL — *Uniform Resource Locator*
Chemin réseau permettant d'identifier une ressource TCP/IP de manière unique.

UTP — *Unshielded Twisted Pair*
Paire torsadée non blindée.

VDI *Virtual Desktop Infrastructure*
Correspond au terme initialement utilisé par VMware pour désigner la virtualisation du poste de travail en réseau.

VDSL *Very high rate Digital Subscriber Line*
Ligne numérique d'abonné à très haut débit pouvant autoriser des débits allant jusqu'à 100 Mbps (à 300 mètres du DSLAM) ; au-delà, les débits sont similaires à l'ADSL 2+.

VLSM *Variable Length Subnet Mask*
Dans un environnement CIDR (*Classless Inter Domain Routing*), cela indique que le masque permettant d'identifier un ensemble d'hôtes peut varier d'un routeur à l'autre.

VMPS *VLAN Membership Policy Server*
Permet de gérer de manière centralisée les VLAN en s'appuyant sur la liste des adresses MAC globales du réseau. VMPS est généralement un commutateur qui dispose d'une correspondance entre les adresses MAC des périphériques et les VLAN associés.

VoIP *Voice over IP*
Système d'encapsulation de la communication vocale pour une transmission à travers des datagrammes IP.

VPN *Virtual Private Network*
Connexion privée (c'est-à-dire protégée, dont le contenu des échanges est chiffré) en général sur un réseau public (tel qu'Internet). La solution mise en œuvre peut être PPTP, L2TP ou encore SSL.

VSS *Virtual Switching System*
Technologie de virtualisation propriétaire Cisco permettant d'agréger deux commutateurs Cisco comme s'il n'y en avait qu'un seul.

VTL *Virtual Tape Library*
Technologie relative à la sauvegarde permettant de gérer un magasin virtuel de bandes, tout en proposant également des mécanismes d'externalisation sur bandes physiques.

WAFS *Wide Area File Services*
Désigne une technologie en mode Appliance, permettant la compression des flux (en particulier fichier et impression).

WAN *Wide Area Network*
Terme désignant un réseau étendu géographiquement.

WAP *Wireless Application Protocol*
Premier service de transfert de données par les réseaux cellulaires.

WEP *Wired Equivalent Privacy*
Littéralement « Confidentialité équivalente à un réseau filaire », devait initialement apporter une sécurité importante au Wi-Fi. WEP a été remplacé en 2003 par WPA (*WiFi Protected Access*), puis WPA2 en 2004.

WiMAX *Worldwide Interoperability for Microwave Access*
Interopérabilité complète pour l'accès micro-ondes, également connu sous la désignation IEEE 802.16, est un standard de transmission sans fil à haut débit (70 Mbps) de type MAN, disposant d'une portée théorique de 50 km).

WINS *Windows Internet Naming Service*
Service dynamique permettant de résoudre en inter-réseau les noms NetBIOS en adresse IP.

WOL *Wake On LAN*
Signifie littéralement « Réveil à partir du réseau » et identifie des technologies matérielles permettant à un administrateur de réveiller à distance un ordinateur à des fins de maintenance ou de mise à jour.

WPA *Wi-Fi Protected Access*
Version de Wi-Fi proposant un renforcement de la sécurité.

WWN *World Wide Name*
Identifiant unique attribué à un constructeur et codé en dur dans un périphérique Fibre Channel.

WWW *World Wide Web*
Toile d'araignée mondiale ou Web, c'est-à-dire Internet.

X.25 Les spécifications X.25 sont destinées à standardiser la communication de longue distance sur des réseaux peu fiables.

!

A

B

C

D

E

F

I

L

M

N

O

P

Q

R

S

T

U

V

W

JEU CONCOURS
Chaque mois
Gagnez
50€
de LIVRES
E-BOOKS
VIDÉOS
Pour participer au prochain tirage au sort
Inscrivez-vous sur : www.editions-eni.fr/jeu
Le tirage au sort a lieu le dernier mercredi de chaque mois.
Chaque mois, 5 gagnants seront tirés au sort et prévenus par e-mail.
Règlement complet sur www.editions-eni.fr/jeu
eni
Editions